HEAVEN
영문법

English Grammar

HEAVEN 영문법
English Grammar

초판 1쇄 발행 2021년 12월 10일

지은이 현종태
펴낸이 장길수
펴낸곳 지식과감성#
출판등록 제2012-000081호

교정 양수진
디자인 박예은
편집 박예은
검수 김우연, 이현
마케팅 고은빛, 정연우

주소 서울시 금천구 벚꽃로298 대륭포스트타워6차 1212호
전화 070-4651-3730~4
팩스 070-4325-7006
이메일 ksbookup@naver.com
홈페이지 www.knsbookup.com

ISBN 979-11-392-0218-2(13740)
값 23,000원

- 이 책의 판권은 지은이와 지식과감성#에 있습니다.
- 이 책 내용의 전부 또는 일부를 재사용하려면 반드시 양측의 서면 동의를 받아야 합니다.
- 잘못된 책은 구입하신 곳에서 바꾸어 드립니다.

현종태, Copyright ⓒ 2021 / Hyun Jong-tae, Copyright ⓒ 2021
If you want to reprint or use this, you can contact the author for a written authorization at hjt5576@hanmail.net.

지식과감성#
홈페이지 바로가기

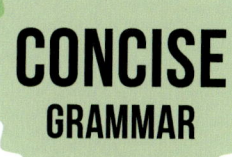

CONCISE GRAMMAR

천 리 길도 한 걸음부터. **문법은 영어 공부의 시작이자 바른길!**

HEAVEN 영문법

English Grammar

현종태 지음

 아이부터 어른까지 누구나 볼 수 있는
초급 영문법 교재

 기본적인 것부터 다시 탄탄히 하고 싶을 때 꺼내 보는
기초 영문법 교재

지식과감성#

PREFACE

일반 사회 체계도 그렇지만 영어도 시스템(system)입니다. 영어의 시스템은 문법, 단어, 그리고 숙어로 되어 있습니다. 그러므로 영어는 우선 문법 지식을 확실히 하고 그 위에 단어와 숙어를 쌓아 올려야 합니다.

이와 같이 문법은 영어의 시작이자 기본입니다. 문법에 대한 탄탄한 지식 없이 영어를 공부하는 것은 기초를 탄탄히 하지 않고 건물을 짓는 것과 같습니다. 기초가 건실할수록 더 높은 건물을 지을 수 있습니다. 그저 영어 단어만 나열하는 것은 일상생활에는 별문제가 없을지 몰라도, 책을 읽거나 문서를 작성하는 데는 아무런 도움이 되지 않습니다.

말하고 듣기가 강조되는 요즘의 영어 교육 현실에 비추어 문법이 왜 중요합니까 하고 반문을 할 수도 있겠지만, 말하는 것도 무의식중에 문법 지식을 사용하고 있는 것입니다. 그러므로 문법 지식이 약한 경우에는 결국 말의 수준도 어느 이상을 넘어갈 수가 없게 됩니다. 따라서 문법의 지식은 영어 문장의 독해 및 작문에 필수적인 것은 물론, 말하기에도 필요한 것입니다.

이 책의 목적은 영문법의 전반적인 내용을 간략하게 소개하는 것입니다. 영문법을 처음으로 접하는 분들이나 또는 영문법을 전체적으로 다시 한번 학습하고자 하는 분들에게, 이 책이 큰 도움이 되기를 기대합니다.

2021년 10월

현 종 태

CONTENTS

PREFACE ——————————————————— 5
TO THE READERS ——————————————— 20
INTRODUCTION ———————————————— 24

PART 1 영어의 8품사 ——————————— 31

Chapter 1 명사 ———————————————— 34

(1) 명사의 종류 ——————————————————— 35
  1) 보통명사
  2) 집합명사
  3) 고유명사
  4) 물질명사
  5) 추상명사

(2) 명사의 수(數): 단수와 복수 ————————————— 40
  1) 규칙 변화
  2) 불규칙 변화
  3) 의미가 다른 두 개의 복수형이 있는 경우
  4) 명사의 형태가 본래 복수형인 경우
  5) 수사(數詞) 다음에 와서 형용사적으로 쓰이는 명사의 형태

(3) 명사의 격(格) —————————————————— 46
  1) 주격
  2) 목적격
  3) 소유격

(4) 명사의 성(性) —————————————————— 59
  1) 남성
  2) 여성
  3) 통성
  4) 중성

(5) 명사의 전용(轉用) ——————————————————————— 60
    1) '보통명사'의 '추상명사'화(化)
    2) '고유명사'의 '보통명사'화
    3) '물질명사'의 '보통명사'화
    4) '추상명사'의 '보통명사'화
    5) 추상명사의 관용적인 전용

(6) '명사 + 전치사구'를 '명사 + 명사'로 바꾸어 쓰기 ——————— 67

Chapter 2 대명사 ——————————————————————— 69

(1) 인칭(人稱)대명사 ——————————————————————— 70
    1) 인칭대명사의 '인칭'에 따른 종류
        ① 1인칭 대명사
        ② 2인칭 대명사
        ③ 3인칭 대명사
    2) 인칭대명사 'we, you, they'의 특별 용법
    3) 인칭대명사의 '격'에 따른 종류
        ① 주격 인칭대명사
        ② 소유격 인칭대명사
        ③ 목적격 인칭대명사
    4) "it" 대명사의 특별 용법
        ① '비인칭(非人稱) 대명사'로 쓰이는 it
        ② '가주어'(假主語) 또는 '가목적어'(假目的語)로 쓰이는 it
        ③ "It is ~ that"의 '강조 구문'

(2) 소유(所有)대명사 ——————————————————————— 78
(3) 재귀(再歸)대명사 ——————————————————————— 79
(4) 지시(指示)대명사 ——————————————————————— 82
    1) 지시대명사란?
    2) 지시대명사의 종류
        ① 명사의 반복을 피하기 위한 지시대명사 "that"과 "those"
        ② 앞에 나온 문장 전체를 받는 "this"와 "that"
        ③ '전자'(前者)와 '후자'(後者)를 가리키는 "this"와 "that"
        ④ Those who (~하는 사람들)
        ⑤ Such as … : …과 같은
        ⑥ As such : 그것으로서
        ⑦ Such … that ~ : … 이므로 ~ 하다
        ⑧ The same … that (동일한 것); the same … as (동일한 종류의 것)
        ⑨ So : 그러하다

(5) 부정(不定)대명사 ──────────────── 87
    1) 부정대명사란?
    2) 부정대명사의 종류
        ① One
        ② Some, any
        ③ Other, the other, others, the others, another
        ④ Each, every
        ⑤ Each other, one another
        ⑥ All
        ⑦ Both
        ⑧ None, no
        ⑨ Every other
        ⑩ Nobody
        ⑪ Everything, nothing
        ⑫ Something, anything
        ⑬ Anybody
        ⑭ Either, neither

(6) 부분 부정 ──────────────── 105

(7) 의문대명사 ──────────────── 106
    1) 의문대명사란?
    2) 의문대명사의 종류
        ① Who
        ② Which
        ③ What
        ④ 의문대명사의 사용에 있어서 주의할 점

(8) 관계대명사 ──────────────── 110
    1) 관계대명사의 종류
        ① Who
        ② Which
        ③ That
        ④ What
    2) 관계대명사의 제한적 용법과 계속적 용법
    3) 관계대명사의 생략
    4) 복합(複合)관계대명사
        ① Whoever
        ② Whichever
        ③ Whatever
    5) 유사(類似)관계대명사

Chapter 3 동사 — 127

(1) 동사의 종류 — 128
- 1) 상태동사와 동작동사
- 2) be동사와 일반동사
- 3) 규칙동사와 불규칙동사
- 4) 본동사(本動詞)와 준동사(準動詞)
- 5) 완전동사와 불완전동사
- 6) 자동사와 타동사
- 7) 완전자동사와 불완전자동사
- 8) 완전타동사와 불완전타동사
- 9) 단일목적(單一目的)동사와 수여(受與)동사

(2) 타동사의 목적어 — 136
- 1) 직접목적어
- 2) 간접목적어
- 3) 목적어의 형식

(3) 불완전동사의 보어(補語) — 139
- 1) 주격보어
- 2) 목적격보어
- 3) 보어의 형식

(4) 동사의 시제(時制) — 142
- 1) 현재 시제
- 2) 과거 시제
- 3) 미래 시제
- 4) 현재완료 시제
- 5) 과거완료 시제
- 6) 미래완료 시제
- 7) 현재진행 시제
- 8) 과거진행 시제
- 9) 미래진행 시제
- 10) 현재완료진행 시제
- 11) 과거완료진행 시제
- 12) 미래완료진행 시제

Chapter 4 형용사 — 163

(1) 형용사의 종류 — 164
- 1) 대명(代名)형용사
  - ① 지시형용사
  - ② 의문형용사
  - ③ 부정형용사

2) 성상(性狀)형용사
　　　① 성질형용사
　　　② 상태형용사
　　3) 수량(數量)형용사
　　　① 수사(數詞)
　　　　(A) 기수(基數)
　　　　(B) 서수(序數)
　　　　(C) 배수(倍數)
　　　　(D) '수사 + 명사'의 표현 방법
　　　　(E) 각종 숫자(또는 수사)를 '읽는 방법'(How to read)
　　　② 부정(不定) 수량형용사
(2) 한정사(限定詞) ─────────────── 179
(3) 형용사의 어순(語順, Word Order) ─────── 181
(4) 관계형용사 및 복합관계형용사 ────────── 183
(5) 형용사의 용법 ─────────────── 184
　　1) 한정적 용법
　　2) 서술적 용법
　　3) 서술적 용법으로만 쓰이는 형용사
　　4) 한정적 용법으로 쓸 때와 서술적 용법으로 쓸 때가 각각 그 뜻이 다른 형용사
(6) 형용사의 보어 ─────────────── 187
(7) 형용사의 비교(比較, Comparison) ─────── 189
　　1) 형용사의 비교 변화
　　　① 규칙 변화
　　　② 불규칙 변화
　　2) 형용사 비교의 종류
　　　① 원급(原級)에 의한 비교
　　　② 비교급(比較級)에 의한 비교
　　　③ 최상급(最上級)에 의한 비교

Chapter 5 부사 ─────────────── 195

(1) 부사의 형태 ──────────────── 196
(2) 부사의 용법 ──────────────── 198
(3) 부사의 종류 ──────────────── 199
　　① 방법부사
　　② 시간부사
　　③ 장소부사
　　④ 정도(程度)부사
　　⑤ 빈도(頻度)부사

(4) 부사의 위치(位置) ——————————————— 201
(5) 사용에 주의를 요하는 부사 ——————————— 209
　① "very"와 "much"
　② "too"와 "either"
　③ "so"와 "neither"
　④ "already"와 "yet"
　⑤ "just"와 "just now"
　⑥ "ago"와 "before"
　⑦ "almost"와 "most"
　⑧ "here"와 "there"
　⑨ "Yes"와 "No"
　⑩ "enough"와 "too"
　⑪ "too"와 "as well"
　⑫ 부사의 형태가 형용사의 형태와 같은 경우
(6) 부사의 비교(比較) ——————————————— 220
　1) 부사의 비교 변화
　　① 규칙 변화
　　② 불규칙 변화
　2) 부사의 원급·비교급·최상급의 용법
　　① '원급'의 용법
　　② '비교급'의 용법
　　③ the + 비교급(A), the + 비교급(B): "A"하면 할수록, 더욱더 "B"하다
　　④ '최상급'의 용법
(7) 의문부사 ————————————————————— 223
(8) 관계부사 ————————————————————— 226
(9) 접속부사 ————————————————————— 231

Chapter 6 전치사 ——————————————— 233

(1) 전치사구(句) ——————————————————— 234
(2) 전치사의 목적어 ————————————————— 236
(3) 구(句)전치사 ——————————————————— 237
(4) 전치사가 자신의 목적어 뒤에 놓이는 경우 ————— 237
(5) 전치사의 종류 ——————————————————— 238
　1) '시간'을 나타내는 전치사
　　① At
　　② On
　　③ In
　　④ By, till

⑤ In, within, after
⑥ From, since
⑦ For, during, through
⑧ In time, on time
⑨ 시간을 나타내는 전치사의 생략

2) '장소'를 나타내는 전치사
① At, in
② At, on
③ In, by
④ In, into, out of
⑤ From, to, for, toward
⑥ On, over, above
⑦ Beneath, under, below
⑧ Up, down
⑨ Across, along, through, throughout
⑩ Behind, after
⑪ Round, around
⑫ Between, among

3) '이유' 또는 '원인'을 나타내는 전치사
① At
② For
③ Because of
④ Owing to, due to
⑤ From, through
⑥ With, for
⑦ Of, from
⑧ Be tired from, be tired of

4) '재료' 또는 '원료'를 나타내는 전치사
① Of, from
② In

5) '수단' 또는 '도구'를 나타내는 전치사
① By
② With
③ Through

6) '판매 방법'을 나타내는 전치사
① For
② By

7) '목표' 또는 '목적'을 나타내는 전치사
① At
② For

8) '찬성' 또는 '반대'를 나타내는 전치사
    ① For
    ② Against
  9) '무엇을 제외하고'를 뜻하는 전치사
    ① But
    ② Except
    ③ Excepting
    ④ Besides
  10) '그 외에 또한'을 뜻하는 전치사 besides
  11) '누구 곁에'를 뜻하는 전치사 beside
  12) '출처'(出處) 또는 '출신'(出身)을 나타내는 전치사 from
  13) '자격'을 뜻하는 전치사 as
  14) '비슷함'을 뜻하는 전치사 like
  15) '무엇에 관하여'를 뜻하는 전치사
    ① About
    ② On
    ③ Regarding
  16) 전치사 for

Chapter 7 접속사 ——————————————— 266
(1) 접속사의 역할 ——————————————— 267
(2) 접속사의 종류 및 용법 ——————————————— 268
  1) 등위(等位)접속사
    ① And
    ② But
    ③ For
    ④ Or
    ⑤ So
  2) 등위상관(等位相關)접속사
    ① Either A or B
    ② Neither A nor B
    ③ Not only A but also B
    ④ Both A and B
    ⑤ A as well as B
  3) 종속(從屬)접속사
    ① '명사절'을 이끄는 종속접속사
      (A) That
      (B) If, whether

② '형용사절'을 이끄는 종속접속사 which
　　③ '부사절'을 이끄는 종속접속사
　　　(A) '시간'을 나타내는 종속접속사
　　　　(a) After
　　　　(b) When
　　　　(c) As
　　　(B) '장소'를 나타내는 종속접속사 where
　　　(C) '이유'를 나타내는 종속접속사
　　　　(a) Because
　　　　(b) Since
　　　　(c) As
　　　(D) '조건'을 나타내는 종속접속사
　　　　(a) If
　　　　(b) Unless
　　　　(c) Provided
　　　(E) '양보'(讓步)를 나타내는 종속접속사: although, though 등
　　　(F) '상태'를 나타내는 종속접속사 "as if"
　　　(G) '비교'를 나타내는 종속접속사 than
　4) 종속상관(從屬相關)접속사
　　① In order that
　　② So … that
　　③ No sooner ~ than

Chapter 8 감탄사 ──────────────── 282

PART 2 구와 절 ──────────────── 285

(1) '구'(句)의 종류 ──────────────── 286
　1) 명사구
　2) 형용사구
　3) 부사구
　4) 동사구

(2) '절'(節)의 종류 ──────────────── 290
　1) 형태에 따른 '절'의 종류
　　① 종속절
　　② 등위절

2) 품사 역할에 따른 '절'의 종류
　① 명사절
　② 형용사절
　③ 부사절

PART 3 문장의 구성요소 ─── 295

(1) 주부와 술부 ─── 296
(2) 문장의 주요 요소 ─── 297
　① 주어
　② 동사
　③ 목적어
　④ 보어
　⑤ 수식어

PART 4 문장의 5형식 ─── 301

　1) 동사의 5가지 종류
　2) 문장의 5형식

PART 5 문장의 종류 ─── 307

(1) '문장의 표현 형식'에 따른 문장의 종류 ─── 308
　1) 평서문(平敍文)
　2) 의문문
　3) 명령문
　4) 감탄문
　5) 기원문(祈願文)
(2) '문장의 구조'에 따른 문장의 종류 ─── 321
　① 단문(單文)
　② 중문(重文)
　③ 복문(複文)
　④ 혼문(混文)

PART 6 문장을 꾸며 주는 요소 ───── 325

Chapter 1 관사 ───── 327
(1) 부정관사 ───── 328
(2) 정관사 ───── 332
(3) 관사의 생략 ───── 342
(4) 관사의 예외적인 위치 ───── 348

Chapter 2 조동사 ───── 350
(1) 기본조동사 ───── 352
　① 'be 동사'와 'have 동사'
　② do 동사
(2) 법(法)조동사 ───── 353
　① Can, could
　② May, might
　③ Must
　④ Will, would
　⑤ Shall, should
(3) 구(句)조동사 ───── 364
　① Ought to
　② Used to
(4) 조동사처럼 쓰이는 "need"와 "dare" ───── 365

Chapter 3 수동태 ───── 367
(1) 수동태의 형식 ───── 368
(2) 수동태의 시제 ───── 370
(3) 주의해야 할 수동태 형식 ───── 372

Chapter 4 가정법 ───── 377
(1) 가정법의 종류 ───── 378
　1) 가정법 현재
　2) 가정법 과거
　3) 가정법 과거완료

    4) 가정법 미래
    5) 가정법 혼합 시제
  (2) 특별한 형태의 가정법 ──────────────── 382
    1) I wish 가정법
    2) as if 가정법
    3) if절 대용(代用) 표현
    4) 가정법 조건절에서 "if"가 생략되는 경우
  (3) '구'(句)에 가정법 조건절의 의미가 포함되어 있는 경우 ──── 386
  (4) 가정법 조건절의 "if"와 유사한 뜻을 가지는 문구(文句) ──── 387

Chapter 5 부정사 ──────────────────── 389
  (1) 부정사의 용법 ──────────────────── 390
    1) 명사적 용법
    2) 형용사적 용법
    3) 부사적 용법
    4) 독립적 용법
    5) 의문사 + to 부정사
    6) be 동사 + to 부정사
  (2) 원형(原形) 부정사 ──────────────── 397
  (3) 부정사의 시제 ──────────────────── 398
    1) '단순 부정사'의 시제
    2) '완료 부정사'의 시제
  (4) 부정사의 '의미상 주어' ──────────── 400
  (5) 대(代)부정사 ──────────────────── 402
  (6) 부정사의 부정(否定) ──────────────── 402
  (7) 부정사를 사용하는 '관용적 표현'(숙어)의 예 ──────── 403

Chapter 6 동명사 ──────────────────── 404
  (1) 동명사의 용법 ──────────────────── 405
    1) '주어'로 쓰이는 경우
    2) '목적어'로 쓰이는 경우
    3) '보어'로 쓰이는 경우
  (2) 동명사의 시제 ──────────────────── 407
    1) '단순 동명사'의 시제
    2) '완료 동명사'의 시제

(3) 동명사의 의미상 주어 ─────────────── 408
　　(4) 동명사를 사용하는 '관용적 표현'(숙어)의 예 ────── 410

Chapter 7 부정사를 목적어로 취하는 동사, 동명사를 목적어로 취하는 동사 ─── 414

　1) 'to 부정사'만을 목적어로 취하는 동사
　2) '동명사'만을 목적어로 취하는 동사
　3) 'to 부정사'를 목적어로 취하기도 하고 '동명사'를 목적어로 취하기도 하는 동사
　4) 'to 부정사'를 목적어로 취하느냐 아니면 '동명사'를 목적어로 취하느냐에 따라 의미의 차이가 있는 동사

Chapter 8 분사 ─────────────── 418

(1) 분사의 종류 ─────────────── 419
　1) 현재분사
　2) 과거분사

(2) 분사의 용법 ─────────────── 420
　1) 한정적 용법
　2) 서술적 용법

(3) 분사구문(構文) ─────────────── 423
　1) 분사구문을 만드는 방법
　2) 분사구문의 용법
　　① 시간
　　② 이유
　　③ 조건
　　④ 양보
　　⑤ 부대상황(附帶狀況)
　3) 분사구문 앞에 접속사를 그대로 두는 경우
　4) 무인칭(無人稱) 독립(獨立)분사구문
　5) 완료 분사구문
　6) 분사구문의 부정(否定)

Chapter 9 사역동사와 지각동사 ─────────── 431

(1) 사역동사 ─────────────── 432
(2) 지각동사 ─────────────── 435
(3) 준(準)사역동사 ─────────────── 437

Chapter 10 화법 ——————————— 439

(1) 직접화법을 간접화법으로 바꿀 때 시제를 변경시키는 방법 ——— 441
(2) 직접화법을 간접화법으로 바꾸어도 시제의 변화가 없는 경우 ——— 443
(3) 직접화법을 간접화법으로 바꿀 때,
    '시간, 장소' 등의 표현을 변경시키는 방법 ——————— 445
(4) 문장의 종류에 대한 화법의 적용 ————————— 446
   1) '평서문'의 전달
   2) '의문문'의 전달
   3) '명령문'의 전달
   4) '감탄문'의 전달
   5) '기원문'의 전달
   6) '중문'의 전달
   7) '복문'의 전달
   8) 두 개의 문장의 전달

PART 7 특수한 표현 ——————————— 453

   1) 도치(倒置)
   2) 강조
   3) 생략
   4) 공통관계
   5) 삽입(挿入)
   6) 동격(同格)

APPENDIX: 기본 숙어 ——————————— 458

TO THE READERS

☑ 이 책은 영어 초심자들도 읽을 수 있도록 쉽고 또 자세히 썼습니다. 영어의 알파벳 26개만 알면, 혼자서라도 이 책으로 공부하여 영어의 기본을 잡을 수 있을 것입니다.
그러므로 어느 정도 영어에 수준이 오르신 분들은 이 책 중 쉬운 해설 부분은 읽지 않으셔도 됩니다. 특히, 기초적인 단어들까지 그 뜻을 설명해 놓은, 해설 밑의 '참고' 부분은 안 봐도 됩니다. 그러나 [참고]라고 표시된 부분은 별도의 추가 설명이므로, 이 부분은 읽어야 합니다.

☑ 비록 이 책을 쉽게 썼을지라도 영문법의 웬만한 내용은 책 안에 다 넣었습니다. 다만 조금 수준이 높은 내용은 간단하게 언급했을 뿐입니다. 따라서 이 책은 중학생부터 대학생은 물론, 대학을 나와 직장 생활을 하는 일반인까지 모두 볼 수 있습니다.

☑ 이 책을 읽다가 이해가 잘 안 되는 부분이 나오면, 그 부분을 이해하려고 너무 애쓰지 말고 그 부분은 건너뛰고 계속 읽으십시오. 계속 읽다 보면, 뒷부분을 읽을 때 앞부분에서 이해 안 되던 부분이 이해가 되는 경우가 있습니다. 그러므로 중요한 것은 이 책을 한 번만 읽고 마는 것이 아니라, 여러 번 읽는 것입니다. 그래야 책 내용을 전체적으로 이해할 수 있기 때문입니다.

☑ 이 책은 문법에 대한 설명만 있습니다. 그러므로 문제 연습을 원하는 분은 다른 책으로 연습을 하여야 합니다.

☑ 영어 '표현'은 원칙적으로 '미국 영어(American English) 표현'을 중심으로 하였으며, 필요한 경우에만 '영국 영어(British English) 표현'을 참고로 표기하였습니다. '발음'도 마찬가지입니다.

- ✅ 영문법도 '법'(法)[법칙 또는 규칙]인 만큼, 우선 문법의 '원칙'을 설명하는 것이며, 그러한 원칙에는 많은 '예외'가 있다는 것을 유념하여야 합니다.

- ✅ 이 책에서 인용되는 문장은 당연히 모두가 '예문'입니다. 간결한 설명을 위하여 예문은 한 개만 드는 것을 원칙으로 하였으나, 좀 더 부연 설명이 필요할 때는 예문을 두 개 이상 달기도 하였습니다.

- ✅ 소개되는 단어의 오른쪽 ( ) 안에, 해당 단어의 한글 뜻을 적어 놓기도 했습니다.
    - 예 "university"(대학교)

    또한 ( ) 안에, 앞에 쓰인 낱말의 뜻을 보충하는 내용을 담기도 했습니다.
    - 예 제3자(당사자 이외의 사람)

- ✅ 낱말의 오른쪽 ( ) 안에 '한자'(漢字)를 보충적으로 적어 놓기도 했는데, 한자가 불편하게 느껴지는 분은 한자는 참고하지 않으시면 됩니다.
    - 예 상호(相互)

- ✅ [ ] 안에 쓰인 말은, [ ] 바로 앞의 말과 그 뜻이 같습니다. 즉 [ ] 안에 쓰인 말은 [ ] 앞에 쓰인 말과 서로 바꾸어 써도 상관없다는 뜻입니다.
    - 예 동사[일반 동사]; 가주어[형식상의 주어]; what is even worse [what is worse](설상가상으로)

- ✅ 문법의 용어가 한 낱말로 되어 있어 그 낱말만으로는 용어의 뜻을 쉽게 이해하기 어렵겠다고 생각되는 경우에는, 독자의 이해를 위하여 일부러 그 낱말을 두 개의 낱말로 나누어 놓기도 했습니다. 그러므로 용어의 표기가 통일되어 있지 않다고 오해하지 않으시기 바랍니다.
    - 예 동사원형 = 동사 원형; 재귀대명사 = 재귀 대명사

- ✅ '…' 표시는 '구' 또는 '단어'를 뜻하고, '~' 표시는 '절'을 뜻합니다.
    - 예 such as … : …과 같은; no one ~ : 아무도 ~ 않다

- ☑ ( ) 안에 또 ( )을 하여야 하는 경우에는, ( ) 대신 [ ]를 사용하였습니다.
  - 예 Korea's future(한국의 미래[未來])

- ☑ 〈 〉 안에는, 바로 앞에 쓰인 단어의 과거형 등을 표시하였습니다.
  - 예 eat [iːt] vt. (음식을) 먹다〈과거: ate [eit]〉

- ☑ 예를 들어 '(that)' 표시는, ( ) 안의 "that"은 생략 가능하다는 뜻입니다.

- ☑ 단어의 뜻 다음의 (( )) 표시 안의 전치사는, 그 단어를 따라다니는 전치사입니다.
  - 예 identical [aidéntikəl] a. 동일(同一)한((to))

- ☑ '구어체(口語體) 영어'(spoken English *or* colloquial English)라는 표현은 조금 어려우므로, '회화체(會話體) 영어'라는 표현을 사용하였습니다.

- ☑ 영어, 특히 회화체 영어에서는 '축약형'(縮約形)(또는 '단축형'[短縮形], short form)을 많이 사용하고 있습니다. 이에 따라 종종 축약형 표현을 사용하였습니다.
  - 예 he'll = he will; she's = she is; don't = do not

- ☑ 영어 단어도 줄여 쓰는 경향이 있으므로, 그러한 경향이 있는 단어는 줄여 쓰기도 하였습니다.
  - 예 exam = examination(시험), math = mathematics(수학)

- ☑ '달러'(dollar, $)는 '미국 달러'(US$)뿐만 아니라, '호주 달러'(AU$)와 '홍콩 달러'(HK$)도 있습니다. 그러나 이 책에서의 '달러' 또는 "$"는 '미국 달러'(US$)를 의미합니다.

- ☑ 영어 초심자의 편의를 위하여, 단어의 발음을 한글로도 표기할 필요가 있다고 생각되는 경우에는, 단어의 발음 기호 옆에 한글로도 발음을 표기하였습니다. 그러나 한글로 표기하기 어려운 "f, v" 발음은, "후(f), 브(v)"와 같이 표기하여 "f" 및 "v" 발음을 그대로 남겨 두었습니다.
  - 예 half [hæf] [해애**후(f)**] n. 2분의 1, 반(半)

그리고 약하게 들릴 듯 말 듯 발음되는 부분은, 그 한글 발음에 ( ) 표시를 하였습니다.

예 halves [hævz] [해애브(v)(스)] n. "half"의 복수형

발음은 미국 영어의 발음을 중심으로 하였으며, 영국 영어의 발음을 참고할 필요가 있는 경우에는 " / " 표시 다음에 영국 영어의 발음을 표기하였습니다.

예 walk [wɔːk] [와아크 / 워어크] n. 걷기, 산책

✓ 이 책에 표기된, '품사'들의 약어(略語, Abbreviation)는 다음과 같습니다.

a.	형용사(Adjective)
ad.	부사(Adverb)
aux. v.	조동사(Auxiliary Verb)
conj.	접속사(Conjunction)
n.	명사(Noun)
prep.	전치사(Preposition)
pron.	대명사(Pronoun)
v.	동사(Verb)
vi.	자동사(Intransitive Verb)
vt.	타동사(Transitive Verb)

INTRODUCTION

영어 초급자는 이 "INTRODUCTION" 부분은 읽지 않아도 됩니다.

영문법의 내용을 살펴보기에 앞서, 아래와 같은 간단한 대화를 하나 예로 들어 영어, 특히 영문법의 시스템을 파악해 보겠습니다.

> "A" (old man) and "B" (young woman) met by accident at a park, and they are talking with each other on a bench.

A: Are you a university student?

B: Yes, I am.

A: What's your major?

B: My major is history.

A: History? That's interesting. Is there any reason you chose history as your major?

B: Yes, there is. The purpose of studying history, I think, is to anticipate the future and prepare for it. So, studying history is very useful for humans. That is the reason why I study history.

A: Oh, really? That's good! By studying history, what do you anticipate and how do you prepare?

B: Let me explain very briefly. We know that, from the past records, certain situations caused certain results, sometimes good and sometimes bad. Therefore, when we are in any situation, we can anticipate what the future will be by reflecting on the history. If we anticipate a bad future, we have to try to change our current situation in order to avoid the bad future.

A: What an excellent explanation you provided! You must be a good student! In the future if you were a history expert, you would be a good one.

이제 위 대화를 하나씩 번역을 하고, 그 내용을 문법적으로 살펴보도록 하겠습니다.

["A" (old man) and "B" (young woman) met by accident at a park, and they are talking with each other on a bench.]
["A"(노인)와 "B"(젊은 여성)가 우연히 공원에서 만났는데, 그들이 벤치 위에서 서로 이야기를 나누게 됩니다.]

> 해설

1) 위 설명문에서 "by accident"와 "each other"의 뜻을 모르면, 문장의 내용을 정확히 파악할 수가 없습니다. "by accident"는 '우연히'라는 뜻이고 "each other"는 '(둘이) 서로, 상호(相互)'라는 뜻입니다. 한편 "talk with"는, '…와 이야기하다'의 뜻입니다.
"by accident"와 "each other"는 모두 '숙어'인데, 영어에 있어서 숙어를 잘 알아야 하는 필요성이 있음을 여기에서 알 수 있습니다.
2) "at a park"에서 "at"은 '전치사'고 "a"는 '관사'(부정 관사)이며, "park"은 '명사'입니다.
"at"은 '장소를 나타내는 전치사'인데 '비교적 좁은 장소'(park)를 나타냅니다. "a"는 단수 명사 앞에는 원칙적으로 꼭 붙여야 하는 관사입니다.
3) 위 문장의 형태는 '평서문'입니다.

A: Are you a university student? (대학생이세요?)

> 해설

1) 위 문장의 형태는 '의문문'입니다. 따라서 '주어'와 '동사'의 위치가 '도치'(서로 바뀜)되어 있습니다.
2) "are"는, 2인칭(you)에 쓰이는 'be 동사'입니다.
3) "university" 앞에 "a" 부정관사가 온 것은, "university"의 발음이 [juːnəvə́ːrsəti]인데 발음 [j]가 자음이므로 부정관사가 "a"가 사용된 것입니다.
4) "university student"는 "college student"로 바꾸어 써도 상관없습니다.

B: Yes, I am. (예, 그렇습니다.)
A: What's your major? (전공이 뭐예요?)

> 해설

1) 'major [méidʒər] [메이쥐얼]'는 '명사'(보통명사)로, '전공과목'(專攻科目)이라는 뜻입니다. 그러나 명사인 "major"에는 군대의 계급인 '소령'(少領)이라는 뜻도 있고, 형용사로 쓰이는 "major"에는 '주요(主要)한'이라는 뜻도 있습니다. 그러므로 어떤 단어가 나오면 반드시 사전에서 그 뜻을 일일이 확인하여야 합니다.
2) "major"는 'mayor [méiər] [메이어얼]'과 잘 구분하여야 합니다. "mayor"은 '시장'(市長)이라는 뜻의 '명사'입니다.

B: My major is history. (제 전공은 역사학입니다.)

> 해설

1) 위 문장은 '주어(my major) + 불완전자동사(is) + 주격 보어(history)'의 형태로서 2형식 문장입니다.
2) 한편 위 문장은 '단문'입니다. 동사가, "is" 한 개뿐이기 때문입니다.
3) "my"는, 명사 "major"를 한정적으로 수식하는 '소유격 인칭대명사'입니다.

A: History? That's interesting. Is there any reason you chose history as your major?
(역사학이라고요? 그거 흥미롭군요. 전공을 역사학으로 선택한 데에는 무슨 이유가 있나요?)

> 해설

1) "interesting"은 '형용사'입니다. 위 문장에 형용사 "interesting"는 '서술적 용법'으로 쓰였으며, 한편 '주격 보어'입니다.
2) "any reason"과 "you chose history as your major" 사이에는, 관계부사 "why"가 생략되어 있습니다.

B: Yes, there is. The purpose of studying history, I think, is to anticipate the future and prepare for it. So, studying history is very useful for humans. That is the reason why I study history.
(예, 있어요. 제 생각에는, 역사를 공부하는 목적은 미래를 예상하고 그에 대비하는 거예요. 이것이 제가 역사학을 공부하는 이유이기도 하고요.)

> 해설

1) "there is"는 이른바 '유도 부사'(誘導 副詞)입니다. 보통 '…이 있다'라고 해석합니다. "there is" 다음에는 "a reason"이 생략되어 있습니다.
2) "I think"은 '삽입절'입니다. '삽입'(挿入)의 방법을 사용하여 문장을 기교적으로 표현하고 있습니다.
3) "to anticipate"는 'to + 동사 원형'의 형태로서 '부정사'입니다. "to anticipate"는 '주격 보어'로 쓰였습니다. 그러므로 "to anticipate"는 부정사의 '명사적 용법'으로 사용된 것입니다. 부정사가 '주어, 보어, 목적어'로 사용되면, 그 부정사가 명사적 용법으로 사용되었다고 말합니다.
4) "anticipate"[æntísəpèit]는 '예상하다'는 뜻의 타동사입니다. "anticipate"의 뜻을 모르면 위 문장을 제대로 파악할 수 없습니다. 영어 단어를 많이 알아야 하는 필요성이 여기에 있습니다.
5) "studying"은 '동사원형 + ing'의 형태로서 '동명사'입니다. "studying"은 "history"를 목적어로 취하며 '주어'로 쓰였습니다.
6) "why"는 '관계부사'입니다. 관계부사 "why"는 "That is the reason."과 "I study history."를 연결하고 있으며, 선행사 "reason"을 수식합니다.

A: Oh, really? That's good! By studying history, what do you anticipate and how do you prepare?
(아, 정말요? 그거 괜찮군요! 역사학을 공부해서 무엇을 예상하고 또 어떻게 대비를 하나요?)

> 해설

1) "oh"는 감탄사입니다. '감탄사'는 8개의 품사 중의 하나에 속합니다.
2) "really"는 '부사'입니다.
3) "by"는 전치사입니다. 전치사의 목적어는 보통 '명사'인데, 위 문장에서는 '명사상당어구'인 동명사 "studying"이 목적어로 쓰였습니다. "by"은 '수단'을 나타내는 '방법 전치사'입니다.

B: Let me explain very briefly. We know that, from the past records, certain situations caused certain results, sometimes good and sometimes bad. Therefore, when we are in any situation, we can anticipate what the future

will be by reflecting on the history. If we anticipate a bad future, we have to try to change our current situation in order to avoid the bad future.
(간단하게 설명을 드리죠. 지나간 기록으로부터 우리는 어떤 상황에서 어떤 결과가 초래되었다는 것을 알 수 있어요. 어떤 때는 좋은 결과가 초래되기도 했고 어떤 때는 나쁜 결과가 초래되기도 했어요. 그러므로 우리가 어떤 상황에 있을 때는 역사에 비추어 봄으로써 미래가 어떨 것이라는 것을 예상할 수가 있어요. 만약 우리가 나쁜 미래를 예상한다면 우리는 그 나쁜 미래를 피하기 위하여 현재의 상황을 바꾸려고 노력해야만 해요.)

해설

1) "Let me explain."은 '명령문'입니다. 1인칭(me)을 대상으로 하는 '제안'이므로, 명령문 중에서도 '간접명령문'입니다. '간접명령'은 말을 공손하게 하는 표현 방식입니다. "Let me explain."이라는 표현은 회화체 영어에서 아주 많이 쓰입니다.
2) "briefly"는 '간결하게'라는 뜻의 '부사'인데, 회화체 영어에서 자주 사용됩니다.
3) "when we are in any situation"은 시간을 나타내는 '종속절'인데, "when"은 '종속접속사'입니다.
4) "can"은 '조동사'입니다. "can"은 본동사 "anticipate"를 도와주는 역할을 하는데, '가능하다'(할 수 있다)는 의미를 가지고 있습니다. 즉 "anticipate"(예상) 하는 것이 "can"(가능하다) 하다는 것입니다.
5) "what the future will be"는 '명사절'입니다. 명사절 중에서도 '의문사절'인데, 문장의 형태는 '간접 의문문'이기 때문에 '의문사(what) + 주어(future) + 동사(will be)'의 어순(語順)으로 되어 있습니다. 이 명사절은 동사 "anticipate"의 목적어입니다.
6) "reflect on …"은 '(…을) 되돌아보다, 깊게 생각하다'라는 뜻의 숙어입니다.
'reflect [riflékt]'는 '심사숙고하다'라는 뜻의 '자동사'입니다. "reflect"는 전치사 "on"과 결합하여 '(…을) 되돌아보다'라는 뜻의 '타동사'가 되어, "history"를 목적어로 취합니다.
7) "If we anticipate a bad future"는 '조건'을 나타내는 '종속절'입니다. "if"는 조건을 나타내는 '종속접속사'이므로, 가정법의 '조건절'을 이끄는 "if"와는 다릅니다.
8) "have to"(… 해야 한다)는 조동사로서, "must"의 뜻입니다.

A: What an excellent explanation you provided! You must be a good student! In the future if you were a history expert, you would be a good one.

(아주 훌륭한 설명이에요! 공부 잘하는 학생이군요! 학생이 앞으로 역사 전문가가 된다면 뛰어난 전문가가 될 거예요.)

> **해설**

1) "What an excellent explanation you provided!"는 '감탄문'입니다. 'What + 부정관사(an) + 형용사(excellent) + 명사(explanation) + 주어(you) + 동사(provided)!'의 어순을 취하고 있습니다.
2) "must"(…을 해야 한다)는 '의무'를 나타내는 조동사입니다.
3) "in the future"(미래에, 앞으로)는 아주 많이 쓰이는 숙어입니다.
4) "if you were a history expert, you would be a good one."은 '가정법' 문장입니다. 가정법 중에서도 '가정법 과거'의 문장입니다. 즉 '현재의 사실에 반대되는 상황'을 표현하고 있습니다. '학생이 지금은 역사 전문가가 아니지만 만약 훗날에 역사 전문가가 된다면 뛰어난 전문가가 될 것'이라는 것입니다.

위 예문은 평범한 대화문입니다. 그런데도 위에서 살펴본 바와 같이 많은 문법이 사용되고 있음을 알 수 있습니다. 우리는 무심코 영어로 대화를 하고 있지만, 실제로는 그 대화문 속에서 문법이 각종 역할을 하고 있는 것입니다.

어쨌든 영어 또는 영문의 시작은 '단어'인데, 단어와 단어를 연결하는 방법 또는 규칙이 '문법'입니다. 그러므로 영어 학습은, 우선 문법을 정확하게 숙지하고 그다음에는 단어 및 숙어(또는 관용어구)를 되도록 많이 아는 것이 중요하다고 할 수 있습니다.

영어의 8품사

영어의 8품사란?

영어 또는 영어 문장의 가장 작은 단위는 '단어'(單語, Word)다. '영어 문장' 즉 '영문'(英文)은 단어 하나하나가 모여서 이루어진 것이므로, 단어는 영어의 시작이요 기초라고 할 수 있다. 그러므로 우선 단어부터 살펴보고자 한다.

보통은 '영문의 구조'를 설명한 후에 '단어의 종류' 즉 '품사'를 설명한다. 그러나 이 책에서는 품사부터 설명한다. 독자들이 이미 영문의 구조에 대해서는 알고 있기 때문이다.
영문의 구조에 대한 설명은 이 책 Part 3, 4, 5에 있다. 그러므로 영문의 구조를 먼저 알고 싶은 독자는 이 책의 Part 3, 4, 5부터 보기를 바란다.

영어의 모든 단어는 그 성질에 따라 크게 '여덟 가지' 종류의 '품사'(品詞, the Parts of Speech or Word Classes)로 나눌 수 있는데, 이것을 '영어의 8품사'(the Eight Parts of Speech)라고 한다.
영어의 8품사는 ①명사, ②대명사, ③동사, ④형용사, ⑤부사, ⑥전치사, ⑦접속사, 그리고 ⑧감탄사다.

> 참고 part [paːrt] n. 일부(一部), 부분(部分); (기계의) 부품(部品). speech [spiːtʃ] n. 언어(言語)
> word [wəːrd] n. 단어(單語). class [klæs] n. 종류, 부류(部類)〈복수형: classes〉

예를 들면, 영어 단어 "car"(자동차)의 품사는 '명사'(名詞)다. '명사'는 '사람 또는 사물(事物) 등의 이름'이다. "car"는 '자동차'라는 '사물의 이름'이다.
그러나 다른 한 예로, 단어 "work"는 그 품사가 '명사'일 때도 있고 '동사'(動詞)일 때도 있다. "work"가 명사일 때의 뜻은 '일'이고, "work"가 동사일 때는 '일하다'의 뜻이다. 이는, "work" 단어의 성질이 최소 두 개 이상이라는 것을 의미한다.
이 "work" 단어의 경우와 같이 한 개의 단어가 여러 가지의 성질(즉 '품사')을 가지는 경우가 매우 많은데, 이는 '영어 사전'을 통해 그 내용을 확인할 수 있다.

참고 car [kɑːr] [카아알] n. 자동차, 승용차(乘用車). work [wəːrk] [워어얼(크)] n. 일; vi. 일하다

영어의 문장은 이러한 여덟 가지의 품사를 활용하여 만든다. 영어로 말을 할 때도 마찬가지다. 그러므로 '8품사'는 영어의 '8가지 요소(要素, element)'라고 말할 수 있겠다.

영어 문장을 '기계'에 비유하여 본다면, '품사'는 기계의 '구성 요소'(element)인 '부품'(部品)이라고 할 수 있다. 즉 영어 문장 하나가 한 개의 기계라면, 품사는 그 기계를 이루는 각 부품인 것이다.

기계의 '부품'을 영어로 'part'라고 하듯이, 영어의 '품사'도 영어로 'part'라고 한다.

참고 element [éləmənt] n. 요소, 구성 요소

아래에서 영어의 8품사에 대하여 하나씩 살펴본다.

Chapter 1
명사

앞에서 이미 설명한 바와 같이, '명사(名詞, Noun) 품사'는 '사람 또는 사물 등의 이름을 나타내는 영어 단어'를 말한다.

'명사' 품사는 '동사' 품사와 함께 '8품사'의 중심을 이룬다. 나머지 6개의 다른 품사들은, 이들 명사 및 동사 품사를 '수식(修飾)하는'[꾸며 주는] 성격이 있기 때문이다.

명사와 동사 중에서도, 명사가 더 중심(the largest word class)을 이룬다. 명사는 모든 것의 이름(또는 명칭[名稱])으로, 이는 '문장'과 '말'의 '기본'을 이루기 때문이다.

> 참고 noun [naun] n. 명사(a word that represents a person or a thing, etc.)
> represent [rèprizént] vt. …을 나타내다. person [pə́ːrsn] n. 사람. thing [θin] n. 물건, 사물(事物)

명사는, 그 대상(對象)인 사물(事物) 등이 ①형태(形態)가 있는 것과, ②형태가 없는 것의 두 가지 종류가 있다.

형태가 있는 명사: car
> 해설 "car"(자동차)는 형태가 있는 것이다. 즉 '자동차'는 눈에 보이는 모습이 있다.

형태가 없는 명사: happiness
> 해설 "happiness"(행복)는 형태가 없는 것이다. 즉 '행복'은 눈에 보이는 모습이 없다.

(1) 명사의 종류

'명사'는 또한 ①보통명사, ②집합명사, ③고유명사, ④물질명사, ⑤추상명사의 다섯 가지 종류로 나눌 수 있다.

명사는 또, '셀 수 있는 명사'[가산 명사(可算 名詞)](Countable Noun)와 '셀 수 없는 명사'[불가산 명사(不可算 名詞)](Uncountable Noun)로 나뉜다.
> 참고 countable [káuntəbl] a. 셀 수 있는. uncountable [ʌnˈkauntəbl] a. 셀 수 없는

보통명사와 집합명사는 '셀 수 있는 명사'이므로, '복수형'을 만들 수 있다. 따라서 '셀 수 있는 명사'는 '단수형'(單數形)과 '복수형'(複數形)의 두 가지 종류가 있다.

그러나 고유명사, 물질명사, 추상명사는 '셀 수 없는 명사'이므로, 원칙적으로 복수형을 만들 수 없다.

1) 보통명사

'보통명사'(普通名詞, Common Noun)는 '어떤 사물의 일반적인 이름'이다. "pen"(펜), "book"(책) 등이 보통명사다.

> 참고 common [kámən] [카아먼] a. 보통의, 일반적인

① 보통명사의 단수형

He has a pen. (그는 펜을 하나 가지고 있습니다.)
> 해설 "pen"(펜)이 '보통명사'다. "pen"은 '어떤 사물(글자를 쓰는 도구)'의 '일반적인 이름'이다. "pen"은 '셀 수 있는 명사'인데, 위 예문에서는 "pen" 앞에 '부정관사' "a"(하나)가 붙어 있으므로 "pen"은 '하나'다. 그러므로 "pen"은 '단수형' 명사다.

② 보통명사의 복수형

She has two pens. (그녀는 펜을 두 개 가지고 있습니다.)
> 해설 "pens"는 '복수형' 명사다. '단수형' 명사인 "pen"에, '명사의 복수형을 나타내는 어미(語尾, Suffix)'인 "s"를 붙였고(pens), "pens" 앞에 '수량형용사'인 수사(數詞) "two"가 쓰였다(two pens).

> 참고 suffix [sʌ́fiks] n. 어미, 접미사(接尾辭)

2) 집합명사

'집합명사'(集合名詞, Collective Noun)는 '동종의 여러 개체(個體, Individual)를 하나의 집합체로 다루는 명사'를 말한다. 집합명사는 '셀 수 있는 명사'이며 단수 취급을 한다.

> 참고 collective [kəléktiv] a. 집합적인
> individual [ìndəvídʒuəl] n. 개체, 개개(箇箇)의 구성체(構成體); 개인(a single person)

His family *is* well. (그의 가족은 잘 있습니다.)
해설 "family"가 '집합명사'다. "family"(가족)는 그 안에 여러 구성원이 있지만 하나의 집합체로 본다. "family"는 단수로 취급되므로, "is"(단수 동사)가 쓰였다.
참고 well [wel] a. 건강한(healthy)

집합명사 중에서 "police"(경찰)와 같은 특수 집단을 나타내는 명사는, 보통 그 앞에 정관사 "the"를 붙이고 복수 취급을 하는데, 이런 명사들을 특히 '군집 명사'(群集 名詞, Collective Plurality Noun)라고 부른다.
단수 취급을 하는 '집합명사'와는 달리, '군집명사'는 집합체 내의 '개체' 즉 '구성원'(Individual)에 중점을 두므로, 복수 취급을 한다.
참고 plurality [pluəræləti] n. 수(數)가 많음(a large number)

The police *are* alert to the national emergency situation.
(경찰이 국가비상상황에 대해 경계 태세를 취하고 있습니다.)
해설 "police"가 '군집명사'다. "police"는 복수로 취급되므로 "are"(복수 동사)가 쓰였다. 그리고 "police" 앞에 "the"를 붙였다. 그러나 근래에는 "the"를 붙이지 않기도 한다.
참고 "police"의 구성원은 "policeman"이다. "policeman"은 보통명사이므로, 예를 들어 한 명의 경찰관은 "a policeman"이고, 두 명의 경찰관은 "two policemen"이다.
policeman [pəlíːsmən] [폴리이스매앤 / 폴리이스머언] n. 경찰관〈복수형: policemen〉
alert [ələ́ːrt] a. (…에) 방심(放心)하지 않는, 주의(注意) 깊은((to))
emergency [imə́ːrdʒənsi] n. 비상(非常) 사태, 긴급 사태. situation [sitʃuéiʃən] n. 상황(狀況)

3) 고유명사

'고유명사'(固有名詞, Proper Noun)는 '특정한 사람, 사물, 장소 등의 고유(固有)한 이름을 나타내는 명사'다.
고유명사는 셀 수 없는 명사이므로, 원칙적으로 복수로 할 수 없고 관사를 붙이지도 않는다. 고유명사의 첫 알파벳은 대문자로 쓴다.
참고 위 '알파벳'(alphabet)이라는 표현 대신, '글자'(letter)라는 표현을 사용할 수도 있음.
letter [létər] [래러얼 / 래터어] n. 글자, 문자. proper [prɑ́pər] a. 고유(固有)의

사람의 이름:

Min-su is the tallest among my friends.

('민수'는 내 친구들 중에서 키가 가장 큽니다.)

> 해설   "Min-su"(민수)가 '고유명사'다. "Min-su"는 사람 이름이다.

> 참고   among [əmʌŋ] prep. …중에서. "among"은 세 명 이상의 사람 사이에서 쓰인다.
"Min-su"(민수)와 같은 사람 이름의 표기를, "Min-su"와 같은 방식 대신, "Minsu"와 같은 방식으로 표기하기도 한다.

지역(地域)의 이름:

Busan is the second big city in Korea.

(부산은 한국에서 두 번째로 큰 도시입니다.)

> 해설   "Busan"(부산)이 '고유명사'다.

기타 고유명사:

Mr. Min(민 선생님), Seoul Station(서울역), the Han River(한강), Christmas(크리스마스)

> 참고   "Han River"는 강 이름이기 때문에, 그 앞에 정관사 "the"를 붙인다.

4) 물질명사

'물질명사'(物質名詞, Material Noun)는 '물질의 이름을 나타내는 명사'다. 물질명사는 항상 단수 취급을 한다.

> 참고   material [mətíəriəl] a. 물질의

Merchandise *is* displayed on the shelf in the store.

(상품이 가게 안의 선반 위에 진열되어 있습니다.)

> 해설   "merchandise"(상품)가 '물질명사'다. "merchandise"는 영어에서 '물질'로 취급된다. "merchandise"는 단수(is)로 취급되었다.

> 참고   merchandise [mə́ːrtʃəndàiz] [머얼췬다이(스)] n. 상품, 물품(goods that are for sale in a shop)
display [displéi] vt. (상품 등을) 진열(陳列)하다[전시(展示)하다](show something)
shelf [ʃelf] n. 선반.   store [stɔːr] [스뜨어얼] n. 가게, 상점(shop)

She likes coffee. (그녀는 커피를 좋아합니다.)
해설 "coffee"가 '물질명사'다.

물질명사의 수량(數量)을 표시하려면, a cup of, a piece of, much, little 등의 표현을 사용한다.
She ordered a cup of coffee. (그녀는 커피 한 잔을 주문했습니다.)
해설 "a cup of coffee"는 '커피 한 잔'이라는 뜻이다. '커피 두 잔'이라고 하려면 "two cups of coffee"라고 표현하면 된다.
참고 She already had **two cups of coffee** this morning. (그녀는 오늘 아침에 벌써 커피 두 잔을 마셨습니다.)

5) 추상명사

'추상명사'(抽象名詞, Abstract Noun)는 '구체적인 형태가 없는 추상적인 개념을 나타내는 명사'다. 추상명사는 그 대상이 구체적인 형태가 없으므로, 원칙적으로 '셀 수 없는 명사'다.
참고 abstract [ǽbstrækt] a. 추상적인

Time passes quickly. (시간은 빨리 지나갑니다.)
해설 'time'이 '추상명사'다. 'time'(시간)은 '구체적인 형태가 없는 추상적인 개념'이다.
참고 pass [pæs] vi. (시간이) 지나가다〈3인칭 단수: passes〉

그러나 추상명사가 '추상적인 개념'이 아니라 '구체적인 개념'으로 쓰일 때는, '셀 수 있는 명사'가 된다.
Have a good time. (즐거운 시간을 보내세요.)
해설 위 문장에서 "time"은 '구체적인 개념'으로 쓰였다. 즉 추상명사 "time"은 형용사 "good"에 한정되어, '즐거운 시간'(good time)이라는 구체적인 개념이 되었다.
따라서 "time"은 '셀 수 있는 명사'가 되었으므로, "good time" 앞에 부정관사 "a"를 붙였다.
참고 good [gud] a. 즐거운, 유쾌한

(2) 명사의 수: 단수와 복수

앞에서도 설명한 바 있지만 명사는 단수형과 복수형이 있다. 이를 '명사의 수(數)'라고 하는데, '단수형'과 '복수형'을 간단히 줄여 각각 '단수'(單數)와 '복수'(複數)라고도 한다.
단수는 말 그대로 '한 개'라는 뜻이고, 복수는 '두 개 이상'이라는 뜻이다.

'단수 명사'를 '복수 명사'로 변화시키는 방법은 ①'규칙변화'와 ②'불규칙변화'의 두 가지가 있다. 그러나 아래와 같이, 예외적으로 명사의 단수형과 복사형의 형태가 같은 경우도 있다.
deer [단수형] → deer [복수형]
sheep [단수형] → sheep [복수형]

> 참고 deer [diər] [디어얼] n. 사슴. sheep [ʃiːp] n. 양

1) 규칙 변화

명사의 '규칙변화'(規則 變化, Regular Formation)는 '단수명사를 규칙적인 방법으로 복수명사로 변화시키는 것'인데, 그 방법은 명사의 어미(語尾) 즉 명사의 맨 끝부분에 "s" 또는 "es"를 붙이는 것이다.

> 참고 regular [régjulər] a. 규칙적인. formation [fɔːrméiʃən] n. 형성(形成)

① 단수형 명사의 어미에 "s"를 붙이는 경우

대부분의 단수형 명사는, 어미에 "s"를 붙여 복수형 명사를 만든다.
book → book**s**

② 단수형 명사의 어미에 "es"를 붙이는 경우

다음과 같은 경우에는, 어미에 "es"를 붙여 복수형 명사를 만든다.

(A) 단수형 명사의 어미가 's, x, ch, sh'로 끝나는 경우

bus → bus**es**

box → box**es**

bench → bench**es**

dish → dish**es**

> 참고 dish [diʃ] [디이쉬] n. 접시

(B) 단수형 명사의 어미가 '자음(子音, Consonant) + o'로 끝나는 경우

tomato → tomato**es**

> 해설 "tomato"의 어미가 '자음(t) + o'로 끝나므로, 그 뒤에 "es"를 붙여 복수형 명사를 만들었다.

> 참고 tomato [təméitou] [터메이도우] n. 토마토. consonant [kánsənənt] n. 자음

그러나 위와 같은 원칙에는 아래와 같은 예외들도 있다.

photo → photo**s**

piano → piano**s**

> 참고 photo [fóutou] [호(f)우도우] n. 사진

(C) 단수형 명사의 어미가 '자음 + y'로 끝나는 경우

단수형 명사의 어미가 '자음 + y'로 끝나는 경우에는, "y"를 "i"로 바꾼 후 "es"를 붙인다.

body → bod**ies**

> 해설 "body"는 '자음(d) + y'로 끝난다. 따라서 자음 "y"를 "i"로 바꾼 후, 그 뒤에 "es"를 붙여 복수형 명사(bodies)를 만들었다.

그러나 '모음(母音, Vowel) + y'로 끝나는 명사는, 어미에 "s"만 붙인다.

boy → boy**s**

> 해설 "boy"는 '모음(o) + y'로 끝난다. 그러므로 어미 "y" 뒤에 "s"만 붙여, 복수형 명사(boys)를 만들었다.

> 참고 vowel [váuəl] n. 모음

영어의 26개 알파벳(alphabet) 중에서 모음은 "a, e, i, o, u" 5개뿐이다. 그 나머지 21개 알파벳은 모두 자음이다.

(D) 단수형 명사의 어미가 "f" 또는 "fe"로 끝나는 경우

단수형 명사의 어미가 "f" 또는 "fe"로 끝나는 경우에는, 원칙적으로 "f" 또는 "fe"를 "v"로 바꾼 후 "es"를 붙인다.

leaf → leaves
wife → wives

그러나 위와 같은 원칙에는 아래와 같은 예외들도 있다.

roof → roofs
safe → safes

> 참고 roof [ruːf] n. 지붕. safe [seif] n. 금고[金庫]

③ 약어(略語, Abbreviation)의 복수형

'약어'의 복수형은 약어에 's를 붙여 만든다.

MBA → MBA's

> 참고 MBA: 경영학 석사(經營學 碩士, Master of Business Administration)
> master [mǽstər] [매애스떠어얼] n. 석사(碩士). business administration: 경영학
> abbreviation [əbrìːviéiʃən] n. 약어, 약자(略字)

2) 불규칙 변화

명사의 '불규칙변화'(不規則 變化, Irregular Formation)는 '단수명사를 불규칙적인 방법으로 복수명사로 변화시키는 것'이다.

> 참고 irregular [irégjulər] a. 불규칙한

① 단수형 명사의 모음을 변화시키는 경우

tooth → teeth

> 해설 단수형 명사 "tooth"의 모음인 "oo"를 "ee"로 변화시켜, 복수형 명사 "teeth"를 만들었다.
> 참고 tooth [tuːθ] n. 치아(齒牙), 이〈복수형: teeth [tiːθ]〉

② 단수형 명사의 어미에 "en"을 붙이는 경우

ox → ox**en**

해설 단수형 명사(ox)의 어미에 "en"을 붙여, 복수형 명사(oxen)를 만들었다.

참고 ox [aks] n. 황소〈복수형: oxen [áksn] [아악쓴]〉

③ 외래어형(外來語形) 명사의 복수형

foc*us* → foc**i**

해설 단수형 명사(focus) 중 "us"를 "i"로 변화시켜, 복수형 명사(foci)를 만들었다.

참고 focus [fóukəs] n. 초점(焦點)〈복수형: foci [fóusai] [호(f)우싸이]〉
"focus"는 라틴어(고대 로마의 언어)에서 유래된 명사다.

analy*sis* → analy**ses**

해설 단수형 명사(analysis) 중 "sis" 부분을 "ses"로 변화시켜, 복수형 명사(analyses)를 만들었다.

참고 analysis [ənǽləsis] n. 분석(分析). "analysis"는 헬라어(고대 그리스의 언어)에서 유래된 명사다.

④ 복합어(複合語)로 된 명사의 복수형

복합어로 된 명사는, 원칙적으로 중요한 의미를 가진 명사를 복수형으로 만든다. 그러나 명사를 포함하지 아니한 복합어는, 어미에 "s"를 붙여 복수형을 만든다.

(A) 중요한 의미를 가진 명사를 복수형으로 만든 경우

son-in-law → **sons**-in-law

해설 "son-in-law" 중에서, '중요한 의미를 가진 명사'인 "son"을 복수형(sons)으로 만들었다.

참고 son-in-law: n. 사위

(B) 명사를 포함하지 아니한 복합어의 경우

forget-me-not → forget-me-**nots**

해설 "forget-me-not"은 명사를 포함하지 아니한 복합어이므로, 복합어의 어미에 "s"를 붙여 복수형(forget-me-nots)을 만들었다.

참고 forget-me-not: n. [식물] 물망초(勿忘草)

3) 의미가 다른 두 개의 복수형이 있는 경우

cloth (천, 옷감)
→ cloths ('천'의 복수)
→ clothes (옷, 의복)

참고 cloth [klɔːθ] n. 천, 옷감, 직물(織物). clothes [klouz] n. 옷, 의복(衣服)

4) 명사의 형태가 본래 복수형인 경우

① 짝을 이루어 한 개가 되는 물건

scissors (가위)

해설 '가위'는 '짝을 이루어 한 개가 되는 물건'이므로, 명사의 형태가 본래 '복수형'(scissors)이다.
"scissors"를 셀 때는, 명사 앞에 "a pair of"를 붙인다. 그러므로 "a pair of scissors"(가위 한 개) 또는 "two pairs of scissors"(가위 두 개)와 같이 센다.

예 A pair of scissors is on the table. (가위가 한 개 탁자 위에 있습니다.)

참고 scissors [sízərz] [씨저얼스] n. 가위

② 어느 학문(學問)의 이름

economics (경제학)

해설 "economics"는 '학문'의 이름이다. "economics"는 복수형이지만 단수 취급을 한다.

Economics is his favorite subject.
(경제학은 그가 아주 좋아하는 과목[科目]입니다.)

해설 "economics"는 복수형이지만 단수 취급을 하기 때문에, 동사 "is"가 쓰였다.

참고 economics [èkənɔ́miks] n. 경제학. favorite [féivərit] a. 아주 좋아하는.
"favorite"은, '가장 좋아하는'(like best; like the most)의 뜻으로 더 많이 쓰인다.

③ 특별한 이유 없이 원래 명사의 형태가 복수형인 경우

measles (홍역[紅疫])

참고 measles [míːzlz] n. 홍역

④ 복수형인 명사의 뜻이 단수형인 명사의 뜻과 다른 경우

arms (무기[武器])

해설 "arms"의 단수형인 "arm"은, '(사람의) 팔'이라는 뜻이다.
그러므로 "arm"은, '복수형(arms: 무기)인 명사의 뜻'이 '단수형(arm: 팔)인 명사의 뜻'과 다른 경우다.

참고 arms [aːrmz] n. 무기(weapons). weapon [wépən] n. 무기

⑤ 명사가 복수형은 아니지만 복수로 취급하는 명사

People *are* leaving for summer vacation.
(사람들이 여름휴가를 떠나고 있습니다.)
해설 "people"(사람들)은 복수형 명사는 아니지만 복수명사로 취급된다. 그러므로 복수형 동사 "are"가 쓰였다.

참고 '사람'의 수(數)를 표현하는 경우에, 한 사람이라고 할 때는 "a person"이라고 표현하고, 두 사람 이상일 때는 보통 "people"을 사용한다. (예: two people [두 사람])

Fish *are* plentiful in this river. (이 강에는 물고기가 많습니다.)
해설 "fish"(물고기)는 복수형 명사는 아니지만 복수명사로 취급된다. 그러므로 복수형 동사 "are"가 쓰였다.

참고 fish [fiʃ] [휘(f)이쉬] n. 물고기. plentiful [pléntifəl] a. 많은, 풍부한(rich). rich [ritʃ] [뤼이취] a. 풍부한

5) 수사(數詞) 다음에 와서 형용사적으로 쓰이는 명사의 형태

① 명사가 수사 다음에 와서 형용사적으로 쓰일 때는, 그 형태는 단수형이다.

a *nine*-year old girl (아홉 살 소녀)
> **해설** 명사 "year"가, 수사 "nine" 뒤에 위치하고 또한 다른 명사 "girl" 앞에 위치함으로써, 형용사적으로 쓰였다. 즉 명사 "year"는 다른 명사 "girl"을 수식하고 있다. 그러므로 명사 "year"은, 그 앞에 "nine"(아홉)이라는 '복수'가 있음에도 불구하고 단수형으로 쓰였다.

② 수사 다음에 오는 hundred 등의 명사의 형태는, 단수형이다.

three hundred people (삼백 명의 사람들)
> **해설** 명사 "hundred"가 수사 "three" 다음에 왔으므로, 단수형 "hundred"다.

그러나 "hundred" 등이 막연히 '많음'의 뜻을 가지고 단독으로 쓰일 때는, 복수형 "hundreds"로 쓰인다.
> **예** hundreds of people(수백 명의 사람들)
> **참고** hundreds of … : 수백(數百)의 …, 많은

(3) 명사의 격

'명사의 격(格, Case)'이란, '명사가 문장 속에서 다른 단어들에 대하여 가지는 문법적인 관계'를 말한다.
명사의 격에는 ①주격, ②소유격, ③목적격의 세 가지 종류가 있다.
> **참고** case [keis] n. 격

1) 주격

'명사의 주격(主格)'은, '명사가 문장 속에서 주어 등의 관계를 가지는 것'을 말한다. 즉 '주격'에서는, 명사가 ①주어(主語), ②주격 보어(主格 補語), ③동격(同格), ④호격(呼格)으로 사용된다. 명사의 주격은 보통 '…는, …가'로 해석한다.

① 주어

The woman is a professor. (그 여자는 교수님입니다.)
해설 명사 "woman"은 문장 속에서 '주어'로 사용되었다. 그러므로 "woman"은 '주격'이다.
참고 woman [wúmən] [우우맨 / 워먼] n. 여자, 여성. professor [prəfésər] n. 교수(敎授)

② 주격 보어

He is a teacher. (그는 선생님입니다.)
해설 명사 "teacher"는 문장 속에서 '주격 보어'로 사용되었다. 그러므로 "teacher"는 '주격'이다.
"teacher"가 '주격 보어'이므로, 'he = teacher'의 관계가 성립한다.

③ 동격

'동격'으로 쓰이는 것은 '명사'뿐만 아니라, '명사구'(名詞句) 및 '명사절'(名詞節)도 동격으로 쓰인다.

(A) 동격으로 쓰인 명사

The man is *Mr. Park*, a pastor. (그 남자는 박 선생님인데, 목사님이십니다.)
해설 "Mr. Park"과 명사 "pastor"은 '동격'이다. 즉 "Mr. Park"과 "pastor"은 같다.(Mr. Park = pastor)
참고 pastor [pǽstər] [패애쓰떠어얼] n. 목사(牧師)

(B) 동격으로 쓰인 명사구

A present was delivered to her, a book on philosophy.
(철학책 한 권이 그녀에게 선물로 배달되었습니다.)

> 해설 명사 "present"와 명사구 "book on philosophy"는 동격이다.

즉 'present = book on philosophy'다.
> 참고 present [préznt] n. 선물. philosophy [filάsəfi] n. 철학(哲學)

"book on philosophy"는 '구'(句, Phrase)다. 즉 "book on philosophy"는, '명사'(book), '전치사'(on) 및 '명사'(philosophy)의 결합체다.

(C) 동격으로 쓰인 명사절

He agrees with the *saying* (that) honesty is the best policy.
(그는 정직이 최선의 정책이라는 명언[名言]에 동의합니다.)
> 해설 명사 "saying"과 명사절 "honesty is the best policy"는 동격이다.

즉 'saying = honesty is the best policy'다.
> 참고 agree with … : …에 동의(同意)하다. saying [séiiŋ] [쎄이잉] n. 명언, 격언(格言), 속담(俗談)(proverb)

honesty [άnisti] [아아네스티] n. 정직, 솔직함. 알파벳 "h"가 발음되지 않음을 주의하여야 함.
"honesty is the best policy"는 '절'(節, Clause)이다. "honesty is the best policy" 안에 '주어'(honesty)와 '동사'(is)가 있기 때문이다.

④ 호격

Mr. Kim, let's go. (김 선생님, 갑시다.)
> 해설 "Mr. Kim"이 '호격'이다. 즉 '부르는 말'이다. "김 선생님"(Mr. Kim) 하고 불렀다.

2) 목적격

'명사의 목적격(目的格)'은, '명사가 문장 속에서 ①동사의 목적어(目的語), ②전치사의 목적어, ③목적격 보어(目的格 補語), ④목적어의 동격(同格)으로 사용되는 것'을 말한다. 보통 '…을[를]'로 해석한다.

① 동사의 목적어

She *likes* coffee. (그녀는 커피를 좋아합니다.)
> 해설 명사 "coffee"는, 동사 "likes"(원형: like)의 '목적어'다. 그러므로 명사 "coffee"는 '목적격'

으로 쓰였다.

> 참고 like [laik] vt. …을 좋아하다〈3인칭 단수: likes〉
> '3인칭(人稱)'은, '1인칭'(나) 또는 '2인칭'(너 또는 여러분)이 아닌, 제3자(그 또는 그들)를 말한다. '제3자'란, '당사자(나 그리고 너) 이외의 사람'을 가리키는 말이다.

② 전치사의 목적어

Please send it *by* parcel. (그것을 소포우편으로 보내 주세요.)

> 해설 명사 "parcel"은 전치사 "by"의 '목적어'다. 그러므로 명사 "parcel"은 '목적격'으로 쓰였다. 일반적으로 전치사 뒤에는 '목적격' 단어가 온다.

> 참고 by parcel: 소포우편(小包郵便)으로. parcel [pάːrsəl] n. 소포(小包)

③ 목적격 보어

They call *him* a genius. (사람들은 그를 천재라고 부릅니다.)

> 해설 명사 "genius"는 위 문장에서 '목적격 보어'다. 그러므로 명사 "genius"는 '목적격'으로 쓰였다.
> 위 문장은 '5형식 문장'(주어[They] + 동사[call] + 목적어[him] + 목적격보어[genius])이다. "him"이 '목적어'다.

> 참고 genius [dʒíːnjəs] n. 천재(天才)
> '목적격 보어'는 '목적 보어'라고도 한다. 이 책에서는 **주격** 보어라는 표현을 고려하여, '목적 보어'라는 표현보다는 '**목적격** 보어'라는 표현을 사용하고자 한다.

④ 목적어의 동격

He met *his aunt*, a professor. (그는 교수님인 그의 이모님을 만났습니다.)

> 해설 명사 "professor"는, 목적어 "his aunt"의 동격(同格)으로 사용되었다. 즉 'his aunt = professor'다. 그러므로 명사 "professor"는 '목적격'으로 쓰였다.

> 참고 aunt [ænt / aːnt] [애앤트 / 아안트] n. 이모, 아주머니

3) 소유격

'명사의 소유격(所有格)'은, '명사가 다른 명사 앞에서 소유(所有, ownership)의 의미를 나타내는 것'을 말한다.

'명사의 소유격'은 명사가 명사 앞에 쓰이는 것이므로, 결국 '앞에 쓰이는 명사'(명사의 소유격)는 '뒤에 쓰이는 명사'에 대하여 형용사의 역할을 하는 셈이다. '명사의 소유격'은 보통 '…의'라고 해석한다.

> 참고 ownership [óunərʃip] n. 소유(所有), 소유권(所有權)

'명사의 소유격을 만드는 방법'은 다음과 같다.

① 사람 또는 동물을 나타내는 명사의 경우

'사람 또는 동물을 나타내는 명사'는, 명사 뒤에 's를 붙여 소유격을 만든다.
그러나 "s"로 끝나는 복수명사는, "s" 뒤에 '만 붙여 소유격을 만든다.

(A) 사람을 나타내는 명사의 소유격

the man's car : 그 남자의 자동차(= 그 남자가 소유[所有]하는 자동차)

> 해설 '사람을 나타내는 명사'인 "man" 뒤에 's를 붙여, 소유격을 만들었다. "the man"이 "car"를 소유한다는 뜻이다.(The man owns the car. = The car belongs to the man.)
> "man"이 명사 "car" 앞에 있으므로, "man"은 마치 형용사와 같은 역할을 한다.

> 참고 own [oun] vt. …을 소유(所有)하다
> belong to … : …에 속하다, …의 것이다. belong [bilɔ́ːŋ] vt. …에 속하다((to))

"s"로 끝나는 복수명사의 소유격은, 복수명사 뒤에 '만 붙여 소유격을 만든다.
the boys' bicycles : 그 소년들의 자전거(自轉車)들(= 그 소년들이 소유하는 자전거들)

> 해설 복수명사인 "boys"(단수: boy) 뒤에 '만 붙여, 소유격을 만들었다.

(B) 동물을 나타내는 명사의 소유격

the dog's ears : 그 개의 귀(= 그 개에게 달린 귀)

> 해설 '동물을 나타내는 명사'인 "dog" 뒤에 's를 붙여, 소유격을 만들었다.

② 무생물(無生物) 명사의 경우

'무생물 명사'[사물(事物) 명사]는, "of"를 사용하여 소유격을 만드는 것이 원칙이다. 그러나 근래는 's를 붙여 소유격을 만드는 경우가 많으며, 또한 '명사 + 명사'의 형태를 취하기도 한다.

(A) "of"를 사용하여 소유격을 만드는 경우

the door of this room : 이 방의 문(= 이 방에 속하는 문)
해설 '무생물 명사'인 "room" 앞에 "of"를 사용하여 소유격을 만들었다.

(B) 's를 붙여 소유격을 만들거나, "of"를 사용하여 소유격을 만드는 경우

the river's surface (or the surface of the river) : 그 강의 수면(水面)
해설 "river"는 무생물 명사이나 's를 붙여 소유격을 만들기도 한다.
참고 surface [sə́ːrfis] [써얼풰(f)쓰] n. 수면

The car's speed (or the speed of the car) : 그 자동차의 속도

at her journey's end (or at the end of her journey) : 그녀의 여행 끝에
해설 "journey"도 무생물 명사이나 's를 붙여 소유격을 만들기도 한다.
참고 at the end of… : …의 끝에[말(末)에]

(C) '명사 + 명사'의 형태를 취하는 경우

the shop window (= the window of the shop) : 그 가게의 창문
해설 명사(shop) + 명사(window)의 형태를 취하였다.

(D) '국가의 명칭'을 포함하는 '장소(場所)의 명칭', 그리고 '공공시설의 명칭'은, 's를 붙여 소유격을 만든다.

Korea's future : 한국의 미래(未來)
해설 '국가의 명칭'인 명사 "Korea" 다음에, 's를 붙여 소유격을 만들었다.

Seoul's streets : 서울의 거리
해설 도시 즉, 장소(場所)의 명칭인 "Seoul" 다음에, 's를 붙여 소유격을 만들었다.

the university's history : 그 대학교의 역사[연혁(沿革)]
> 해설 '공공시설의 명칭'인 "university"(대학교) 다음에, 's를 붙여 소유격을 만들었다.

(E) '무생물 명사'에 관용적으로 's를 붙여 소유격을 만드는 경우

at arm's length : 팔을 뻗으면 닿는 곳에
> 해설 "arm"은 무생물 명사이나, 's를 붙여 소유격을 만들었다.
> 참고 arm [aːrm] n. 팔. length [leŋθ] [레애앵(스)] n. 거리(distance). distance [dístəns] n. 거리(距離)

at a stone's throw : 돌을 던져서 닿을 곳에
> 해설 "stone"은 무생물 명사이나, 's를 붙여 소유격을 만들었다.
> 참고 stone [stoun] [스또우운] n. 돌. throw [θrou] [쓰로우] n. 던지기

③ 집합명사

집합명사의 소유격은 집합명사에 's를 붙여 소유격을 만든다.

the government's foreign policy : 정부의 외교정책
> 해설 집합명사 "government"에 's를 붙여, 소유격을 만들었다.
> 참고 government [gʌvərnmənt] n. 정부. "government" 앞에는, 일반적으로 정관사 "the"를 붙인다. foreign [fɔ́ːrən] a. 외국(外國)의, 대외적(對外的)인. policy [pɑ́ləsi] n. 정책

④ 복합명사(複合名詞)

복합명사의 소유격은, 복합명사의 마지막 명사 뒤에 's를 붙여 소유격을 만든다.

his father-in-law's car : 그의 장인(丈人)어른의 자동차
> 해설 복합명사 "father-in-law"의 마지막 명사 "law"에 's를 붙여, 소유격을 만들었다.
> 참고 father-in-law [fɑ́ːðərinlɔ̀ː] n. 장인(丈人), 시아버지

the professor of philosophy's room : 철학 교수님의 방
> 해설 복합명사 "professor of philosophy"의 마지막 명사 "philosophy"에 's를 붙여, 소유격을 만들었다.

two hours and a half's discussion : 2시간 반[30분]의 토론
해설 복합명사 "two hours and a half"의 마지막 명사 "half"에 's를 붙여, 소유격을 만들었다.
참고 discussion [diskʌʃn] n. 토론(討論)

half an hour's walk : 반 시간[30분]의 산책
해설 복합명사 "half an hour"의 마지막 명사 "hour"에 's를 붙여, 소유격을 만들었다.
참고 walk [wɔːk] [와아크 / 워어크] n. 걷기, 산책

⑤ 의인화(擬人化)된 추상명사

'의인화된 추상명사'는, 그 추상명사 뒤에 's를 붙여 소유격을 만든다.

heaven's will : 신의 뜻
해설 보통명사 "heaven"은 원래 '하늘'(sky)이라는 뜻이나, 여기서의 "heaven"은 '의인화된 추상명사'로서 '신'(神)이라는 뜻으로 쓰였다. 그러므로 '의인화된 추상명사'인 "heaven"뒤에, 's를 붙여 소유격을 만들었다.
참고 heaven [hévən] [헤븐] n. 하늘; 신(神); 천국. will [wil] n. 의지(意志), 뜻

⑥ 시간 또는 거리를 나타내는 명사

시간 또는 거리를 나타내는 명사는, 명사 뒤에 's를 붙여 소유격을 만든다.

(A) '시간'(時間)을 나타내는 명사의 소유격
today's plan : 오늘의 계획(= 오늘에 속하는 계획)
해설 '시간을 나타내는 명사'인 "today" 뒤에 's를 붙여, 소유격을 만들었다.

(B) '거리'(距離)를 나타내는 명사의 소유격
three miles' distance : 3마일의 거리(= 3마일에 속하는 거리; 3마일 걸리는 거리)
해설 '거리를 나타내는 명사'인 "miles"(단수: mile) 뒤에 's를 붙여, 소유격을 만들었다.

⑦ '공동 소유'(共同 所有)와 '단독 소유'(單獨 所有)의 경우

(A) 공동 소유의 소유격
'공동 소유'의 경우에는, 마지막 명사에 's를 붙여 소유격을 만든다.

The building is Mr. Kim and Mr. Park's.
(그 빌딩은 김 선생님과 박 선생님의 공동 소유입니다.)
해설 소유자(所有者)들인 'Mr. Kim and Mr. Park'(김 선생님과 박 선생님) 뒤에, 's를 붙여 소유격을 만들었다.
위 예문은 아래와 같이 바꾸어 쓸 수 있다.
= Mr. Kim and Mr. Park own the building jointly.
(김 선생님과 박 선생님은 그 빌딩을 공동으로 소유하고 있습니다.)
참고 jointly [dʒɔ́intli] ad. 공동(共同)으로, 함께(together)

(B) 단독 소유의 소유격
'단독 소유'의 경우에는, 각(各) 명사[소유자]에 's를 붙여 소유격을 만든다.

The two cars are Mr. Kim's and Mr. Park's.
(그 두 대의 자동차는 김 선생님의 것과 박 선생님의 것입니다.)
해설 각 소유자인 Mr. Kim과 Mr. Park 뒤에, 각각 's를 붙여 소유격을 만들었다.
위 예문은 아래와 같이 바꾸어 쓸 수 있다.
= Of the two cars, one is Mr. Kim's and the other is Mr. Park's.
(그 두 대의 자동차 중에서, 하나는 김 선생님의 것[즉 소유]이고, 다른 하나는 박 선생님의 것[즉 소유]입니다.)
참고 of [əv] [어어브(v)] prep. …중(中)의

⑧ 이중 소유격(二重 所有格)

'이중 소유격'은 '소유격 표현을 두 번 사용하는 것'을 말한다.
'a (an), this, that, some, any' 등과 같은 한정사와 '소유격 인칭대명사'가 함께 사용될 때는, "of"를 사용하여 이중 소유격을 쓴다. 그러므로 이중 소유격의 형태는 '한정사 + 명사 + of +

소유대명사'다.

He is *a* friend of mine. (그는 내 친구입니다.)
해설 "a friend of mine"이 '이중 소유격' 표현이다. 이는, '한정사(a) + 명사(friend) + of + 소유대명사(mine)'의 형태다.
위 예문과 같은 내용으로는 "He is a my friend."로 쓸 수도 있을 것 같으나, 실제로는 그렇게 쓸 수 없다. 그 이유는 '한정사'인 "a"와 '소유격 인칭대명사'인 "my"는 연이어 함께 쓸 수 없기 때문이다.
그래서 "of"를 사용하여 "a"와 "my"를 떼어 놓고, "my"를 '소유 대명사'인 "mine"으로 고쳤다.(즉 a my friend → a friend *of* my → a friend of **mine**)
"my"를 "mine"으로 고친 이유는, 소유격 인칭대명사 "my"(나의)는 혼자서는 쓸 수 없기 때문이다. 즉 "my" 뒤에는 원래 '명사'가 와야 한다. 그래서 "my" 대신에, '소유격 인칭대명사 + 명사'의 뜻인 '소유대명사'인 "mine"(나의 것)을 쓴 것이다.
참고 mine [main] pron. 나의 것, 내 것

'이중 소유격'은 조금 까다로운 표현이므로 예문을 한 개 더 들어 본다.

Have you met *any* friends of his? (그의 친구를 누구라도 만난 적이 있습니까?)
해설 "any friends of his"가 '이중 소유격' 표현이다. 이는, '한정사(any) + 명사(friends) + of + 소유대명사(his)'의 형태다.
위 예문과 같은 내용도 "Have you met any his friends?"로 쓸 수도 있을 것 같으나, 실제로는 그렇게 쓸 수 없다. 그래서 "of"를 사용하여 "any"와 "his"를 떼어 놓은 것이다.
소유격인칭대명사 "his"(그의)는 소유대명사의 형태도 "his"(그의 것)이기 때문에, "his"가 그대로 쓰였다.

⑨ 소유격 뒤에 오는 명사의 생략

명사의 소유격에서, 소유격 뒤에 오는 명사를 생략하기도 한다. 이는, 반복되는 것을 싫어하고 또한 줄이기를 좋아하는 영어의 성격에서 비롯되는 것이다.

(A) 명사의 반복을 피하기 위한 경우

This car is my wife's. (이 자동차는 내 아내의 자동차입니다.)

해설 명사의 소유격 wife's 다음에, 명사 "car"가 생략되었다. 동일한 명사인 "car"가 반복되는 것을 피하기 위해서다.

만일 "car"를 생략하지 않았다면 아래와 같은 문장이 된다.

= This car is my wife's *car*.

(B) 소유격 뒤에 'house, shop, store' 등의 명사가 오는 경우

He will stay at Mr. Kim's for a month.
(그는 김 선생님의 집에서 한 달간 머무를 것입니다.)

해설 명사의 소유격 Mr. Kim's 다음에, 명사 "house"가 생략되었다.

명사 "house"를 생략하지 않았다면 아래와 같은 문장이 된다.

= He will stay at Mr. Kim's *house* for a month.

Mr. Park has been to the barber's. (박 선생님은 이발소에 다녀왔습니다.)

해설 명사의 소유격 barber's 다음에, 명사 "shop"이 생략되었다.

명사 "shop"을 생략하지 않았다면 아래와 같은 문장이 된다.

= Mr. Park has been to the barber's *shop*.

참고 barber's: 이발소(理髮所). barber [bɑ́ːrbər] n. 이발사

She went to Mr. Min's to buy some food.
(그녀는 약간의 식품을 사기 위해, 민 선생님의 가게에 갔습니다.)

해설 명사의 소유격 Mr. Min's 다음에, 명사 "store"가 생략되었다.

명사 "shore"를 생략하지 않았다면 아래와 같은 문장이 된다.

= She went to Mr. Min's *store* to buy some food.

참고 food [fuːd] n. 식품(食品)

⑩ 소유격의 의미(意味)

'명사의 소유격'은 '소유자'(所有者)를 나타내는 의미 외에도, 다음과 같은 여러 다른 의미가 있다.

(A) '저작자'(著作者) 또는 '발명자'(發明者)를 나타낸다.

Hugo's novels : '위고'의 소설(= 위고가 저작자[저자]인 소설. 위고가 쓴 소설[novels which Hugo wrote])

참고 Hugo [hjúːgou] [휴우고우] n. 위고(Victor-Marie Hugo (1802-1885), 프랑스의 작가)
novel [nάvəl] [나아붜(v)어얼] n. 소설(小說)

Baird's television : '베어드'의 텔레비전(= 베어드가 발명(發明)한 텔레비전[television which Baird invented])

참고 Baird [bɛərd] n. 베어드(John Logie Baird (1888-1946), 영국의 발명가)
invent [invént] vt. …을 발명(發明)하다

(B) '주격(主格) 관계'를 나타낸다.

David's success : '데이비드'의 성공(= David succeeded.)

해설 성공의 주체는 "David"이다. 즉 "David"가 성공한 것이다.

참고 David [déivid] n. 데이비드(남자 이름)

the rise of the moon above the mountain : 달이 산 위로 떠오름(= The moon rose above the mountain.)

해설 산 위로 떠오른 주체는 "moon"이다. 즉 "moon"이 산 위로 떠오른 것이다.

참고 rise [raiz] n. 상승(上昇), 오름; vi. (달 등이) 뜨다〈과거: rose [rouz]〉

(C) '목적(目的) 관계'를 나타낸다.

Shakespeare's admirers : '셰익스피어'의 찬미자(讚美者)들(= 셰익스피어를 찬미하는 사람들 [those who admire Shakespeare])

해설 찬미(讚美)의 '목적'은 "Shakespeare"다.

참고 Shakespeare [ʃéikspiər] [쉐익스삐얼] n. 셰익스피어(William Shakespeare (1564-1616), 영국의 시인·극작가)
admire [ædmáiər] vt. …을 존경하여 칭찬하다(respect somebody for what they have done)

a statement of the case : 그 사건에 대한 진술(= state the case[그 사건을 진술하다 = 그 사건에 대해 진술하다])

해설 진술의 '목적'은 "case"(사건)이다.

참고 state [steit] vt. …을 진술(陳述)하다(explain). case [keis] n. 사건(事件)

(D) '대상(對象) 관계'를 나타낸다.
a **girls'** school : 여학교(女學校)(= a school for girls)
해설 "girls' school"은 여학생을 대상으로 하는 학교(중·고등학교)다. "girls"(단수: girl)에 '를 붙여, 소유격(girls')을 만들었다.

a **women's** college : 여자 대학(= a college for women)
해설 "women's college"는 여자 대학생을 대상으로 하는 대학이다. "women"(단수: woman)에 's를 붙여, 소유격(women's)을 만들었다.
참고 women [wímin] [위이민] n. "woman"의 복수형. college [kálidʒ] n. 대학

(E) '출처'(出處)를 나타낸다.
the **teacher's** letter : 그 선생님의 편지(= The teacher sent a letter.)
해설 편지를 보낸 분은 선생님이다. 즉 편지의 출처는 선생님이다.

(F) '설명'(說明)을 나타낸다.
a **doctor's** degree : 박사 학위(學位) (= a doctoral degree)
해설 "doctor's degree"라는 표현은, '박사에 관한 학위다'라는 설명이다.
참고 degree [digríː] n. 학위. doctoral [dáktərəl] [다악떠뤄얼] a. 박사(博士)의

(G) '기간'(期間)을 나타낸다.
two days' absence : 이틀간의 결석(= an absence of two days)
해설 two days'는 '이틀간의 기간'을 나타낸다. 즉 '결석이 2일의 기간 동안 계속되었다'(The absence lasted two days.)는 뜻이다.
"days"(단수: day)에 '를 붙여, 소유격을 만들었다.
참고 absence [ǽbsəns] [애앱쎈스] n. 결석(缺席). last [læst] vi. 계속되다, 이어지다(continue)

(H) '같음'을 나타낸다.
the city **of Daejon** : 대전시(大田市) (= Daejon is a city.)
해설 "the city"와 "Daejon"은 같다는 뜻이다. 즉 'the city = Daejon'이다.

(4) 명사의 성

'명사의 성(性, Gender)'은, 남성, 여성, 통성, 중성의 네 가지 종류가 있다. 각 성(性)의 예를 몇 개씩만 들어 본다.

> 참고 gender [dʒéndər] n. 성(性, sex), 성별(性別)

1) 남성(男性, Masculine Gender)

man(남자), father(아버지), husband(남편), prince(왕자)

> 참고 masculine [mǽskjulin] a. 남성(男性)의

2) 여성(女性, Feminine Gender)

woman(여자), mother(어머니), wife(아내), princess(공주)

> 참고 feminine [fémənin] a. 여성(女性)의

3) 통성(通性, Common Gender)

'통성 명사'는 남성과 여성 모두를 나타낼 때 사용하는 명사다. 따라서 통성명사를 '양성(兩性) 명사'라고 하기도 한다.

> 참고 common [kámən] a. 공통(共通)의

parent, student

> 해설 "parent"(부모)는 아버지와 어머니를 모두 포함하는 통성명사고, "student"(학생)는 남학생과 여학생을 모두 포함하는 통성명사다.

통성명사에 구체적인 성(性)이 나타나 있지 않을 때는 일반적으로 남성으로 받는다.
A student visited the college office and *he* asked them to issue a grade transcript.
(한 학생이 학교 사무소를 찾아와서는 성적증명서를 1통 발행해 달라고 요청했습니다.)

해설 통성명사 "student"를 "he"로 받았다. "he"는 '남성'이다. 위 예문의 경우는, '그 학생'이 남학생이었는지 아니면 여학생이었는지를 모르는 경우다.

참고 grade transcript: 성적증명서(成績證明書). grade [greid] n. 성적
transcript [trǽnskript] n. 등본(謄本, certified copy).
certified [sə́ːrtəfàid] a. 공인(公認)된. copy [kápi] [카아삐이] n. 사본(寫本)

4) 중성(Neuter Gender)

book, pen

해설 "book"(책)이나 "pen"(펜)은 '중성 명사'다. 중성명사는 '무생물(無生物) 명사'라고 하기도 한다.

참고 neuter [njúːtər] a. 중성(中性)의

(5) 명사의 전용

'명사의 전용(轉用)'이란, '명사들끼리 서로 돌려 사용한다'는 뜻이다. 보통명사를 추상명사로 돌려 사용하는 것이 그 예(例)다.

1) '보통명사'의 '추상명사'화(化)

'the + 보통명사'는 '추상명사'의 뜻이 있다. 즉 보통명사 앞에 "the"를 붙이면, 그 보통명사는 추상명사로 전용(轉用)된다.

The pen is mightier than the sword. (문[文]은 무[武]보다 강하다.)
해설 보통명사 "pen"(펜) 앞에 정관사 "the"를 붙임으로써, "the pen"은 '문'(文) 또는 '문장(文章)의 힘'이라는 '추상명사'로 바뀌었다.
또한 보통명사 "sword"(검[劍]) 앞에 정관사 "the"를 붙임으로써, "the sword"는 '무'(武) 또는 '무력'(武力)이라는 '추상명사'로 바뀌었다.

참고 mighty [máiti] a. 힘센(powerful)〈비교급: mightier〉.　sword [sɔːrd] [쏘어얼드] n. 검(劍)

He has **the beggar**. (그는 거지 근성을 가지고 있습니다.)
해설 보통명사 "beggar"(거지) 앞에 정관사 "the"를 붙임으로써, "the beggar"은 '거지 근성(根性)'이라는 '추상명사'로 바뀌었다.
참고 beggar [bégər] [배거얼] n. 거지

2) '고유명사'의 '보통명사'화

'고유명사의 보통명사화'는 고유명사가 보통명사로 바뀌는 경우다. 고유명사가 보통명사가 되었으므로, 일반적인 보통명사와 마찬가지로, '셀 수 있는 명사'가 된다.

He was **a Mr. Kim**. (그는 김 선생님이라는 사람이었습니다.)
해설 '고유명사' "Kim"(김 씨 성[姓])이, '보통명사' '김 선생님'으로 바뀐 경우다. 보통명사가 되었으므로 '셀 수 있는 명사'가 되어, "Mr. Kim" 앞에 부정관사 "a"가 붙었다. '김 선생님'이라는 '한 명의 사람'이기 때문이다.
"a Mr. Kim"은 '김 선생님이라는 어떤 사람'으로 번역된다.

There are **two Kims** among my friends.
(나의 친구 중에는 김 씨 성을 가진 사람이 두 명 있습니다.)
해설 고유명사 "Kim"(김 씨 성[姓])이, 보통명사 '김 씨 성을 가진 사람'으로 바뀌었다. 보통명사가 되었으므로 '셀 수 있는 명사'가 되어, "Kim" 뒤에 "s"가 붙었다.
"two Kims"는 '김 씨라는 성(姓)을 가진 사람 두 명'이라는 뜻이다.
참고 이미 설명한 바와 같이, "among"은 세 명 이상 사이에 대해 사용되는 전치사다. 두 명 사이에 대해서는 전치사 "between"을 사용한다.

참고 **유도 부사 there**

위 예문에서, "there"은 '유도 부사'(誘導 副詞)다.

유도부사는 1형식의 문장('주어 + 동사'의 문장)에서 '주어 + 동사'의 순서를 바꿀 때 쓰인다. 즉 '주어(S) + 동사(V)'의 순서를 '동사(V) + 주어(S)'의 순서로 바꿀 때 쓰인다.

위 예문은 원래는 "two Kims are"(주어 + 동사) 순서의 문장인데, 문장의 맨 앞에 "there"가 들어감으로써, "are two Kims"(동사 + 주어)가 되었다. 즉 '주어'와 '동사'의 순서가 서로 바뀌었다.

참고 **there is; there are**

유도부사 "there"을 이용한 "there is" 또는 "there are" 구문은 회화체에서 특히 많이 사용되므로, 이곳에서 간단히 살펴본다.

* **there is + 단수명사; there are + 복수명사 :**

(a) **There is** *a book* on the desk.

(책상 위에는 책이 한 권 있습니다.)

해설 "book"이 단수명사이므로 "there is"가 쓰였다. "is"는 단수동사다. "there is"는 '…이 있다'라고 해석한다. there is는 there's로 줄여 쓸 수 있다.

위 예문의 의문문 형태는 "**Is there** a book on the desk."(책상 위에 책이 한 권 있습니까?)고, 부정문의 형태는 "**There is not** a book on the desk."(책상 위에는 책이 없습니다.)다. there is not는 there isn't로 줄여 쓸 수 있다.

그리고 위 예문의 과거형은 "**There was** a book on the desk."(책상 위에는 책이 한 권 있었습니다.)다.

(b) **There are** *three pens* on the table.

(탁자 위에는 펜이 세 개 있습니다.)

해설 "pens"가 복수명사이므로 "there are"가 쓰였다. "are"는 복수동사다. "there are"도 '…이 있다'라고 해석한다.

위 예문의 의문문 형태는 "**Are there** three pens on the table."(탁자 위에 펜이 세 개 있습니까?)이고, 부정문의 형태는 "**There are not** three pens on the table."(탁자 위에는 펜이 세 개 없습니다.)이다. there are not은 there aren't로 줄여 쓸 수 있다.

그리고 위 예문의 과거형은 "**There were** three pens on the table."(탁자 위에는 펜이 세 개 있었습니다.)이다.

> *** there will be + 단수명사 또는 복수명사 :**
>
> **There will be** *snow* this afternoon.
> (오늘 오후에는 눈이 올 것입니다.)
>
> 해설 "there will be" 다음에 명사(snow)가 쓰였다. "there will be"는 '…할 것이다'라고 해석한다.
>
> 위 예문의 부정문 형태는 **"There will not be** snow this afternoon."(오늘 오후에는 눈이 오지 않을 것입니다.)이다. "will not"은 won't로 줄여 쓸 수 있다.
>
> ◆ won't [wount] [워운트]: "will not"의 '축약형'[단축형]임.
>
> *** there has been + 단수명사; there have been + 복수명사 :**
>
> (a) **There has been** *a car accident* on the road.
> (도로 위에 자동차 사고가 났어요.)
>
> 해설 "there has been"은 현재완료 시제다. 자동차 사고는 지금 막 났다는 것이다. "car accident"가 단수명사이므로 "has"가 쓰였다. "there has been"은 "there's been"으로 줄여 쓸 수 있다.
>
> (b) **There have been** many *car accidents* on the road.
> (도로 위에 자동차 사고가 많이 났군요.)
>
> 해설 "there have been"이 현재완료 시제다. "car accidents"가 복수명사이므로 "have"가 쓰였다.
>
> *** how many + 복수명사 + are there …? :**
>
> How many people **are there** in your office?
> (당신 사무실에는 몇 명이 있나요?)
>
> 해설 "how many" 다음에 복수명사(people)이 쓰여서, 복수동사(are)가 있는 "are there"이 왔다. 그리고 위 예문은 의문문이므로, "there are"는 "are there"로 그 어순이 바뀌었다.

The Kims visited his house yesterday.
(김 씨 집안사람들이 어제 그의 집을 방문했습니다.)

해설 "the Kims"는 '김 씨 집안사람들'이란 뜻이다. 고유명사 "Kim"에 "s"를 붙여 복수(Kims)를 만들고, "Kims" 앞에 정관사 "the"를 붙임으로써, 고유명사 "Kim"이 "the Kims"(김 씨 집안사람들[가족들])라는 보통명사로 바뀌었다.

The Johnsons loved their neighbors.
(존슨 부부는 이웃 사람들을 사랑했습니다.)

해설 "the Johnsons"는 '존슨 부부'(夫婦)라는 뜻이다. 고유명사 "Johnson"(존슨)에 "s"를 붙여 복수(Johnsons)를 만들고, "Johnsons" 앞에 정관사 "the"를 붙임으로써, "the Johnsons"(존슨 부부)라는 보통명사로 바뀌었다.

위 예문은 아래와 같이 바꾸어 쓸 수도 있다.

= Mr. Johnson and Mrs. Johnson loved their neighbors.

참고 우리나라의 경우에는 부부간의 성(姓)이 다르므로, 예를 들어 "the Kims"라고 할 때는 '김 씨 가족'이라고 번역할 수밖에 없다. 그러나 미국의 경우, 아내는 남편의 성(姓)을 따르기 때문에, 위 예문의 "the Johnsons"는 '존슨 부부(夫婦)'라고 번역한다.

Johnson [dʒánsn / dʒɔ́nsn] [좌아안슨/ 존슨] n. 존슨(사람의 성[姓])
Mrs. [mísiz] [미쎄에스] n. …부인(婦人)
neighbor [néibər] [네이버얼] n. 이웃, 이웃 사람. "gh"부분이 발음되지 않음을 주의하여야 함.

He is an Edison. (그는 '에디슨'과 같은 발명가[發明家]입니다.)

해설 "an Edison"은 '에디슨과 같은 발명가'라는 뜻이다. 고유명사 "Edison"(에디슨) 앞에 부정관사 "an"을 붙여, 보통명사 "an Edison"(에디슨과 같은 발명가[즉 그렇게 유명한 발명가])으로 바뀐 것이다.

부정관사 "an"에는 '…와 같은 (재능을 가진) 사람'이라는 뜻이 있다.

위 예문은 아래와 같이 바꾸어 쓸 수도 있다.

= He is an inventor like Mr. Edison.

참고 Edison [édəsn] [애더쓴] n. 에디슨(Thomas Alva Edison (1847-1931), 미국의 발명가)
like [라아이(크)] prep. …와 같은

He wishes to become a King Sejong.
(그는 세종대왕[世宗大王]과 같은 사람이 되기를 바라고 있습니다.)

해설 "a King Sejong"은 '세종대왕과 같은 사람'이라는 뜻이다. 고유명사 "King Sejong"(세종대왕) 앞에 부정관사 "a"를 붙여, 보통명사 "a King Sejong"(세종대왕과 같은 사람)으로 바뀌었다.

부정관사 "a"는 '…와 같은 (재능을 가진) 사람'이라는 뜻이다.

참고 wish [wiʃ] [위이쉬] vt. …하고 싶다〈3인칭 단수: wishes〉. wish to … : …하고 싶다(want to; hope to).
'세종대왕'은 "King Sejong the Great"으로 표현하기도 한다.

3) '물질명사'의 '보통명사'화

'물질명사의 보통명사화'란, 물질명사가 '그 물질로 만든 제품'을 나타내는 경우다.

She wears glasses. (그녀는 안경을 쓰고 있습니다.) (= 안경을 씁니다.)
해설 "glass"(유리)는 '물질명사'이나, 그 복수형인 "glasses"(안경)는 '보통명사'다. 즉 "glasses"는 '유리'라는 물질로 만든 제품이다.
그러므로 '물질명사'인 "glass"가, '보통명사'인 "glasses"로 바뀐 것이다.
참고 glass [glæs] n. 유리. glasses [glæ'səz] n. 안경. wear [wɛər] vt. (안경을) 쓰다

The store sells silks. (그 가게는 비단옷을 팝니다.)
해설 "silk"(비단)는 '물질명사'이나, 그 복수형인 "silks"(비단옷)는 '보통명사'다. 즉 "silks"는 '비단'이라는 물질로 만든 제품이다.
그러므로 '물질명사'인 "silk"가, '보통명사'인 "silks"(silk clothes)로 바뀐 것이다.
참고 sell [sel] vt. …을 팔다〈3인칭 단수: sells〉. silk [silk] n. 비단

4) '추상명사'의 '보통명사'화

'추상명사'가 보다 구체적인 존재를 나타낼 때는 '보통명사'가 된다.

She is a beauty. (그녀는 미인[美人]입니다.)
해설 "beauty"(아름다움)는 '추상명사'이나, "a beauty"(미인)는 '보통명사'다.
즉 '아름다움'(beauty)이라는 '추상명사'가, "she"(그녀)라는 구체적인 존재에 대하여 '미인'(a beauty)이라는 '보통명사'로 바뀐 것이다.
"beauty"가 보통명사로 바뀌었으므로 그 앞에 부정관사 "a"를 붙였다.
참고 beauty [bjúːti] [비우리이 / 뷰우티] n. 아름다움, 미모(美貌)

5) 추상명사의 관용적(慣用的)인 전용(轉用)

추상명사는 관용적으로 다른 품사로 전용되어 쓰이기도 한다. 다음과 같은 세 가지 경우다.

① 'of + 추상명사' → 형용사

It is *of use* tool. (그것은 유용한 도구입니다.)
해설 "of use"(of + 추상명사)가, 형용사 "useful"(유용[有用]한, 쓸모 있는)로 그 뜻이 바뀌었다. 그러므로 위 예문은 아래와 같이 바꾸어 쓸 수 있다.
= It is a *useful* tool.
참고 tool [tuːl] n. 도구(道具)
"useful"의 발음은 [júːsfəl]이다. 그러므로 부정관사 "a"를 썼다. "useful"의 첫 알파벳이 모음(u)이기는 하나, 그 발음이 모음(u)이 아니고 자음(ju)이므로, 모음에 붙이는 부정관사 "an"을 쓰지 않고 자음에 붙이는 부정관사 "a"를 쓴 것이다.

② 'all + 추상명사' → 'very + 형용사'(매우 …한)

She is *all beauty*. (그녀는 매우 아름답습니다.)
해설 "all beauty"(all + 추상명사)가, "very beautiful"(very + 형용사)로 그 뜻이 바뀌었다. 그러므로 위 예문은 아래와 같이 바꾸어 쓸 수 있다.
= She is *very beautiful*.

③ '전치사 + 추상명사' → 부사

He finished the work *with ease*. (그는 그 일을 쉽게 끝냈습니다.)
해설 "with ease"(전치사 + 추상명사)가, 부사 "easily"(쉽게)의 뜻으로 바뀌었다. 그러므로 위 예문은 아래와 같이 바꾸어 쓸 수 있다.
= He finished the work *easily*.
참고 finish [fíniʃ] vt. …을 끝내다. ease [iːz] n. 쉬움, 용이(容易)함

He made a mistake *on purpose*. (그는 고의로 실수를 했습니다.)
해설 "on purpose"(전치사 + 추상명사)가, 부사 "purposely"(고의[故意]로)의 뜻으로 바뀌었다. 그러므로 위 예문은 아래와 같이 바꾸어 쓸 수 있다.

= He made a mistake purposely.
(참고) make a mistake: 실수(失手)하다〈과거형: made a mistake〉
purposely [pə́ːrpəsli] ad. 고의로(on purpose; intentionally [inténʃənəli])

(6) '명사 + 전치사구'를 '명사 + 명사'로 바꾸어 쓰기

'명사 + 전치사구'는 '명사 + 명사'의 형태로 바꾸어 쓰기도 한다.

a *chair* with arms = an arm chair : 팔걸이 의자
(해설) '명사(chair) + 전치사구(with arms)'를, '명사(arm) + 명사(chair)'의 형태로 바꾸어 썼다.
(참고) '전치사 + 명사'의 형태를 '전치사구'(前置詞句)라고 한다. 전치사구에 대해서는 '전치사' 편에서 설명한다.

a *cloth* for table = a table cloth : 식탁보(食卓褓)
(해설) '명사(cloth) + 전치사구(for table)'를, '명사(table) + 명사(cloth)'의 형태로 바꾸어 썼다.
(참고) cloth [klɔːθ] n. 식탁보; 천

the *door* of the room = the room door : 방문(房門)
(해설) '명사(door) + 전치사구(of the room)'를, '명사(room) + 명사(door)'의 형태로 바꾸어 썼다.

the *committee* on development = the development committee : 발전위원회(發展委員會)
(해설) '명사(committee) + 전치사구(on development)'를, '명사(development) + 명사(committee)'의 형태로 바꾸어 썼다.
(참고) development [divéləpmənt] n. 발전. committee [kəmíti] n. 위원회

'명사 + 전치사구'를 '명사 + 명사'의 형태로 바꾸어 쓰는 경우, '명사 + 명사'에서 앞의 명사는 뒤의 명사를 마치 형용사처럼 수식하므로, 앞의 명사는 대부분 단수 형태를 취한다. 앞에서 든 네 개의 예에서도, 앞의 명사는 모두 단수 형태였다.

하지만 아래와 같이 앞의 명사가 복수 형태를 취하는 경우도 있다.
an *economics* professor : 경제학 교수
a *sports* car : 스포츠 카(경주용 자동차)

Chapter 2
대명사

'대명사'(代名詞, Pronoun)는, '명사 대신(代身) 쓰이는 품사'다. 대명사는 문장 속에서 같은 명사가 반복되는 것을 피하기 위하여 사용한다. 그러므로 대명사는, 같은 것이 반복되는 것을 싫어하는 영어의 성질에서 유래된 것이다.
'I, you, he, him, she, her, this, that' 등이 '대명사'다.
> 참고 pronoun [próunàun] n. 대명사

A: Do you know *that man*? (저 남자를 압니까?)
B: Yes, I know him. (예, 압니다.)
> 해설 "him"이 '대명사'다. "him"은 "that man"을 가리킨다.

명사 "man"이 반복되는 것을 피하기 위하여, "the man" 대신 "him"을 사용한 것이다.

'대명사'는 ①인칭대명사, ②소유대명사, ③재귀대명사, ④지시대명사, ⑤부정대명사, ⑥ 의문대명사, ⑦관계대명사의 일곱 가지 종류로 나눌 수 있다.
아래에서 위 대명사들에 대하여 하나씩 살펴본다.

(1) 인칭대명사

'인칭대명사'(人稱代名詞, Personal Pronoun)는, '사람을 가리킬 때' 즉 '인칭(人稱)할 때' 사용하는 대명사다. 인칭대명사의 종류는 다음과 같다.
> 참고 personal [pársənl] a. 인칭(人稱)의, 인칭을 나타내는

1) 인칭대명사의 '인칭'에 따른 종류

인칭대명사는 '인칭' 즉 '가리키는 사람(person)'이 누구냐에 따라, 1인칭 대명사, 2인칭 대명사, 3인칭 대명사의 세 가지 종류가 있다.

① 1인칭 대명사(1人稱 代名詞, First Person Pronoun)

'1인칭'은 '말을 하고 있는 자기 자신'을 가리키며, 그러한 '1인칭을 나타내는 대명사'가 1인칭 대명사다.

I am happy. (= I'm happy.) (나는 행복합니다.)
  해설 "I"가 '1인칭 대명사'다. "I"(나는)는 '말을 하고 있는 자기 자신'을 가리킨다.
  참고 줄여 쓰고자 하는 영어의 경향에 따라, 회화체 영어에서는 "I am" 대신, 그 축약형(short form)인 "I'm"을 많이 쓴다. person [pə́ːrsn] n. 인칭(人稱); 사람

② 2인칭 대명사(2人稱 代名詞, Second Person Pronoun)

'2인칭'은 '대화의 상대방'을 가리키며, 그러한 '2인칭을 나타내는 대명사'가 2인칭 대명사다.

You are healthy. (= You're healthy.) (당신은 건강합니다.)
  해설 "you"가 '2인칭 대명사'다. "you"(당신은)는 '대화의 상대방'을 가리킨다.
  참고 healthy [hélθi] a. 건강한. You are = You're [júər] [유우얼]

③ 3인칭 대명사(3人稱 代名詞, Third Person Pronoun)

'3인칭'은 '대화의 대상이 되고 있는 제3자(당사자 이외의 사람)'를 가리키며, 그러한 '3인칭을 나타내는 대명사'가 3인칭 대명사다.

He is a doctor. (= He's a doctor.) (그는 의사 선생님입니다.)
  해설 "he"가 '3인칭 대명사'다. "he"(그는)는 '대화의 대상이 되고 있는 제3자'를 가리킨다. 즉 "he"는, '말하는 자신'(1인칭)이나 '자신의 말을 듣고 있는 상대방'(2인칭)이 아닌, 다른 사람이다.
  참고 He is = He's [híːz] [히이이스]. doctor [dɑ́ktər] [다악떠얼] n. 의사

2) 인칭대명사 'we, you, they'의 특별 용법

인칭대명사 중 'we, you, they'는, 막연한 일반 사람(anyone, people 등)을 가리키는 경우에도 쓰인다.

We usually have a lot of snow in January. (보통 1월에는 눈이 많이 옵니다.)
해설 "we"는 '막연한 일반 사람'을 가리킨다. 그러므로 "we"는 해석하지 않는다.
위 예문은 아래와 같이 바꾸어 쓸 수 있다.
= It usually snows a lot in January.
참고 usually [júːʒuəli] ad. 보통(은), 대개
snow [snou] n. 눈; vi. 눈이 내리다〈3인칭 단수: snows〉. a lot of: 많은. a lot: 많이

You should keep the laws. (법을 지켜야 합니다.)
해설 "you"도 '막연한 일반 사람'을 가리킨다. 그러므로 해석하지 않는다. 위 예문은 아래와 같이 바꾸어 쓸 수 있다.
= Everyone should keep the laws.
참고 keep the law: 법을 지키다. keep [kiːp] vt. (법률 등을) 지키다. law [lɔː] [러어 / 로오] n. 법, 법률

They say this winter will be very cold. (올겨울은 매우 추울 것이라고 합니다.)
해설 "they"도 '막연한 일반 사람'을 가리킨다. 그러므로 해석하지 않는다. 위 예문은 아래와 같이 바꾸어 쓸 수 있다.
= People say this winter will be very cold.
참고 They say… : 사람들이 …라고들 한다.

3) 인칭대명사의 '격'(格, Case)에 따른 종류

인칭대명사를 '격'에 따라 분류하면, ①주격 (인칭)대명사, ②소유격 (인칭)대명사, ③목적격 (인칭)대명사의 세 가지 종류로 나눌 수 있다.

① 주격 (인칭)대명사(Subjective Case Pronoun)

'주격 인칭대명사'는 문장에서 '주어'로 쓰이는 대명사다.

> 참고 subjective [səbdʒéktiv] a. 주격(主格)의, 주어의

I like reading books. (나는 독서를 좋아합니다.)

> 해설 "I"가 '주격 대명사'다. "I"(나는)는 문장에서 '주어'로 쓰이고 있다.

> 참고 "reading"은 동사 "like"의 목적어인데, '동명사'다. 그리고 "book"은 동명사 "reading"의 목적어다.

② 소유격 (인칭)대명사(Possessive Case Pronoun)

'소유격 인칭대명사'는 '누가 무엇을 소유하고 있는 것'을 나타낼 때 쓰이는 대명사다.

> 참고 possessive [pəzésiv] a. 소유격(所有格)의, 소유(所有)의

This is his book. (이것은 그의 책입니다.)

> 해설 "his"가 '소유격 대명사'다. "his"(그의)는 '그가 소유(所有)하는'의 뜻이다.

> 참고 '소유격 대명사'는 '소유격 인칭대명사'와 같은 말이다.
> '소유격 인칭대명사'를 '소유 형용사'(Possessive Adjective)라고 하기도 한다. 그 이유는, 위 예문의 경우와 같이 소유격 인칭대명사(his) 다음에 명사(book)가 오기 때문이다.

③ 목적격 (인칭)대명사(Objective Case Pronoun)

'목적격 인칭대명사'는 문장에서 '목적어'로 쓰이는 대명사다. 그러므로 목적격 인칭대명사는 동사 다음의 목적어 자리에 온다.

> 참고 objective [əbdʒéktiv] a. 목적격(目的格)의

He loves her. (그는 그녀를 사랑합니다.)

> 해설 "her"가 '목적격 (인칭)대명사'다. "her"(그녀)는 동사 "love"의 목적어다.

4) "it" 대명사의 특별 용법

"it" 대명사는 중성(中性) 단수(單數)로 쓰이며, '동물 또는 사물' 등을 가리키는 데 사용된다.

That is my *puppy*. It is very cute. (저건 내 강아지야. 매우 귀여워요.)
해설 대명사 "it"은 동물 "puppy"를 가리키고 있다. 근래에는 애완견에 대하여 "she" 또는 "he" 대명사를 사용하기도 한다.
참고 puppy [pʌpi] n. 강아지(a young dog). cute [kjuːt] a. 귀여운. It is = It's

한편 "it"은 ①'날씨, 시간' 등을 나타내기도 하고, ②'가주어'나 '가목적어'로 쓰이며, ③"It is ~ that"의 강조 구문으로도 사용된다.

① '비인칭 대명사'(非人稱 代名詞)로 쓰이는 it

"it"은 '날씨, 시간' 등을 나타내는 '비인칭 대명사'로도 쓰인다. 이때 "it"은 해석하지 않는다.

(A) 날씨

It is snowing outside. (밖에 눈이 내리고 있습니다.)
해설 "it"은 '날씨'(눈이 내리는)를 나타내고 있다.
참고 snow [snou] vi. 눈이 내리다. outside [áutsáid] ad. 밖에

(B) 명암(明暗, 밝고 어두움)

It is getting dark. (어두워지고 있습니다.)
해설 "it"은 '명암'(여기서는 '어두워지는')을 나타내고 있다.
참고 get dark: 어두워지다
dark [daːrk] a. 어두운〈비교급: darker〉. It is getting darker.(더 어두워지고 있습니다.)

(C) 시간

A: What time is it now? (지금 몇 시예요?)
B: It is 2 p.m. (오후 2시입니다.)
해설 "it"은 '시간'을 나타내고 있다.

> **참고** "What time ~ ?"과 "When ~ ?"의 차이: "what time"은 구체적인 시간을 가리키고, "when"은 개략적인 시간을 가리킨다.
> "What time do you leave?"는 '(구체적으로) 몇 시에 떠납니까?'지만, "When do you leave?"는 '(개략적으로) 언제 떠납니까?'라는 뜻이다.

(D) 날짜

A: What's the date today? (오늘이 며칠인가요?)
B: It is May 31. (5월 31일입니다.)

> **해설** "it"은 '날짜'를 나타내고 있다. "May 31"은 "May thirty-first"라고 읽는다.

> **참고** "It is May 31."는 아래와 같이 바꾸어 쓸 수도 있다.
> = Today is May 31. = It is the 31st of May.
> What's [hwəts] [와앗(츠)] = What is
> what [hwət] [와아츠] pron. 어떤 (일자[日字]), 무슨, 무엇. 알파벳 "h"가 발음되지 않음을 주의하여야 함.

(E) 요일(曜日)

A: What day is it today? (오늘이 무슨 요일입니까?)
B: It is Wednesday. (수요일입니다.)

> **해설** "it"은 '요일'을 나타내고 있다.
> "It is Wednesday."는 아래와 같이 바꾸어 쓸 수도 있다.
> = Today is Wednesday.

> **참고** Wednesday [wénzdei] [왠즈데이] n. 수요일. 알파벳 "d"가 발음되지 않음을 주의하여야 함.

(F) 계절(季節)

It is summer now. (지금은 여름입니다.)

> **해설** "it"은 '계절'을 나타내고 있다.

> **참고** summer [sʌmər] [써머얼] n. 여름

(G) 거리

A: How far is it form here to the subway station?
(여기서 지하철역까지 얼마나 멉니까?)
B: It is about 300 meters. (약 300미터입니다.)

> **해설** "it"은 '거리'를 나타내고 있다.

참고 subway station: 지하철역
subway [sʌ́bwei] n. 지하철. station [stéiʃən] [스떼이션] n. 역(驛), 정거장

(H) 막연한 상황

How is it going these days? (= How's it going these days?)
(요즘 어떻게 지내세요?)

해설 "it"은 '막연한 상황(狀況)'을 나타내고 있다.

참고 these days: 요즘, 최근에. How's it going? : 어떻게 지냅니까? How's = How is

② '가주어'(假主語) 또는 '가목적어'(假目的語)로 쓰이는 it

(A) '가주어'로 쓰이는 "it"

It is difficult *to solve the problem*. (그 문제를 푸는 것은 어렵습니다.)

해설 "it"이 '가주어'다. '진주어'(眞主語)는 명사구 "to solve the problem"이다.
즉 "it"은 '가짜 주어'일 뿐이고, '진짜 주어'는 "to solve the problem"이다. 그러므로 "it = to solve the problem"의 관계가 성립한다.
'가주어'는 '형식상의 주어'라고도 한다.

(B) '가목적어'로 쓰이는 "it"

He thinks it difficult *to solve the problem*.
(그는 그 문제를 푸는 것이 어렵다고 생각합니다.)

해설 "it"이 가목적어다. '진목적어'(眞目的語)는 명사구 "to solve the problem"이다.
즉 "it"은 '가짜 목적어'고, '진짜 목적어'는 "to solve the problem"이다.
그러므로 "it = to solve the problem"의 관계가 성립한다.
'가목적어'는 '형식상의 목적어'라고도 한다.

③ "It is ~ that"의 '강조 구문'(强調 句文)

"It is ~ that"의 강조 구문은, "It is"와 "that" 사이에 오는 '단어' 또는 '구'(句)를 강조하는 구문이다.
"that" 이하는, "It is" 다음에 온 단어 또는 구를 수식하여 설명한다.

"It is ~ that" 구문은, 단지 "It is" 다음에 오는 단어 또는 구를 강조만 하는 것이기 때문에, "It is"와 "that"을 빼 버려도 대부분의 경우 문장이 온전히 성립한다.

She met Min-su at the party yesterday.
(그녀는 어제 파티에서 '민수'를 만났습니다.)
예를 들어 위와 같은 문장은, "It is ~ that" 구문을 사용하여 아래와 같이 여러 형태로 강조될 수 있다.

(A) 주어[She]를 강조하는 경우

It was *she that* met Min-su at the party yesterday.
(어제 파티에서 민수를 만난 사람은 '그녀'였습니다.)

해설 "It was"와 "that" 사이의 단어인 "she"를 강조한 경우다.
위 문장에서 "It was"와 "that"을 빼면 "She met Min-su at the party yesterday."인데, 이는 하나의 완전한 문장으로 아무런 손색이 없다.
위 문장은 아래와 같이 바꾸어 쓸 수도 있다.

= It was *she who* met Min-su at the party yesterday.

참고 "Min-su"는 남자 이름이다. "who"는 '(주격) 관계대명사'다.

(B) 부사구[at the party]를 강조하는 경우

It was *at the party that* she met Min-su yesterday.
(그녀가 어제 민수를 만난 것은 '파티에서'였습니다.)

해설 "It was"와 "that" 사이의 '구'(句)인 "at the party"를 강조한 경우다.
위 문장에서 "It was"와 "that"을 빼면 "At the party she met Min-su yesterday."인데, 이는 완전한 문장이다.
위 문장은 아래와 같이 바꾸어 쓸 수 있다.

= It was *at the party where* she met Min-su yesterday.

참고 "where"는 '관계부사'다.

(C) 부사[yesterday]를 강조하는 경우

It was *yesterday that* she met Min-su at the party.
(그녀가 파티에서 민수를 만난 것은 '어제'였습니다.)

해설 "It was"와 "that" 사이의 단어인 "yesterday"를 강조한 경우다.
"It was"와 "that"을 빼면 "Yesterday she met Min-su at the party."인데, 이는 완전한 문장이다.
위 문장은 아래와 같이 바꾸어 쓸 수 있다.
= It was *yesterday* **when** she met Min-su at the party.
참고 "when"은 '관계부사'다.

(D) 목적어[Min-su]를 강조하는 경우

It was *Min-su* that she met at the party yesterday.
(그녀가 어제 파티에서 만난 사람은 '민수'였습니다.)
해설 "It was"와 "that" 사이의 단어인 "Min-su"를 강조한 경우이다.
위 문장은 아래와 같이 바꾸어 쓸 수 있다.
= **It was** *Min-su* **whom** she met at the party yesterday.
참고 "whom"은 '(목적격) 관계대명사'다.

(2) 소유대명사

'소유대명사'(所有代名詞, Possessive Pronoun)는, '소유격 인칭대명사 + 명사' 대신 사용하는 대명사다. '소유 대명사'는 말 그대로 '소유'(所有)를 나타내는 '대명사'다.
소유대명사로는 'mine, ours, yours, his, hers, theirs' 등이 있다.

That book is mine. (저 책은 나의 것입니다.) (= 나의 소유입니다.)
해설 "mine"이 '소유 대명사'다. "mine"(나의 것)은 "my book"의 뜻이다. 즉 "mine"은, 'my(소유격 인칭대명사) + book(명사)' 대신 쓴 것이다.

The white car at the parking lot is his.
(주차장에 있는 그 흰색 자동차는 그의 것입니다.) (= 그의 소유입니다.)
해설 "his"가 '소유 대명사'다. "his"(그의 것)는 "his car"의 뜻이다. 즉 "his"는 'his(소유격 인칭대명사) + car(명사)' 대신 쓴 것이다.

> 참고 소유대명사 "his"는, 소유격 인칭대명사 "his"와 그 형태가 같다.
parking lot: 주차장(駐車場). parking [pɑ́ːrkiŋ] n. 주차. lot [lat] [라아(트)] n. (토지 등의) 한 부분

He spent his summer vacation at his uncle's.
(그는 여름 방학을 삼촌 집에서 보냈습니다.) (= 삼촌 소유의 집에서 보냈습니다.)
> 해설 uncle's가 '소유 대명사'다. uncle's는 "uncle's house"의 뜻이다. 즉 uncle's는 'uncle's(소유격 인칭대명사) + house(명사)' 대신 쓴 것이다.

> **주의** '소유 대명사'와 '소유격 인칭대명사'
> '소유 대명사'는 '소유격 인칭대명사'와 구별하여야 한다. 예를 들면 "mine"은 '소유 대명사'이지만, "my"는 '소유격 인칭대명사'다.

(3) 재귀대명사

'재귀대명사(再歸代名詞, Reflexive Pronoun)'는, 주어의 행위가 주어로 '되돌아가도록' 즉 '재귀(再歸)되도록' 하기 위하여 사용하는 대명사다.
> 참고 reflexive [rifléksiv] a. 재귀(再歸)의

1) 재귀대명사의 형태

재귀대명사의 형태는 '인칭대명사 + self'다.
'1인칭 재귀대명사'는 myself(복수형은 ourselves)고, '2인칭 재귀대명사'는 yourself(복수형은 yourselves)며, '3인칭 재귀대명사'는 himself, herself, itself, oneself(복수형은 themselves)다.

2) 재귀대명사의 용법(用法, Usage)

① 동사 또는 전치사의 목적어

(A) '동사의 목적어'인 재귀대명사

He *killed* himself. (그는 자살했습니다.)

해설 "himself"가 '재귀 대명사'다. 재귀대명사 "himself"는 'him(인칭대명사) + self'의 형태를 하고 있다.

'주어'(he)의 '행위'(kill)가 '주어 자신'(himself)에게 "되돌아갔다." 즉 '재귀'(再歸)되었다. 자기가 자기 자신을 죽인 것이다.

재귀대명사 "himself"는 동사 "kill"의 목적어다.

만약 목적어 자리에 "him"을 쓴다면, 주어(he)와 목적어(him)가 같게 되어 이상한 문장이 된다. 그래서 "him"에 "self"를 붙여 목적어를 "himself" 형태로 만든 것이다.

위 예문은 아래와 같이 바꾸어 쓸 수 있다.

= He committed suicide.

참고 commit suicide: 자살(自殺)하다. commit [kəmít] vt. (죄 등을) 저지르다, 범하다
suicide [sjúːəsàid] n. 자살. usage [júːsidʒ] n. 용법(用法)

(B) '전치사의 목적어'인 재귀대명사

She thinks *of* herself only and is very selfish.

(그녀는 자신만을 생각하므로 매우 이기적입니다.)

해설 "herself"가 '재귀대명사'다. 재귀대명사 "herself"는 전치사 "of"의 목적어다.

참고 think of … : …을 생각하다. selfish [sélfiʃ] a. 이기적(利己的)인

② 주어 또는 보어를 강조

(A) '주어를 강조'하는 재귀대명사

Min-su did the work himself. ('민수' 자신이 그 일을 했습니다.)

해설 재귀대명사 "himself"는, 주어 "Min-su"를 강조하고 있다.

강조의 경우, 재귀대명사의 위치는 자유롭다. 따라서 위 예문은 아래와 같이 바꾸어 쓸 수도 있다.

= *Min-su* himself did the work.

(B) '보어를 강조'하는 재귀대명사

It was *Min-su* **himself** that did the work. (그 일을 한 것은 '민수' 자신입니다.)

해설 재귀대명사 "himself"는, (주격)보어 'Min-su'를 강조하고 있다.

위 예문은, 위 (A)의 예문을 'It is ~ that 의 강조 구문'을 사용하여 바꾸어 쓴 것이다.

③ 인칭대명사 대신 쓰이는 재귀대명사

재귀대명사는 인칭대명사 대신 쓰이기도 한다. 특히 뜻을 분명히 나타내고자 하는 경우에 그러하다.

My friend and **myself** went hiking yesterday.
(내 친구와 나는 어제 하이킹하러 갔습니다.)

해설 "myself"가 '재귀대명사'다. 인칭대명사 "I"(나) 대신 재귀대명사 "myself"(나 자신)를 쓴 것은, '나'를 강조하기 위한 것이다. 즉 '다른 사람도 아닌 **내가** 그와 함께 하이킹을 갔다'는 것을 분명히 하기 위한 것이다.

그러므로 당연히 위 예문은 아래와 같이 바꾸어 쓸 수 있다.

= My friend and I went hiking yesterday.

참고 go hiking: 하이킹하러 가다⟨과거형: went hiking⟩

3) '전치사 + 재귀대명사' 형태의 관용어(慣用語, Idiom)

'전치사 + 재귀대명사' 형태의 관용어의 예(例)는 다음과 같다.

(a) by oneself : 혼자, 혼자서(alone)

She stayed at home **by herself**. (= She stayed at home **alone**.)
(그녀는 집에 혼자 머물렀습니다.)

참고 stay [stei] vi. (…에) 머무르다. stay at home: 집에[집에서] 머무르다(= stay home)
idiom [ídiəm] [이디이어엄] n. 숙어, 관용구, 관용어

(b) for oneself : 혼자 힘으로(on one's own)

He accomplished the work *for himself*. (= He accomplished the work **on his own**.)

(그는 그 일을 혼자 힘으로 해냈습니다.)

> 참고 accomplish [əkámpliʃ] vt. (일, 임무 등을) 완수(完遂)하다, 해내다(achieve)
> achieve [ətʃíːv] vt. (노력하여) 성취하다, 달성하다. on one's own: 혼자 힘으로, 자기 스스로

(4) 지시대명사

1) 지시대명사란?

'지시대명사'(指示代名詞, Demonstrative Pronoun)는, '어떤 특정한 대상(사물 또는 사람)을 가리키는' 데, 즉 '지시'(指示)하는 데 사용하는 대명사다.
'지시 대명사'로는 'this, that, these, those' 등이 있다.

> 참고 demonstrative [dəmánstrətiv] a. 지시적(指示的)인, 지시하는

A: Is *this* your book? (이것이 당신 책입니까?)
B: Yes, *that* is my book. *That* book is mine.
(예, 그것은 제 책입니다. 그 책은 저의 것입니다.)

> 해설 "this"와 "that"이 '지시 대명사'다. "this"와 "that"은 모두 특정한 사물인 "book"을 가리키고 있다.
> 참고로, "that book"에서 "that"은 '지시 형용사'다. 즉 지시대명사(that) 다음에 바로 명사(book)가 오면, '지시 대명사'의 성격이 '지시 형용사'로 바뀐다.

This is Mr. Kim. (이분은 김 선생님이십니다.)

> 해설 "this"가 '지시 대명사'다. "this"는 '사람'(Mr. Kim)을 가리킨다.
> 위 예문과 같이, 사람을 소개할 때는 보통 "this"를 사용한다.

2) 지시대명사의 종류

① 명사의 반복을 피하기 위한 지시대명사 "that"과 "those"

The territory of the US is much larger than *that* of South Korea.
(미국의 영토[領土]는 한국의 영토보다 훨씬 더 넓습니다.)
해설 "that"은 "the territory"를 가리킨다. 명사 "territory"가 반복되는 것을 피하기 위하여, 명사 "territory" 대신 지시대명사 "that"을 사용하였다.
참고 the US = the U.S. = the United States = The United States of America: 미국[미합중국]

The books on this desk are heavier than *those* on that table.
(이 책상 위의 책들은 저 탁자 위의 책들보다 무겁습니다.)
해설 "those"는 "the books"를 가리킨다. 명사 "book"이 반복되는 것을 피하기 위하여, 명사 "books" 대신 지시대명사 "those"를 사용하였다.
참고 heavy [hévi] a. 무거운⟨비교급: heavier⟩

② 앞에 나온 문장 전체를 받는 "this"와 "that"

He was a strong leader. *This* persuaded people to elect him as a mayor.
(그는 강력한 지도자였습니다. 이 점 때문에 사람들이 그를 시장으로 뽑았습니다.)
해설 "this"는 앞에 나온 문장 전체를 받는다. 즉 'this = He was a strong leader'이다.
참고 persuade [pərswéid] vt. (…를 설득하여) … 시키다((to))

He told her an interesting story. *That* made her pleased.
(그는 그녀에게 재미있는 이야기를 했습니다. 그것이 그녀를 기쁘게 했습니다.)
해설 "that"은 앞에 나온 문장 전체를 받는다. 즉 'that = He told her an interesting story.'이다.
참고 pleased [pliːzd] a. 기뻐하는

③ '전자'(前者)와 '후자'(後者)를 가리키는 "this"와 "that"

A balanced diet and *exercise* are essential for good health. *That* provides your

body with the nutrients it requires, while this promotes muscular development.
(균형 잡힌 음식과 운동은 건강에 필수적입니다. 전자는 몸이 요구하는 영양물을 공급하고, 한편 후자는 근육의 발달을 촉진시킵니다.)

해설 "that"은 '전자'(앞의 것) 즉 "a balanced diet"를 가리키고, "this"는 '후자'(뒤의 것) 즉 "exercise"를 가리킨다.
전자를 "the former", 후자를 "the latter"라고 표현하기도 한다.

참고 diet [dáiət] n. 다이어트. nutrient [njúːtriənt] n. 영양물(營養物)
muscular ['mʌskjələr] [머어스킬럴] a. 근육(筋肉)의
former [fɔ́ːrmər] a. (the former) 전자(前者)의. latter [lǽtər] [래애럴] a. (the latter) 후자(後者)의
provide A(사람) with B(사물) [= provide B to A] : A에게 B를 공급(供給)하다(supply, furnish)
furnish [fɔ́ːrniʃ] vt. 제공(提供)하다, 공급하다

④ Those who (~하는 사람들)

A man who breaks the law harms those who keep it.
(법을 어기는 사람은 법을 지키는 사람들에게 해(害)를 끼치는 것입니다.)

해설 "those who"는 '~하는 사람들'(people who)이라는 뜻으로, 복수(複數)다. 그러므로 복수동사 "keep"이 왔다.
"A man who breaks the law"가 주부[주어]고, "harm"이 동사다.

참고 break the law: 법(法)을 어기다, 법을 위반(違反)하다.
keep the law: 법을 지키다, 법을 준수(遵守)하다. "it"은 "the law"를 가리킨다.

참고 He who (~하는 사람)

He who hesitates will lose the race.
(속담: 머뭇거리는 사람은 경주(競走)에서 진다.)

해설 "he who"는 '~하는 사람'이라는 뜻으로, 단수(單數)다. 그러므로 단수동사 "hesitates"가 왔다.

◆ lose [luːz] vt. (경주 등에서 상대방에게) 지다, 패(敗)하다.
조동사 "will"은 '경향'(傾向)을 나타낸다.

---

⑤ Such as … : …과 같은

Car companies **such as** Hyundai and Ford manufacture their automobiles in many different countries around the world.
('현대'[現代]와 '포드' 같은 자동차 회사는 전 세계 여러 다른 나라에서 자신들의 차량을 생산합니다.)

해설 "such as"는 '…과 같은'의 뜻이다. 따라서 "such as"는 예(例)를 들 때 사용한다. 위 문장에서는 "Hyundai"와 "Ford"가 예다.

참고 manufacture [mænjufǽktʃər] vt. 제조하다, 생산하다
automobile [ɔ́ːtəməbíːl] [아어러모비이을] n. 자동차[차량(車輛)](car). around the world: 전 세계적으로

⑥ As such : 그것으로서

He is a good man, and he should be treated **as such**.
(그는 착한 사람이므로, 착한 사람으로서의 대접[待接]을 받아야 합니다.)

해설 "as such"는, '그것으로서' 즉 '착한 사람(good man)으로서'의 뜻이다. 그러므로 "such"는 "a good man"을 가리킨다.

참고 good [gud] a. 착한, 선(善)한. treat [triːt] vt. 대우(待遇)하다⟨과거 및 과거분사: treated⟩

⑦ Such … that ~ : … 이므로 ~ 하다

He is **such** a kind man **that** everybody likes him.
(그는 친절한 사람이므로 모든 사람이 그를 좋아합니다.)

해설 such(친절한 사람)이므로, that(모든 사람이 그를 좋아한다)한다는 것이다. '친절한 사람'은 "a kind man"이고, '모든 사람이 그를 좋아한다'는 "everybody likes him"이다.
'such … that ~'은, 'so + 형용사[부사] + that ~'와 같은 뜻이다.
그러므로 위 예문은 아래와 같이 바꾸어 쓸 수 있다.
= He is **so** kind **that** everybody likes him.

참고 "everybody"는 단수형으로 쓰이므로, 단수동사 "likes"가 왔다.

⑧ **The same … that (동일한 것); the same … as (동일한 종류의 것)**

This is **the same** car **that** she lent to him.
(이것은 그녀가 그에게 빌려준 자동차와 동일[同一]한 자동차입니다.)

해설 "the same … that"은 '동일한 것'을 가리킨다.
위 문장은 아래와 같이 바꾸어 쓸 수 있다.
= This is the **identical** car **to** *the one* which she lent to him.

참고 identical [aidéntikəl] a. 동일(同一)한, 같은((to))
the one = the car. "car" 대신 "one"을 사용한 것은, 같은 명사가 반복되는 것을 싫어하는 영어의 성질 때문이다.
lend [lend] [래앤드] vt. …을 빌려주다〈과거: lent [lent]〉

This is **the same** car **as** she lent to him.
(이것은 그녀가 그에게 빌려준 자동차와 유사[類似]한 자동차입니다.)

해설 "the same … as"는 '동일한 종류의 것'을 가리킨다.
위 문장은 아래와 같이 바꾸어 쓸 수 있다.
= This is the **similar** car **to** the one which she lent to him.

참고 similar [símələr] a. 유사한, 비슷한((to))

⑨ **So : 그러하다**

A: Does he do the work? (그가 그 일을 하고 있습니까?)
B: I think **so**. (저는 그렇다고 생각합니다.)

해설 지시대명사 "so"는 "he does the work"를 가리킨다. "so"는 "think"의 목적어다.

(5) 부정대명사

1) 부정대명사란?

'부정대명사'(不定代名詞, Indefinite Pronoun)는, '어떤 막연한 대상(사람 또는 사물)을 가리키는 데 사용'하는 대명사다.

'부정 대명사'에서 '부정'(不定)은 '정해져 있지 않은'(indefinite)이라는 뜻이다. 즉 '막연한'이란 뜻이다.

> 참고 indefinite [indéfənit] a. 부정(不定)의(정해져 있지 않은)

2) 부정대명사의 종류

① One

(A) "one"은 '일반 사람'을 가리키는 경우에 사용된다.

One should keep the laws. (격언: 사람은 법을 지켜야 한다.)

> 해설 "one"은 '일반 사람'이다. 법을 지켜야 하는 것은 모든 국민이기 때문이다.

(B) "one"은, 앞에 나온 어느 불특정(不特定) 명사의 반복을 피하기 위해서도 사용된다.

If you need a pen, I can give you one.

(당신이 펜을 필요로 한다면 내가 하나 줄 수 있습니다.)

> 해설 "one"은 "a pen"의 뜻이다. "one"은 "a pen"이 반복되어 사용되는 것을 피하기 위하여, "a pen" 대신 사용되었다.

A: Which shoes are yours? (어느 신발이 당신 것입니까?)

B: Let me see. The ones over there. (어디 봅시다. 저기에 있는 신발입니다.)

> 해설 "ones"는 "shoes"를 가리키는 것으로, "shoes" 대신 사용되었다. "ones"는 "one"의 복수형이다.

참고 "shoes"(신발)은 두 개가 한 짝이기 때문에 항상 복수형을 쓴다.
"yours"(당신의 것)은 소유대명사. over there: 저기에, 저쪽에
"the ones"는 '데[ðə] 와안즈'라고 발음한다. 즉 '디[ði:] 와안즈'라고 발음하지 않는다. "one"[wʌn]은 "w"로 발음이 시작되기 때문이다. "w"는 '자음' 발음(a consonant sound)이다.
consonant [kάnsənənt] a. 자음(子音)의. sound [saund] n. 음(音), 소리

> 참고 어느 특정한 명사의 반복을 피하기 위하여 사용하는 it
> 어느 특정(特定)한 명사의 반복을 피하기 위한 경우에는, "one"이 아니라, "it"을 사용한다.
> If you want to read this book, I can lend **it** to you.
> (만약 당신이 이 책을 읽고 싶어 한다면, 내가 이것을 당신에게 빌려줄 수 있습니다.)
> 해설 "it"은 "this book"을 가리킨다. "this book"의 "book"은 '특정한 명사'다. 그러므로 "this book"의 반복을 피하기 위하여, "one"을 사용하지 않고 "it"을 사용했다.

(C) "no one"은 단수 취급을 하고, "none"은 보통 복수 취급을 한다.

No one knows where he lives.
(아무도 그가 어디에 사는지 모릅니다.) (= 그가 어디에 사는지 아는 사람이 아무도 없습니다.)
해설 "no one"은 3인칭 '단수'로 취급되었다. 그러므로 단수동사 "knows"가 왔다.
참고 no one ~ : 아무도 ~ 않다(not anyone)

None of them know where he lives.
(그들 중 어느 누구도 그가 어디에 사는지 모릅니다.)
해설 위 예문의 경우, "none"은 '복수'로 취급되었다. "of" 뒤에 복수형 대명사 "them"이 왔기 때문이다. 그러므로 복수동사 "know"가 쓰였다.

② Some, any

(A) 원칙적으로, "some"은 긍정문에, "any"는 의문문·부정문·조건문에 사용된다.

A: Do you **any** pens? (펜이 있으세요?)
B: No, I do not have **any**. (아니요, 없는데요.)
해설 "any"가 '의문문'과 '부정문'에 각각 사용되었다. 부정문에 사용된 "any"는 "any pens"의 뜻이다.
참고 "do not"은, 보통 "don't" [dount] [도우운트]로 줄여 쓴다.

A: If you have any pens, please lend me some.
(펜을 가지고 있으면 몇 개 빌려주세요.)
B: Yes, I have some. There you are.
(예, 내가 몇 개 가지고 있어요. 여기 있습니다.)

해설 "any"는 '조건문'(條件文)에 사용되었고, "some"은 '긍정문'에 사용되었다. "some"은 "some pens"의 뜻이다.

참고 "If you have any pens"는, '조건'을 나타내는 부사절이다.
"some"은 보통 둘(2) 이상 여덟(8) 이하를 말한다고 한다.

(B) 예외적으로, "some"을 의문문에 사용할 때는, "some"은 '권유'의 뜻이다.

Will you have some coffee? (커피 좀 드시겠어요?)

해설 위 문장에서는 "some"은 '권유'(勸誘)의 뜻이다. 즉 "some"이 '몇 개' 또는 '몇 잔'을 뜻하는 것이 아니다.

(C) 예외적으로 "any"를 긍정문에 사용할 때는, '어떤 …라도'라는 '강조'의 뜻이다.

Any person can do the work.
(어떤 사람이라도 그 일을 할 수 있습니다.) (= 누구라도 그 일을 할 수 있습니다.)

해설 "any person"은 '어떤 사람이라도'라는 뜻이다. 즉 "any"에는 '강조'의 뜻이 있다.

> **참고** Any + '단수 명사' 또는 '복수 명사'
> "any"가 '누구라도'[어떤 사람이라도]와 같은 강조의 뜻으로 쓰이는 경우에는, "any" 다음에는 단수명사가 온다.(예: any person)
> 그러나 "any"가 '약간의'[몇몇의]와 같은 뜻으로 쓰이는 경우에는, "any" 다음에는 복수명사가 온다. (예: any pens)

(D) "some" 다음에 단수 보통명사가 오면, "some"은 '어떤'의 뜻이다.

Some gentleman came to see you. He left this memo for you.
(어떤 신사가 당신을 보러 왔었는데, 이 메모를 당신에게 남겼습니다.)

해설 "some gentleman"은, '어떤 신사'라는 뜻이다. 즉 'some gentleman = a gentleman = a certain gentleman'이다.

③ Other, the other, others, the others, another

(A) "one"과 "the other"의 구별
둘이 있으면, 하나는 "one"이고 나머지 다른 하나는 "the other"다. 즉 "the other"는, '두 개 중 두 번째 것'(the second of two)이다.

He has two dogs. One is white and the other is brown.
(그에게는 개가 두 마리 있는데, 하나는 흰색이고 다른 하나는 갈색입니다.)

> 해설 "one"은 '한 마리 개'라는 뜻이고, "the other"는 '나머지 다른 한 마리 개'라는 뜻이다.

(B) "others"와 "the others"의 구별

(a) 막연한 나머지 사람들을 가리키는 others
Some women like playing golf, and others do not like it.
(몇몇 여자들은 골프를 좋아하지만, 다른 여자들은 좋아하지 않습니다.)

> 해설 "others"는 '막연한 나머지 사람들[여자들]'이라는 뜻이다.

> 참고 play golf: 골프를 치다. it = playing golf
"others"는 "other"의 복수형이다. 따라서 복수형 동사가 "do"가 쓰였다.

(b) 특정된 나머지 사람들을 가리키는 the others
Some women in the village like playing golf, and the others do not like it.
(그 마을의 몇몇 여자들은 골프를 좋아하지만, 다른 여자들은 좋아하지 않습니다.)

> 해설 "the others"는 '그 마을에 있는 다른 여자들'이기 때문에, '특정된 나머지 사람들'이다. 즉 'the others = the rest'이다.

> 참고 village [vílidʒ] n. 마을(town 보다 작음). rest [rest] n. 나머지 사람들

(C) 홀로 쓰인 others
"others"가 홀로 쓰였을 때는, '다른 사람들'(other people)이란 뜻이다.

He who works for others will receive a blessing.
(다른 사람들을 위하여 일하는 사람은 축복을 받을 것입니다.)

해설 대명사 "other"은 '타인'(他人)이란 뜻이 있으므로, "others"는 '타인들'(다른 사람들)이란 뜻이다.

참고 blessing [blésiŋ] n. 축복(祝福)

(D) '다른 한 개'라는 뜻의 another

"another"는, '한 개'(an) 다음의 '다른 한 개'(other)라는 뜻이다. 즉 'another = an + other'이다.

This cap does not fit my head. Can I see another?
(이 모자는 내 머리엔 안 맞는군요. 다른 거 하나 볼 수 있을까요?)

해설 "another"는 "a different cap"의 뜻이다.

참고 cap [kæp] n. 모자(모자 앞에만 챙이 있는 모자). hat [hæt] [해애트] n. 모자(모자 주위에 둥글게 챙이 있는 모자). fit [fit] vt. (의복 등이 사람에게) 꼭 맞다

참고 "A" is one thing, and "B" is another : A와 B는 별개다

Being good is **one thing**, and **being able** is **another**.

(사람이 착하다는 것과 능력이 있다는 것은 별개입니다.)

◆ able [éibl] a. 능력이 있는

참고 the one ~ the other : 전자(前者) ~ 후자(後者)

He has a car and a truck. **The one** is for riding and **the other** is for transportation.

(그는 승용차 한 대와 트럭 한 대가 있습니다. 전자는 승차용이고 후자는 운송용입니다.)

◆ riding [ráidiŋ] n. 승차(乘車). transportation [trænspərtéiʃən] n. 운송(運送)

참고 one, another, the third

셋 이상의 많은 것을 열거할 때는, "one, another, the third"와 같은 방식을 사용한다.

There are three cars. **One** is white, **another** is black, and **the third** is red.

(자동차가 세 대 있는데, 첫 번째 것은 흰색이고, 두 번째 것은 검은색이며, 세 번째 것은 빨간색입니다.)

④ Each, every

(A) Each

"each"는 대명사[부정 대명사]로 쓰일 뿐만 아니라, 형용사 및 부사로도 쓰인다.

(a) (부정)대명사로 쓰이는 each

"each"는 2명(또는 2개) 이상이 있을 때, 그들 각자(各自)를 가리킨다. "each"는 단수 취급을 한다.

"each"가 단독으로 쓰인 때는 일반적으로 (부정)대명사로 보아야 한다.

Each has his own character.
(사람은 각자 자신의 개성[個性]을 가지고 있습니다.)

해설 "each"는 '각 사람'을 뜻하는 (부정)대명사다. "each"는 '단수' 취급하므로, 단수형 동사 "has"가 쓰였다.

참고 character [kǽriktər] n. 개성
단수형 동사 = 단수동사[단수 동사]. 복수형 동사 = 복수동사[복수 동사]

(b) 형용사로 쓰이는 each

"each"는 단수 가산명사 앞에 붙어, 형용사로도 쓰인다.

Each man has his own character.
(각 사람은 자기 자신의 개성을 가지고 있습니다.)

해설 "each"는 '각각의'를 뜻하는 형용사다. "each"는 '단수' 취급하므로, 명사는 "man"이고 동사도 "has"다.

(c) 부사로 쓰이는 each

They cost fifty dollars each for the party.
(그들은 그 파티에 각자 50달러씩 비용을 냅니다.)

해설 "each"는 동사 "cost"를 수식하는 '부사'다.

참고 cost [kɔːst] [카아스(트)] vt. (비용을) 지불(支佛)하다

(B) Every

"every"는 세 명(또는 세 개) 이상이 있을 때, 그들 전체를 가리킨다. "every"는 단수 취급을 하며, 명사 앞에 붙어 형용사처럼 쓰인다.

Every person in the room votes for the suggestion.
(그 방에 있는 모든 사람은 그 제안[提案]에 찬성합니다.)

해설 "every"는 '단수' 취급하므로, 명사는 단수명사 "person"이고 동사도 단수동사 "votes"다. "every"는 명사 "person" 앞에 붙어, 형용사처럼 쓰였다.

참고 vote for … : …에 찬성 투표를 하다.   suggestion [sədʒéstʃən] n. 제안

> **참고** '…마다'를 뜻하는 every
> This room is cleaned every two days. (이 방은 매 2일마다 청소를 합니다.)
> **해설** "every"는 '…마다' 또는 '매(毎)…'의 뜻이다.
> "every"는, 기수사(基數詞)(two)와 명사(days) 앞에 놓여, 형용사처럼 쓰였다.

⑤ Each other, one another

"each other"는 '(두 사람 사이에) 서로[상호]'라는 뜻이고, "one another"는 '(셋 이상 사람 사이에) 서로'라는 뜻이나, 엄격히는 구분되지 않고 혼용되어 쓰인다.
"each other"와 "one another"를 '상호(相互) 대명사'라고 부르기도 한다.

(A) Each other

Min-su and Chan-ju help each other. ('민수'와 '찬주'는 서로 돕습니다.)
해설 "each other"는, "Min-su"와 "Chan-ju" '두 사람 사이에 서로'를 뜻한다.

(B) One another

The four people help one another. (그 네 명은 서로 돕습니다.)
해설 위 문장에서 "one another"는 '네 명 사이에 서로'를 뜻한다. 즉 "one another"는 '셋 이상 사람 사이에 서로'를 뜻하는 것이다.

⑥ All

'모두'의 뜻인 "all"은, 대명사(부정 대명사)로 쓰일 뿐만 아니라, 형용사, 부사 및 명사로도 쓰인다.

(A) (부정)대명사로 쓰이는 all
(a) '(개별적인) 모든 사람·모든 것'의 뜻을 가지는 all : 복수로 취급함

All *are* healthy. (모두들 건강합니다.)

해설 "all"은 '모든 사람'이란 뜻이다. "all"은 그 내용이 개별적인 것이다. 즉 '개별적인 모든 사람'이다. 그러므로 "all"은 복수로 취급하기 때문에, 복수형 동사 "are"가 쓰였다.

(b) '(총괄적인) 모든 것·모두'의 뜻을 가지는 all : 단수로 취급함

All (that) she wants *is* love.
(그녀가 원하는 모든 것은 사랑입니다.) (= 그녀가 원하는 것은 사랑뿐입니다.)
해설 "all"은 '모든 것'이란 뜻이다. "all"은 그 내용이 총괄적인 것이다. 그러므로 "all"은 단수로 취급하기 때문에, 단수형 동사 "is"가 쓰였다.

(c) 'all + (of) + the 등 + 명사'의 형식

"all"이 가리키는 범위를 한정(限定)하기 위하여, "all" 다음에 "the" 등의 한정사(限定詞, Determiner)와 그리고 이어서 '복수 명사'가 오는 경우가 있다.
이 경우, "all"과 한정사(the 등) 사이에 있는 "of"는 생략할 수 있다.
"the"와 같은 한정사로는 'this, these, my, your, his' 등이 있다.
회화체 영어에서는 대부분 "of"를 생략하므로, 아래의 예문에서는 "of"를 모두 생략한다.
참고 determiner [ditə́ːrmənər] n. 한정사

All the books were sold. (그 책들은 모두 팔렸습니다.)
해설 'all + (of) + 한정사(the) + 복수 명사(books)'의 형식이다.
"all" 다음에 한정사 "the" 그리고 복수명사 "books"가 와서, "all"의 범위가 한정[특정(特定)] 되었다.
즉 '그 책들'(the books)이 '모두'(all) 팔렸다는 것이다. 그러므로 "all"의 '범위'는 '그 책들'(the books)이다.

"all" 다음의 한정사가 "the"인 경우에는, "of"뿐만 아니라 한정사 "the"까지 생략하기도 한다. 그러므로 위 예문에서 아래와 같은 과정으로 그 일부가 생략된다.

= All of the books were sold.
→ All the books were sold. - "of"의 생략
→ All books were sold. - "of the"의 생략

(d) 'all + of + 복수 인칭대명사'의 형식

"all of" 다음에 '복수 인칭대명사'가 오면, "of"는 생략하지 못한다. 이때 "all"과 복수인칭대명사는 동격(同格)의 관계가 성립한다.

All of us attended the meeting. (우리는 모두 그 회의에 참석했습니다.)
해설 'all + of + 복수인칭대명사(us)'의 형식이다.
"all"과 "us"는 동격의 관계가 성립한다. 즉 'all = us'다.
위 예문은 아래와 같이 바꾸어 쓸 수도 있다.
= We all attended the meeting.
참고 attend [əténd] vt. (모임 등에) 참석하다

(e) 대명사 "all"의 문장 중에서의 위치

"all"은 '명사 뒤', 'be동사 뒤', 또는 '조동사와 본동사의 사이'에 올 수 있다.
참고 "both"도 '명사 뒤', 'be동사 뒤', 또는 '조동사와 본동사의 사이'에 올 수 있다.

The students all passed the entrance examination for university.
(그 학생들 모두 대학 입학시험에 합격했습니다.)
해설 "all"이 명사 "students" 뒤에 왔다.
참고 entrance examination: 입학시험. entrance [éntrəns] n. 입학(入學)
examination [igzæmənéiʃən] n. 시험(= exam [igzǽm])

The people are all diligent. (그 사람들은 모두 부지런합니다.)
해설 "all"이 be동사 "are" 뒤에 왔다.
참고 diligent [dílədʒənt] a. 부지런한

(B) 형용사로 쓰이는 all

(a) 복수 명사 앞에 쓰인 all : '모든'이라는 뜻

All people are university students. (모든 사람이 대학생들입니다.)

> 해설 "all"(모든)이 (복수)명사 "people" 앞에 쓰였다. 그러므로 "all"은 형용사다.

(b) 단수 명사 앞에 쓰인 all : '… 내내, 전부'의 뜻

All (the) morning he did the work. (오전 내내 그는 그 일을 했습니다.)

> 해설 "all"(… 내내)이 (단수)명사 "morning" 앞에 쓰였다. 그러므로 "all"은 형용사다. "all morning" 또는 "all the morning"은, '오전 내내, 아침 내내'라는 뜻이다.

He studied all day. (그는 하루 종일 공부를 했습니다.)

> 해설 "all"(… 내내)이 형용사로서, 단수명사 "day" 앞에 쓰였다.

> 참고 all day: 하루 종일(the whole of the day). whole [houl] n. 전부(全部), 전체. 알파벳 "w"가 발음되지 않음을 주의하여야 함. "whole"은 보통 "the whole"과 같은 형태로 쓰인다.

(c) 지명(地名) 앞에 쓰인 all : '… 지역 주민(住民) 전체의'의 뜻

All Seoul welcomed him. (모든 서울 시민이 그를 환영했습니다.)

> 해설 "all"이 지명 "Seoul" 앞에 쓰였다. 그러므로 "all"은 형용사다. "all Seoul"은 '모든 서울 시민'이라는 뜻이다.

> 참고 welcome [wélkəm] vt. (…를) 환영하다 〈과거: welcomed〉

(C) 부사로 쓰이는 all

(a) '온통, 완전히'의 뜻의 all

The field was all covered with snow. (들판이 온통 눈으로 덮여 있었습니다.)

> 해설 "all"이 동사 "covered"를 수식하고 있다. 그러므로 "all"은 부사다.

> 참고 field [fi:ld] n. 들, 들판. be covered with … : …로 덮여 있다

(b) '단지, 오로지'의 뜻의 all

He spent his time on all doing the work.

(그는 그의 시간을 오로지 그 일을 하는 데 썼습니다.)

> 해설 "all"이 '부사'로 쓰여, 전치사(on)의 목적어인 명사구 "doing the work"을 수식하고 있다.

> **참고** spend [spend] vt. (시간을 …에) 소비하다, 쓰다((on))〈과거: spent〉

The key is *all* gold. (그 열쇠는 모두 금입니다.)
> **해설** "all"이 '부사'로 쓰여, 형용사 "gold"를 수식하고 있다. "gold"는 '보어'다.

(D) 명사로 쓰이는 all

명사 "all"은 "one's all"의 형태로 쓰이는데, "one's all"은 '…의 전 재산(全 財産)[또는 모든 것]'이란 뜻이다.

He invested *his all* in a new business.
(그는 그의 전 재산을 새로운 사업에 투자를 했습니다.)
> **해설** "his all"은 '그의 전 재산'이란 뜻이다.
> **참고** invest [invést] vt. (돈 등을 사업에) 투자(投資)하다((in)). business [bíznis] n. 사업(事業)

They gave *their all* in the game.
(그들은 그 경기에서 그들의 전력[全力]을 다했습니다.)
> **해설** "their all"은 '그들의 전력[또는 모든 것]'이란 뜻이다.
> **참고** game [geim] n. 경기, 시합

⑦ Both

"both"(둘 다)는 '둘인 경우'에 사용하며, 복수 취급을 한다. "both"는 (부정)대명사로 쓰일 뿐만 아니라 형용사로도 쓰인다.

(A) (부정)대명사로 쓰이는 both

Both (of) the women *are* beautiful. (두 여자는 모두 아름답습니다.)
> **해설** "both"는 '둘 다'의 뜻이다. "both"는 복수로 취급하기 때문에, 복수형 동사가 "are"가 쓰였다.

"all"과 마찬가지로, 위 both 예문도, 아래와 같은 과정으로 그 일부가 생략된다.
= Both of the women are beautiful.
→ Both (of) the women are beautiful. - "of"의 생략

→ Both (of the) women are beautiful. - "of the"의 생략

(B) 형용사로 쓰이는 both

Both books are interesting. (두 책 모두 재미있습니다.)

해설 "both"는 '둘 다'의 뜻이다. "both"는 '형용사'로서 명사(books)를 수식한다.

⑧ None, no

"none"과 "no"는 모두 부정(否定)의 뜻을 가지나, "none"은 부정대명사로 쓰이고 "no"는 형용사로 쓰인다.

(A) None

"none"은 단독으로 쓰이는 부정대명사다. "none"은 "not one"의 뜻이다. "none"은 단수 및 복수 그리고 사람과 사물, 모두에 쓰인다.

(a) '사람'에 쓰이는 none : 아무도 …않다

She has two younger sisters, but Su-ji has none.
(그녀는 두 명의 여동생 있지만, '수지'는 없습니다.) (= 즉 '수지'는 여동생들이 없습니다.)

해설 "none"은 '부정 대명사'로서 '아무도 없다'는 뜻이다. "none"은 목적어로 쓰였다.

참고 younger sister: 여동생. younger [jʌ́ŋɡər] [여어엉걸] a. 연하(年下)의, 손아래의.

(b) '사물'(事物)에 쓰이는 none : 어떤 것도 …않다

None of these books are mine. (이 책 중에 나의 것은 하나도 없습니다.)

해설 "none"은 '부정 대명사'로서 '아무것도 없다'는 뜻이다.
명사 "books"가 복수이므로 "none"이 복수로 취급되어, 복수동사 "are"가 쓰였다.
참고로, "none"은 대명사이기 때문에 그 뒤에 바로 명사 또는 대명사가 올 수 없다. 따라서 "none" 다음에 대명사(these)가 오게 하기 위하여 "none" 바로 뒤에 "of"를 넣은 것이다.

(B) No

"no"는 명사 앞에 붙어 형용사로 쓰인다. "no"는 가산명사, 불가산명사 앞에 모두 쓰인다. "no"는 "not any"(조금도 …아닌)의 뜻으로, 강한 부정을 나타낸다.

There is no *pen* on the desk.
(책상 위에는 펜이 없습니다.) (= 어떤 펜도 없습니다.)
해설 "no"는 명사 "pen" 앞에 사용되었다. 그러므로 "no"는 형용사다.

There is no *dispute* between the two persons.
(그 두 사람 사이에는 분쟁[紛爭]이 없습니다.) (= 아무런 분쟁도 없습니다.)
해설 "no"는 명사 "dispute" 앞에 사용되었다.
참고 dispute [dispjúːt] n. 분쟁. two persons = two people

He has no *car*. (그는 차가 없습니다.) (= 차가 한 대도 없습니다.)
해설 "no"는 명사 "car" 앞에 사용되었다.

⑨ Every other

"every other"는 '하나 걸러'의 뜻이다. "every other"는 '단수 명사'를 수식한다.

He visits here every other *week*. (그는 이곳을 격주[隔週]로 방문합니다.)
해설 "every other"는 '단수 명사'(week)를 수식하고 있다.
격주로[한 주씩 걸러] 방문한다는 것이므로, 2주일에 한 번씩 방문한다는 뜻이다.

⑩ Nobody

"nobody"는 (부정)대명사 또는 명사로 쓰인다.

(A) (부정)대명사로 쓰이는 nobody

'(부정)대명사'로서의 "nobody"는 '아무도 …않다'(no one)라는 뜻이다.
"nobody"는 단수 취급을 한다. "nobody"는 "not anybody"로 대체될 수 있다.

Nobody *is* in the house. (그 집에는 아무도 없습니다.)
해설 "nobody"는 단수 취급을 하므로, 단수형 동사 "is"가 쓰였다.

위 예문은 아래와 같이 바꾸어 쓸 수 있다.

= There is **nobody** in the house.

= There is **not anybody** in the house.

(B) 명사로 쓰이는 nobody

'명사'로서의 "nobody"는 '하찮은 사람'이라는 뜻이다.

He was a nobody two years ago.
(그는 2년 전까지만 해도 하찮은 사람이었습니다.)
> 해설 "nobody"는 명사로 쓰였기 때문에, 관사 "a"가 붙었다.

⑪ Everything, nothing

"everything"과 "nothing"은 모두 (부정)대명사인데, "everything"은 '모든 것, 가장 중요한 것'이라는 뜻이고, "nothing"은 '아무것도 …아니다, 아무것도 아닌 것'이라는 뜻이다.
"everything"과 "nothing"은 모두 단수 취급을 한다.

(A) Everything

Everything *is* OK. (모든 게 괜찮습니다.)
> 해설 "everything"은 '모든 것'이라는 뜻이다.

"everything"은 단수로 취급되기 때문에, 단수형 동사 "is"가 쓰였다.
> 참고 OK = ok

He thinks that money is everything.
(그는 돈이 가장 중요한 것이라고 생각합니다.) (= 돈이 전부라고 생각합니다.)
> 해설 "everything"은 '가장 중요한 것'이라는 뜻이다.

"everything"은 '서술적'(敍述的)으로 쓰였다. 즉 (주격)보어처럼 쓰였다.

(B) Nothing

Nothing *matters* except his health. (그의 건강이 가장 중요합니다.)

해설 "nothing"은 '아무것도 …아니다'의 뜻이다.
"nothing"은 단수로 취급되기 때문에, 단수동사 "matters"(원형: matter)가 쓰였다.
'그의 건강을 제외하고는(except his health) 아무것도 중요하지 않다'라는 뜻이므로, 결국 '그의 건강이 가장 중요하다'라는 것이다.
참고 matter [mǽtər] [매애럴 / 매터] vi. 중요하다(be important)

She said nothing. (그녀는 아무 말도 하지 않았습니다.)
해설 "nothing"은 '아무것도 아닌 것'의 뜻이다. 즉 '말을 한마디도 하지 않았다'는 것이다.
"nothing"은 "said"(원형: say)의 목적어다.

⑫ Something, anything

"something"과 "anything"은 모두 '사물'에 대해 쓰이는 (부정)대명사인데, 원칙적으로, anything은 의문문·부정문·조건문에 쓰고, something은 긍정문에 쓴다.
"something"은 '어떤 것'이란 뜻이고, "anything"은 '무엇인가'의 뜻이다.

(A) Something

He ate *something* cold. (그는 차가운 어떤 것을 먹었습니다.)
해설 "something"은 '어떤 것'의 뜻이다.
"something"을 수식하는 형용사(cold)는, "something" 뒤에 온다.
참고 "eat"와 "have"는 모두 '먹다'라는 뜻이나, 일반적으로 "eat"는 '구체적인 음식'을 먹을 때 쓰이고(예: eat ice cream [아이스크림을 먹다]), "have"는 '정례적인 식사'를 할 때 쓰인다(예: have breakfast [아침 식사를 하다]). 그러나 물론 구체적인 음식을 먹을 때도 "have"를 쓰기도 한다(예: have a salad [샐러드를 먹다]). salad [sǽləd] [쌔앨러드] n. 샐러드. eat [i:t] vt. (음식을) 먹다〈과거: ate [eit]〉

(B) Anything

Is there *anything* new today? (오늘 뭐 새로운 게 있나요?)
해설 "anything"은 '무엇인가'의 뜻이다.
"anything"을 수식하는 형용사(new)도, "anything" 뒤에 온다.
참고 '대명사 + thing'을 수식하는 형용사는, 보통 '대명사 + thing' 뒤에 온다. (예: anything **new**, something **cold**)

⑬ Anybody

(부정)대명사 "anybody"는, 의문문에서는 '누군가'의 뜻이고, 긍정문에서는 '누구든지'의 뜻이다. "anybody"는 "anyone"과 뜻이 거의 같다. "anybody"는 단수 취급을 한다.

(A) 의문문에서의 anybody

Is anybody in the office? (사무실에 누가 있나요?)

해설 "anybody"는 '누군가'의 뜻이다. "anybody"는 단수 취급하기 때문에, 단수형 동사 "is"가 쓰였다.

(B) 긍정문에서의 anybody

Anybody can do the work. (누구든지 그 일을 할 수 있습니다.)

해설 "anybody"는 '누구든지'의 뜻이다.

위 예문은 아래와 같이 바꾸어 쓸 수 있다.

= Anyone can do the work.

⑭ Either, neither

"either"는 주로 (부정)대명사로 쓰이는데 그 뜻은 '둘 중의 하나'고, "neither"도 주로 (부정)대명사로 쓰이는데 그 뜻은 '둘 다 아니다'다.

"either"와 "neither"는 모두 단수 취급을 한다.

(A) Either

(a) (부정)대명사로 쓰이는 either

Have you met either of the two people recently?

(그 두 사람 중 어느 한 사람을 최근에 만난 적이 있습니까?)

해설 "either"는 '그 두 사람 중 하나'라는 뜻이다.

'그 두 사람 중 하나'는 '누구인지 정해지지 않았으므로' 즉 '부정'(不定)이므로, "either"는 '부정'대명사다.

"either" 뒤에 복수 표현 "the two people"이 있을지라도, "either"는 둘 중의 '하나'라는 뜻

이므로 '단수'로 취급된다.

참고 either [íːðər / áiðər] [이이덜 / 아이더] pron. (둘 중) 어느 쪽 하나

> 참고 '셋 이상 중의 하나'를 표현하는 any
>
> '셋 이상 중의 하나'라고 표현하기 위해서는 "any"를 사용한다.
>
> Do you know **any** of the five men?
>
> (그 다섯 명의 남자들 중에서 어느 누구 아는 사람이 있습니까?)

(b) 형용사로 쓰이는 either

"either"가 명사 앞에 쓰이면 형용사인데, '둘 다'라는 뜻이다.

There is a gate at either end of the hall.
(그 홀 양 끝에 출입문이 하나씩 있습니다.) (= 즉 출입문이 두 개 있습니다.)
해설 "either"는 단수명사 "end" 앞에 붙어 있다. 그러므로 "either"는 형용사다. 위 예문에서 "either"는 "both"의 뜻이다. 즉 'either end = both end'다.
참고 end [end] [애앤드] n. 끝

(B) Neither

(a) (부정)대명사로 쓰이는 neither

Neither of *the two books is* interesting. (그 두 책은 둘 다 재미없습니다.)
해설 "neither"는 '둘 다 아니다'라는 뜻이므로, 두 책 모두 재미없다는 것이다. "neither" 뒤에 복수 표현 "the two books"가 있을지라도 "neither"는 '단수'로 취급되므로, 단수형 동사 "is"가 쓰였다.
참고 neither [níːðər / náiðər] [니이덜 / 나이더] pron. (둘 중에서) 어느 쪽도 …아니다((of))

(b) 형용사로 쓰이는 neither

"neither"는 단수명사 앞에 붙어 형용사로도 쓰인다.

Neither answer *is* correct. (두 대답 모두 틀렸습니다.)
해설 "neither"는 '어느 쪽도 아니다'의 뜻이다. 즉 두 대답 모두 틀렸다는 것이다.

위 예문은 아래와 같이 바꾸어 쓸 수 있다.

= Both answers are not correct.

= Either answer is not correct.

> 참고 "Neither"는 'not + either'의 뜻이다.

(C) Either A or B; Neither A nor B

'Either A or B' 및 'Neither A nor B' 구문은, '근자 일치법'(近者 一致法, Rule of Proximity)에 의거하여, "B"에 동사의 수(數)를 일치시킨다.

> 참고 rule [ruːl] n. 규칙, 법칙. proximity [praksímətɪ] n. 근접(近接), 가까움(nearness in distance)

Either A or B : A든 B든 둘 중 하나는 …이다

Either the professor or the students are responsible for the matter.

(그 교수님 또는 그 학생들이 그 문제에 책임이 있습니다.)

> 해설 "the professor"나 "the students" 중 한쪽이 책임이 있다는 것이다.

'Either (A: the professor) or (B: students)'에서, 동사 가장 가까이 있는 B(students)가 복수형이므로, 복수형 동사 "are"가 쓰였다.

Neither A nor B : A도 B도 둘 다 …아니다

Neither he nor they are responsible for the matter.

(그 사람도 그들도 그 문제에 책임이 없습니다.)

> 해설 "he"도 "they"도 그 어느 쪽도 책임이 없다는 것이다.

'Neither (A: he) nor (B: they)'에서, 동사 가장 가까이 있는 B(they)가 복수형이므로, 복수형 동사 "are"가 쓰였다.

(6) 부분 부정

전체 또는 전부를 의미하는 'all, both, every' 등이, '부정어(否定語) 부사'인 "not"과 함께 쓰이면, 부분 부정(部分 否定)이 된다.

① 'not … all' 형식의 부분부정

He did not meet all of them. (그는 그들 모두를 만나지는 않았습니다.)
해설 부정대명사 "all"이 "not"과 함께 쓰였으므로 '부분 부정'이다.
위 예문은 결국 '그들 중 일부만 만났다'는 것이므로, '부분적으로는 부정'하는 것이다. 그러므로 위 예문은 아래와 같이 바꾸어 쓸 수 있다.
= He met only some of them.

② 'not … both' 형식의 부분부정

He did not meet both of them. (그는 그들 둘을 다 만나지는 않았습니다.)
해설 부정대명사 "both"가 "not"과 함께 쓰였으므로 부분부정이다.
위 예문에서 '그들 둘을 다 만나지 않았다'라는 것은 결국 '그들 둘 중 한 명만 만났다'는 것이므로, 위 예문은 아래와 같이 바꾸어 쓸 수 있다.
= He met only one of them.

③ 'not … every' 형식의 부분부정

He does not know every fact. (그가 모든 사실을 알고 있는 것은 아닙니다.)
해설 형용사 "every"가 "not"과 함께 쓰였으므로 부분부정이다.
위 예문에서 '그가 모든 사실을 알고 있는 것은 아니다'라는 것은 결국 '그는 일부 사실만을 알고 있다'는 것이므로, 위 예문은 아래와 같이 바꾸어 쓸 수 있다.
= He knows only some of the facts.
참고 "every"는 단수 취급하므로 그 뒤에 '단수형 명사'(fact)가 왔다.

(7) 의문대명사

1) 의문대명사란?

'의문대명사'(疑問代名詞, Interrogative Pronoun)는 '의문사가 대명사 역할을 하는 것'을 말한다.
대명사는 주어, 목적어, 보어 자리에 쓰이므로, '주어, 목적어, 보어 자리에 쓰이는 의문사'가 의문대명사다. '의문 대명사'로는 'who, which, what'이 있다.

> 참고 interrogative [ìntərǽgətiv] a. 의문의, 의문문의

2) 의문대명사의 종류

① Who

"who"는 사람에 대해 쓰인다. "who"는 '격(格) 변화'를 하는데, 주격은 "who", 소유격은 "whose", 목적격은 "whom"이다.

(A) 주격 의문대명사 who

A: Who is that man? (저 남자는 누구입니까?)
B: He is my younger brother. (그는 내 동생입니다.)

> 해설 "who"가 의문대명사다. "who"는 주어 자리에 쓰였다. 즉 "who is"에서 "who"는 주어의 위치에 있는 것이다. 그러므로 "who"는 '주격'이다.
> 의문대명사 "who"의 '주격'은 사람의 성명 또는 친족관계를 물을 때 쓰인다. 위 예문에서 "who"는 친족관계(여기에서는, 동생)에 관해 묻고 있다.

> 참고 younger brother: 남동생[남자 동생]

(B) 소유격 의문대명사 whose

A: Whose car is that? (저것은 누구의 차입니까?)
B: It's mine. (내 차입니다.)

해설 "whose"가 의문대명사다. "whose"는, "car"의 소유관계를 나타내는 '소유격'으로 쓰였다. 위 예문은 아래와 같이 바꾸어 쓸 수도 있다.
= Whose is that car? (저 차는 누구의 것입니까?)
참고 whose [[huːz] [후우스] pron. 누구의; 누구의 것

> **참고** 의문형용사(疑問形容詞)
> 위 예문 "Whose car is that?"에서와 같이, '의문 대명사'(whose) 다음에 '명사'(car)가 오는 경우에는, '의문 대명사'(whose)를 '의문 형용사'라고 부르기도 한다.

(C) 목적격 의문대명사 whom

A: **Whom** do you like best among your friends?
(당신 친구들 중에서 누구를 가장 좋아합니까?)
B: I like Min-su best. ('민수'를 가장 좋아합니다.)
해설 "whom"은 목적어 자리에 쓰였다. "whom"이 비록 맨 앞에 나왔지만 사실은 동사 "like" 뒤에(즉 목적어 자리에) 위치하는 것이므로, "whom"이 목적어 자리에 쓰였다고 하는 것이다.
그러므로 "whom"은 목적어의 역할을 하고 있다. 따라서 위 예문에서 "whom"은 '목적격'이다. 그러나 아래와 같이, 회화체 영어에서는 "whom" 대신 "who"를 사용하고 있다.
= **Who** do you like best among your friends?
참고 best [best] ad. 가장, 제일

② Which

의문대명사 "which"는 동물과 사람에 대해 쓰인다. "Which"는 격 변화는 하지 않는다.

A: **Which** do you like, a dog or a cat?
(당신은 개와 고양이 중 어느 쪽을 좋아합니까?)
B: I like a dog better. (개를 더 좋아합니다.)
해설 "which"는 목적어 자리에 쓰였다. "which"가 비록 맨 앞에 나왔지만 사실은 동사 "like" 뒤에(즉 목적어 자리에) 위치하는 것이므로, "which"는 목적어 자리에 쓰인 것이다. 한편 "which"는 동물(개, 고양이)에 대해 쓰였다.

③ What

의문대명사 "what"은 사람, 동물, 사물에 대해 두루 쓰인다. 사람의 경우에는, "what"은 사람의 신분(身分) 또는 직업을 물을 때도 쓰인다. "What"은 격 변화는 하지 않는다.

A: What's your name? (당신의 이름이 무엇입니까?)
B: My name is Min-su. (내 이름은 '민수'입니다.)

A: What is this? (이것이 무엇입니까?)
B: That's a book on history. (그것은 역사에 관한 책입니다.)

A: What do you want to have for lunch? (점심으로 무엇을 먹기를 원합니까?)
B: I would like to have a sandwich. (샌드위치를 먹고 싶습니다.)
  해설 "what"는 목적어 자리에 쓰였다. "what"이 비록 맨 앞에 나왔지만 사실은 동사 "have" 뒤에(즉 목적어 자리에) 위치하는 것이므로, "what"은 목적어 자리에 쓰인 것이다. 그러므로 "what"는 목적어의 역할을 하고 있다.
  참고 have [hæv] (…을) 먹다. would like to … : …을 하고 싶다(want to)

A: What does he do? (그는 직업이 무엇입니까?) (= 그는 무슨 일을 합니까?)
B: He is a poet. (그는 시인[詩시]입니다.)
  해설 "what"은 사람의 직업(職業)을 묻고 있다.
  참고 poet [póuit] n. 시인 lawyer [lɔ́iər] [로오이얼] n. 변호사. client [kláiənt] n. 의뢰인(依賴人)
A: What do you do? (당신의 직업은 무엇입니까?) (= What do you do for a living?) (= What kind of work do you do?)
B: I'm a lawyer. (변호사입니다.)
A: What are you doing? (당신은 뭐 하고 있습니까?) (= What are you doing now?)
B: I'm waiting for a client. (의뢰인을 기다리고 있습니다.)

④ 의문대명사의 사용에 있어서 주의할 점

(A) 의문대명사가 주어인 경우, 조동사는 의문대명사 다음에 온다.
A: Who can do this work? (누가 이 일을 할 수 있습니까?)

B: I can do it. (제가 할 수 있습니다.)

해설 위 예문에서 "who"는 '주어'다. 그러므로 그다음에 조동사(can)이 왔다. 즉 의문대명사 "who"가 주어인 경우, 어순(語順)은 '의문대명사(who) + 조동사(can) + 본동사(do)'의 순서다.

(B) 의문대명사가 전치사의 목적어인 경우에도, 의문대명사는 문장 맨 앞에 온다.

Who are you looking at? (당신은 누구를 쳐다보고 있습니까?)

해설 "who"는 전치사 "at"의 목적어다. "who"가 "at"의 목적어이므로 원래는 "at whom"이 되어, 원래대로라면 "Whom are you looking at?"이라고 할 것이나, 보통은 위 문장과 같이 "who"를 쓰고 있다.

참고 look at … : …을 쳐다보다

(C) 간접의문문에서 의문대명사의 위치는 다음과 같다.

A: Do you know who that girl is? (당신은 저 소녀가 누구인지 압니까?)
B: She is Su-jin. (그녀는 '수진'입니다.)

해설 "who"는 간접의문문(who that girl is)의 맨 앞에 왔다. 간접의문문의 어순은, '의문사(who) + 주어(that girl) + 동사'(is)다.

(D) '의문사절'(疑問詞節)이, 명사(즉 주어, 보어, 목적어)처럼 쓰이는 경우

(a) '주어'로 쓰이는 의문사절

Who said so is an important matter to him.
(누가 그렇게 말했는가 하는 것은 그에게는 중요한 문제입니다.)

해설 "who said so"가 '의문사절'이다.

"who said so"는 위 예문에서 '주어'로 쓰이고 있다.

참고 matter [mǽtər] [매애럴 / 매터] n. 일, 문제(問題).

정확히 말하자면 "who said so"는 '주부'(主部)고, "who"가 '주어'(主語)다. 그러나 영어로는 단순히 "subject"이라고만 하여 '주부'와 '주어'를 특별히 구분하지 않는다. 그리하여 '주어'를 '주부'에 포함되는 하나의 부분으로 보고 있다. 즉 "The subject contains a noun or pronoun …"(주부는 명사 또는 대명사를 포함하고…)이라고 표현하고 있다. 여기서 말하는 "noun" 또는 "pronoun"이 주어다.

그러나 '주부'와 '주어'를 명확히 구분해 보기 위하여 간단한 예문을 하나 들어 보면, "**Students** in the room are studying."(그 방에 있는 학생들은 공부를 하는 중입니다)에서, "students in the room"이 '주부'(즉 주어가 되는 부분)이고, '주부' 안의 "students"가 '주어'다.

(b) '보어'로 쓰이는 의문사절

An important matter is *who said so*.
(중요한 문제는 누가 그렇게 말했느냐 하는 것입니다.)

해설 의문사절 "who said so"는, '보어'[주격 보어]로 쓰이고 있다.

(c) '목적어'로 쓰이는 의문사절

Tell him *who said so*. (누가 그렇게 말했는지 그에게 말하세요.)

해설 의문사절 "who said so"는 동사 "tell"의 목적어로 쓰이고 있다.
목적어로 쓰인 의문사절의 어순은, '의문사(who) + 동사(said)'다.

(8) 관계대명사

'관계대명사'(關係代名詞, Relative Pronoun)는, '대명사가 접속사의 역할을 겸한 경우'다. 따라서 '관계 대명사'는 '접속사 + 대명사'다.

참고 relative [rélətiv] a. 관계(關係)를 나타내는

두 개의 문장이 연결된 문장 속에서 '관계대명사'가 끌어가는 '종속절'은, '형용사절'이다. 관계대명사가 끌어가는 형용사절은, 관계대명사 앞에 있는 '명사'인 '선행사'(先行詞, Antecedent)를 수식한다. 즉 관계대명사가 끌어가는 형용사절은 '선행사'를 설명해 주는 것이다.

참고 antecedent [æntəsíːdnt] n. 선행사

She likes the **man** *who is kind*. (그녀는 친절한 그 남자를 좋아합니다.)

해설 "who"가 '관계대명사'다.
"who is kind"는, 관계대명사 "who"가 끌어가는 형용사절이다.
"who is kind" 형용사절은, 관계대명사 "who" 앞에 있는 명사인 선행사 "man"을 수식하고 있다. 즉 '그녀는 그 남자를 좋아하는데, 그 남자는 친절한 남자다'라는 것이다.
관계대명사 "who"는 "he" 대신 쓰여 '주어'의 역할을 하고 있으므로, 위 예문에서 "who"는 '주격 관계대명사'다.

위 예문과 같은 관계대명사를 사용한 문장이 만들어지는 과정을 살펴보면, 아래와 같다.
She likes the man. + The man is kind.
→ She likes the man *and he* is kind.
→ She likes the man who is kind.
위 과정에서 보는 바와 같이 "and he = who"임을 알 수 있다.
즉 '관계대명사(who) = 접속사(and) + 대명사(he)'다.

1) 관계대명사의 종류

관계대명사의 종류로는 'who, which, that, what'이 있다.

① Who

관계대명사 "who"는 '선행사'가 '사람'인 경우에 쓰인다. "who"의 주격은 "who"고, 소유격은 "whose"며, 목적격은 "whom"이다.
주격 "who"와 목적격 "whom" 대신, 관계대명사 "that"을 쓰기도 한다.

(A) 주격 관계대명사 who

'주격' 관계대명사 "who"는, 관계대명사가 형용사절[종속절] 안에서 '주어'의 역할을 하는 경우다.
주격 관계대명사 "who"의 예문(例文)은, 위에서 이미 살펴본 예문과 같다. 즉 "She likes the man who is kind."다.
위 예문에서, 관계대명사 "who"는 형용사절(who is kind) 안에서 "he" 대신 쓰여 '주어'의 역할을 하고 있으며, 선행사 "man"을 수식하고 있다.

(B) 소유격 관계대명사 whose

'소유격' 관계대명사 "whose"는, 관계대명사가 문장 중에서 '소유격 인칭대명사'의 역할을 하는 경우다.

The **gentleman** *whose profession is a professor* is writing a book.
(직업이 교수인 그 신사[紳士]분은 책을 쓰고 있는 중입니다.)

> **해설** "whose"가 '소유격 관계대명사'다.

관계대명사 "whose"가 이끄는 형용사절 "whose profession is a professor"는, 선행사 "gentleman"을 수식하고 있다.

관계대명사 "whose"는 소유격 인칭대명사 "his"의 뜻이 있다. 그러므로 관계대명사 "whose"를 '소유격 관계대명사'라고 하는 것이다.

위 예문은 아래와 같은 두 문장을 합한 것이다.

= The profession of the gentleman is a professor. + He is writing a book.

> **참고** gentleman [dʒéntlmən] [젠틀맨] n. 신사. profession [prəféʃən] n. (전문적) 직업(職業)

(C) 목적격 관계대명사 whom

'목적격' 관계대명사 "whom"은, 관계대명사가 종속절 안에서 '목적어'의 역할을 하는 경우다.

That is the **man** *whom* she met at the party yesterday.
(저 사람은 그녀가 어제 파티에서 만났던 남자입니다.)

> **해설** "whom"이 '목적격 관계대명사'다.

관계대명사 "whom"이 이끄는 형용사절 "whom she met at the party yesterday"는, 선행사 "man"을 수식하고 있다.

관계대명사 "whom"은, 형용사절(whom she met at the party yesterday) 안에서 동사 "met"의 '목적어' 역할을 하고 있다. 그러므로 관계대명사 "whom"은 '목적격 관계대명사'다.

위 예문은 아래와 같은 두 문장을 합한 것이다.

= That is the man. + She met him at the party yesterday.

② Which

관계대명사 "which"는 '선행사'가 '동물 또는 사물(事物)'인 경우에 쓰인다. "which"의 주격은 "which"고, 소유격은 "whose"(또는 "of which")며, 목적격은 "which"다.

주격 및 목적격 "which" 대신, 관계대명사 "that"을 쓰기도 한다.

(A) 주격 관계대명사 which

The **car** *which* *is in the garage* is mine. (차고에 있는 그 차는 나의 것입니다.)

해설 "which"가 '주격 관계대명사'다.

관계대명사 "which"가 이끄는 형용사절 "which is in the garage"는, 선행사 "car"를 수식하고 있다.

"which"는 '주어'의 역할을 하고 있다. 즉 명사 "car"을 대신하고 있다. 그러므로 관계대명사 "which"는 주격 관계대명사다.

위 예문은 아래의 두 문장을 합한 것이다.

= The car is mine. + It is in the garage.

참고 garage [gərάːdʒ] n. 차고(車庫)

(B) 소유격 관계대명사 whose (또는 of which)

Look at that **car** *whose* *color is blue*. (색깔이 파란 저 차를 보십시오.)

해설 "whose"가 '소유격 관계대명사'다.

관계대명사 "whose"가 이끄는 형용사절 "whose color is blue"는, 선행사 "car"를 수식하고 있다.

"whose"는 '소유 형용사' "its"의 뜻이 있다. 즉 "whose color"는 "its color"(그것의 색깔)의 뜻이다. 그러므로 관계대명사 "whose"는 '소유격 관계대명사'다.

위 예문은 아래의 두 문장을 합한 것이다.

= Look at that car. + Its color is blue.

참고 its와 it's를 잘 구분하여야 한다. "its"(그것의)는 '소유 형용사'다. 그러나 "it's"(그것은)는, "it is"의 '축약형'(短縮形)이다. 즉 'it's = it is'다.

위 예문을, 또 다른 '소유격 관계대명사' "of which"를 사용하여 바꾸어 표현해 보면, 아래와 같다.

Look at that **car** *the color* *of which* *is blue*.

해설 "of which"가 '소유격 관계대명사'다.

"the color *of which* is blue"는 선행사 "car"를 수식하고 있다.

"the color of which"는 위 첫 번째 예문의 "whose color"와 같은 표현임을 알 수 있다. 즉 'the color of which = whose color'다.

(C) 목적격 관계대명사 which

(a) 동사의 목적어

This is the **book** *which* I bought yesterday.
(이것은 내가 어제 구입[購入]한 책입니다.)

해설 "which"가 '목적격 관계대명사'다.

관계대명사 "which"가 이끄는 형용사절 "which I bought yesterday"는, 선행사 "book"을 수식하고 있다.

"which"는, 동사 "bought"의 '목적어' 역할을 하고 있다. 그러므로 관계대명사 "which"는 목적격 관계대명사다.

위 예문은 아래의 두 문장을 합한 것이다.

= This is the book. + I bought it yesterday.

참고 buy [bai] [바아이] vt. …을 사다, 구입하다〈과거 및 과거분사: bought [bɔːt] [버엍(트)]〉

(b) 전치사의 목적어

That is the **house** in *which* she lives. (저것은 그녀가 살고 있는 집입니다.)

해설 "which"가 '목적격 관계대명사'다.

"in which she lives"는 선행사 "house"를 수식하고 있다.

관계대명사 "which"는, 전치사 "in"의 '목적어' 역할을 하고 있다. 그러므로 "which"는 목적격 관계대명사다.

위 예문은 아래의 두 문장을 합한 것이다.

= That is the house. + She lives in it.

한편 위 예문과 같이 관계대명사가 전치사의 목적어일 때는, 위 예문에서와 같이 전치사를 관계대명사 바로 앞에 두기도 하고, 또는 전치사를 문장 맨 끝에 두기도 한다. 위 예문을 전치사를 문장 맨 끝에 두는 형태로 바꾸면, 아래와 같다.

= That is the house *which* she lives *in*.

③ That

"that"은 '선행사'가 '사람, 동물, 사물'인 경우에 두루 쓰이는 관계대명사다. "that"이 쓰이는 예는 아래와 같다.

(A) 선행사 앞에 '형용사의 최상급'이 올 때

He is **the brightest** man *that* I have ever met.

(그는 내가 지금까지 만난 사람 중에서 가장 총명한 사람입니다.)

해설 "that"이 관계대명사다.

선행사 "man" 앞에 형용사의 최상급 "brightest"가 왔으므로, 관계대명사 "that"을 썼다. "that"은 동사 "met"의 목적어이므로, '목적격 관계대명사'다.

참고 bright [brait] a. 총명(聰明)한, 똑똑한. ever [évər] ad. (최상급 등을 강조하여) 지금까지
meet [miːt] vt. 만나다〈과거 및 과거분사: met [met] [매애트]〉
the brightest: '형용사의 최상급'(brightest) 앞에는 정관사(the)를 붙인다.

(B) 선행사 앞에 '서수'(序數)가 올 때

He is **the first** man *that* climbed the mountain.

(그는 그 산을 오른 첫 번째 사람입니다.)

해설 선행사 "man" 앞에 서수(또는 서수사[序數詞]) "first"가 쓰였으므로, 관계대명사 "that"을 썼다. "that"은 주어의 역할을 하고 있으므로, '주격 관계대명사'다.

참고 climb [klaim] [클라아임] vt. 오르다. 알파벳 "b"가 발음되지 않음을 주의하여야 함.
the first: '서수'(first) 앞에는 정관사(the)를 붙인다.

(C) 선행사 앞에 "the only"가 올 때

He is **the only** novelist *that* she knows.

(그는 그녀가 알고 있는 유일한 소설가입니다.)

해설 관계대명사(that)의 선행사 "novelist" 앞에 "the only"가 왔으므로, 관계대명사 "that"을 썼다. "that"은 동사 "knows"의 목적어이므로, '목적격 관계대명사'다.

참고 the only: 유일(唯一)한, 오직 한 사람의. novelist [návəlist] n. 소설가(小說家)

(D) 선행사 앞에 "the very"가 올 때

This is **the very** book *that* I wanted to read.

(이것은 내가 읽고 싶었던 바로 그 책입니다.)

해설 관계대명사(that)의 선행사 "book" 앞에 "the very"가 왔으므로, 관계대명사 "that"을 썼다. "that"은 동사 "read"의 목적어이므로, '목적격 관계대명사'다.

참고 the very (바로 그) + 명사

(E) 선행사 앞에 "the same"이 올 때

He wears **the same** *clothes* that his brother wore.

(그는 자기 형이 입었던 옷을 입고 있습니다.)

해설 관계대명사(that)의 선행사 "clothes" 앞에 "the same"이 왔으므로, 관계대명사 "that"을 썼다. "that"은 동사 "wore"의 목적어이므로, '목적격 관계대명사'다.

참고 the same: 같은. clothes [klouz] [클로우즈] n. 옷
wear [wɛər] vt. (옷을) 입다〈과거: wore [wɔːr] [우어럴]〉. brother = elder brother [older brother]: 형(兄)

(F) 선행사 앞에 "all"이 올 때

These are **all** *the books* that he read. (이것들은 그가 읽은 모든 책들입니다.)

해설 관계대명사(that)의 선행사 "books" 앞에 형용사 "all"이 왔으므로, 관계대명사 "that"을 썼다. "that"은 동사 "read"의 목적어이므로, '목적격 관계대명사'다.

참고 read [riːd] vt. 읽다. read (원형) – read [red] (과거) – read [red] (과거분사)

(G) 선행사 앞에 "no"가 올 때

There is **no** *man* that doesn't love himself.

(자기 자신을 사랑하지 않는 사람은 없습니다.)

해설 관계대명사(that)의 선행사 "man" 앞에 형용사 "no"가 왔으므로, 관계대명사 "that"을 썼다. "that"은 주어의 역할을 하고 있으므로, '주격 관계대명사'다.

참고 no [nou] a. (한정적) 조금의 …도 없는. himself [himsélf] pron. 그 자신

(H) 선행사 앞에 '의문대명사'가 올 때

Who is *that lady* that is reading a book on the bench?

(벤치에서 책을 읽고 있는 저 숙녀는 누구입니까?)

해설 관계대명사(that)의 선행사 "lady" 앞에 의문대명사 "who"가 왔으므로, 관계대명사 "that"을 썼다. "that"은 주어의 역할을 하고 있으므로, '주격 관계대명사'다.

(I) 선행사가 '사람과 동물' 또는 '사람과 사물'인 때

The man and the dog that he met this morning were both friendly.

(그가 오늘 아침에 만났던 그 사람과 그 개는 둘 다 모두 친근했습니다.)

해설 관계대명사(that)의 선행사가 '사람과 동물'(the man and the dog)이므로, 관계대명사

"that"을 썼다. "that"은 동사(met)의 목적어이므로, '목적격관계대명사'다.
> 참고 friendly [fréndli] a. 친밀감이 있는

(J) 관계대명사 "that"과 전치사
관계대명사 "that" 앞에는 전치사를 쓰지 못한다.

That is the very man that she talked about.
(저 사람이 그녀가 이야기했던 바로 그 남자입니다.)
> 해설 관계대명사 "that" 앞에는 전치사를 쓰지 못하기 때문에, 관계대명사 "that" 앞에 전치사 "about"을 쓰지 않았다.
따라서 전치사 "about"은 원래의 위치인 문장 맨 뒤에 쓰였다.
> 참고 talk [tɔːk] vi. 이야기하다, 말하다〈과거: talked〉. talk about … : …에 관해서 이야기하다

④ What

관계대명사 "what"은 관계대명사 자체에 선행사를 포함하고 있다. 즉 관계대명사 "what"은 '선행사가 없는 관계대명사'다. "what"은 "the thing which" 또는 "the man who" 등의 뜻이다. "what"은 '~하는 것' 등으로 해석한다.

(A) '주어'로 쓰이는 what
What the newspaper reported is true. (그 신문이 보도한 것은 사실입니다.)
> 해설 관계대명사 "what"은 "the thing which"라는 뜻이다. 따라서 외부에 나타난 선행사는 없다. 위 예문에서 관계대명사 "what"은 '주어'의 역할을 하고 있다.
> 참고 report [ripɔ́ːrt] vt. …을 보도(報道)하다

(B) '보어'로 쓰이는 what
(a) 주격 보어
This book is what he is looking for. (이 책은 그가 찾고 있는 것입니다.)
> 해설 관계대명사 "what"은 '주격 보어'의 역할을 하고 있다. "what"은 "the thing which"의 뜻이다.
> 참고 look for … : …을 찾다

(b) 목적격 보어

His father made him **what** he is.

(그의 아버지는 그를 오늘날의 그로 만드셨습니다.) (= 오늘날의 그가 되게 하셨습니다.)

> 해설 관계대명사 "what"은 '목적격 보어'의 역할을 하고 있다. "what"은 "the man who"의 뜻이다.

(C) '목적어'로 쓰이는 what

Men respect **what** is useful for everyone.

(사람들은 모든 사람들에게 유용한 것을 존중합니다.)

> 해설 관계대명사 "what"은, 동사 "respect"의 '목적어' 역할을 하고 있다.(정확하게는 "what is useful for everyone"이 "respect"의 목적어다.)

> 참고 respect [rispékt] vt. …을 존중하다

(D) 관계대명사 "what"을 사용한 관용구(慣用句)

(a) A is to B what C is to D : A와 B의 관계는 C와 D의 관계와 같다.

Air **is to** human **what** water **is to** fish.

(속담: 공기와 사람의 관계는 물과 물고기의 관계와 같다.)

> 해설 A(Air) is to B(human) what C(water) is to D(fish).

> 참고 human [hjúːmən] n. 사람(human being; man)

(b) What is called (= what are called = what you call = what we call = what they call) : 소위, 이른바

He is **what is called** a man of ability. (그는 이른바 수완가입니다.)

> 참고 a man of ability: 수완가(手腕家), 능력가(能力家). ability [əbíləti] n. 능력

(c) what is better still : 더욱더 좋은 것은

He is clever, but **what is better still**, he is honest.

(그는 똑똑합니다, 그러나 더욱더 좋은 것은, 그는 정직합니다.)

> 참고 still [stil] ad. (비교급 "better"를 강조하여) 더, 더욱
> honest [ánist] [어어네스(트)] a. 정직(正直)한. 알파벳 "h"가 발음되지 않음을 주의하여야 함.

(d) What is even worse [what is worse] : 설상가상(雪上加霜)으로(to make matter worse)

What is even worse is that it rained a lot that night.
(설상가상으로 그날 밤 비가 많이 내렸습니다.)

🟢해설 "What is even worse"를 직역하면 '더욱 나쁜 것은'이란 뜻이다. 명사절 "What is even worse"은 위 예문에서 주어 역할을 한다.

🟢참고 even [íːvən] ad. (비교급을 강조하여) 더욱, 한층
bad [bæd] [배애앧] a. 나쁜. 비교급: worse [wəːrs] 더 나쁜. 최상급: worst [wəːrst] 가장 나쁜

2) 관계대명사의 제한적 용법과 계속적 용법

관계대명사는 '제한적 용법'(制限的 用法)과 '계속적 용법'(繼續的 用法)의 두 가지 용법이 있다. 관계대명사의 제한적 용법은 관계대명사 앞에 comma(,)가 없는 경우고, 계속적 용법은 관계대명사 앞에 comma(,)가 있는 경우다. 그러나 관계대명사 "that"과 "what"은 계속적 용법이 없다.

① 관계대명사의 제한적 용법

관계대명사의 제한적 용법은, '관계대명사가 있는 절'(형용사절)이 선행사를 수식하면서 선행사의 범위를 '제한'하는 경우다.
관계대명사의 제한적 용법에서의 해석은, 관계대명사의 뒷부분부터 먼저 해석한다.

She has two sons who are teachers. (그녀에게는 교사인 두 아들이 있습니다.)
🟢해설 관계대명사 "who" 앞에 comma(,)가 없다. 그러므로 위 예문은 관계대명사의 제한적 용법이 사용된 문장이다.
형용사절(who are teachers)이 선행사(sons)를 수식하면서 선행사의 범위를 '제한'한다. 즉 '교사인 아들이 두 명 있기는 하지만, 그녀에게 교사가 아닌 다른 아들이 있는지는 확실하지 않다.' (She has two teacher sons. But, we do not know if there are other sons who are not teachers.)
해석은, '교사인 두 아들'이라고 하여 관계대명사의 뒷부분(are teachers)부터 해석하였다.

② 관계대명사의 계속적 용법

관계대명사의 계속적 용법은 관계대명사가 있는 형용사절을 '계속'적으로 해석하는 경우다. 관계대명사가 있는 문장을 '계속'적으로 해석해야 하므로, 관계대명사의 앞부분부터 해석한다.

She has two sons, who are teachers.
(그녀에게 아들이 둘 있는데 그들은 둘 다 교사입니다.)
  해설 관계대명사 "who" 앞에 comma(,)가 있다. 그러므로 위 예문은 관계대명사의 계속적 용법이 사용된 문장이다.
관계대명사의 선행사 "sons"는 '아들 전부'를 가리킨다. 즉 '그녀에게는 아들이 두 명뿐인데 그 두 아들은 모두 교사다.'(She has two sons. The sons are both teachers.)
해석은, '그녀에게 두 아들이 있는데'라고 하여 관계대명사의 앞부분(She has two sons)부터 해석하였다.
  참고 위 예문은 아래와 같이 바꾸어 쓸 수도 있다.
= She has two sons, and they are teachers.

3) 관계대명사의 생략

모든 것을 줄이기를 좋아하는 영어의 특성에 따라 관계대명사도 생략(省略)할 수 있는데, 관계대명사를 생략할 수 있는 경우는 '목적격 관계대명사'와 '주격 관계대명사 + be 동사'의 두 가지다.

① 목적격 관계대명사의 생략

(A) 동사의 목적어인 목적격 관계대명사의 생략
동사의 목적어인 목적격 관계대명사 'whom, which, that'는, 모두 생략 가능하다.
관계대명사 "who"의 목적격 "whom"을 설명할 때 들었던 예문을 다시 사용하여, 관계대명사의 생략을 설명해 본다.

That is the man whom she met at the party yesterday.
(저 사람은 그녀가 어제 파티에서 만났던 남자입니다.)

해설 동사 "met"의 목적어인 목적격 관계대명사 "whom"은, 생략할 수 있다.
그러므로 위 예문은 아래와 같이 바꾸어 쓸 수 있다.
= That is the man she met at the party yesterday.

(B) 전치사의 목적어인 목적격 관계대명사의 생략

전치사의 목적어인 목적격 관계대명사는 생략 가능하다.
관계대명사 "which"의 전치사의 목적어인 목적격 "which"를 설명할 때 들었던 예문을 다시 사용하여, 관계대명사의 생략을 설명한다.

That is the house which she lives in. (저것은 그녀가 살고 있는 집입니다.)
해설 전치사 "in"의 목적어인 목적격 관계대명사 "which"는, 생략할 수 있다.
그러므로 위 예문은 아래와 같이 바꾸어 쓸 수 있다.
= That is the house she lives in.

② '주격 관계대명사 + be 동사'의 생략

'주격 관계대명사 + be 동사'는 보통 생략되기도 하는데, '주격 관계대명사 + be 동사'가 생략되는 대표적인 경우는 다음과 같다.

(A) '현재분사' 앞에 위치하는 '주격 관계대명사 + be 동사'의 생략

Look at that person who is *sleeping* on the bench.
(벤치에서 잠자고 있는 저 사람을 보시오.)
해설 '주격 관계대명사 + be 동사'(who is)가, '현재분사'(sleeping) 앞에 위치한다.
이 경우 '주격 관계대명사 + be 동사'(who is)는, 생략할 수 있다.
그러므로 위 예문은 아래와 같이 바꾸어 쓸 수 있다.
= Look at that person sleeping on the bench.

(B) '형용사구' 앞에 위치하는 '주격 관계대명사 + be 동사'의 생략

The book which is *on the desk* is mine.
(책상 위에 있는 그 책은 나의 것입니다.)

해설 '주격 관계대명사 + be 동사'(which is)가, '형용사구'(on the desk) 앞에 위치한다. 이 경우 '주격 관계대명사 + be 동사'(which is)는, 생략할 수 있다.

그러므로 위 예문은 아래와 같이 바꾸어 쓸 수 있다.

= The book on the desk is mine.

(C) '과거분사' 앞에 위치하는 '주격 관계대명사 + be 동사'의 생략

This is the book *that was* *written* by him.

(이것은 그에 의하여 쓰여진 책입니다.)

해설 '주격 관계대명사 + be 동사'(that was)가, '과거분사'(written) 앞에 위치한다. 이 경우 '주격 관계대명사 + be 동사'(that was)는, 생략할 수 있다.

그러므로 위 예문은 아래와 같이 바꾸어 쓸 수 있다.

= This is the book written by him.

4) 복합관계대명사

'복합관계대명사'(複合關係代名詞, Compound Relative Pronoun)는, 보통의 관계대명사 뒤에 "ever"를 붙인 형태다. 복합관계대명사는 보통의 관계대명사를 강조하는 것이다. '복합 관계대명사'는 'whoever, whichever, whatever', 이렇게 세 종류가 있다.

참고 compound [kámpaund] a. 복합의

복합관계대명사가 사용된 문장에는 선행사가 없다. 그러므로 복합관계대명사가 '명사절'에 쓰일 때는 'any + 선행사 + 관계대명사'의 '복합'(複合)된 형태라고 할 수 있고, '부사절'에 쓰일 때는 'no matter + 관계대명사'의 복합된 형태라고 할 수 있다.

세 종류의 복합관계대명사를, '명사절 용법'(名詞節 用法)과 '부사절 용법'(副詞節 用法)으로 각각 살펴보면 다음과 같다.

① Whoever

복합관계대명사 "whoever"는, "whoever"(주격) 외에 "whosever"(소유격)와 "whomever"(목적격)가 있다.

그러나 "whoever"가 주로 쓰이고, "whosever"와 "whomever"는 거의 쓰이지 않는다. 그러므로 '주격 복합관계대명사' "whoever"에 대해서만 설명한다.

(A) "whoever"의 명사절 용법

Whoever comes here will be welcome.
(여기에 오는 사람은 누구나 환영을 받을 것입니다.)

해설 복합관계대명사 "whoever"는, 명사절 "whoever comes here" 안에서 '주격' 관계대명사로 사용되었다.

명사절 "whoever comes here"는, 위 문장에서 '주어'의 역할을 한다.

"whoever"는 '누구나' 또는 '누구라도'의 뜻이 있어, '누구'의 뜻이 있는 보통의 관계대명사 "who"를 강조하는 것이다.

명사절에 쓰인 복합관계대명사는 'any + 선행사 + 관계대명사'의 복합된 형태이므로, 위 예문은 아래와 같이 바꾸어 쓸 수 있다.

= *Anyone who* comes here will be welcome. (Anyone [any + 선행사] + who(관계대명사) …)

참고 welcome [wélkəm] a. 환영받는

(B) "whoever"의 부사절 용법

Whoever may say so, he will not agree.
(어느 누가 그렇게 말할지라도 그는 동의하지 않을 것입니다.)

해설 복합관계대명사 "whoever"는, (양보의) 부사절 "whoever may say so" 안에 사용되었다.
부사절 "whoever may say so"는, 주절 "he will not agree"를 수식한다.

부사절에 쓰인 복합관계대명사는 'no matter + 관계대명사'의 복합된 형태이므로, 위 예문은 아래와 같이 바꾸어 쓸 수 있다.

= *No matter who* may say so, he will not agree. (No matter + who(관계대명사) …)

② Whichever

(A) "whichever"의 명사절 용법

You may have *whichever you like*.

(당신이 좋아하는 어떤 것이든 가져도 좋습니다.)

해설 복합관계대명사 "whichever"는, 명사절 "whichever you like" 안에서 사용되었다.

명사절 "whichever you like"는, 동사 "have"의 '목적어'의 역할을 한다.

명사절에 쓰인 복합관계대명사는 'any + 선행사 + 관계대명사'의 복합된 형태이므로, 위 예문은 아래와 같이 바꾸어 쓸 수 있다.

= You may have *anything that* you like.

목적격 관계대명사 "that"은 생략할 수 있으므로, 위 문장은 아래와 같이 쓸 수도 있다.

= You may have *anything* you like.

(B) "whichever"의 부사절 용법

Whichever you choose, you will like it.

(당신이 어떤 것을 선택할지라도, 당신은 그것을 좋아할 것입니다.)

해설 복합관계대명사 "whichever"는, (양보의) 부사절 "whichever you choose" 안에 사용되었다.

부사절 "whichever you choose"는, 주절 "you will like it"을 수식한다.

부사절에 쓰인 복합관계대명사는 'no matter + 관계대명사'의 복합된 형태이므로, 위 예문은 아래와 같이 바꾸어 쓸 수 있다.

= *No matter which* you choose, you will like it.

③ Whatever

(A) "whatever"의 명사절 용법

Give her *whatever she likes*.

(그녀가 좋아하는 것은 무엇이든지 그녀에게 주시오.)

해설 복합관계대명사 "whatever"는, 명사절 "whatever she likes" 안에서 사용되었다.

명사절 "whatever she likes"는, 동사 "give"의 '목적어'의 역할을 한다.

명사절에 쓰인 복합관계대명사는 'any + 선행사 + 관계대명사'의 복합된 형태이므로, 위 예문은 아래와 같이 바꾸어 쓸 수 있다.

= Give her *anything that* she likes.

> 참고 "whichever"와 "whatever"는 모두 "anything that"의 뜻이다. 그러나 "whichever"는 '정해진 몇 개 중에서 어떤 것이든'이라는 뜻이고, "whatever"는 '무엇이 되었든 간에'라는 뜻이므로, "whichever"와 "whatever"는 그 선택의 범위에 차이가 있다.

(B) "whatever"의 부사절 용법

Whatever she may say, he will do it.
(그녀가 무엇이라고 말해도, 그는 그것을 할 것입니다.)

> 해설 복합관계대명사 "whatever"는, (양보의) 부사절 "whatever she may say" 안에 사용되었다.
부사절 "whatever she may say"는, 주절 "he will do it"을 수식한다.
부사절에 쓰인 복합관계대명사는 'no matter + 관계대명사'의 복합된 형태이므로, 위 예문은 아래와 같이 바꾸어 쓸 수 있다.

= *No matter what* she may say, he will do it.

5) 유사관계대명사

특정한 접속사가 관계대명사 대신 쓰이게 되는 경우가 있는데, 그러한 접속사를 '유사관계대명사'(類似關係代名詞, Pseudo-Relative Pronoun)라고 한다.
유사관계대명사는, 관계대명사와 유사(類似) 즉 비슷하다고 하여 '유사 관계대명사'라고 하는 것인데, 유사관계대명사를 '의사(擬似) 관계대명사'라고 하기도 한다. '유사 관계대명사'로 쓰이는 접속사는 'as, but, than'의 세 가지다.

> 참고 pseudo [súːdou] a. 가짜의(not real). 알파벳 "p"가 발음되지 않음을 주의하여야 함.

여기서는 가장 많이 쓰이는 "as" 유사관계대명사에 대해서만 살펴본다.
유사관계대명사 "as"는 '주격'과 '목적격'이 있는데, 목적격 유사관계대명사 "as"만 살펴본다.
"as"는, 선행사 앞에 'such, the same, as' 등이 있는 경우에 쓰인다.

He speaks in **such** simple *language* **as** the children can understand.
(그는 어린이들도 이해할 수 있을 정도의 쉬운 말을 합니다.) (= 쉽게 말합니다.)

해설 "as"가 '유사 관계대명사'다.
선행사 "language" 앞에 "such"가 있기 때문에, '유사관계대명사 as'가 쓰였다. "such"가 없었다면, 원래대로 보통의 관계대명사 "which"가 쓰였을 것이다.
그러므로 유사관계대명사는, 특별한 형태의 문장(예를 들면 선행사 앞에 such가 있는 경우)에서 관계대명사 대신 쓰이는 접속사라고 할 수 있다.
유사관계대명사 "as"는 동사 "understand"의 목적어이므로, '목적격'이다.

참고 speak in ⋯ : ⋯으로 말하다. simple [símpl] a. 쉬운(easy). language [lǽŋgwidʒ] n. 말, 언어

He wears **the same** *clothes* **as** his brother wore.
(그는 그의 형이 입었던 옷과 같은 종류의 옷을 입고 있습니다.)

해설 선행사 "clothes" 앞에 "the same"이 있기 때문에, 유사관계대명사 "as"가 쓰였다. 유사관계대명사 "as"는 동사 "wore"의 목적어이므로, '목적격'이다.
위 예문을, 원래대로 보통의 관계대명사 "which"를 사용하여 바꾸어 쓰면 아래와 같다.
= He wears the same kind of clothes **which** his brother wore.

참고 "He wears the same clothes that his brother wore."(그는 자기 형이 입었던 옷을 입고 있습니다)라는 문장은, 관계대명사 "that"을 설명할 때 들었던 예문인데, 이 문장에서의 '옷'은, '형이 입었던 바로 그 옷'을 말한다. 즉 '유사관계대명사 as'를 쓰면 '비슷한 옷'을 말하지만, '관계대명사 that'을 쓰면 '동일한 옷'을 말한다.
wear [wɛər] vt. (옷을) 입고 있다〈과거: wore [wɔːr], 3인칭 단수: wears〉

Chapter 3
동사

'동사'(動詞, Verb)는 '주어의 동작(動作)이나 상태(狀態)를 나타내는 품사'다. 동사는 보통 주어 다음에 위치하여 주어를 설명한다.

참고 verb [vəːrb] n. 동사

(1) 동사의 종류

1) 상태동사와 동작동사

동사는 우선, '주어의 상태'를 나타내는 '상태 동사'(狀態 動詞)와, '주어의 동작'을 나타내는 '동작 동사'(動作 動詞)로 나누어진다.

① 상태 동사

He knows the situation well. (그는 그 상황을 잘 알고 있습니다.)

해설 "knows"(원형: know)가 '상태 동사'다.

"knows"는 주어 "he"의 상태, 즉 '(그가) 알고 있다'는 것을 나타낸다.

참고 know [nou] vt. 알다, 알고 있다. 알파벳 "k"가 발음되지 않음을 주의하여야 함.
know well: 잘 알다

② 동작 동사

She goes to bed at 11 p.m. usually. (그녀는 보통 밤 11시에 잠을 잡니다.)

해설 "goes"(원형: go)가 '동작 동사'다.

"goes"는 "to bed"와 연결되어, 주어 "she"의 동작, 즉 '(그녀가) 잔다'는 것을 나타낸다.

참고 go to bed: 잠자다. usually [júːʒuəli] ad. 보통
at 11 p.m.: 밤 11시에. p.m. [píːém] [피이엠] 오후(午後). p.m. ← 라틴어: post meridiem

2) be동사와 일반동사

① be 동사

'be 동사'는 단지, 주어의 성질을 나타내거나 또는 동사의 자리만을 채워 주는 동사다. 즉 'be 동사'는, 주어의 동작을 나타내는 실제의 동사가 아니다.
'am, are is, was, were'가 'be 동사'다.

He **is** a student. (그는 학생입니다.)
  해설 "is"가 'be 동사'다.
한편 "is"의 동사원형은 "be"다. "is"는 "be"의 '3인칭 단수'다.
'be 동사'인 "is"는, 주어(he)의 '성질'(a student)을 나타낼 뿐이다. 즉 "is"는 'he = a student'라는 것을 이어 주는 역할만 한다. "is"에 '동작'의 뜻은 없다. "is"는 '…이다'라고 해석한다.

② 일반 동사

'일반 동사'(一般 動詞)는 주어의 '동작'을 나타내는 실제의 동사를 말한다. 'be 동사'를 제외한 모든 동사가 '일반 동사'다. 그러므로 '동사 = be 동사 + 일반 동사'다.

The student **studies** English. (그 학생은 영어를 공부합니다.)
  해설 "studies"(원형: study)가 '일반 동사'다.
'일반 동사'인 "studies"는, 주어(the student)의 '동작'(공부하다)을 나타내고 있다.

> **참고 조동사(助動詞)**
> '조동사'는 일반동사 앞에서 일반동사의 뜻을 '보조'(補助)해 주는 동사다.
> 조동사는 일반동사를 도와주기만 할 뿐이므로, 실제적인 의미의 '동사'라고는 할 수 없다. 따라서 조동사를 "Helping Verb"라고 한다. 'can, do' 등이 조동사다.
> The student **can** speak English.
> (그 학생은 영어를 말할 수 있습니다.)

> 해설 "can"이 '조동사'다.
> "can"은 일반동사 "speak"의 뜻을 보조해 주고 있다. 즉 말을 '할 수 있다'(can)는, '심적(心的)인 태도'(mood)를 나타내고 있다.
> 조동사(can)와 함께 쓰이는 일반동사(speak)를, '조동사'와 구분하기 위하여 '본동사'(本動詞, Main Verb)라고 부르기도 한다.
> ◆ helping [hélpiŋ] a. 도움을 주는. mood [muːd] n. 마음가짐, 심정(心情)

3) 규칙동사와 불규칙동사

일반동사(간단히 줄여 '동사'라고만 한다)는 '그 변화가 규칙적으로 되는가 아니면 불규칙적으로 되는가 여부'에 의하여, '규칙동사'(規則動詞, Regular Verb)와 '불규칙동사'(不規則動詞, Irregular Verb)로 나누어진다.

참고 동사를 '변화'시키는 것은, 동사의 '시제'(時制, Tense)를 나타내기 위한 것이다. 시제를 나타내기 위해서는 동사가 과거 또는 과거분사의 형태로 변화하여야 하기 때문이다.

① 규칙 동사

'규칙 동사'는 동사의 과거 및 과거분사의 형태가 '규칙적(規則的, regularly)으로 변화'하는 동사를 말한다.

(a) 동사는 일반적으로 '동사 원형'의 어미(語尾)에 "ed"를 붙여, 과거 및 과거분사를 만든다.

work (동사 원형) - work**ed** (과거) - work**ed** (과거분사)

참고 동사 원형(動詞 原形, the base form of a verb)은, '원형 동사'(原形 動詞, Root Verb 또는 Bare Verb)라고 하기도 한다. '동사 원형'은 '동사의 원래의 형태'라는 뜻이다. '동사 원형'은 보통 '원형'이라고 줄여서 표기한다.
base [beis] a. 기본의, 기초의. form [fɔːrm] n. 형태(形態)
root [ruːt] n. 어근(語根). bare [bɛər] [배어어얼] a. 기본적인(basic)

(b) 동사원형의 어미가 "e"로 끝나는 동사는, 어미에 "d"만 붙인다.

love - love**d** - love**d**

(c) 동사원형이 '자음 + y'로 끝나면, "y"를 "i"로 고치고 여기에 "ed"를 붙여 과거, 과거분사를 만든다.

study - stud**ied** - stud**ied**

🟢 해설 　동사 "study"는 '자음(d) + y'로 끝나므로, "y"를 "i"로 고치고 여기에 "ed"를 붙여 과거 및 과거분사 "studied"를 만들었다.

(d) 동사원형이 '단모음 + 자음'으로 끝나면, 자음을 하나 더 쓰고 여기에 "ed"를 붙여 과거, 과거분사를 만든다.

stop - stop**ped** - stop**ped**

🟢 해설 　동사 "stop"은 '단모음(o) + 자음(p)'으로 끝나므로, 자음 "p"를 하나 더 쓰고 여기에 "ed"를 붙여 과거 및 과거분사 "stopped"를 만들었다.

② 불규칙 동사

'불규칙 동사'는 동사의 과거 및 과거분사의 형태가 '불규칙적(不規則的, irregularly)으로 변화'하는 동사를 말한다. 불규칙동사에는 다음과 같은 네 가지 형태가 있다.

🟢 참고 　irregularly [irégjulərli] ad. 불규칙적으로, 불규칙하게

(a) A-B-C 형: 동사원형(또는 원형), 과거형, 과거분사형이 모두 다른 형태다.

sing - sang - sung

🟢 해설 　원형(sing), 과거(sang), 과거분사(sung)의 형태가 모두 다르다.

🟢 참고 　sing [siŋ] vi. 노래하다 – sang [sæŋ] (과거) – sung [sʌŋ] (과거분사)

(b) A-B-B 형: 원형과 과거형은 다르나, 과거형과 과거분사형은 같은 형태다.

tell - told - told

🟢 참고 　tell [tel] vt. 말하다 – told [tould] (과거) – told [tould] (과거분사)

(c) A-B-A 형: 원형과 과거형은 다르나, 원형과 과거분사형은 같은 형태다.

come - came - come

🟢 해설 　원형(come)과 과거형(came)은 다르나, 원형(come)과 과거분사형(come)은 형태가 같다.

🟢 참고 　come [kʌm] vi. 오다 – came [keim] (과거) – come [kʌm] (과거분사)

(d) A-A-A 형: 원형, 과거형, 과거분사형이 모두 같은 형태다.

set – set – set

참고 set [set] …을 놓다 – set [set] (과거) – set [set] (과거분사)

4) 본동사와 준동사

'본동사'(本動詞, Main Verb)는 일반동사를 가리키는 것임은 이미 설명한 바와 같다. 본동사와 대비되는 것으로 '준동사'(準動詞, Verbid)라는 것이 있는데, 준동사는 동사[일반 동사]를 약간 변경한 것으로서 동사 아닌 다른 품사(예: 명사)의 기능을 하는 것을 말한다.

여하튼 준동사는 모두 기본적으로는 (일반)동사를 사용한 것이므로, '동사에 준(準)한다'고 해서 '준동사'(準動詞)라고 부르는 것이다.

참고 verbid [vé:rbid] n. 준동사

예를 들어 "He stopped drinking due to concerns for his health."(그는 건강상의 이유로 술을 끊었습니다.)라는 문장에서, "drinking"은 '동명사'라는 '준동사'다.

"drinking"은 "drink"(술을 마시다)라는 '동사'[일반동사]에 "ing"를 붙인 것으로, "drinking"은 동사 "stopped"의 목적어로서 위 문장에서 '명사'의 역할을 하고 있다.

그러므로 '동명사'(drinking)라는 '준동사'는, '동사'(drink)를 약간 변경하여 (즉 "ing"를 붙여) '명사' 품사의 기능을 하게 하는 것임을 알 수 있다.

준동사는 '동명사' 외에도 '부정사'와 '분사'가 있어 모두 세 가지다. 이들 준동사에 대해서는 나중에 별도로 각각 설명한다.

참고 drink [driŋk] vi. 술을 마시다; vt. (물 등을) 마시다. due to … : … 때문에
concern [kənsə́:rn] n. 걱정

5) 완전동사와 불완전동사

동사는 동사가 '보어'(補語)를 필요로 하는가 여부에 의하여, '완전동사'(完全動詞, Complete Verb)와 '불완전동사'(不完全動詞, Incomplete Verb)로 나누어진다. '완전 동사'는 '보어가 필요 없는 동사'고, '불완전 동사'는 '보어가 필요한 동사'다.

참고 complete [kəmplí:t] a. 완전한. incomplete [inkəmplí:t] a. 불완전한

She **sleeps** well. (그녀는 잠을 잘 잡니다.)
해설 "sleeps"(원형: sleep)는 '보어'를 필요로 하지 않는 '완전 동사'다.
즉 위 예문에는 '보어'가 없다. "well"은 부사일 뿐이다.

He **is** a *student*. (그는 학생입니다.)
해설 "is"는 '보어'를 필요로 하는 '불완전 동사'다.
"student"가 보어다. "student"는 '주격 보어'로서, 주어 "he"를 설명하고 있다. 즉 "he"는 학생(student)이다.

6) 자동사와 타동사

동사는 동사가 '목적어'(目的語)를 필요로 하는가 여부에 의하여, '자동사'(自動詞, Intransitive Verb [약자: vi])와 '타동사'(他動詞, Transitive Verb [약자: vt])로 나누어진다.
자동사는 '목적어를 필요로 하지 않는 동사'고, 타동사는 '목적어를 필요로 하는 동사'다.
참고 transitive [trǽnsətiv] a. 타동사의. intransitive [intrǽnsitiv] a. 자동사의

He **sings** well. (그는 노래를 잘합니다.)
해설 "sings"(원형: sing)가 '자동사'다.
자동사 "sing"은 목적어를 필요로 하지 않는다. 그러므로 위 예문에는 '목적어'가 없다. "well"은 부사일 뿐이다.

He **sings** *a song* for her. (그는 그녀를 위해 노래를 부릅니다.)
해설 여기서 "sings"는 '타동사'로 쓰였다.
타동사 "sing"은 목적어를 필요로 하는데, 타동사 "sing"의 '목적어'는 "song"이다.

위 동사 "sing"의 예와 같이, 하나의 같은 단어가 '자동사'로도 쓰이기도 하고 '타동사'로 쓰이는 경우가 매우 많다. 그러므로 새로운 단어가 나올 때마다 그때그때, 그 단어가 자동사로 쓰이는지 또는 타동사로 쓰이는지, 아니면 자동사와 타동사로 모두 쓰이는지를 일일이 익혀 두어야 한다.

자동사가 목적어를 취하려면, 자동사 다음에 '전치사'를 붙인 후 목적어를 취한다. 그 이유는 '타동사' 또는 '전치사'만이 '목적어'를 취할 수 있기 때문이다.

예 She depends on him. (그녀는 그에게 의지하고 있습니다.)
해설 "depends"(원형: depend)는 '자동사'다. 그러므로 목적어를 취할 수 없다. 따라서 "depend" 다음에 전치사 "on"을 붙인 후, 목적어 "him"을 취하였다.
참고 depend [dipénd] [디패앤(드)] vi. …에 의지(依支)하다((on)). depend on … : …에 의지하다(rely on)

7) 완전자동사와 불완전자동사

자동사는 '완전자동사'(完全自動詞)와 '불완전자동사'(不完全自動詞)로 나누어진다. '완전 자동사'는 '목적어와 보어가 필요 없는 동사'고, '불완전 자동사'는 '목적어는 필요 없으나 보어는 필요한 동사'다.

Ji-hee sings very well. ('지희'는 노래를 아주 잘합니다.)
해설 "sings"(원형: sing)는 '완전 자동사'다. "sings"는 목적어와 보어를 필요로 하지 않기 때문이다.
그러므로 위 예문에는 목적어나 보어가 없다. "very well"은 부사일 뿐이다.

Ji-hee is a singer. ('지희'는 가수[歌手]입니다.)
해설 "is"는 '불완전 자동사'다. "is"는 목적어는 필요 없으나 보어는 필요로 하기 때문이다. "singer"가 '보어'다. "singer"는 '주격 보어'로서 주어 "Ji-hee"를 설명하고 있다. 즉 "Ji-hee"는 가수(singer)다.
참고 singer [síŋər] [씽어얼] n. 가수(歌手)

8) 완전타동사와 불완전타동사

타동사는 '완전타동사'(完全他動詞)와 '불완전타동사'(不完全他動詞)로 나누어진다. '완전 타동사'는 '목적어는 필요하나 보어는 필요 없는 동사'고, '불완전 타동사'는 '목적어도 필요하고 보어도 필요한 동사'다.

He loves her. (그는 그녀를 사랑합니다.)
해설 "loves"(원형: love)가 '완전 타동사'다.
"love"는 목적어는 필요하나 보어는 필요 없는 동사다. "her"가 '목적어'다.

He thinks her honest. (그는 그녀가 정직하다고 생각합니다.)
해설 "thinks"(원형: think)가 '불완전 타동사'다.
"think"는 목적어도 필요하고 보어도 필요한 동사다. "her"가 '목적어'고 "honest"가 '보어'다.
"honest"는 '목적격 보어'로서 목적어 "her"를 설명하고 있다. 즉 "her"는 '정직하다(honest).'

9) 단일목적동사와 수여동사

완전타동사는 '단일(單一)목적동사'와 '수여(受與)동사'(Dative Verb)로 나누어진다. '단일 목적동사'는 목적어가 한 개만 즉, '직접 목적어만 있는 동사'고, '수여 동사'는 목적어가 두 개 즉, '직접목적어와 간접목적어가 있는 동사'다.
'직접(直接) 목적어'(Direct Object [약자: D.O])는 '직접적으로 타동사의 대상이 되는 목적어'고, '간접(間接) 목적어'(Indirect Object [약자: I.O])는 '간접적으로 타동사의 대상이 되는 목적어'다.

참고 dative [déitiv] a. 여격(與格)의. '여격'은 '간접목적어의 격(格, case)'으로, '간접목적어를 나타낸다'는 뜻이다. "dative verb"는 '여격 동사'라고도 번역된다.

He needs money. (그는 돈이 필요합니다.)
해설 "needs"(원형: need)는 '단일 목적 동사'다. 목적어(money)가 한 개만 있기 때문이다.
"money"는 '직접 목적어'다.

She gave him money. (그녀는 그에게 돈을 주었습니다.)
해설 "gave"(원형: give)는 '수여 동사'다. 목적어가 두 개("him"과 "money") 있기 때문이다.
"him"이 '간접 목적어'고 "money"가 '직접 목적어'다.
'간접 목적어'(him)는 간접적으로 (타)동사(give)의 목적(object)이 되고, '직접 목적어'(money)는 직접적으로 (타)동사(give)의 목적이 된다.
따라서 '간접 목적어'(him)는 '…에게'라고 해석하고, '직접 목적어'(money)는 '…을'이라고 해석한다.

참고 object [ábdʒikt] [어어브젝트] n. 목적, 목적어

(2) 타동사의 목적어

앞에서 타동사인 '수여 동사'는 두 개의 목적어 즉 '직접 목적어'와 '간접 목적어'를 필요로 한다고 했는데, 여기서는 '직접 목적어'와 '간접 목적어'에 대해서 좀 더 자세히 살펴본다.

1) 직접목적어

직접목적어(Direct Object)는, '동작(動作)의 대상이 되는 직접목적어'와 '동작의 결과를 나타내는 직접목적어'로 나누어진다.

참고 direct [dirékt] a. 직접적인

① '동작의 직접적 대상이 되는' 직접목적어

He kicked the ball. (그는 그 공을 찼습니다.)
해설 "the ball"(그 공)이, 타동사 "kick"의 목적어[직접목적어]다. 목적어 "the ball"은 "kick"(차다)이라는 동작의 직접적 대상이다.
참고 kick [kik] vt. (물건을) 차다, 걷어차다⟨과거: kicked⟩

② '동작의 결과를 나타내는' 직접목적어

He kicked a goal. (그는 골을 넣었습니다.)
해설 "a goal"(골 하나)이 타동사 "kick"의 목적어[직접목적어]다. 목적어 "a goal"은 "kick"이라는 동작의 결과다. 즉 '차서 골을 넣었다'라는 것이다.

③ 직접목적어가 두 개인 경우

God will forgive *you your sins* if you repent the sins.
(당신이 죄를 회개[悔改]하면, 신[神]은 당신이 지은 죄를 용서하여 주실 것입니다.)

해설 "you"와 "your sins"는 모두 '직접 목적어'다.

신은 '당신'(you)도 용서하고 '당신의 죄'(your sins)도 용서한다는 것이다. 즉 용서의 대상이 둘이다.

참고 repent [ripént] [뤼페앤트] vt. …을 회개하다, 후회하다, 참회(懺悔)하다.
sin [sin] [씨이인] n. 죄(罪). "sin"은 보통 종교적인 죄를 뜻한다. 한편 "crime"은 법률로 정해져 있는 죄[범죄]를 뜻한다.
crime [kraim] n. 범죄(犯罪)

2) 간접목적어

간접목적어(Indirect Object)는, '방향(方向)을 나타내는 간접목적어'와 '이해(利害)를 나타내는 간접목적어'로 나누어진다.

참고 indirect [indərékt] a. 간접적인

① '방향을 나타내는' 간접목적어

He sent *her* a gift. (그는 그녀에게 선물을 하나 보냈습니다.)

해설 "her"가 간접목적어다. 간접목적어 "her"에는 '방향'의 의미가 있다. 즉 그녀(her)'에게' 보냈다는 것이다.

그러므로 위 예문은 아래와 같이 바꾸어 쓸 수 있다.

= He sent a gift *to her*.

② '이해를 나타내는' 간접목적어

He bought *his son* a watch. (그는 아들에게 손목시계를 하나 사 주었습니다.)

해설 "his son"이 간접목적어다. 간접목적어 "his son"에는 '이해'(利害)의 의미가 있다. 즉 아들(his son)의 '이익(利益)을 위하여' 시계를 사 주었다는 것이다.

그러므로 위 예문은 아래와 같이 바꾸어 쓸 수 있다.

= He bought a watch *for his son*.

3) 목적어의 형식

타동사의 목적어가 되는 것, 즉 타동사의 목적어의 형식(形式)은 명사, 대명사, 구(句) 또는 절(節)이다.

① 명사 또는 대명사

He gave **her** *a pen*. (그는 그녀에게 펜을 한 개 주었습니다.)
[해설] "her"는 '간접목적어'인데 '대명사'고, "pen"은 '직접목적어'인데 '명사'다.

② 구

(a) '부정사만을 목적어'로 취하는 타동사
She **hopes** *to become a doctor*. (그녀는 의사가 되는 것을 희망하고 있습니다.)
[해설] "hopes"(원형: hope)가 타동사다. 그리고 "to become a doctor"는 '명사구'로서 "hope"의 '목적어'다.
"hope"는 부정사만을 목적어로 취하는 타동사다.
[참고] 부정사만을 목적어로 취하는 동사[타동사]의 예: care, choose, decide, determine, hope, pretend, refuse, wish

(b) '동명사만을 목적어'로 취하는 타동사
He **avoids** *making a decision about the matter*.
(그는 그 문제에 관해 의사결정[意思決定]을 하는 것을 피합니다.)
[해설] "avoids"(원형: avoid)가 타동사다. 그리고 "making a decision about the matter"는 '명사구'로서 동사 "avoid"의 '목적어'다.
"avoid"는 동명사만을 목적어로 취하는 타동사다.
[참고] avoid [əvɔ́id] vt. 피하다, 회피하다. make a decision: 결정[의사 결정]을 하다.
동명사만을 목적어로 취하는 동사[타동사]의 예: admit, avoid, consider, deny, enjoy, finish, mind, postpone, resist.

③ 절

Do you understand **what he said**? (당신은 그가 말한 것을 이해합니까?)
  해설 "understand"가 타동사다. 그리고 "what he said"는 '명사절'로서 동사 "understand"의 '목적어'다.

(3) 불완전동사의 보어

불완전동사는 '보어'(補語, Complement [약자: C])가 필요한 동사인데, 보어에는 '주격 보어'와 '목적격 보어'의 두 가지 종류가 있다.
  참고 complement [kɑːmpliment] n. 보어

1) 주격보어

'주격보어'(Subject Complement [약자: S.C])는, '주어를 설명 또는 보충(補充)하는 말'이다. '주격 보어'를 취하는 동사는, 불완전동사 중에서도 '불완전 자동사'다.

He became **rich**. (그는 부유[富裕]해졌습니다.)
  해설 "rich"가 '주격 보어'다.
동사 "became"(원형: become)은 '불완전 자동사'다.
주격보어 "rich"는 주어(he)를 설명한다. 즉 "he"는 부자(rich)다.
  참고 become [bikʌ́m] vi. …이 되다 – became [bikéim] (과거) – become [bikʌ́m] (과거분사)

This flower smells **sweet**. (이 꽃은 향기로운 냄새가 납니다.)
  해설 "sweet"이 '주격 보어'다.
동사 "smells"(원형: smell)는 '불완전 자동사'다.
주격보어 "sweet"은 주어(this flower)를 설명한다. 즉 'this flower = sweet'이다.
  참고 smell [smel] vi. …의 냄새가 나다

2) 목적격보어

'목적격보어'(Object Complement [약자: O.C])는, 목적어를 설명 또는 보충하는 말이다. '목적격 보어'를 취하는 동사는, 불완전동사 중에서도 '불완전 타동사'다.

① '형용사'가 목적격 보어인 경우

He found *the box* empty. (그는 그 상자가 비어 있는 것을 발견했습니다.)
해설 "empty"가 '목적격 보어'인데, "empty"는 '형용사'다.
동사 "found"(원형: find)는 '불완전 타동사'다.
목적어는 "the box"인데, 목적격보어 "empty"는 목적어(the box)에 대해 설명한다. 즉 "the box"는 '비어'(empty) 있다.
참고 find [faind] vt. 발견하다〈과거 및 과거분사: found [faund]〉. empty [émpti] a. 빈

② '현재분사'가 목적격 보어인 경우

She kept *him* waiting. (그녀는 그를 기다리게 했습니다.)
해설 "waiting"이 '목적격 보어'인데, "waiting"은 '현재 분사'다.
동사 "kept"(원형: keep)는 '불완전 타동사'다.
목적어는 "him"인데, 목적격보어 "waiting"은 목적어(him)에 대해 설명한다. 즉 '그가'(him)이 '기다리고'(waiting) 있다.
참고 keep [kiːp] vt. (사람 또는 물건을 …동작에) 두다〈과거: kept [kept]〉

③ '원형 부정사'가 목적격 보어인 경우

He heard *her* sing. (그는 그녀가 노래를 부르는 것을 들었습니다.)
해설 "sing"이 '목적격 보어'인데, "sing"은 '원형 부정사' 즉, 'to 없는 부정사'다.
동사 "heard"(원형: hear)는 '불완전 타동사'다.
목적어는 "her"인데, 목적격보어 "sing"은 목적어(her)에 대해 설명한다. 즉 '그녀가'(her) '노래를 부르고'(sing) 있다.
참고 hear [hiər] vt. …을 듣다〈과거 및 과거분사: heard [həːrd]〉

3) 보어의 형식

불완전동사의 보어가 되는 것은 '명사, 대명사, 형용사, 부정사, 구(句) 또는 절(節)'이다.

① 명사

He is a soldier. (그는 군인[軍人]입니다.)
해설 "soldier"가 보어[주격 보어]다. "soldier"는 '명사'다.
참고 soldier [sóuldʒər] [쏘울줘어] n. 군인

② 대명사

She guessed it to be him. (그녀는 그것이 그 남자라고 추측했습니다.)
해설 "him"이 보어[목적격 보어]다. "him"은 '대명사'다.
참고 guess [ges] [개애스] vt. (…이 …라고) 추측(推測)하다〈과거: guessed〉

③ 형용사

She is wise. (그녀는 현명합니다.)
해설 "wise"가 보어[주격 보어]다. "wise"는 '형용사'다.

④ 부정사

He seems to know her. (그는 그녀를 아는 것처럼 보입니다.)
해설 "to know her"가 보어[주격 보어]인데, 여기에서 "to know"는 '부정사'[to 부정사]다.
참고 seem [siːm] [씨이임] vi. (…처럼) 보이다, 생각되다((to))〈3인칭 단수: seems〉
seem + to 부정사 : …처럼 보이다, …인 것 같다.

⑤ 구

He stayed without a word. (그는 말 한마디도 없이 머물렀습니다.)
해설 "without a word"가 보어[주격 보어]인데, '구'다.

⑥ 절

Our opinion is that **he is not guilty**.
(우리의 의견은 그가 유죄[有罪]가 아니라는 것입니다.)
　해설　"he is not guilty"가 보어[주격 보어]다. "he is not guilty"은 '절'이다.
　참고　guilty [gílti] [기을티이] a. 유죄(有罪)의

(4) 동사의 시제

'동사의 시제(時制, Tense)'란, '어떤 행위가 일어날 것이거나 또는 일어난 때를 알려 주는 동사의 형태'다.(the forms of a verb which show the time at which an action will happen or happened: Referred to Cambridge Dictionary)
즉 동사의 시제는 '행위의 발생 시점을 알려 주는 동사의 형태'다.
　참고　tense [tens] n. 시제(時制)

예를 들면, '동사의 미래 시제'는 '어떤 행위가 미래에 일어날 것이라는 것을 나타내는 동사의 형태'고, '동사의 과거 시제'는 '어떤 행위가 과거에 일어났다는 것을 나타내는 동사의 형태'다. 그러므로 예를 들어 "He will meet her."에 쓰인 '동사의 미래 시제' "will meet"는, '그녀를 앞으로 만날 것이라는 것을 나타내는 동사의 형태'고, "He met her."에 쓰인 '동사의 과거 시제' "met"는, '그녀를 만난 것이 과거였다는 것을 나타내는 동사의 형태'다.

참고로, 동사의 '원형'(原形), '과거형'(過去形), '과거분사형'(過去分詞形)을 '동사의 3주요형'(主要形)이라고 하며, 동사의 원형을, 과거형, 과거분사형으로 변화시키는 것을 '동사의 활용(活用)'이라고 한다.
동사 "show"(보여 주다)를 예를 들어 보면, 원형은 "show"고, 과거형은 "showed"이며, 과거분사형은 "shown"이다. 나아가 현재분사형(現在分詞形)은 "showing"이다.

'동사 시제'의 종류로는 다음과 같이 12가지가 있다. 이를 '12시제'라고 한다.

(1) 기본(基本) 시제: 1) 현재①, 2) 과거②, 3) 미래③
(2) 완료(完了) 시제: 1) 현재완료④, 2) 과거완료⑤, 3) 미래완료⑥
(3) 진행(進行) 시제: 1) 현재진행⑦, 2) 과거진행⑧, 3) 미래진행⑨
(4) 완료진행(完了進行) 시제: 1) 현재완료진행⑩, 2) 과거완료진행⑪, 3) 미래완료진행⑫

1) 현재 시제

'현재시제'(現在時制, Present Tense)는, '현재의 사실인 상태 또는 동작 등'을 나타내는 데 쓰인다.

참고 present [préznt] a. 현재의(happening now). happening [hǽpniŋ] a. 일어나는, 발생하는

① 현재시제의 형식

(A) be 동사

He is a professor. (그는 교수님입니다.)

해설 "is"가 '현재 시제'다. "is"는 'be 동사'다.
'그가 교수님'이라는 것은 '현재의 사실'이다. '사실' 중에서도 '상태'다.

(B) 일반동사

현재시제에서는 일반동사는, 원칙적으로 동사의 원형을 사용하나, 3인칭 단수는 어미에 "s" 또는 "es"를 붙인다.

He gives a lecture at a university. (그는 대학교에서 강의[講義]를 합니다.)

해설 "gives"(원형: give)가 '현재 시제'다. "gives"는 '일반 동사'다.
'그가 대학교에서 강의를 한다'는 것은 '현재의 사실'이다. '사실' 중에서도 '동작'이다. 주어 "he"가 3인칭 단수이므로, 동사원형 "give"의 어미 "e"에 "s"를 붙여 "gives"로 변형되었다.

참고 give a lecture: 강연(講演)하다. lecture [léktʃər] n. 강의, 강연
university [jùːnəvə́ːrsəti] n. 대학교. "university" 앞에 부정관사가 "an" 아닌 "a"가 붙은 것은, "university"의 "u"가 모음 "u"로 발음되지 않고 자음 "ju"로 발음되기 때문이다.

She has a book. (그녀는 책을 한 권 가지고 있습니다.)

해설 "has"(원형: have)가 '현재 시제'다. "has"는 '일반 동사'다. "have"는 보통의 일반동사와는 약간 다른 동사의 활용 형식을 취한다. 즉 과거 및 과거완료는 'had'고, 3인칭 단수는 'has'다. 따라서 "have"를 특히 'have 동사'라고 부르기도 한다.

② 현재시제의 용법(用法)

(A) 현재의 사실: 현재의 상태 또는 동작
(a) 현재의 상태(狀態)
He is healthy. (그는 건강합니다.)

해설 "is"가 '현재 시제'다. "is"는 'be 동사'로서, '상태'(…이다)를 나타낸다. 그가 '건강하다'(healthy)는 것은 '상태'다.

참고 healthy [hélθi] [해엘씨(θ)이] a. 건강한

(b) 현재의 동작(動作)
He does exercises often. (그는 자주 운동을 합니다.)

해설 "does"(원형: do)가 '현재 시제'다. "does"는 '동작'(…을 하다)을 나타낸다. 그가 '운동을 한다'(do exercise)는 것은 '동작'이다.

참고 do exercises: 운동하다. often [ɔ́ːfən] ad. 자주, 종종〈원칙적으로 "t"가 발음되지 않음을, 주의〉

(B) 현재의 습관(習慣)
He jogs every morning. (그는 매일 아침 조깅을 합니다.)

해설 "jogs"(원형: "jog")가 '현재 시제'다. "jogs"는 '일반 동사'로서, '현재의 습관'(매일 아침 조깅을 하는 것)을 나타내고 있다.

참고 jog [dʒag] [좌아아그] vi. 조깅(jogging)하다〈3인칭 단수: jogs〉. jogging [dʒágiŋ] [좌아깅] n. 조깅

(C) 진리, 격언
(a) 진리(眞理)
The earth moves around the sun. (지구는 태양 주위를 돕니다.)

해설 "moves"(원형: move)가 '현재 시제'다. '지구는 태양 주위를 돈다'는 것은 '진리'다.

참고 move [muːv] vi. (물건이) 돌다⟨3인칭 단수: moves⟩
"earth"(지구)와 "sun"(태양)은 모두 유일(唯一)한 존재이므로, 각각 정관사 "the"를 붙인다.

(b) 격언(格言)

Honesty is the best policy. (정직[正直]이 최고의 정책이다.)

해설 "is"가 '현재 시제'다.

'정직(正直)이 최고의 정책'이라는 것은 '격언'이다.

(D) 미래(未來)의 대용(代用)

He leaves for New York tomorrow morning.
(그는 내일 아침 뉴욕으로 떠납니다.)

해설 "leaves"(원형: leave)가 '현재 시제'다.

'현재 시제'인 "leaves"가, '미래 시제' "will leave" 대신 사용되었다.

참고 '왕래 발착 동사'(往來 發着 動詞, 예: arrive, come, go, leave, start)의 현재형 동사는, 미래를 나타내는 부사 또는 부사구와 같이 쓰여, 미래를 나타내는 경우가 많다.
위 예문에서 '왕래 발착 동사'의 현재형 동사 "leave"는, '미래를 나타내는 부사구' "tomorrow morning"과 같이 쓰여, '미래'(will leave)를 나타내고 있다. leave [liːv] vi. (…을 향하여) 출발하다((for))

What time does this train leave?
(이 열차는 몇 시에 떠납니까?) (= 출발합니까?)

해설 "leave"가 '현재 시제'다. 의문문을 만드는 조동사 "does"(원형: do)가 있으므로, "leave"는 본동사로서 동사원형의 형태로 사용되었다.

This movie starts at 5 p.m. (이 영화는 오후 5시에 시작합니다.)

해설 "starts"(원형: start)가 '현재 시제'다. "starts"는, 다가오는 시간인 '오후 5시'에 대하여 '미래'의 의미를 가지고 있다. 그러므로 "starts"는 "will start"의 뜻이다.

참고 movie [múːvi] [무우뷔(v)이] n. 영화

Tomorrow is Wednesday. (내일은 수요일입니다.)

해설 "is"가 '현재 시제'다. 요일(曜日)처럼 분명한 것은, 현재로 미래를 표시한다.

(E) '시간 또는 조건을 나타내는 부사절 안에서' 현재시제는 미래를 의미한다.

(a) '시간(時間)의 부사절 안'의 현재시제

Before he comes, let's leave here. (그가 오기 전에, 여기를 떠납시다.)

해설 "Before he comes"가 '시간의 부사절'이고, 부사절 안의 "comes"(원형: come)가 '현재 시제'다.

'현재 시제'인 "comes"는, 미래(즉 '미래에 그가 오기 전에')를 의미하고 있다.

(b) '조건(條件)의 부사절 안'의 현재시제

If he comes, we will leave here.

(만약 그가 온다면, 우리는 여기를 떠날 것입니다.)

해설 "If he comes"가 '조건의 부사절'이고, 부사절 안의 "comes"(원형: come)가 '현재 시제'다.

'현재 시제'인 "comes"는, 미래(즉 '미래에 그가 온다면')를 의미하고 있다.

2) 과거 시제

'과거시제'(Past Tense)는, '과거에 했던 동작 또는 과거의 상태'를 나타내는 데 쓰인다.

참고 past [pæst] a. 과거의

He *read* a book. (그는 책을 한 권 읽었습니다.)

해설 "read"이 '과거 시제' 동사다.

"read"는 '과거의 동작'(읽었다)을 나타내고 있다.

과거시제에 대해 좀 더 자세히 알아본다.

① 과거시제의 형식

과거시제의 동사를 만드는 형식에는, '규칙 활용'(規則 活用)과 '불규칙 활용'(不規則 活用)이 있다.

(A) 규칙 활용

'규칙 활용'은, 동사원형의 어미에 규칙적으로 "ed"를 붙여 과거시제를 만드는 것이다.

rain (비가 내린다) → rain**ed** (비가 내렸다)
It **rained** this morning. (오늘 아침에 비가 내렸습니다.)
해설 동사원형 "rain"의 어미에 "ed"를 붙여, 과거시제 "rained"를 만들었다.

그러나 2음절의 동사가 '단모음 + 단자음'으로 끝나고 악센트가 뒤 음절에 오면, 어미 뒤에 단자음을 중복하고 "ed"를 붙인다.
예 prefer (좋아하다) → prefer**red** (좋아했다)
He **preferred** to talk with her. (그는 그녀와 이야기하는 것을 좋아했습니다.)
해설 동사원형 "prefer"는 2음절(音節, syllable)동사다. 즉 모음이 두 개다("e"가 두 개).
또한 "prefer"는 단모음(e)과 단자음(r)으로 끝나고, 악센트가 뒤 음절인 "e"에 있다.
따라서 어미(r) 뒤에 단자음(r)을 중복하고 여기에 "ed"를 붙여, 과거시제 "preferred"를 만들었다.
참고 prefer [prifə́ːr] vt. …하기를 좋아하다((to)). talk [tɔːk] vi. (…와) 이야기하다((with))
syllable [síləbl] n. 음절

(B) 불규칙 활용

'불규칙 활용'은, 동사원형의 어미에 규칙적으로 "ed"를 붙여 과거시제를 만들지 않고, 동사원형을 불규칙적으로 변화시켜 동사의 과거형을 만드는 것이다.

go (가다) → **went** (갔다)
She **went** to America yesterday. (그녀는 어제 미국으로 갔습니다.)
해설 동사원형 "go"를 불규칙적으로 변화시켜, 과거시제 "went"를 만들었다.
참고 America [əmérikə] n. 미국(the United States; the US)

② 과거시제의 용법

(A) 과거의 동작 또는 상태
(a) 과거의 동작
He **met** her yesterday. (그는 그녀를 어제 만났습니다.)
해설 "met"이 '과거 시제'다.
"met"(원형: meet)은, 과거의 '동작'(만났다)을 나타낸다.

He knew her from 2016 to 2018.
(그는 그녀를 2016년부터 2018년까지 알았습니다.)

해설 "knew"가 '과거 시제'다.

"knew"(원형: know)는, '3년간의 동작[행위]'(그가 그녀를 2016년부터 2018년까지 3년 동안 알았다)을 나타낸다.

참고 know [nou] vt. 알다 – knew [njuː] (과거) – known [noun] (과거분사). "k"가 발음되지 않음을 주의.

> 참고 just now
>
> "just now"는 주로 '과거 시제'와 쓰이지만, 영국 영어에서는 '현재 시제'에 쓰이기도 한다.
>
> * I met him just now. (나는 그를 방금 만났어요.)
>
> 해설 "just now"는 과거시제 "met"(원형: meet)와 함께 쓰였다. just now = a moment ago: 방금, 조금 전에
>
> * I'm busy just now. (나는 지금 바빠요.)
>
> 해설 "just now"는 현재시제 "am"과 함께 쓰였다. I'm = I am
>
> just now = at this moment: 바로 지금(right now)

(b) 과거의 상태

He was happy to meet her. (그는 그녀를 만나서 행복했습니다.)

해설 "was"가 '과거 시제'다.

"was"는, 동사원형 "is"(…이다)의 과거형으로, 행복했던 '상태'(…였었다)를 나타낸다.

참고 "to meet her"는 '부정사구'인데, 형용사 "happy"를 수식하고 있다.

(B) 과거의 습관적인 행위

(a) '빈도 부사'(頻度 副詞)를 사용하여 '과거의 습관적인 행위'를 나타내는 경우

He visited her very often last year.
(그는 작년에 매우 자주 그녀를 방문했습니다.)

해설 "visited"가 '과거 시제'다.

"visited"(원형: visit)는 빈도부사 "often"(자주)을 사용하여, '과거의 습관적인 행위[동작]'(작년에 그녀를 매우 자주 방문했음)을 나타내고 있다.

참고 visit [vízit] vt. (남을) 방문하다. often [ɔ́ːfən] ad. 자주, 종종

She *always* wrote a novel with a fountain pen.
(그녀는 항상 만년필로 소설을 썼습니다.)
해설 "wrote"이 '과거 시제'다.
"wrote"(원형: write)는 빈도부사 "always"(항상)를 사용하여, '과거의 습관적인 행위[동작]'(항상 만년필로 소설을 썼음)을 나타내고 있다.
참고 always [ɔ́:lweiz] [어얼웨이(스)] ad. 항상. write a novel: 소설을 쓰다. fountain pen: 만년필(萬年筆)

(b) "used to" 또는 "would"를 사용하여 '과거의 습관'을 나타내는 경우

'used to + 동사 원형'과 'would + 동사 원형'은 모두 '과거의 습관'(people's habits in the past)을 나타낸다. '과거'의 습관이었으므로 현재는 하고 있지 않은 행위이다.

그러나 "used to" 다음에는 '상태(situations) 동사'와 '동작(actions) 동사'가 모두 올 수 있지만, "would" 다음에는 '동작 동사'만 올 수 있다는 것이 다르다.

참고로, 'used to + 동사 원형'은 '과거의 규칙적인 습관'을 나타내지만 'would + 동사원형'은 '과거의 불규칙적인 습관'을 나타낸다고 설명하기도 한다.

He *used to* stay at his own house in the country.
(그는 그의 시골집에서 머무르곤 했습니다.)
해설 "used to" 다음에 상태동사 "stay"(머무르다)가 쓰였다.
"used to stay"(머무르곤 했다)는 '과거의 (규칙적인) 습관'을 나타낸다.
참고 "used to"는 [juːst tu] [유우스 투]로 발음된다. "used to" 다음에는 동사원형이 오므로, "stay"가 쓰였다.
own [oun] a. 자기 자신(自己 自身)의. country [kʌ́ntri] n. (보통 the country) 시골

He *used to* visit her. (그는 그녀를 방문하곤 했습니다.)
해설 "used to" 다음에 동작동사 "visit"(방문하다)이 쓰였다.
"used to visit"(방문하곤 했다)은 '과거의 (규칙적인) 습관'을 나타낸다.

He *would* visit his father. (그는 그의 아버지를 방문하곤 했습니다.)
해설 "would" 다음에 동작동사 "visit"이 쓰였다.
"would visit"(방문하곤 했다)은 '과거의 (규칙적인) 습관'을 나타낸다.
그러나 "would"는, "used to"와는 다르게, '과거의 불규칙적인 습관'을 나타낸다고 설명하기도 한다.

참고 조동사 "would" 다음에도, 동사원형(visit)이 쓰인다.

3) 미래 시제

'미래시제'(Future Tense)는, '미래의 계획적인 동작'을 나타낸다.
'미래 시제'를 만들기 위해서는 '미래 표시 조동사'(will 등)를 사용한다. 즉 미래시제의 형태는 '미래 표시 조동사 + 동사원형'이다.

참고 future [fjúːʧər] a. 미래의

I'll read the book. (나는 그 책을 읽을 것입니다.)
해설 "will read"가 '미래 시제'다. (I'll = I will)
'미래 표시 조동사' "will"에 동사원형 "read"을 붙여, "will read"를 만들었다.
"will read"는 '미래의 계획적인 동작'(책을 한 권 읽을 것)을 나타낸다.
"will"은 '의지' 또는 '결심'을 나타내는 조동사인데, '미래에 …할 것이다'라는 뜻이다. 그런데 여기서 '…할 것'이라는 계획은 '지금 막 결정'한 계획이다. 즉, 내가 그 책을 읽으려고 한 결정은 지금 한 것이다. 만약, 내가 그 책을 읽으려고 한 결정을 이미 일주일 전에 했는데 지금 그 계획을 상대방에게 말하고 있는 것이라면, "will"이 아닌 "be going to"를 사용한다.(I'm going to read the book.)

참고 "be going to"의 용법에 대해서는 '현재진행 시제'를 참조하기 바람.

Will you meet her tomorrow? (당신은 그녀를 내일 만날 것입니까?)
해설 위 예문은 '미래 시제'가 사용된 의문문이다.
'미래 표시 조동사(will) + 주어(you) + 동사원형(meet)'의 어순으로 되어 있다.

4) 현재완료 시제

'현재완료(現在完了) 시제'(Present Perfect Tense)는, '과거에 일어난 동작의 현재에 있어서의 ①완료, ②경험, ③계속, ④결과'를 나타내는 데 쓰인다.
현재완료시제의 형태는 'have (또는 has) + 과거분사'다.

참고 perfect [pə́ːrfikt] a. 완료(完了)의

He **has read** a book. (그는 책을 한 권을 막 다 읽었습니다.)
`해설` "has read"이 '현재완료 시제'다.
"has read"는 'has + 과거분사'의 형태로 되어 있다.
"has read"는, '과거에 시작한 동작을 현재에 완료한 것'(과거에 시작한 책 읽기를 현재에 막 끝낸 것)을 나타낸다.
`참고` 주어 "he"가 3인칭 단수이므로, "have"대신 "has"가 쓰였다.

현재완료에는 다음과 같이 네 가지 용법이 있다.

① 완료(完了)

'완료'는 '과거에 일어난 동작의 현재에 있어서의 완료'를 나타내는 것으로, '막 ~했다'고 해석한다. 위에서 든 예문도 '완료'를 나타내지만 예문을 두 개 더 들어 본다.

He **has finished** the work. (그는 그 일을 막 끝냈습니다.)
`해설` "has finished"가 '현재완료 시제'다.
"has finished"는, '과거에 시작한 일을 현재에 완료했다(끝냈다)는 것'을 나타낸다.

She **has** *just* **written** his novel. (그는 그의 소설을 방금 막 다 썼습니다.)
`해설` "has written"이 '현재완료 시제'다.
"just"(방금, 조금 전)가 "has"와 "written" 사이에 쓰였다.
위 예문과 같이, '완료를 나타내는 현재완료 시제'는 "just" 또는 "already"와 함께 쓰이기도 한다.
"has just written"은, '과거에 시작한 소설 쓰기를 현재에 막 완료했다(다 썼다)는 것'을 나타낸다.

② 경험(經驗)

'경험'은 '과거부터 현재까지의 경험'을 나타내는 것으로, '전에 ~한 적이 있다'라고 해석한다.

She **has been** in New York. (그녀는 뉴욕에 있은 적이 있습니다.)
`해설` "has been"이 '현재완료 시제'다.

"has been"은 '과거로부터 현재까지의 경험'을 나타낸다. 즉 '그녀는 뉴욕에 있었던 경험이 있을 뿐', 현재 뉴욕에 있지는 않다.

He has been to New York. (그는 뉴욕에 갔다 온 적이 있습니다.)
해설 위 예문은 '그는 뉴욕에 갔다 왔습니다.'라고 해석할 수도 있다. 즉 '그는 뉴욕에 갔다 온 경험이 있을 뿐' 현재 뉴욕에 있지는 않다.

Have you ever seen a camel? (당신은 지금까지 낙타를 본 적이 있습니까?)
해설 '현재완료 시제'가 사용된 의문문이다.
'Have + 주어(you) + 과거분사(seen)'의 어순으로 되어 있다.
"ever"(지금까지, 현재까지)가 "have"와 "seen" 사이에 쓰였다.
위 예문과 같이 '경험을 나타내는 현재완료 시제'는 "ever" 등과 함께 쓰이기도 한다.
참고 camel [kǽməl] n. 낙타

③ 계속(繼續)

'계속'은 '과거의 어떤 상태가 현재까지 계속되는 것'을 나타낸다. '~해 오고 있다'라고 해석한다.

He has lived in New York for three years. (그는 뉴욕에 3년째 살고 있습니다.)
해설 "has lived"가 '현재완료 시제'다.
"has lived"는, '과거의 어떤 상태가 현재까지 계속되는 것'(뉴욕에 3년째 살고 있는 것)을 나타낸다.
"for three years"(3년 동안)이 "has lived"와 함께 쓰였다. 위 예문과 같이 '계속을 나타내는 현재완료 시제'는 "for three years"와 같은 '기간을 나타내는 부사구'와 함께 쓰인다.

Her mother has been dead for five years.
(그녀의 어머니는 돌아가신 지 5년째입니다.)
해설 "has been"이 '현재완료 시제'로, '계속'(돌아가신 지 5년째)을 나타낸다.
"for five years"는 '기간을 나타내는 부사구'다.
위 예문은 아래와 같이 바꾸어 쓸 수 있다.

= Five years have passed since her mother died.
= Her mother died five years ago.

참고 dead [ded] [대애드] a. 죽은, 사망(死亡)한. "since"는 '접속사'다.

④ 결과(結果)

'결과'는 '과거의 동작이 현재에 미치는 결과'를 나타내는 것으로, '현재는 ~해 버렸다'라는 뜻이다.

She **has gone** to the airport. (그녀는 그 공항에 갔습니다.)
해설 "has gone"이 '현재완료 시제'다.
"has gone"은, '과거의 동작이 현재에 미치는 결과'를 나타낸다. 즉 '그녀는 공항에 갔기 때문에 지금은 여기에 없다'는 '결과'를 나타낸다.
그러므로 위 예문은 아래와 같이 바꾸어 쓸 수 있다.
= She went to the airport. So, she is not here now.
참고로 위 예문을 "She **has been** to the airport."(그녀는 그 공항에 갔다 온 적이 있습니다)와 같이 바꾸어 쓴다면, 이는 '경험을 나타내는 현재완료 시제'가 된다.

5) 과거완료 시제

'과거완료(過去完了) 시제'(Past Perfect Tense)는, '과거의 한 시점을 기준으로 하여 그때까지의 ①완료, ②경험, ③계속, ④결과'를 나타내는 데 쓰인다.
과거완료 시제의 형태는 'had + 과거분사'다.

He **had read** a book that time. (그는 그때 책을 한 권을 다 읽었었습니다.)
해설 "had read"가 '과거완료 시제'다.
"had read"는, '과거부터 하던 책 읽기를 (과거의) 그때(that time)에 완료'한 것을 나타낸다.
'그때'(that time) 대신 '그때까지'(by that time)라고 할 수도 있으므로, 위 예문은 아래와 같이 바꿀 수도 있다.
= He had read a book by that time.

과거완료도, 현재완료와 마찬가지로 네 가지 용법이 있다. 각 용법의 의미도 현재완료의 경우와 같다.

① 완료

'완료'는 '과거에 있어서의 동작의 완료'를 나타내는 것으로, ' ~했었다'라고 해석한다.
위에서 든 예문도 '완료'를 나타내지만 '완료'에 관한 예문을 두 개 더 들어 본다.

He had just finished reading the book when she visited him.
(그녀가 그를 방문했을 때 그는 그 책 읽기를 방금 막 끝냈었습니다.)
해설 "had finished"가 '과거완료 시제'다.
"just"(방금, 조금 전)가 "had"와 "finished" 사이에 쓰였다.
위 예문과 같이, '완료를 나타내는 과거완료 시제'는 "just" 또는 "already"와 함께 쓰이는 경우가 많다.
참고 "finish"는 '동명사'(~ing)만을 목적어로 취하는 동사[타동사]다. 위 예문에서는 "reading"이 '동명사'다.

When he arrived at the station, the train had already left.
(그가 역[驛]에 도착했을 때, 그 열차는 이미 떠났었습니다.)
해설 "had left"가 '과거완료 시제'다.
"already"(이미)가 "had"와 "left" 사이에 쓰였다.
참고 leave (떠나다: 원형) – left (과거) – left (과거분사)

② 경험

'경험'은 '과거 어느 시점까지의 경험'을 나타내는 것으로, '~한 적이 있었다'라고 해석한다.

He was able to solve the problem because he had solved similar problems in the past.
(그는 과거에 유사한 문제들을 풀었던 적이 있었기 때문에, 그 문제를 풀 수 있었습니다.)
해설 "had solved"가 '과거완료 시제'다.
"had solved"는 '과거의 경험'(풀어 봤던 경험)을 나타낸다.

> 참고 in the past: 과거(過去)에.
"was able to"는, "could"와 사실 같은 뜻이다. 그러나 가정법의 조동사로 쓰이는 "could"와의 혼동을 피하기 위하여, '과거의 특정한 시점에서의 행위'에는 "could" 대신에 "was able to"를 많이 쓴다.

③ 계속

'계속'은 '과거 어느 기간 동안의 계속'을 나타내는 것으로, 보통 '~해 오고 있었다'라고 해석한다.

When he visited his home town, his cousin **had been** ill in bed *for a month*.
(그가 고향을 찾았을 때, 그의 사촌은 한 달 동안 아파 누워 있었습니다.)
> 해설 "had been"이 '과거완료 시제'다.
"for a month"(한 달 동안)라는 '기간을 나타내는 부사구'가, "had been"과 함께 쓰였다.
> 참고 home town = hometown: n. 고향(故鄕). cousin [kʌzn] [커어즌] n. 사촌(四寸)
be ill in bed: 병(病)으로 누워 있다

④ 결과

'결과'는 '과거의 동작이 그 후 과거의 어느 시점에 미치는 결과'를 나타내는 것으로, '~해 버렸었다'라고 해석한다.

He heard that she **had gone** to New York.
(그는 그녀가 뉴욕으로 가 버렸었다고 들었습니다.)
> 해설 "had gone"이 '과거완료 시제'다.
"had gone"은, '과거의 동작이 그 후 과거의 어느 시점에 미치는 결과'를 나타낸다. 즉 '그녀는 과거에 뉴욕에 갔기 때문에 그 후의 과거에도 그녀는 이곳에 없었던 것'이다.

> **참고 대과거(大過去)**
> '대과거'는 '과거보다 더 앞선 과거'를 말하는데, 대과거는 과거완료 시제를 사용하여 나타낸다.
> '대과거'는 '과거보다 더 앞선 과거'이기 때문에, '선(先)과거'라고도 한다.
> He lent his friend the book which he **had bought** the previous day.
> (그는 전날 샀던 책을 친구에게 빌려주었습니다.)

> **해설** "had bought"이 '대과거'다.

대과거도, 과거완료 시제인 'had + 과거분사' 형태를 사용하였다.

'대과거' "had bought"은, '기준이 된 과거' "lent"보다 더 앞선 과거다. 즉 '산 것'이 '빌려준 것'보다 '더 앞선 과거'다.(샀던 것을 빌려준 것이다)

그러므로 위 예문은 아래와 같이 바꾸어 쓸 수 있다.

= He *bought* a book and *lent* it to his friend the next day.

'과거완료'와 '대과거'의 차이점은, '과거완료'는 '과거의 완료·경험·계속·결과'를 나타내나, '대과거'는 단지 '기준이 되는 과거보다 더 앞선 과거의 사실을 나타내는 것뿐'이라는 점이다.

◆ lend [lend] (…을 빌려주다) – lent [lent] – lent [lent]. previous [príːviəs] a. 이전(以前)의, 앞의

6) 미래완료 시제

'미래완료(未來完了) 시제'(Future Perfect Tense)는, '미래 어느 시점까지의 완료 등'을 나타내는 데 쓰인다.

미래완료 시제의 형태는 'will (또는 shall) + have + 과거분사'다.

She **will have read** a book by the end of next month.
(그녀는 다음 달 말까지는 책 한 권을 다 읽게 될 것입니다.)

> **해설** "will have read"이 '미래완료 시제'다.

'미래의 어느 시점까지의 완료'를 나타내고 있다. 즉 '다음 달 말까지는 책 한 권을 다 읽게 될 것'이라는 것이다.

미래완료는 다음과 같이 완료·경험·계속의 세 가지 용법이 있다.

① 완료

'완료'는 '미래에 있어서의 동작의 완료'를 나타내는 것으로, '~하게 될 것이다'라고 해석한다.
앞에서 든 예문도 '완료'를 나타내지만 '완료'에 관한 예문을 한 개 더 들어 본다.

He will have finished the work by this time next week.
(그는 그 일을 다음 주 이맘때까지는 끝마치게 될 것입니다.)
해설 "will have finished"가 '미래완료 시제'다.
'미래의 어느 시점까지의 완료'를 나타내고 있다. 즉 '다음 달 이맘때까지는 그 일을 끝마치게 될 것'이라는 것이다.

② 경험

'경험'은 '미래 어느 시점까지의 경험'을 나타내는 것으로, '~하는 것이 될 것이다'라고 해석한다.

He will have visited her four times if he visits her one more time.
(만약 그가 그녀를 한 번 더 방문한다면 네 번 그녀를 방문하는 것이 될 것입니다.)
해설 "will have visited"가 '미래완료 시제'다.
'미래 어느 시점까지의 경험'을 나타내고 있다. 즉 '그가 그녀를 한 번 더 방문한다면 네 번 방문하는 것이 될 것'이라는 것이다.

③ 계속

'계속'은 '미래 어느 기간 동안의 계속'을 나타내는 것으로, 보통 '~해 오는 것이 될 것이다'라고 해석한다.

He will have been at home in the country for two months by next Wednesday.
(다음 주 수요일이면 그는 두 달 동안 시골에 있는 집에 있는 것이 될 것입니다.)
해설 "will have been"이 '미래완료 시제'다.
'미래의 어느 기간 동안의 계속'을 나타내고 있다. 즉 '다음 주 수요일이면 두 달 동안 시골집에 있는 것이 될 것'이라는 것이다.

7) 현재진행 시제

'현재진행(現在進行) 시제'(Present Continuous Tense)는, '동작의 현재 계속 등'을 나타내는 데 쓰인다. 현재진행 시제의 형태는 'am (또는 are, is) + 동사원형ing'다.

> 참고 continuous [kəntínjuəs] a. 진행(進行)의(happening for a period of time without stopping)

① 동작의 현재 계속

He **is reading** a book now. (그는 지금 책을 읽고 있는 중입니다.)
> 해설 "is reading"이 '현재진행 시제'다. "reading"은 동사원형 "read"에 "ing"를 붙여 만들었다.
"is reading"은, '동작의 현재 계속'(현재 책을 읽고 있는 것)을 나타낸다.

> **참고** '현재 시제'와 '현재진행 시제'
> 현재시제를 설명할 때 인용했던 예문 "He **gives** a lecture at a university."(그는 대학교에서 강의를 합니다.)는, '현재의 사실'을 나타낸다. '사실' 중에서도 '동작'이다. 즉 '그는 대학교에서 강의를 하는 것이 직업인 것'이다.
> 그런데 위 예문을 "He **is giving** a lecture at a university."(그는 대학교에서 강의를 하고 있는 중입니다.)라고 고치면, 이는 현재진행시제로서 '동작의 현재 계속'을 나타낸다. 즉 '그는 현재 대학교에서 강의를 하고 있는 중인 것'이다.
> 이와 같이 현재시제와 현재완료시제는 서로 차이가 있다.

② 미래(未來)의 대용(代用)

'현재진행 시제'는 '미래의 대용'으로도 쓰인다. 즉 현재진행 시제가 미래 시제 대신 사용되기도 한다. 이 경우에는 특히 '가까운 미래'를 나타낸다.

Are you **meeting** your father this afternoon?
(오늘 오후에 당신 아버님을 만납니까?)
> 해설 "are … meeting"이 '현재진행 시제'인데, '미래'(오늘 오후에 아버님을 만날 것)를 나타내고 있다.

What are you doing this Saturday? (이번 토요일에 뭐 합니까?)
[해설] "are … doing"이 '현재진행 시제'인데, '미래'(이번 토요일에 무슨 일을 하는 것)를 나타내고 있다.

She is coming to the conference. (그녀는 그 회의에 올 것입니다.)
[해설] "is coming"이 '현재진행 시제'인데, '미래'(회의에 올 것)를 나타내고 있다.

> [주의] 지각(know 등), 감정(like 등), 상태(see 등), 소유(have 등)를 나타내는 동사는, 원칙적으로 진행 시제를 사용하지 못한다.
> He knows her. (Right)
> He is knowing her. (Wrong)
> [참고] "Right"은 이러한 표현이 '맞다'는 뜻이고, "Wrong"은 이러한 표현은 '틀렸다'는 뜻이다.

> [참고] "be going to"의 용법
> "be going to"는 비록 '현재진행'의 형태(is + 동사원형ing)를 취하고는 있으나, 현재진행의 뜻은 아니고, 다음과 같은 의미를 가지고 있다.
> ① 예정
> (a) I'm going to leave for New York this weekend.
> (나는 이번 주말에 뉴욕으로 출발할 예정입니다.)
> [해설] "am going to"는 '예정'(출발할 예정)을 나타내고 있다. '… 예정이다' 대신, '…할 것이다'라고 해석할 수도 있다.
> 위 '예정'(future plans)은 '이미 결정되어 있던 것'이다.(The decision on the future plans has already been made.) 즉 '이미 결정된 계획을, 지금 말하고 있는 것'이다.
> ◆ decision [disíʒən] n. 결정(決定)
> (b) I'm going to the movies tonight.
> (나는 오늘 밤에 영화를 보러 갈 것입니다.)
> ◆ go to the movies: 영화 구경 가다(go to the cinema). cinema [sínəmə] [씨네마아] n. 영화
> ② 직면(直面)한 상황
> The wall is going to fall.
> (그 벽이 무너지려고 합니다.)

> **해설** "is going to"는 '직면한 상황'을 나타내고 있다. 벽이 무너지려고 하는 것은 직면한 상황이다.
> ◆ fall [fɔːl] vi. (건물 등이) 무너지다
>
> ③ **추측**
>
> His new business **is going to** be a success.
> (그의 새 사업[事業]은 성공할 것 같습니다.)
> **해설** "is going to"는 '추측'(…할 것 같다)을 나타내고 있다.
> ◆ success [səksés] n. 성공(成功), 성공한 것

8) 과거진행 시제

'과거진행(過去進行) 시제'(Past Continuous Tense)는, '과거 어느 시점에서의 동작의 계속'을 나타내는 데 쓰인다.
과거진행형의 형태는 'was (또는 were) + 동사원형ing'다.

He **was reading** a book at that time. (그는 그때 책을 읽고 있는 중이었습니다.)
해설 "was reading"이 '과거진행 시제'다.
"was reading"은, '과거 어느 시점에서의 동작의 계속'(그때 책을 읽고 있었던 중)을 나타내고 있다.
참고 at that time: 그때

She **was writing** a novel for an hour when he visited her.
(그가 그녀를 방문했을 때 그녀는 한 시간째 소설을 쓰고 있는 중이었습니다.)
해설 "was writing"이 '과거진행 시제'다.
"was writing"은, '과거 어느 시점에서의 동작의 계속'(한 시간째 소설을 쓰고 있었던 중)을 나타내고 있다.

9) 미래진행 시제

'미래진행(未來進行) 시제'(Future Continuous Tense)는, '미래 어느 시점에서의 동작의 계속'을 나타내는 데 쓰인다.
미래진행 시제의 형태는 'will (또는 shall) be + 동사원형ing'다.
'…하고 있을 것이다'라고 해석한다.

He **will be reading** a book at 10 o'clock tomorrow morning.
(그는 내일 오전 10시에는 책을 읽고 있을 것입니다.)
해설 "will be reading"이 '미래진행 시제'다.
"will be reading"은, '미래 어느 시점에서의 동작의 계속'(내일 오전 10시에는 책을 읽고 있을 것)을 나타낸다.

She **will be waiting** for you at her office at 11 o'clock tomorrow morning.
(그녀는 내일 오전 11시에, 그녀의 사무실에서 당신을 기다리고 있을 것입니다.)
해설 "will be waiting"이 '미래진행 시제'다.
"will be waiting"은, '미래 어느 시점에서의 동작의 계속'(내일 오전 11시에는 당신을 기다리고 있을 것)을 나타낸다.
참고 wait for … : …을 기다리다

10) 현재완료진행 시제

'현재완료 진행 시제'(Present Perfect Continuous Tense)는, '과거에 시작된 동작이 현재까지 계속되는 것'을 나타낼 때 쓰인다.
현재완료 진행 시제의 형태는 'have (또는 has) been + 동사원형ing'다.

He **has been reading** a book for two hours.
(그는 두 시간째 책을 읽고 있는 중입니다.)
해설 "has been reading"이 '현재완료 진행 시제'다.
"has been reading"은, '과거에 시작된 동작이 현재까지 계속되는 것'(두 시간째 책을 읽고 있는 중)을 나타낸다.

11) 과거완료진행 시제

'과거완료(過去完了) 진행 시제'(Past Perfect Continuous Tense)는, '그 이전에 시작된 동작이 과거 어느 시점까지 계속되는 것'을 나타낼 때 쓰인다.
과거완료 진행 시제의 형태는 'had been + 동사원형ing'다.

He had been reading a book for two hours.
(그는 두 시간째 책을 읽고 있는 중이었습니다.)
해설 "had been reading"이 '과거완료 진행 시제'다.
"had been reading"은, '그 이전에 시작된 동작이 과거 어느 시점까지 계속되는 것'(두 시간째 책을 읽고 있는 중이었던 것)을 나타낸다.

12) 미래완료진행 시제

'미래완료(未來完了) 진행 시제'(Future Perfect Continuous Tense)는, '동작이 미래의 어느 시점까지 계속되는 것'을 나타낼 때 쓰인다.
미래완료 진행형의 형태는 'will (또는 shall) have been + 동사원형ing'다.
'…하는 것이다'로 해석한다.

By tomorrow he will have been reading a book for three days.
(내일까지면 그는 3일째 책을 읽고 있는 것입니다.)
해설 "will have been reading"이 '미래완료 진행 시제'다.
"will have been reading"은, '동작이 미래의 어느 시점까지 계속되는 것'(내일까지면 3일째 책을 읽고 있는 것)을 나타낸다.

Chapter 4
형용사

'형용사'(形容詞, Adjective)는 '명사를 수식하는 품사'다. 형용사는 명사를 수식하여 '명사의 성질(性質), 상태(狀態) 또는 수량(數量) 등'을 나타낸다.

참고 adjective [ǽdʒiktiv] [애애쥑티이브] n. 형용사

(1) 형용사의 종류

형용사는 크게 ①대명형용사, ②성상형용사, ③수량형용사의 세 가지 종류로 나눌 수 있다.

1) 대명형용사

'대명(代名)형용사'는 사실은 '명사를 수식하는 대명사'다. 즉 '대명사가 명사 앞에 놓여 형용사의 역할을 하는 경우'가 '대명 형용사'인 것이다.
대명형용사는 ①지시형용사, ②의문형용사, ③부정형용사의 세 가지 종류가 있다.

① 지시(指示) 형용사

This *color* is different from that *one*. (이 색은 저 색과 다릅니다.)
해설 "this" 및 "that"이 '지시 형용사'다.
지시대명사 "this"와 "that"이, 지시형용사로 쓰인 경우다. "this"와 "that"은, 명사 "color" 및 "one"을 각각 수식하고 있다.
참고 be different from … : …와 다르다. one = color

② 의문(疑問) 형용사

What *food* do you want to have for lunch?
(점심에 어떤 음식을 먹고 싶으세요?)
해설 "what"이 '의문 형용사'다.
의문대명사 "what"이, 의문형용사로 쓰인 경우다. "what"은 명사 "food"를 수식하고 있다.

참고 food [fuːd] n. 음식.
의문형용사 "what"은, 선택의 대상이 막연할 때 쓴다. 선택의 대상이 구체적일 때(즉 몇 개 중에서 선택할 때)는, 의문사 "which"를 쓴다.(예: Which food do you want to have for lunch, noodles or meat? [점심에 어떤 걸 먹을래요, 국수요 아니면 고기요?])

③ 부정(不定) 형용사

Any *artist* can draw it. (어떤 화가[畫家]라도 그것을 그릴 수 있습니다.)
해설 "any"가 '부정 형용사'다.
부정대명사 "any"가, 부정형용사로 쓰인 경우다. "any"는 명사 "artist"를 수식하고 있다. "any"는 '어떤'의 뜻으로 대상이 특정되어 있지 않으므로, 부정(不定)인 것이다. 위 예문에서 "any"는 강조의 뜻도 있다. 즉 '**모든** 화가'라는 뜻이 있다.
참고 artist [άːrtist] n. 화가. draw [drɔː] vt. (…을) 선(線)으로 그리다, 스케치하다

2) 성상형용사

'성상(性狀)형용사'는 '사람 또는 사물의 성질(性質)이나 상태(狀態)를 나타내는 형용사'다. 따라서 '성상 형용사'는 ①성질형용사와 ②상태형용사의 두 가지 종류가 있다.

① 성질 형용사

(A) 본래 의미의 '성질형용사'

Who is that *beautiful* woman? (저 아름다운 여자는 누구입니까?)
해설 "beautiful"이 '성질 형용사'다.
"beautiful"은 명사 "woman"을 수식하여, "woman"의 '성질'(아름다움)을 나타내고 있다.

(B) 물질명사에서 온 '성질형용사'

This is a *gold* watch. (이것은 금[金]시계입니다.)
해설 "gold"가 '성질형용사'다.
"gold"(금)라는 '물질명사'가 형용사로 쓰인 것이다. "gold"는 명사 "watch"를 수식하여, "watch"의 '성질'(금으로 만들어졌음)을 나타내고 있다.

참고 gold [gould] a. 금으로 만든

(C) 고유명사에서 온 '성질형용사'

She is a **French** woman. (그녀는 프랑스 여자입니다.)

해설 "French"가 '성질 형용사'다.

형용사 "French"는, 고유명사 "France"(프랑스)에서 유래되었다. "French"는 명사 "woman"을 수식하여, "woman"의 '성질'(프랑스 사람임)을 나타내고 있다.

참고 French [frentʃ] a. 프랑스의, 프랑스인의

> **참고 고유(固有) 형용사**
>
> "French"와 같은 성질형용사를 '고유 형용사'라고도 한다. 그러므로 "Korean"(한국의)도 고유형용사다.
>
> 참고로 "Korea"(한국)에 관련된 명사들을 살펴보면, 'a Korean(한국인 한 사람); Koreans(한국인들: a Korean의 복수); the Koreans(한국인 전체)'다.

② 상태 형용사

There is a **sleeping** baby on the bed.
(침대 위에는 자고 있는 아기가 한 명 있습니다.)

해설 "sleeping"이 '상태 형용사'다.

형용사 "sleeping"은, 동사원형 "sleep"에 "ing"를 붙인 (현재)분사 "sleeping"에서 유래된 것이다. "sleeping"은 명사 "baby"를 수식하여, "baby"의 '상태'(자고 있음)를 나타내고 있다.

3) 수량형용사

'수량(數量)형용사'는 '명사의 수량을 나타내는 형용사'다.
'수량 형용사'는 ①수사(數詞) 및 ②부정 수량형용사(否定 數量形容詞)의 두 가지 종류가 있다.

① 수사

'수사'는 '수(數)를 나타내는 형용사'다.
'수사'에는 '기수'(基數), '서수'(序數), '배수'(倍數)가 있다.

(A) 기수(Cardinal Number)
'기수'는 우리가 흔히 쓰는 '기본적인 수(數)'를 말한다.
'one, two, three' 등과 같은 숫자들이 '기수'다. '기수'를 '기수사'(基數詞)라고도 한다.

> 참고 cardinal [kάːrdənl] n. 수(數: 1, 2, 3과 같이 수량을 나타내는 수)(a number that represents amount, such as 1, 2, 3)

There are two books on the desk. (책상 위에 책 두 권이 있습니다.)
> 해설 "two"가 '기수'다.

"two"는 '둘'(2)이라는 기본적인 숫자(또는 수량)를 말하는데, 명사 "books"를 수식하고 있다.
> 참고 "two"가 '둘'로 복수이므로, 명사 "book"이 "books"로 되었다.

He is the eldest son. He has one younger brother and two younger sisters.
(그는 장남[長男]입니다. 그에게는 남동생이 한 명 있고, 여동생이 두 명 있습니다.)
> 해설 "one"과 "two"가 '기수'다. "one"은 "younger brother"를 수식하고, "two"는 "younger sisters"를 수식한다.

> 참고 eldest [éldist] a. 가장 나이가 많은. eldest son: 장남(oldest son). young [jʌŋ] [여어엉] a. 젊은 younger [jʌ́ŋgər] [여어엉걸] a. 더 젊은, 연하(年下)의, 손아래의⟨"young"의 비교급임⟩

(B) 서수(Ordinal Number)
(a) '서수'의 의미
'서수'(序數)는 '순서(順序)를 나타내는 수(數)'를 말한다.
'first, second, third' 등과 같은 숫자들이 '서수'다. '서수'를 '서수사'(序數詞)라고도 한다.
서수는 '셀 수 있는 명사' 앞에서만 쓰인다. 서수 앞에는 정관사 "the"를 붙인다.
'서수'와 '기수'와 함께 쓰일 때는, '서수'가 '기수' 앞에 놓인다.

> 참고 ordinal [ɔ́ːrdənl] n. 수(數: 1st, 2nd, 3rd와 같이 순서를 나타내는 수)(a number that represents position, such as 1st, 2nd, 3rd)

Washing your hands is *the* first step toward preventing disease.
(손 씻기는 질병을 예방하는 첫 번째 조치입니다.)

해설 "first"가 '서수'다.

'서수' 앞에는 정관사 "the"를 붙이므로 "the first"가 되었다.

참고 step [step] n. 조치(措置)(action). toward [təwɔ́ːd] [투워어얼드] prep. …을 위해(for the purpose of) prevent [privént] vt. …을 예방하다. disease [dizíːz] n. 질병(疾病), 병(illness)

The first five people were Koreans. (처음의 다섯 사람은 한국인들이었습니다.)

해설 "first"가 '서수'다.

'서수'는 '셀 수 있는 명사' 앞에서만 쓰이므로, 서수 "first" 다음에는 명사 "people"이 왔다. "people"은 둘 이상의 사람(person)을 뜻하므로, '셀 수 있는 명사'다.
그리고 '서수'는 기수 앞에 놓이므로, 서수 "first" 뒤에 기수 "five"가 왔다.

(b) '서수'의 예

22nd = the twenty-second (22번째)
70th = the seventieth (70번째)
100th = the hundredth (or the one hundredth) (100번째)
103rd = the hundred and third (or the one hundred and third) (103번째)
7th century = the seventh century (7세기[世紀])
21st century = the twenty-first century (21세기)

주의 '서수'가 주격보어로 쓰일 때는, 서수 앞에 관사를 붙이지 않는다.

It is said Saudi Arabia's oil reserves are second to those of Kuwait.
(사우디아라비아의 석유 매장량은 쿠웨이트 다음으로 두 번째라고 합니다.)

해설 "second"는 '서수'인데, '주격 보어'로 쓰였으므로, 그 앞에 정관사 "that"을 붙이지 않는다.

참고 It is said that … : …라고들 말한다(They say that …). 위 예문에서는 "that"이 생략되어 있다.
Saudi Arabia [sáudi əréibiə] [싸우디이 어뤠이비아] n. 사우디아라비아(the Kingdom of Saudi Arabia).
Kuwait [kuwéit] [쿠웨이트] n. 쿠웨이트(the State of Kuwait)
reserve [rizə́ːrv] n. 매장량(埋藏量)(a supply of something kept to be used in the future)
second to … : … 다음에. those = oil reserves

(C) 배수(Multiple Number)

'배수'(倍數)는, '무엇이 무엇보다 몇 배(倍) 많다는 것과 같은 표현을 나타내는 수(數)'를 말한다. 'twice, three times' 등과 같은 표현들이 '배수'다. '배수'를 '배수사'(倍數詞)라고도 한다.
'배수'를 사용할 때는, '배수 + as + 원급(原級) + as'의 표현을 많이 쓴다.

> 참고 multiple [mʌltəpl] [머얼티퍼얼] a. 배수(倍數)의, 다수(多數)의(many in number)

She has twice as much property as he has.
(그녀는 그보다 재산이 두 배 많습니다.)

> 해설 "twice"(두 배)가 '배수'다.

'배수(twice) + as + 원급(much property) + as'의 표현을 썼다.

> 참고 much [mʌtʃ] [마아취] a. 많은. property [prάpərti] n. 재산(財産)
> as A as B : B와 같은 정도로 A. as much property as he has : 그가 가지고 있는 정도만큼의 많은 재산

This building is three times as high as that one.
(이 빌딩은 저 빌딩보다 세 배 높습니다.)

> 해설 "three times"(세 배)가 '배수'다.

'배수(three times) + as + 원급(high) + as'의 표현을 썼다.

> 참고 that one = that building

This land is five times as large as that one.
(이 땅은 저 땅보다 다섯 배 큽니다.) (= 다섯 배 넓습니다.)

> 해설 "five times"(다섯 배)가 '배수'다.

'배수(five times) + as + 원급(large) + as'의 표현을 썼다.

> 참고 land [lænd] [래앤드] n. 토지(土地), 땅. one = land. large [laːrdʒ] a. 큰, 넓은

(D) '수사 + 명사'의 표현 방법

World War II = World War Two = the Second World War (제2차 세계대전)
Charles II = Charles the Second (찰스 2세[世])
Vol. I = volume one = the first volume (제1권)
page 3 = page three = the third page (3쪽; 3면; 3페이지)
Gate 5 = Gate Five = Gate number Five (5번 문[門])

Room 103 (Room number 103) = Room one o[ou] three (or Room number one o three) (103호실[號室])

(a) '수사 + 명사' 다음에 또 '명사'가 오는 경우, 수사 바로 다음에 오는 명사는 단수를 사용하며, 수사와 명사들 사이에 보통 hyphen (-)을 넣는다.

a forty-year-old woman : 40세 여자

해설 '수사(forty) + 명사(year)' 다음에 또 '명사'(woman)가 왔으므로, 수사(forty) 바로 다음에 오는 명사(year)는, 단수형(year)이다.
한편, 수사(forty)와 명사(year) 사이에, hyphen(-)을 넣었다.

참고 hyphen [háifən] n. 하이픈(-)

a thousand-year-old ginkgo : 1,000년 된 은행나무

참고 ginkgo [gíŋkou] [기잉코우] n. 은행나무

(b) 수량표시의 복수형 명사가 주어일 때 그 개념이 한 단위이면, 주어는 단수로 취급된다.

One hundred U.S. dollars was a large amount in his eyes that time.
(미화[美貨] 백 달러는 그 당시 그의 눈에는 큰돈이었습니다.)

해설 수량표시의 복수형 명사 "one hundred U.S. dollars"가 한 단위로 취급되어, 단수 동사 "was"가 쓰였다. 즉, 주어 "one hundred U.S. dollars"가 단수로 취급되었다.

참고 in one's eyes: …의 눈에. that time: 그 당시, 그때(at that time)

(E) 각종 숫자(또는 수사)를 '읽는 방법'(How to read)

(a) 정수(整數)

20 = twenty

21 = twenty-one

100 = one hundred (or a hundred)

101 = one hundred one (or one hundred and one)

155 = one hundred fifty-five (or one hundred and fifty-five)

해설 hundred 다음에 "and"를 넣기도 한다. 그러나 여기에서는 앞으로 hundred 다음의 "and"는 모두 생략하기로 한다.

300 = three hundred

1,000 = one thousand (or a thousand)
3,000 = three thousand
4,055 = four thousand fifty-five (or four thousand and fifty-five)
해설 thousand와 hundred 다음에 "and"를 넣기도 한다. 그러나 여기에서는 앞으로 thousand와 hundred 다음의 "and"는 모두 생략하기로 한다.

30,000 = thirty thousand
34,567 = thirty-four thousand, five hundred sixty-seven
100,000 = one hundred thousand
1,000,000 = one million (or a million) (백만[百萬])
10,000,000 = ten million (천만[千萬])
23,123,456 = twenty-three million, one hundred twenty-three thousand, four hundred fifty-six.
100,000,000 = one hundred million (일억[一億])
1,000,000,000 = one billion (십억: 미국)
10,000,000,000 = ten billion (백억: 미국)
one trillion (1조[1兆]: 미국)
참고 million [míljən] [밀리언] n. 100만. billion [bíljən] n. 10억. trillion [tríljən] n. 조

> **참고** "hundred"와 "thousand"
> "hundred"와 "thousand"는 단수로만 쓰인다.
> 200 = two hundred
> 2,000 = two thousand
> 그러므로 "hundred"와 "thousand"가 복수(hundreds; thousands)로 쓰일 때는, 아래와 같이, 원래의 뜻과는 다른 뜻으로 쓰인다.
> hundreds of = 수백(數百)의
> thousands of = 수천(數千)의

(b) 일자(日字, Date)[날짜]

7월 5일: July 5 = July 5th = July fifth = the fifth of July.

해설 위 읽는 방법들 중에서 가장 많이 사용하는 방법은 "July fifth"다.

1980년 6월 4일 = June fourth, nineteen eighty

(c) 연도(年度, Year)

1789 = seventeen eighty-nine
1900 = nineteen hundred
2000 = two thousand
2005 = two thousand five
2010 = twenty ten
2017 = twenty seventeen (or two thousand seventeen)
2020 = twenty twenty
2030 = twenty thirty

(d) 시간(時間, Time)

10:45 a.m. = ten forty-five am (or quarter to eleven am [오전 11시 15분 전])

참고 quarter [kwɔ́ːrtər] [쿠어더얼] n. 15분 전((to)); 4분의 1

(e) 소수(小數)

0.37 = zero point three seven
5.67 = five point six seven
14.52 = fourteen point five two

(f) 분수(分數)

'분수'는, 분자는 '기수'(基數)로 읽고 분모는 '서수'(序數)로 읽는다.

1/2 = one half (or a half)

해설 '1/2'의 경우에는, 분모를 '서수'로 읽지 않고 위와 같이 "half"로 읽는다.

참고 half [hæf] [해애(후f)] n. 2분의 1, 반(半), 절반

1/3 = one third (or a third)

해설 분자(1)는 기수(one)로 읽었고, 분모(3)는 서수(third)로 읽었다.

1/4 = one quarter (or a quarter)

해설 '1/4'의 경우, "one fourth"라고 읽을 수도 있지만, 보통은 위와 같이 "one quarter"로 읽는다.

1/5 = one fifth (or a fifth)

2/3 = two thirds

해설 분자가 '1' 이상의 복수면, 분모도 복수로 읽는다.
위 예문의 경우, 분자가 '1' 이상의 복수 '2'이므로, 분모 '3'을 "third"의 복수 "thirds"로 읽었다.

3/4 = three fourths (or three quarters)
2/8 = two eighths
5+3/7 = five and three sevenths

참고 분수의 수(數)

분수의 수는, 분수 뒤의 단어에 따라 결정된다.

* One third of the *building* **was** built.
  (그 빌딩의 1/3이 지어졌습니다.)

해설 분수 "one third"(1/3) 뒤의 단어 "building"이 단수 명사이므로, 주어 "one third of the building"이 단수 취급되어 단수 동사 "was"가 쓰였다.

* Two thirds of the *students* **were** present.
  (학생의 2/3가 출석했습니다.)

해설 분수 "two thirds"(2/3) 뒤의 단어 "students"가 복수 명사이므로, 주어 "two thirds of the students"가 복수 취급되어 복수 동사 "were"가 쓰였다.

◆ present [préznt] [프뤠애젠트] a. 출석해 있는

(g) 수식(數式)

1+2=3 (= one plus two is three) (*or* one plus two equals three) (*or* one plus two is equal to three) (*or* one and two are three)

> 참고 equal [íːkwəl] vt. (수량에서) 같다; a. …과 같은((to))

A: What is one plus two?
B: Three. (*or* One plus two is three.)

10-3=7 (= ten minus three is seven) (*or* ten minus three equals seven) (*or* ten minus three is equal to seven) (*or* three from ten leaves seven)

> 참고

A: What is then minus three?
B: Seven. (*or* Ten minus three is seven.)

3×3=9 (= three times three is nine) (*or* three times three equals nine) (*or* three times three makes nine)

6÷2=3 (= six divided by two is three) (*or* six divided by two equals three) (*or* six divided by two makes three) (*or* two into six goes three times)

> 참고 divide [diváid] vt. …을 나누다

5:1 (= the ratio of five to one)

> 참고 ratio [réiʃou] [뤠이쇼오우] n. 비율(比率)

2:4=4:8 (= two is to four as four is to eight)

(h) 금액(金額) 및 전화번호

US$4,562 = four thousand five hundred sixty-two US dollars
US$107,000 = one hundred seven thousand US Dollars
₩10,000 = ten thousand Korean Won (*or* ten thousand Won)

Telephone Number: 542-8706 (= five four two, eight seven zero six) (*or* five four two, eight seven ou six)

해설 '0'은 [ou]로 발음하기도 한다.

② 부정(不定) 수량(數量)형용사

'부정 수량형용사'는 '정해지지 않은' 즉 '부정'(不定)한, 막연한 수(數)나 양(量)을 나타내는 수량형용사를 말한다.

'수'(數, Number)를 나타내는 부정수량형용사로는 'few, a few, many' 등이 있고, '양'(量, Quantity)을 나타내는 부정수량형용사로는 'little, a little, much' 등이 있다.

참고 number [nʌ́mbər] n. 수, 숫자; 번호. quantity [kwɑ́ntəti] n. 양, 수량

(A) 수(數)를 나타내는 부정수량형용사

He has few books. (그는 책이 거의 없습니다.)

해설 "few"(거의 없는)는 '수'를 나타내는 '부정 수량형용사'다.

"few"는 '매우 적다'고만 할 뿐 그 '수량이 정해져 있지는 않으므로', '부정 수량'(不定 數量)이라고 하는 것이다.

그리고 "few"는 명사(books)를 수식하므로 "few"는 '형용사'(부정 수량 형용사)다.

"few"가 비록 매우 적은 수기는 하지만 '두 개 이상'은 뜻하므로, "few" 다음에는 복수명사(books)가 왔다.

She has a few books. (그녀는 책이 조금 있습니다.)

해설 "a few"는 '수'를 나타내는 '부정 수량형용사'다. "a few"는 명사 "books"를 수식한다.

"a few"가 비록 적은 수기는 하지만 '두 개 이상'은 뜻하므로, "a few" 다음에는 복수명사(books)가 왔다.

"a few"와 "few"는 '느낌'에서 차이가 난다고 할 수 있다. 같은 개수(個數)라도 "a few"를 쓰면 '조금은 있다'는 '긍정적인 느낌'을 주는 반면, "few"를 쓰면 '조금밖에 없다'는 '부정적인 느낌'을 주는 것이다.

He has many books at home.
(그는 집에 책이 많습니다.) (= 집에 많은 책을 가지고 있습니다.)

해설 "many"는 '수'(數)를 나타내는 '부정 수량형용사'다.

"many"는 단순히 '많다'는 뜻으로, '수량'(책의 수량)이 정해져 있지는 않다. "many"는 명사 "books"를 수식하고 있다.

참고 many는 수(數)에 쓰이고, much는 양(量)에 쓰인다.

She has a lot of *pens*. (그녀는 많은 펜을 가지고 있습니다.)

해설 "a lot of"는 '수'를 나타내는 '부정 수량형용사'다. "a lot of"는 명사 "pens"를 수식한다. "a lot of"와 "many"는 모두 '많은'의 뜻으로, 그 뜻에 있어서는 차이가 없다.

그러나 "a lot of" 다음에는 '셀 수 있는 복수 명사'는 물론 '셀 수 없는 명사'도 올 수 있으나, "many" 다음에는 '셀 수 있는 복수 명사'만 온다는 것이 "a lot of"와 다르다.

즉 "a lot of"는 '수'와 '양(量)'에 모두 쓸 수 있으나, "many"는 '수(數)'에만 쓸 수 있다.

참고 a lot of(많은) = lots of = plenty of: 이들은 '수'와 '양'에 모두 사용된다.
"lots of"는 회화체 영어에서 주로 쓰인다. plenty [plénti] n. 많음

(B) 양(量)을 나타내는 부정수량형용사

His house has little *furniture*. (그의 집에는 가구가 거의 없습니다.)

해설 "little"은 '양'을 나타내는 '부정 수량형용사'다.
"little"은 '적다'는 뜻일 뿐 그 '수량이 정해져 있지는 않으므로', '부정 수량(不定 數量)'이다.
그리고 "little"은 명사(furniture)를 수식하므로, "little"는 '형용사'[부정 수량 형용사]다.

참고 furniture [fə́ːrnitʃər] n. 가구(家具).
'거의 없다'는 '부정 수량형용사' 표현에 대하여, '수'에는 "few"를, '양'에는 "little"을 사용한다.
"few"와 "little"은 부정의 뜻이 있고, "a few"와 "a little"은 긍정의 뜻이 있다.

Her house has a little *furniture*. (그녀의 집에는 가구가 조금 있습니다.)

해설 "a little"은 '양'을 나타내는 '부정 수량형용사'다. "a little"은 명사 "furniture"를 수식한다.
"a little"과 "little"의 차이도, "a few"와 "few"의 차이와 비슷하다. 즉 '느낌'의 차이다. 같은 양(量)을 가지고도 "a little"을 쓰면 '조금은 있다'는 '긍정적인 느낌'을 주는 반면, "little"를 쓰면 '조금밖에 없다'는 '부정적인 느낌'을 주는 것이다.

He has much *knowledge*. (그는 지식이 많습니다.)

해설 "much"가 '양'을 나타내는 '부정 수량형용사'다. "much"는 명사 "knowledge"를 수식한다.

"knowledge"는 '셀 수 없는 명사'다. 그러므로 "knowledge" 뒤에는 "s"를 붙이지 않는다.
<참고> knowledge [nάlidʒ] [나알리쥐] n. 지식(知識). 알파벳 "k"가 발음되지 않음을 주의하여야 함.

She has a lot of paperwork to do. (그녀는 처리해야 할 사무[事務]가 많습니다.)
<해설> "a lot of"는 '양'을 나타내는 '부정 수량형용사'다. "a lot of"는 명사 "paperwork"을 수식한다. "paperwork"은 '셀 수 없는 명사'다.
<참고> paperwork [péipərwə̀ːrk] n. 사무, 사무 처리(work that involves writing letters and reports)

(C) 기타 부정수량형용사

마치 관용어처럼 쓰이는 부정수량형용사들은 다음과 같다.

a number of : 많은
A number of books are in his house. (그의 집에는 많은 책이 있습니다.)
<해설> "a number of" 다음에는 복수명사 "books"가 왔다.

a great number of : 대단히 많은(a large number of; a good number of)
A great number of books are in the library.
(그 도서관에는 대단히 많은 책이 있습니다.)
<해설> "a great number of" 다음에도 복수명사 "books"가 왔다.

many a + 단수 명사 : 많은
Many a man has bought the book. (많은 사람들이 그 책을 샀습니다.)
<해설> "many a"(많은)는 복수의 의미지만, 단수 취급을 한다. 따라서 "many a" 다음에는 단수명사 "man"이 쓰였고, 조동사도 단수 형태인 "has"가 쓰였다(만약 "many a"를 복수 취급한다면 조동사 "have"가 쓰였을 것이다).
<참고> "many a"는 "many"보다 그 뜻이 강하다고 설명이 되기도 하지만, "many a"와 "many"는 뜻이 거의 같다. 다만 "many a"는 조금 '형식적인'(formal) 표현이어서 잘 사용되지 않는다는 것뿐이다.
formal [fɔ́ːrməl] a. 형식에 얽매인, 딱딱한

a good many : 꽤 많은
A good many people like to visit the place.

(꽤 많은 사람들이 그 장소를 방문하고 싶어 합니다.)
> 참고 like to … : …하고 싶다(want to). place [pleis] n. 장소(場所)

a great many : 매우 많은

A great many *people* place a priority on earning money.

(매우 많은 사람들이 돈 버는 것을 우선시[優先視]합니다.)
> 참고 place [pleis] vt. (…에) 놓다, 두다. priority [praiɔ́ːrəti] n. 우선(優先)하는 것, 우선 사항(優先 事項)
> earn [əːrn] vt. (돈을) 벌다

as many : 동수(同數)의[같은 수(數)의]

He made five mistakes in as many *trials*.

(그는 다섯 번 시도[試圖]했는데, 다섯 번 실수를 했습니다.)
> 해설 "as many"는 '같은 수'의 이므로, '다섯 번'이다. 즉 "as many trials"는 '다섯 번 시도'다.
> 참고 trial [tráiəl] [추롸이어얼] n. 시도

as much : 동량(同量)의[같은 양(量)의]

He retaliated them as much he suffered.

(그는 자신이 당한 만큼 그들에게 보복을 했습니다.)
> 해설 "as much"는 (당한) '만큼'이다.
> 참고 suffer [sʌ́fər] vt. (손해 등을) 입다, 당하다. retaliate [ritǽlièit] vt. 보복하다, 복수하다(revenge)
> revenge [rivéndʒ] [뤼붸엔쥐] vt. 복수하다

as much as … : …한 만큼의 양(量)

Eat the food as much as you want to eat.

(당신이 원하는 만큼의 음식을 먹으시오.)
> 해설 "as much as"는 '(원하는) 만큼의 양'이다.

위 예문은 아래와 같이 줄여 쓸 수도 있다.

= Eat the food as much as you want.

not so much A as B : "A"라기보다는 차라리 "B"다.

He is not so much *a scholar* as *a politician*.

(그는 학자[學者]라기보다는 차라리 정치인이다.)

> 참고 scholar [skɑ́lər] [스까알럴] n. 학자. politician [pàlitíʃən] [파알러팃션] n. 정치인(政治人)

only a few : 극히 소수(少數)의

He has **only a few** friends. (그는 친구가 극히 소수입니다.)

quite a few: 꽤 많은(quite a lot)

There are **quite a few** such strange cases.

(그러한 이상한 사건[事件]들이 꽤 많습니다.)

> 참고 "quite a few"는 "a few"(약간)가 "quite"(상당히)하다는 것으로, '꽤 많다'는 뜻이다.
> quite [kwait] [콰아이트] ad. 꽤, 상당히(fairly [fɛ́ərli]). there are: "there is"(…이 있다)의 복수형

not a little : 적지 않은, 많은(much)

He has **not a little** money. (그는 돈이 적지 않습니다.) (= 돈이 많습니다.)

little better than … : …과 거의 같은(as good as; almost)

He is **little better than** a beggar. (그는 거지나 마찬가지입니다.)

> 참고 beggar [bégər] [배거얼] n. 거지, 걸인(乞人)

little short of : 거의 …에 가까운(almost)

The result was **little short of** a success.

(그 결과는 거의 성공에 가까운 것이었습니다.)

> 참고 almost [ɔ́ːlmoust] ad. 거의. result [rizʌ́lt] n. 결과. success [səksés] [썩쌔애스] n. 성공(成功)한 것

(2) 한정사

'한정사'(限定詞, Determiners)란, '명사 앞에 붙는 수량형용사, 부정형용사, 지시형용사, 소유격 인칭대명사, 부정대명사, 관사 등'을 말한다.
한정사는 명사의 수량이나 범위를 '한정'(限定) 즉 '구체화'하는 역할을 한다. 그러므로 한정사는 넓은 의미로는 형용사의 일종이라고 할 수 있다. 따라서 이곳 '형용사'편에서 한정사에 대해서도 간단히 언급하기로 한다.

'셀 수 있는 명사' 앞에는 꼭 '한정사'를 붙여야 한다. 예를 들어, '셀 수 있는 명사'인 "friend"(친구) 앞에는, "a"(부정 관사) 또는 "two"(수량 형용사)를 붙여, "a friend" 또는 "two friends"가 되게 하여야 한다. 이렇게 하면 "friend"(친구)가 한(a) 명 또는 두(two) 명으로, 그 범위가 구체화[한정]된다.

한정사는 원칙적으로 두 개를 연이어 쓰지 못한다. 예를 들어 '내 친구 한 명'이라고 할 때는, "my a friend"라고 쓰지 못한다. "my a friend"는 "my"(소유격 인칭대명사)와 "a"(관사)라는 한정사 두 개가 연이어 있는 경우이기 때문이다. 아마도 발음상의 불편함 때문에 한정사를 연이어 두 개 쓰지 않는 것인지도 모른다.
그러므로 이와 같은 경우는 "a friend of mine"이라고 써야 한다. 이렇게 하여, 명사 "friend" 앞에 한정사를 "a" 하나만 쓰는 것이다. 이러한 경우에 대해서는 '명사의 이중소유격'에서 이미 설명한 바 있다.

그러나 예외적으로 명사 앞에 한정사 두 개를 연이어 쓰는 것이 허용되는 경우도 있다. 명사 앞에 'all(부정대명사), both(부정대명사), double(수량형용사) 등과 같은 한정사'와 '관사 같은 한정사'가 연이어 오는 경우가 그러하다. 이러한 경우에는 발음상의 불편함이 없어 예외가 허용되는 경우인지 모르겠다.
이 예외적인 경우의 예를 들어 보면 아래와 같다.

① all the *books* (모든 책들) : 한정사(all) + 한정사(the) + 명사(books)
  해설 한정사인 "all"(부정대명사)와 "the"(정관사)가 연이어 왔다.
"all"과 "the" 사이에는 "of"를 넣을 수 있다. 즉 "all"과 "the" 사이에는 "of"가 생략되어 있다. 나아가 "the"까지 생략하고, "all books"라고 쓸 수도 있다.(all of the books = all the books = all books)

② both the *books* (두 책 모두) : 한정사(both) + 한정사(the) + 명사(books)
  해설 한정사인 "both"(부정대명사)와 "the"(정관사)가 연이어 왔다.
"both"와 "the" 사이에는 "of"를 넣을 수 있다. 즉 "both"와 "the" 사이에는 "of"가 생략되어 있다. 나아가 이 경우도, "the"까지 생략하고 "both books"라고 쓸 수도 있다.(both of the books = both the books = both books)

③ **double the** *price* (두 배의 가격) : 한정사(double) + 한정사(the) + 명사(price)
해설 한정사인 "double"(수량형용사)와 "the"(정관사)가 연이어 왔다.

④ **twice a** *month* (한 달에 두 번) : 한정사(twice) + 한정사(a) + 명사(month)
해설 위 예에서 "twice"는 한정사로 쓰였다. 즉 "twice"는 '부사'로 쓰인 것이 아니라, "all"이나 "both"와 같은 한정사의 한 종류로 쓰인 것이다.
참고 twice [twais] ad. 두 번, 2회

⑤ **three times this** *amount* (이 금액의 세 배) : 한정사(three times) + 한정사(this) + 명사(amount)
해설 한정사인 "three times"(형용사구) 뒤에, 한정사인 "this"(지시형용사)가 연이어 왔다.

(3) 형용사의 어순(語順, Word Order)

① 형용사의 일반적인 위치: 관사 + 부사 + 형용사 + 명사

He is *a very wise* man. (그는 매우 현명한 남자입니다.)
해설 "a very wise man"은, 'a(부정관사) + very(부사) + **wise**(**형용사**) + man(명사)'의 순서다.
참고 word [wəːrd] n. 단어(單語). order [ɔ́ːrdər] n. 순서(順序)

② 형용사들 간의 어순: 지시(指示)형용사 + 수량(數量)형용사 + 대소(大小)형용사 + 성상(性狀)형용사 + 신구(新舊)형용사 + 재료(材料)형용사

See *those two tall new stone* sculptures.
(저 두 개의 높다란 새로운 돌 조각품을 보세요.)
해설 "those two tall new stone sculptures"은, 'those(지시형용사) + two(수량형용사) + tall(성상형용사) + new(신구형용사) + stone(재료형용사)'의 순서다.
참고 sculpture [skʌ́lptʃər] [스꺼어웁쭬] n. 조각품(彫刻品)

③ 성상(性狀)형용사들 간의 어순

(A) 수식하는 명사와 의미가 가장 밀접한 성상형용사를, 명사 가장 가까이에 둔다.

She is a *beautiful* Korean woman. (그녀는 아름다운 한국 여자입니다.)

해설 "beautiful"은 '성질을 나타내는 성상형용사'고, "Korean"은 '고유명사에서 온 성상형용사'다.

이들 두 성상형용사 중 명사 "woman"과 의미가 더 밀접한 것은, "Korean"이다. 따라서 "Korean"을 명사 "woman" 가장 가까이에 두었다.

(B) '크기 성상형용사 + 모양 성상형용사'의 어순

a *tall* thin woman (키 크고 마른 여자)

해설 tall(크기 성상형용사) + thin(모양 성상형용사)

참고 tall [tɔːl] a. 키가 큰. thin [θin] a. (사람이) 마른

(C) '높이 성상형용사 + 둘레 성상형용사'의 어순

a *high* wide bridge (높고 넓은 다리)

해설 high(높이 성상형용사) + wide(둘레 성상형용사)

참고 wide [waid] a. (폭이) 넓은

④ "-thing" 또는 "-body"로 끝나는 명사를 수식하는 형용사의 어순

"-thing" 또는 "-body"로 끝나는 명사를 수식하는 형용사는, "-thing" 또는 "-body"로 끝나는 명사 뒤에 놓인다.

Do you have *something* cold to drink?
(마실 찬 무엇인가가 있습니까?) (= 찬 무엇인가를 가지고 있습니까?)

해설 "something"은 "-thing"으로 끝나는 명사다. 그러므로 형용사 "cold"는 명사 "something" 뒤에 놓였다.

참고 something ['sʌmθin] n. 무엇인가, 어떤 것

⑤ 형용사가 관용적으로 명사 뒤에 놓이는 경우가 있다.

the *agency* concerned (관계 기관[關係 機關])
해설 형용사 "concerned"가 명사 "agency" 뒤에 놓였다.
참고 agency [éidʒənsi] n. 정부 기관. concerned [kənsə́ːrnd] a. 관여하고 있는

(4) 관계형용사 및 복합관계형용사

1) 관계형용사

'관계형용사'(關係形容詞, Relative Adjective)는, '형용사가 접속사의 역할도 하면서 명사를 수식하는 경우'다. 관계형용사는 '…이든지'라고 해석한다.
'관계 형용사'는 'which, what'의 두 가지 종류가 있는데, 여기서는 'which'를 예로 들어 관계형용사를 설명한다.
참고 relative [rélətiv] a. 관계를 나타내는

He will like which *decision* you made.
(그는 당신이 한 결정은 어떤 것이든 좋아할 것입니다.)
해설 "which"가 '관계형용사'다. "which"는 뒤에 있는 명사 "decision"을 수식하고 있다. "which"는 '…이든[이든지]로 해석한다.
위 예문에서 "which"는, 두 개의 문장 즉 '①You made a decision. ②He will like the decision.'을 연결한 것이다.
그러므로 '관계형용사'는 접속사의 역할도 하면서(즉 문장을 연결), 명사를 수식(즉 명사 앞에 놓임)하는 것이다.
참고 make a decision: 결정을 하다. make [meik] vt. (행위 등을) 하다〈과거: made [meid]〉

위 예문이 만들어지는 과정을 정리해 보면 아래와 같다.
[두 개의 문장] You made a decision. + He will like the decision.

[관계대명사 "which"를 사용하여 위 두 문장을 연결함] → He will like the decision **which** you made.
[관계형용사 "which"를 사용하여 위 문장을 고침] → He will like **which** decision you made.

2) 복합관계형용사

위 관계형용사의 예문 "He will like which decision you made."에서, "which"에는 '어떤 것이든'이라는 뜻이 있으므로, 위 문장은 "He will like whichever decision you made."라고 바꾸어 쓸 수 있다.
이 경우, "whichever"를 특별히 '복합관계형용사'(複合關係形容詞, Compound Relative Adjective)라고 한다.
'복합 관계 형용사' "whichever"는 '명사'를 수식한다. 위 예문에서는 "whichever"가 명사 "decision"을 수식하고 있다.
복합관계형용사는 'whichever, whatever'의 두 가지 종류가 있다.

(5) 형용사의 용법

형용사의 용법은 '한정적 용법'과 '서술적 용법'의 두 가지 종류가 있다.
예외적인 경우지만, 같은 형용사가 한정적 용법으로 쓰이기도 하고 또한 서술적 용법으로도 쓰이기도 한다.

1) 한정적 용법

'형용사의 한정적 용법(限定的 用法, Attributive Use)'은, '형용사가 명사의 앞 또는 뒤에서 그 명사를 직접적으로 수식하는 경우'다.
'한정적'이라는 것은, 형용사를 명사에 붙임으로써 그 명사를 '한정'(限定) 또는 '특정'(特定)한다는 뜻이다.

> 참고 attributive [ətríbjutiv] a. 한정적인(usually coming before a noun, and describing it)

① 형용사가 '명사를 앞에서 수식'하는 경우

He is an *honest* man. (그는 정직한 남자입니다.)
> 해설 "honest"가 '형용사'다. 형용사 "honest"는 명사 "man"을 앞에서 직접적으로 수식하고 있다.

명사 "man"(남자)에는 여러 종류의 남자가 있을 것인데, 형용사 "honest"를 붙임으로써 '그 남자'(he)를 '정직한 남자'(honest man)로 한정(또는 특정)한 것이다.
> 참고 "honest" [ánist] [어어네스(트)] a. 정직한. 자음 "h"는 발음되지 않으므로, 모음 "o"부터 발음된다. 따라서 "honest" 앞에는 부정관사가 "an"이 붙는다.

② 형용사가 '명사를 뒤에서 수식'하는 경우

Give me *something* cold to drink. (마실 차가운 음료 좀 주세요.)
> 해설 "cold"가 '형용사'다. "cold"는 명사 "something"을 뒤에서 직접적으로 수식하고 있다. 명사 "something"을 '차가운'(cold) 것으로 한정했다.

There is *nothing* new in this world. (격언: 이 세상에 새로운 것은 없다.)
> 해설 "new"가 '형용사'다. "new"는 명사 "nothing"을 뒤에서 직접적으로 수식하고 있다. 명사 "nothing"을 '새로운'(new) 것으로 한정했다.
> 참고 nothing [nʌ́θiŋ] [나씨(θ)잉] n. 아무것도 없는 것

2) 서술적 용법

'형용사의 서술적 용법(敍述的 用法, Predicative Use)'은, '형용사가 보어로 쓰여, 명사 또는 대명사를 간접적으로 수식하는 경우'다.
보어로 쓰인 형용사는 명사 또는 대명사를 설명(또는 보충)해 주는데, 이는 결국 명사 또는 대명사를 간접적으로 수식하는[꾸며 주는] 것이다.
> 참고 predicative [prídikətiv] a. 서술적인(usually comes after a verb)

① '형용사가 주격보어로 쓰여 명사를 수식'하는 경우

The *man* is honest. (그 남자는 정직합니다.)
해설 "honest"가 '형용사'다. "honest"는 '주격 보어'로 쓰여, 주어인 명사 "man"을 간접적으로 수식하고 있다.
주격보어인 "honest"는 명사 "man"을 설명해 주고 있다. 즉 '그 남자'(the man)는 '정직하다'(honest)는 것이다. 그러므로 형용사 "honest"는, 명사 "man"을 간접적으로 수식하는 것이다.

② '형용사가 목적격보어로 쓰여 명사를 수식'하는 경우

She found the *man* honest. (그녀는 그가 정직하다는 것을 알았습니다.)
해설 "honest"가 '형용사'다. "honest"는 '목적격 보어'로 쓰여, 목적어인 명사 "man"을 간접적으로 수식하고 있다.
목적격보어인 "honest"는 명사 "man"을 설명해 준다. 즉 '그 남자'(the man)는 '정직하다'(honest)는 것이다.
참고 find [faind] vt. 알다⟨과거: found [faund]⟩

3) 서술적 용법으로만 쓰이는 형용사

She was awake all night. (그녀는 밤새도록 잠을 자지 못했습니다.)
해설 형용사 "awake"는 '서술적 용법'으로만 쓰인다.
"awake"는 주격보어인데, '그녀'(she)를 설명해 준다. 즉 그녀는 '깨어 있었다'(awake)라는 것이다.
참고 awake [əwéik] a. 깨어 있는, 잠자지 않고 있는. all night: 밤새도록
서술적 용법으로만 쓰이는 형용사의 예: afraid, alike, alone, asleep, awake, aware

4) 한정적 용법으로 쓸 때와 서술적 용법으로 쓸 때가 각각 그 뜻이 다른 형용사

예를 들어 "ill"과 같은 형용사는, 한정적 용법으로 쓸 때와 서술적 용법으로 쓸 때가 각각 그 뜻이 다르다.

한정적 용법:

Ill *news* runs apace. (속담: 나쁜 소문은 빨리 퍼진다.)

해설 형용사 "ill"(나쁜)은 한정적 용법으로 쓰여, 명사 "news"를 수식하고 있다.(즉 '나쁜' 소문)

참고 ill [il] a. 나쁜(bad). news [njuːz] 누우스 / 뉴우스 n (단수 취급) 뉴스, 소식
run [rʌn] vi. (소문 등이) 곧 퍼지다〈3인칭 단수: runs〉. apace [əpéis] ad. 빨리(quickly)

서술적 용법:

She is ill. (그녀는 아픕니다.)

해설 형용사 "ill"(아픈)은 주격보어로서 서술적 용법으로 쓰였는데, '그녀'(she)를 설명하고 있다. (즉 '아픈')

참고 ill [il] a. 아픈, 병든(sick)

참고 the + 형용사

'the + 형용사'는, '복수 보통명사'의 뜻을 가진다.

They are the rich.

(그들은 부자[富者]들입니다.)

해설 "the rich"(the + 형용사)는, "rich people"(형용사 + people)과 같은 의미다.
"rich people" 중 "rich"는 형용사고 "people"(사람들)은 '복수 보통명사'이어서, "rich people"는 전체적으로 '부자들'이라는 뜻이다.
그러므로 위 예문은 아래와 같이 바꾸어 쓸 수 있다.

They are rich people.

◆ rich [ritʃ] a. 부유(富裕)한, 부자(富者)의, 돈 많은

---

(6) 형용사의 보어

'형용사의 보어(補語)'란, '형용사 뒤에서 그 형용사를 보완하여 그 뜻을 분명하게 해 주는, 단어·구·절(즉 모두 어구[語句])'을 말한다.

She is *like* her mother. (그녀는 어머니를 닮았습니다.)

해설 "like"(닮은)가 형용사고, 그 뒤에 있는 어구 "her mother"가 "like"의 '보어'다.("her mother"은 '구'다)

"her mother"은, "like"를 '보충적으로 설명'해 주고 있다.(즉 '어머니'를 '닮다')

위 예문은 아래와 같이 바꾸어 쓸 수 있다.

= She resembles her mother.

참고 resemble [rizémbl] vt. …을 닮다(look like)⟨3인칭 단수: resembles⟩

He is very *unlike* his father. (그는 그의 아버지를 매우 안 닮았습니다.)

해설 "unlike"(닮지 않은)가 형용사고, 그 뒤에 있는 어구 "his father"가 "unlike"의 '보어'다.("his father"은 '구'다)

"his father"은, "unlike"를 '보충적으로 설명'해 주고 있다.(즉 '아버지'를 '안 닮다')

위 예문은 아래와 같이 바꾸어 쓸 수 있다.

= He doesn't resemble his father very much.

참고 unlike [ənláik] a. 닮지 않은. doesn't = does not

We are not *sure* whether he left there.
(우리는 그가 그곳을 떠났는지 어떤지 확실히 모릅니다.)

해설 "sure"(확신하는)가 형용사고, 그 뒤에 있는 '절' "whether he left there"가 "sure"의 '보어'다.

"whether he left there"는 "sure"를 '보충적으로 설명'하고 있다.(즉 '그가 그곳을 떠났는지 어떤지'가 '확실치 않다')

(7) 형용사의 비교(比較, Comparison)

1) 형용사의 비교 변화

형용사는 다른 대상(對象)과의 비교를 나타내기 위하여, 원급(原級)·비교급(比較級)·최상급(最上級)으로 그 어형(語形)을 변화시키는데, 이를 '형용사의 비교 변화'라고 한다.
형용사 비교 변화의 형식에는 '규칙(規則) 변화'와 '불규칙(不規則) 변화'가 있다.

> 참고 comparison [kəmpǽrisn] n. 비교

① 규칙 변화

형용사 '규칙 변화'의 원칙은, '원급' 형용사에 "er" 및 "est"를 규칙적으로 붙여 형용사의 '비교급' 및 '최상급'을 만드는 것이다.

[원급] young(젊은) - [비교급] young*er*(더 젊은) - [최상급] young*est*(가장 젊은)

> 참고 younger [jʌ́ŋɡər] [여어엉걸] a. 더 젊은. youngest [jʌ́ŋɡist] [여영게스트] a. 가장 젊은

그러나 위와 같은 원칙에는 다음과 같은 몇 가지 예외가 있다.

(a) '단모음 + 자음'으로 끝나는 형용사는, 자음을 한 번 더 쓰고 그 뒤에 "er" 및 "est"를 붙여 형용사의 비교급 및 최상급을 만든다.

[원급] big(큰) - [비교급] bi*gg*er(더 큰) - [최상급] bi*gg*est(가장 큰)

> 해설 형용사 "big"은 '단모음(i) + 자음(g)'으로 끝나므로, "big"에 자음 "g"를 한 번 더 쓴 후 (bigg), 여기에 "er" 및 "est"를 붙여 형용사의 비교급(bigger) 및 최상급(biggest)을 만들었다.

(b) '자음 + y'로 끝나는 형용사는, "y"를 "i"로 고친 후 그 뒤에 "er" 및 "est"를 붙여 형용사의 비교급 및 최상급을 만든다.

[원급] happy(행복한) - [비교급] happ*i*er(더 행복한) - [최상급] happ*i*est(가장 행복한)

> 해설 형용사 "happy"는 '자음(p) + y'로 끝나므로, "y"를 "i"로 고친 후, 여기에 "er" 및 "est"를 붙여 형용사의 비교급(happier) 및 최상급(happiest)을 만들었다.

(c) 대부분의 '긴 형용사'(2음절어 또는 3음절어 이상의 긴 형용사)는, 형용사 앞에 "more" 및 "most"를 붙여 비교급 및 최상급을 만든다. 이 경우, 최상급의 "most" 앞에는 정관사 "the"를 붙인다.

[원급] useful(유용[有用]한) - [비교급] *more* useful(더 유용한) - [최상급] *the most useful*(가장 유용한)

> 해설 형용사 "useful"은 3음절어다. 즉 모음이 3개(u, e, u)다.
> 따라서 "useful"에 "more"를 붙여 '비교급'(more useful)을 만들고, "most"를 붙여 '최상급'(most useful)을 만든 다음 "most" 앞에 "the"를 붙였다.

> 참고 음절(音節, syllable)은, '모음(母音, vowel) 한 개의 소리'(a single vowel sound)다. 영어의 모음은 "a, e, i, o, u" 이렇게 5개다.

② 불규칙 변화

형용사의 불규칙 변화는, 말 그대로 원급 형용사를 불규칙적으로 변화시켜 비교급 및 최상급을 만드는 것이다.

형용사 "good"을 예로 들어 보면 아래와 같다.

[원급] good(좋은) - [비교급] *better*(더 좋은) - [최상급] *the best*(가장 좋은)

> 해설 원급 형용사 "good"을 불규칙적으로 변화시켜 '비교급'(better)과 '최상급'(best)을 만들었고, 최상급 "best" 앞에는 정관사 "the"를 붙였다.

> 참고 better [bétər] [배애럴 / 배애터] a. 더 좋은

2) 형용사 비교의 종류

형용사의 원급, 비교급, 최상급의 표현을 사용하는 '형용사 비교의 종류'는 다음과 같다.

① 원급(原級)에 의한 비교

형용사의 '원급에 의한 비교'에는, '동등 비교'와 '열등 비교'가 있다.

(A) 동등(同等) 비교

He is **as** tall **as** *I am*. (그는 나만큼 키가 큽니다.)

해설 'as … as A'는 'A만큼 …하다'는 뜻이므로, 'as … as'는 '동등 비교'다.
그리고 'as … as' 사이에 쓰인 "tall"은 '원급 형용사'다. 원급 형용사는 보통의 형용사라고 보면 된다.
"as … as"에서, 앞 "as"는 뒤의 형용사 "tall"을 수식하므로 '부사'고, 뒤 "as"는 뒤의 '절'(I am)을 연결하므로 '접속사'다.
위 예문은 "He is as tall as I am tall."을 줄인 것이다. 또한 위 예문은 "He is as tall as I."와 같이 더 줄일 수도 있다.

참고 위 예문의 일부가 생략되는 과정을 정리해 보면 아래와 같다.
He is as tall as I am tall.
= He is as tall as I am.
= He is as tall as I.

(B) 열등(劣等) 비교

She is **not as** tall **as** *I am*. (그녀는 나만큼 키가 크지 않습니다.)

해설 'not as … as A'는 'A만큼 …하지 않다'는 뜻이므로, 'not as … as'는 '열등 비교'다.
위 예문은 아래와 같이 바꾸어 쓸 수 있다.
= I am taller than she is.

② 비교급(比較級)에 의한 비교

형용사의 '비교급에 의한 비교'에는, '우등 비교'와 '열등 비교'가 있다. 형용사의 비교급 다음에는 일반적으로 "than"을 쓴다.

(A) 우등(優等) 비교

Su-jin is **more diligent** *than* Min-ji. ('수진'은 '민지'보다 부지런합니다.)

해설 "more diligent"가 '비교급 형용사'다.
'더 부지런하다'(more diligent)는 것이므로 '우등 비교'다. "more diligent" 다음에는 "than"을 썼다.

참고 than [ðǽn] [대(ð)애앤] conj. …보다

(B) 열등(劣等) 비교

Min-ji is less diligent than Su-jin. ('민지'는 '수진'보다 덜 부지런합니다.)

해설 "less diligent"가 '비교급 형용사'다.

원급 형용사 "diligent" 앞에 "less"를 붙여, '열등 비교'(덜 부지런하다: less diligent)를 만들었다. "less diligent" 다음에는 "than"을 썼다.

위 예문은, 아래와 같이 '원급에 의한 열등 비교'로 바꾸어 쓸 수 있다.

= Min-ji is **not as** diligent **as** Su-jin.

참고 less [les] [래애스] ad. (정도[程度]가) 더 적게, 더 덜하여

(C) 형용사의 어미가 "or"인 형용사의 비교급

형용사의 어미(語尾)가 "or"인 형용사들은, "than" 대신 "to"를 써서 비교급을 표현한다.

He is five years *senior to* her. (그는 그녀보다 다섯 살 연상[年上]입니다.)

해설 형용사 "senior"의 어미가 "or"이기 때문에, 비교급 표현에 "than" 대신 "to"를 썼다.

참고 senior [síːnjər] a. 연상인, 손위인(older)

(D) 동일인의 성질(性質)을 비교하는 비교급 표현

동일인의 성질(性質)을 비교하는 비교급 표현은, "er" 대신 "more"를 쓴다. 이때 "more"는 "rather"의 뜻이다.

Min-su is more wise than clever. ('민수'는 똑똑하기보다는 현명합니다.)

해설 형용사 "wise"의 일반적인 비교급은 "wiser"다. 그러나 같은 사람의 성질을 비교할 때의 비교급은 "wiser" 대신 "more wise"를 쓴다.

이 경우 "more"는 "rather"(차라리, 오히려)의 뜻이다.

위 예문에서, 민수는 '똑똑하다'는 성질과 '현명하다'는 성질의 두 가지 성질을 가지고 있는데, 민수의 이 두 가지 성질을 비교할 때, 민수는 '똑똑하다'는 성질보다는 '현명하다'는 성질로 그를 보아야 한다는 것이다.

참고 rather [ræðər] ad. 오히려

(E) 비교급을 강조하는 단어들

비교급을 강조하는 단어로는 'even, far, much, still 등'이 있다. 이들의 뜻은 '훨씬' 또는 '더

욱'이다.

A merry mind is *much* better than money.
(즐거운 마음이 돈보다 훨씬 더 낫습니다.)
해설 부사 "much"는 '형용사의 비교급'(better)을 강조하고 있다.
"much better"는 '훨씬 더 낫다'라고 해석한다.
참고 merry [méri] a. 즐거운, 명랑한
even [íːvən] ad. 더욱. far [faːr] ad. 훨씬. still [stil] [스띠이을] ad. 더, 더욱

③ 최상급(最上級)에 의한 비교

(A) 최상급 표현
형용사의 '최상급'은 '가장 … 하다'는 뜻이다. 최상급 앞에는 "the"를 붙인다.

She is the most beautiful woman *of* her friends.
(그녀는 자신의 친구들 중에서 가장 아름다운 여자입니다.)
해설 "the most beautiful"이 형용사 "beautiful"의 최상급이다.
"most beautiful" 앞에 "the"를 붙였다.
전치사 "of"는 '(같은 성질의 사람들) 중에서'를 표현할 때 쓴다. 즉 같은 여자들 중에서 가장 아름답다는 것이다. 그러므로 "her friends"는 모두 여자들이다.
'(어느 모임이나 지역)에서'를 표현할 때는 전치사 "in"을 쓴다.

(B) 원급과 비교급으로 최상급의 뜻을 표현하는 방법
She is the most beautiful woman *in* the meeting.
(그녀는 그 모임에서 가장 아름다운 여자입니다.)
해설 '그 단체'(the meeting)에서 최상이기 때문에, 전치사 "in"을 썼다.

위 예문은 최상급 문장이다. 원급과 비교급 표현을 사용하여 위 최상급 문장과 같은 뜻의 문장을 만들어 보면, 다음과 같다.

(a) 원급으로 최상급의 뜻을 나타냄

No other woman in the meeting is as beautiful as she.

해설 "as beautiful as"가 '원급 표현'이다.

(b) 비교급으로 최상급의 뜻을 나타냄

(ⅰ) No other woman in the meeting is more beautiful than she.

해설 "more beautiful"이 '비교급 표현'이다.

(ⅱ) She is more beautiful than any other woman in the meeting.

Chapter 5
부사

'부사'(副詞, Adverb)는, '동사, 형용사 또는 다른 부사를 수식하는 품사'다. 부사는 일반적으로 형용사를 기초로 하여 만들어진다.

> 참고 adverb [ǽdvəːrb] n. 부사

(1) 부사의 형태

① 일반적인 형태

부사의 일반적인 형태는 '형용사 + ly'다.

[형용사] quick(빠른) → [부사] quickly(빠르게)
> 해설 형용사 "quick"의 어미에 "ly"를 붙여, 부사 "quickly"를 만들었다.

② 예외적인 형태

(a) "ll"로 끝나는 형용사는, 어미에 "y"만 붙인다.
[형용사] carefull(주의[注意] 깊은) → [부사] carefully(주의 깊게)

(b) "y"로 끝나는 형용사는, "y"를 "i"로 바꾼 후 "ly"를 붙인다.
[형용사] happy(행복한) → [부사] happily(행복하게)

(c) "le"와 "ue"로 끝나는 형용사는, "e"를 빼고 "ly"를 붙인다.
[형용사] gentle(점잖은) → [부사] gently(점잖게)
[형용사] true(진실한) → [부사] truly(진실로)

(d) "ic"로 끝나는 형용사는, 어미에 "ally"를 붙인다.
[형용사] dramatic(극적[劇的]인) → [부사] dramatically(극적으로)

③ 형용사와 형태가 같은 부사

[형용사] hard(열심인) → [부사] hard(열심히)

형용사: She is a hard worker. (그녀는 열심인[부지런한] 근로자입니다.)
해설 형용사 "hard"는 명사 "worker"를 수식한다.
참고 hard [haːrd] a. 열심인, 부지런한; ad. 열심히

부사: She works hard. (그녀는 열심히 일합니다.)
해설 부사 "hard"는 동사 "work"를 수식한다.

④ 형용사와 형태가 같은 부사에, "ly"를 붙이면 다른 뜻이 되는 부사

(a) hard

He hardly works. (그는 거의 일을 하지 않습니다.)
해설 "hard"(형용사: 열심인, 부사: 열심히)에 "ly"를 붙인 부사 "hardly"는, '거의 ~아니다'라는 뜻이다.
부사 "hard"(열심히)에 "ly"를 붙이면, 위와 같이 완전히 다른 뜻의 부사로 변하는 것이다.
위 예문은 아래와 같이 바꾸어 쓸 수 있다.
= He doesn't work nearly.
참고 nearly [níərli] ad. 거의(almost)

(b) late

She hasn't seen him lately. (그녀는 최근에 그를 못 봤습니다.)
해설 "late"(형용사: 늦은, 부사: 늦게)에 "ly"를 붙인 "lately"는, '최근에'라는 뜻이다.
부사 "late"(늦게)에 "ly"를 붙이면, 위와 같이 완전히 다른 뜻의 부사로 변한다.
위 예문은 아래와 같이 바꾸어 쓸 수 있다.
= She hasn't seen him recently.
참고 lately [léitli] [레잍을리 / 레이틀리] ad. 최근(最近)에. recently [ríːsntli] [뤼이쓴리이 / 뤼이슨틀리이] ad. 최근에

⑤ 부사를 '전치사 + 형용사 + 명사'의 형태로 바꿔 쓰기

부사는 형용사를 기초하여 만들어지기 때문에, 대부분의 부사는 '형용사'가 들어 있는 '전치사 + 형용사 + 명사'의 형태로 바꿔 쓸 수 있다.
예를 하나 들어 본다.

She respects the teacher to a considerable extent.
(그녀는 그 선생님을 상당히 존경하고 있습니다.)
> 해설 "to a considerable extent"는 '전치사(to) + 형용사(considerable) + 명사(extent)'의 형태다.
"to a considerable extent"는 "considerably"(상당히)의 뜻이다.
그러므로 위 예문은 아래와 같이 바꾸어 쓸 수 있다.
= She respects the teacher considerably.
> 참고 to a considerable extent: 상당(相當)한 정도로. extent [ikstént] n. 정도(程度)

(2) 부사의 용법

이미 설명한 바와 같이, 부사는 '동사, 형용사 또는 다른 부사를 수식(修飾)하는 품사'다. 그러므로 부사는 ①동사 수식, ②형용사 수식, ③다른 부사를 수식하는 등의 용법들이 있다.

① 동사를 수식함

She *speaks* English well. (그녀는 영어를 잘 말합니다.)
> 해설 "well"이 '부사'다. "well"은 동사 "speaks"(원형: speak)를 수식한다.
> 참고 speak [spiːk] [스베이크] vi. 말하다. well [wel] ad. 잘

② 형용사를 수식함

He is *very gentle*. (그는 매우 점잖습니다.)
> 해설 "very"가 '부사'다. "very"는 형용사 "gentle"을 수식한다.

③ 다른 부사를 수식함

He speaks Japanese **very** well. (그는 일본어를 매우 잘 말합니다.)
해설 "very"가 '부사'다. "very"는 다른 부사 "well"을 수식한다.

④ 대명사를 수식함

Only you can do the work. (당신만 그 일을 할 수 있습니다.)
해설 "only"가 '부사'다. "only"는 대명사 "you"를 수식한다.

⑤ 문장 전체를 수식함

Luckily he passed the exam. (다행히도 그는 그 시험에 합격했습니다.)
해설 "luckily"가 '부사'다. "luckily"는 문장 전체 즉, "he passed the exam"을 수식한다.
문장 전체를 수식하는 부사는, 위 예문과 같이 대부분 문장 맨 앞에 놓인다.
참고 luckily [lʌkili] [러어끌리이] ad. 다행히, 운 좋게

(3) 부사의 종류

부사는 그 역할에 따라 ①단순(單純)부사, ②의문(疑問)부사, ③관계(關係)부사로 나뉜다.
'단순 부사'는 "well" 등과 같이, 동사 등을 수식하는 일반적인 부사고,
'의문 부사'는 "how" 등과 같이, 의문문을 끌어가는 역할을 하는 부사며,
'관계 부사'는 "where" 등과 같이, 두 개의 문장을 연결시키는 역할을 하는 부사다.
여기서는 '단순 부사'(Simple Adverb)의 종류에 대해서만 알아보고, '의문 부사'와 '관계 부사'에 대해서는 별도로 설명한다.

단순부사는 ①방법부사, ②시간부사, ③장소부사, ④정도부사, ⑤빈도부사의 다섯 가지 종류가 있다.

① 방법 부사

'방법(方法, Manner) 부사'는 '사람 행위의 태도 등을 나타내는 부사'다.
'방법 부사'는 '양태(樣態) 부사'라고도 하는데, '양태 부사'라는 말은 어려운 말이므로 '방법 부사'라는 말을 쓰고자 한다.

참고 manner [mǽnər] n. 방법, 태도(態度)

He walks slowly. (그는 천천히 걷습니다.)
해설 "slowly"가 '방법 부사'다.
"slowly"는 '천천히'라는 걷는 '태도'(manner) 또는 '방법'을 나타내고 있다.

참고 walk [wɔːk] [와아크] vi. 걷다

② 시간 부사

'시간(時間, Time) 부사'는 '시간을 나타내는 부사'다.

Presently he is a professor in biology. (현재 그는 생물학 교수님입니다.)
해설 "presently"가 '시간 부사'다.
"presently"는 '현재'라는 '시간'(time)을 나타내고 있다. "presently" 부사는, 보통 '문두'(文頭) 즉 '문장 첫머리'에 쓰인다.

참고 presently [prézntli] [프뤠즌리이] ad. 현재, 지금(now)
biology [baiɑ́lədʒi] [바이아알러쥐] n. 생물학(生物學)

③ 장소 부사

'장소(場所, Place) 부사'는 '장소를 나타내는 부사'다.

She was not there. (그녀는 거기에 없었습니다.)
해설 "there"가 '장소 부사'다.
"there"는 '거기에'[그곳에]라는 '장소'를 나타내고 있다.

④ 정도 부사

'정도(程度, Degree) 부사'는 '사람 행위의 정도를 나타내는 부사'다.

He quite forgot about the meeting appointment.
(그는 그 모임 약속에 대해서 완전히 잊었습니다.)
해설 "quite"가 '정도 부사'다.
"quite"는 '완전히'(completely)라는 잊어버린 '정도'를 나타내고 있다.
참고 degree [digríː] n. 정도.   quite [kwait] [콰이트] ad. 완전히
appointment [əpɔ́intmənt] [어포이인멘트] n. 약속

⑤ 빈도 부사

'빈도(頻度, Frequency) 부사'는 '사람 행위의 횟수를 나타내는 부사'다.

She is always at home on Saturdays. (그녀는 토요일에는 항상 집에 있습니다.)
해설 "always"가 '빈도 부사'다.
"always"는, '항상, 언제나'라는 '빈도'를 나타낸다.
참고 frequency [fríːkwənsi] n. 빈도.   on Saturdays: 토요일마다

(4) 부사의 위치(位置)

1) 방법부사

① 방법부사는 일반적으로 동사 뒤에 위치한다.

He runs fast. (그는 빨리 달립니다.)
해설 "fast"가 '방법(양태) 부사'다. "fast"는 동사 "runs"(원형: run) 뒤에 놓였다.
참고 fast [fæst] ad. 빨리 - faster (비교급) - fastest (최상급)

그러나 방법부사가 동사 앞에 위치하는 경우도 있다. 'gladly, quickly 등'의 경우가 그러하다.

* She gladly *accepted* the invitation.

(그녀는 그 초청을 쾌히 수락[受諾]했습니다.)

> 해설 "gladly"는 '방법 부사'인데, 동사 "accepted"(원형: accept) 앞에 놓였다.

* He quickly *ate* the lunch.

(그는 서둘러 점심을 먹었습니다.)

> 해설 "quickly"도 '방법 부사'인데, 동사 "ate"(원형: eat) 앞에 놓였다.

> 참고 quickly [kwíkli] [퀴끌리이이] ad. 서둘러, 신속히. gladly [glǽdli] [글래애들리] ad. 쾌히, 기꺼이
'점심을 먹다'는 일반적으로 "have lunch"로 표현하나, 위와 같이 "eat lunch"로 표현하기도 한다.

② 목적어가 있으면, 방법부사는 일반적으로 목적어 뒤에 위치한다.

He drives *a car* carefully. (그는 차를 조심스럽게 운전합니다.)

> 해설 "carefully"가 '방법 부사'다. "carefully"는 목적어 "a car" 뒤에 놓였다.

> 참고 drive a car: 차(車)를 운전하다. carefully [kέərfəli] ad. 조심스럽게, 신중하게

2) 빈도부사와 정도부사

'빈도부사와 정도부사'(어차피 이들은 놓이는 위치가 같으므로, 이하에서는 합쳐서 '빈도 부사'라고만 한다)는, 일반동사 앞에 놓는 것이 원칙이다.

그러나 'be 동사' 또는 '조동사'가 있으면, 빈도부사는 'be 동사' 또는 '조동사' 바로 뒤에 놓인다.

① 일반동사 앞의 빈도부사

He sometimes *travels* by bicycle. (그는 가끔 자전거로 여행을 합니다.)

> 해설 "sometimes"가 '빈도 부사'다. "sometimes"(가끔)는 일반동사 "travels"(원형: travel) 앞에 놓였다.

> 참고 by bicycle: 자전거(自轉車)로. bicycle [báisikl] n. 자전거(bike [baik])

그러나 빈도부사가 문두에 올 때도 있다.

Sometimes he goes up a mountain for a change.
(가끔 그는 기분 전환 삼아 등산을 합니다.)
해설 빈도부사 "sometimes"가 문두에 놓였다.
참고 go up a mountain: 산(山)을 오르다. mountain [máuntən] [마운트은] n. 산
for a change: 기분 전환으로

② 'be 동사' 다음의 빈도부사

She *is* often busy doing housework. (그녀는 종종 집안일을 하느라 바쁩니다.)
해설 "often"이 '빈도 부사'다. "often"(종종)은 be동사 "is" 바로 뒤에 놓여, 형용사 "busy"를 수식하고 있다.
참고 be동사 + busy + …ing: (…하느라) 바쁘다. busy [bízi] [비지이] a. 바쁜
do housework: 집안일을 하다. housework [hau'swər,k] n. 집안일, 가사(家事)
often [ɔ́:fən] ad. 종종, 자주(frequently)

③ '조동사' 다음의 빈도부사

She *has* also visited Paris. (그녀 또한 파리를 방문했습니다.)
해설 "also"가 '빈도 부사'다. "also"(또한)는 조동사 "has" 바로 뒤에 놓였다.
참고 "has visited"는 '현재완료' 시제다. Paris [pǽris] [패애류스] n. 파리(프랑스의 수도)

3) 자동사를 수식하는 부사

'자동사'를 수식하는 부사는 자동사 바로 뒤에 놓인다.
He *walks* fast. (그는 빨리 걷습니다.)
해설 "fast"가 '부사'다. "fast"(빨리)는 자동사 "walks"(원형: walk) 바로 뒤에 놓였다.

4) 타동사를 수식하는 부사

'타동사를' 수식하는 부사는 목적어 바로 뒤에 놓인다.

He *studies* English hard. (그는 영어를 열심히 공부합니다.)
해설 "hard"가 '부사'다. 타동사 "studies"(원형: study)의 목적어가 "English"인데, "studies"를 수식하는 부사 "hard"(열심히)는 목적어 "English" 바로 뒤에 놓였다.
참고 study [stʌ́di] [스타디이] vt. …을 공부하다⟨3인칭 단수: studies⟩

5) 특정한 시간을 나타내는 부사

'특정한 시간을 나타내는 부사'는 문장의 맨 앞이나 맨 뒤에 놓는다.

Yesterday he met her. (어제 그는 그녀를 만났습니다.)
해설 "yesterday"가 '부사'다. "yesterday"는 '어제'라는 '특정한 시간'을 나타낸다. 그러므로 "yesterday"는 문장 맨 앞에 놓였다.
"yesterday"는 또한 문장 맨 뒤에 놓을 수 있으므로, 위 문장은 아래와 같이 바꾸어 쓸 수 있다.
= He met her yesterday. (그는 그녀를 어제 만났습니다.)

6) '구' 또는 '절'을 수식하는 부사

구(句) 또는 절(節)을 수식하는 부사는, 해당 구 또는 절 바로 앞에 놓인다.

① '구'를 수식하는 부사

He left for his workplace soon *after breakfast*.
(그는 아침 식사 후에 곧 직장으로 출발했습니다.)
해설 "soon"이 '부사'다. "soon"(곧)은, '구' "after breakfast"를 수식하고 있다. 그러므로 "soon"은 "after breakfast" 바로 앞에 놓였다.
참고 '구'는 품사가 둘 이상 결합된 것이다. '구' "after breakfast"는 "after"(전치사 품사)와 "breakfast"(명사 품사)의 결합이다.
leave for … : …로 출발하다.   workplace [wə́rkpleis] n. 직장(職場), 일터

② '절'을 수식하는 부사

He left for his workplace **soon** *after he finished having breakfast*.
(그는 아침 식사를 마친 후에 곧 직장으로 출발했습니다.)

해설 "soon"이 '부사'다. "soon"은, 접속사 "after"가 끌고 있는 '절' "he finished having breakfast"을 수식하고 있다. 그러므로 "soon"은 "after he finished having breakfast" 바로 앞에 놓였다.

참고 '절'은, '주어 + 동사'의 문장 구조를 가지고 있기는 하지만, 하나의 독립된 문장이 되지 못하는 것을 말한다.
위 문장에서 '절' "he finished having breakfast"는 '주어(he) + 동사(finished)'의 구조를 가지고 있다. 하지만 이는 문장은 한 부분일 뿐, 하나의 독립된 문장은 아니다.
타동사 "finish"는 동명사만을 목적어로 취한다. 따라서 "finish"의 목적어는 "having breakfast"다. "finish having breakfast"는 '아침 먹기를 마치다[끝내다]'의 뜻이다.

7) 부사를 여러 개 사용할 때의 부사들의 위치

한 문장에서 부사를 여러 개 사용할 때, 각 부사들 간의 순서는 다음과 같다.

① '장소 부사 – 방법 부사 – 시간 부사'의 순서

He came **here quickly yesterday**. (그는 어제 서둘러 여기에 왔습니다.)
해설 "here"(여기)는 '장소 부사'고, "quickly"(서둘러)는 '방법 부사'며, "yesterday"(어제)는 '시간 부사'다.

② '(좁은) 장소 부사 – (넓은) 장소 부사'의 순서

She stayed all day *in a hotel* **in New York**.
(그녀는 뉴욕에 있는 한 호텔 안에서 하루 종일 머물렀습니다.)
해설 "in a hotel"(한 호텔 안에서)은 '(좁은) 장소 부사[부사구]'고, "in New York"(뉴욕 안에 있는)이 '(넓은) 장소 부사[부사구]'다.

③ '(방향 표시) 장소 부사'가 둘 이상 있는 경우의 순서

'방향 표시 장소 부사'가 둘 이상 있는 경우에는, 의미상으로 보다 중요한 부사를 먼저 위치시킨다.

She came *to New York* *from Seoul*. (그녀는 서울에서 뉴욕에 왔습니다.)
해설 "to New York"와 "from Seoul"이 '방향 표시 장소 부사[부사구]'다. 즉 '방향 표시 장소 부사'가 둘이다.
위 예문의 경우에는 의미상으로 도착이 중요하므로, '(도착의) 부사[부사구]' "to New York"를 '(출발의) 부사[부사구]' "from Seoul"보다 먼저 위치시켰다.

She went *from Seoul* *to New York*. (그녀는 서울에서 뉴욕으로 갔습니다.)
해설 위 예문의 경우에는 의미상으로 출발이 중요하므로, '(출발의) 부사[부사구]' "from Seoul"을 '(도착의) 부사[부사구]' "to New York"보다 먼저 위치시켰다.
참고 go [gou] vi. 가다〈과거: went [went] [왜애앤트]〉

④ '(작은 단위) 시간 부사 – (큰 단위) 시간 부사' 순서

He will leave here *at 10* *tomorrow morning*.
(그는 내일 아침 10시에 여기를 떠날 것입니다.)
해설 "at 10"(10시)이 '(작은 단위) 시간 부사'고, "tomorrow morning"(내일 아침)이 '(큰 단위) 시간 부사'다.

⑤ (짧은) 부사[부사구] – (긴) 부사[부사구]

We arrived *safely* *at the airport*. (우리는 무사히 공항에 도착하였습니다.)
해설 "safely"가 '부사'고 "at the airport"가 '부사구'다.
"safely"가 "at the airport"보다 짧으므로, safely + at the airport 순서로 부사가 배열되었다.

8) 기타 그 위치에 주의를 요하는 부사

① only

"only"는 '오로지 …만'이라는 뜻의 부사로, 원칙적으로 자신이 수식하는 말 바로 앞에 위치시킨다.

"He read the book in the library yesterday afternoon."(그는 어제 오후에 도서관에서 그 책을 읽었습니다)라는 예문을 가지고, "only"의 사용 위치와 그에 따른 의미를 알아본다.

(A) "only"가 대명사를 수식하는 경우:

Only he read the book in the library yesterday afternoon.
(그만이 어제 오후에 도서관에서 그 책을 읽었습니다.)

해설 "only"는 자신이 수식하는 대명사 "he" 바로 앞에 놓여, '그만'(그 남자만)이라는 의미를 강조하고 있다.

(B) "only"가 명사를 수식하는 경우:

He read only the book in the library yesterday afternoon.
(그는 어제 오후에 도서관에서 그 책만 읽었습니다.)

해설 "only"는 자신이 수식하는 명사 "book" 바로 앞에 놓여, '그 책만'(그 책만을)이라는 의미를 강조하고 있다.

(C) "only"가 (장소의) 부사구를 수식하는 경우:

He read the book only in the library yesterday afternoon.
(그는 어제 오후에 도서관에서만 그 책을 읽었습니다.)

해설 "only"는 자신이 수식하는 부사구 "in the library" 바로 앞에 놓여, '도서관에서만'이라는 의미를 강조하고 있다.

(D) "only"가 (시간의) 부사구를 수식하는 경우:

He read the book in the library only yesterday afternoon.
(그는 어제 오후에만 도서관에서 그 책을 읽었습니다.)

> **해설** "only"는 자신이 수식하는 부사구 "yesterday afternoon" 바로 앞에 놓여, '어제 오후에만'이라는 의미를 강조하고 있다.

② also

"also"는 '…도 또한'이라는 뜻의 부사로, 원칙적으로 자신이 수식하는 말 바로 앞에 위치시킨다.

"He called her yesterday."(그는 어제 그녀에게 전화를 했습니다)라는 예문을 가지고, "also"의 사용 위치와 그에 따른 의미를 알아본다.

He *also* called her yesterday. (그 또한 어제 그녀에게 전화를 했습니다.)
> **해설** "also"는 자신이 수식하는 동사 "called" 바로 앞에 놓여, '그 또한 전화를 했다'는 의미를 강조하고 있다.
>> **참고** call [kɔːl] vt. 전화하다.
>> '전화하다'는 뜻으로 쓰는 "call"은, 미국 영어다. 영국 영어에서는 전화하다는 뜻으로 "phone"[foun]을 쓴다.

He called *also* her yesterday. (그는 어제 그녀에게 또한 전화를 했습니다.)
> **해설** "also"는 자신이 수식하는 대명사 "her" 바로 앞에 놓여, '그녀에게 또한'이라는 의미를 강조하고 있다.

③ else

"else"는 '그 밖에 다른'이라는 뜻의 부사로, 자신이 수식하는 말 바로 뒤에 놓인다.

Do you need *anything* else? (그 밖에 다른 것이 필요합니까?)
> **해설** "else"는, 자신이 수식하는 말 "anything" 바로 뒤에 놓였다.

(5) 사용에 주의를 요하는 부사

① "very"와 "much"

"very"와 "much"는 모두 '강조(强調)'하는 뜻의 부사로 쓰이지만, 다음과 같이 그 용법에 차이가 있다.

(A) "very"는 '형용사의 원급(原級)' 또는 '부사의 원급'을 수식한다.

형용사의 원급 수식:
His health is **very** *good*. (그의 건강은 매우 좋습니다.)
해설 "very"는 형용사의 원급 "good"을 수식하고 있다.

부사의 원급 수식:
He works **very** *fast*. (그는 매우 빨리 일을 합니다.)
해설 "very"는 부사의 원급 "fast"를 수식하고 있다.

(B) "very"는 '형용사의 최상급'을 수식한다.

He is the **very** *cleverest* man in the company.
(그는 그 회사에서 단연 가장 똑똑한 사람입니다.)
해설 "very"는 형용사의 최상급 "cleverest"를 수식하고 있다.
참고 clever [klevə(r)] a. 똑똑한 – cleverer (비교급) – cleverest (최상급)

(C) "much"는 부사의 비교급을 수식한다.

She works **much** *faster* than he. (그녀는 그보다 훨씬 빨리 일을 합니다.)
해설 "much"는 부사의 비교급 "faster"를 수식하고 있다.

(D) "much"는 '과거 분사'를 수식한다.

She is **much** *interested* in dance. (그녀는 춤에 대단히 관심이 많습니다.)
해설 "much"는 과거분사 "interested"를 수식하고 있다.
참고 be interested in … : …에 관심이 있다. interest [íntərest] vt. (…에) 흥미를 갖게 하다((in))

This book has been much *criticized*. (이 책은 많은 비평을 받았습니다.)
- 해설 "much"는 과거분사 "criticized"를 수식하고 있다.
- 참고 criticize [krítəsàiz] [크뤼디싸아이즈] vt. 비평(批評)하다, 비판(批判)하다

그러나 '이미 형용사화(形容詞化)된 과거분사'(pleased 등)는, "very"로 수식한다.
She was very *pleased* with meeting him. (그녀는 그를 만나서 매우 기뻤습니다.)
- 해설 "very"는 형용사 "pleased"를 수식하고 있다.
"pleased"는 비록 과거분사의 형태를 하고 있기는 하나, 이미 오래전에 형용사로 바뀐 단어다.
- 참고 be pleased with ~ : ~을 기뻐하다. pleased [pliːzd] a. 기뻐하는
전치사(with) 다음의 동사는 목적격이 되어야 하기 때문에, 일반동사(meet)가 아닌 동명사(meeting)가 쓰였다.

(E) 보어로만 쓰이는 형용사(afraid 등)는, 비록 형용사의 원급일지라도 "much"로 수식한다.

She was much *afraid* to go out of the house in the dark at night.
(그녀는 밤중에 어두운 곳으로 [집에서 밖으로] 나가는 것을 무척 무서워했습니다.)
- 해설 보어로만 쓰이는 형용사 "afraid" 앞에, 부사 "much"가 쓰였다.

영문법도 법(法)인 만큼 이렇게 '원칙'(principle)과 '예외'(exception)로 이루어져 있다. 예를 들어, 형용사의 원급은 "very"로 수식하는 것이 원칙이지만, 위 예와 같이 예외적으로 "much"로 형용사의 원급을 수식하는 경우도 있는 것이다. 그러므로 예외적인 경우는 그때그때 익혀 두는 것 외에 달리 방법이 없다.

- 참고 afraid [əfréid] a. (… 하기를) 두려워하여, 무서워하여((to do)). go out of the house: 집을 나오다
in the dark: 어두운 곳에. at night: 밤에, 밤중에
principle [prínsəpl] n. 원칙(原則), 원리(原理). exception [iksépʃən] n. 예외(例外)

(F) 동사를 수식할 때는 "very much"를 쓴다.

He *loves* her very much. (그는 그녀를 매우 사랑합니다.)
- 해설 부사[부사구] "very much"는, 동사 "loves"(원형: love)를 수식하고 있다.

② "too"와 "either"

"too"와 "either"는 모두 '역시'(also)라는 뜻의 부사인데, "too"는 긍정문에 쓰이고 "either"는 부정문에 쓰인다.

(A) 긍정문에 쓰이는 too

He is a teacher too. (그 역시 선생님입니다.)

해설 위 예문은 긍정문이다. '역시'의 뜻으로 "too"가 쓰였다.

If you attend the meeting, I will attend too.
(당신이 그 모임에 참석한다면, 나 역시 참석할 것입니다.)

해설 위 예문도 긍정문이다. '역시'의 뜻으로 "too"가 쓰였다.

참고 attend [əténd] [어태애앤드] vt. (모임 등에) 참석하다

(B) 부정문에 쓰이는 either

She is not a scientist either. (그녀 역시 과학자[科學者]가 아닙니다.)

해설 위 예문은 부정문이다. '역시'의 뜻으로 "either"가 쓰였다.

참고 either [íːðər / áiðər] [이이덜 / 아이더] ad. 역시 (…아니다)

If he does not attend the meeting, she will not attend either.
(그가 그 모임에 참석하지 않는다면, 그녀 역시 참석하지 않을 것입니다.)

해설 위 예문도 부정문이다. '역시'의 뜻으로 "either"가 쓰였다.

③ "so"와 "neither"

"so"는 '역시 …이다'의 뜻의 부사로 긍정문에 쓰이고, "neither"는 '역시 …이 아니다'라는 뜻의 부사로 부정문에 쓰인다.

A: She likes books. (그녀는 책을 좋아합니다.)
B: So do I. (나도 그렇습니다.)

해설 "so"가 긍정문에 쓰였다.

"So do I."는 아래와 같이 바꾸어 쓸 수 있다.
= I like books, too.

A: She doesn't like liquor. (그녀는 술을 좋아하지 않습니다.)
B: Neither do I. (나도 그렇습니다.) (= 나도 또한 술을 좋아하지 않습니다.)

해설 "neither"가 부정문에 쓰였다.

"Neither do I."는 아래와 같이 바꾸어 쓸 수 있다.

= I don't like it, either.

참고 it = liquor. liquor [líkər] [리꺼얼] n. 술

neither [níːðər / náiðər] [니이덜 / 나이더] ad. …도 또한 …아니다

④ "already"와 "yet"

"already"는 '벌써' 또는 '이미'라는 뜻의 부사로 주로 긍정문에 쓰이고, "yet"은 '아직'이라는 뜻의 부사로 주로 부정문에 쓰인다.

"already"와 "yet"은 대부분 현재완료시제와 함께 쓰인다. 그 이유는 "already"와 "yet"은 '현재에 있어서의 동작의 완료 여부'에 관하여 사용되는 경우가 많기 때문이다.

(A) 긍정문에 쓰이는 already

She *has finished* the work **already**. (그녀는 벌써 그 일을 끝냈습니다.)

해설 위 예문은 긍정문이다. 부사 "already"는 현재완료시제 "has finished"와 함께 쓰였다. "already"(벌써)는 '현재에 있어서 동작이 완료된 것'을 나타낸다.

(B) 부정문에 쓰이는 yet

He *has* not *finished* the work **yet**. (그는 아직 그 일을 끝내지 못했습니다.)

해설 위 예문은 부정문이다.

부사 "yet"은 현재완료시제 "has finished"와 함께 쓰였다. "yet"(아직)은 '현재에 있어서 동작이 완료되지 못한 것'을 나타낸다.

⑤ "just"와 "just now"

부사 "just"는 현재완료시제에 쓰이나, 부사 "just now"는 주로 과거시제에 쓰인다.

(A) 현재완료시제에 쓰이는 "just"

He *has* **just** *finished* the work. (그는 그 일을 막 끝마쳤습니다.)

해설 "just"는, 현재완료시제 "has finished"와 함께 쓰였다. "just"는 조동사 "has"와 본동사

"finished" 사이에 놓였다.

(B) 과거시제에 쓰이는 "just now"

The train *left* just now. (그 열차는 방금 출발했습니다.)
해설 "just now"는, 과거시제 "left"(원형: leave)와 함께 쓰였다.

⑥ "ago"와 "before"

"ago"와 "before"는 모두 '~전(前)에'라는 뜻이나, 함께 쓰이는 시제가 다르다.
즉 "ago"는 과거시제와 함께 쓰이나, "before"는 현재완료시제·과거시제·과거완료시제와 함께 쓰인다.

(A) "ago"는 '지금부터 ~전(前)에'(ago from now)라는 뜻의 부사로, '과거의 구체적이거나 또는 개략적인 때'를 나타낸다.

(a) 과거의 구체적인 때를 나타내는 ago

He *lived* in New York five years ago. (그는 5년 전에 뉴욕에 살았습니다.)
해설 "ago"는, '5년 전'(five years ago)이라는 '과거의 구체적인 때'를 나타낸다. "ago"는 과거시제 "lived"와 함께 쓰였다.

(b) 과거의 개략적인 때를 나타내는 ago

She *lived* in New York several years ago.
(그녀는 몇 년 전에 뉴욕에 살았습니다.)
해설 "ago"는, '몇 년 전'(several years ago)이라는 '과거의 개략적인 때'를 나타낸다.

(B) "before"는 '현재 전(前)에'(before now)라는 뜻의 부사로, '과거의 막연한 어느 때'를 나타낸다.

(a) 현재완료시제와 함께 쓰이는 before

She *has met* him before. (그녀는 전에 그를 만난 적이 있습니다.)
해설 "before"는 '과거의 막연한 어느 때'를 나타낸다. "before"는 현재완료시제 "has met"과 함께 쓰였다.

(b) 과거시제와 함께 쓰이는 before

He *met* her once **before**. (그는 전에 그녀를 한 번 만났습니다.)

해설 "before"는 '과거의 막연한 어느 때'를 나타낸다. "before"는 과거시제 "met"과 함께 쓰였다.

참고 once [wʌns] [와안스] ad. 한 번

(c) 과거완료시제와 함께 쓰이는 before

He *had met* them **before**. (그는 전에 그들을 만났던 적이 있습니다.)

해설 "before"는 '과거의 막연한 어느 때'를 나타낸다. "before"는 과거완료시제 "had met"과 함께 쓰였다.

⑦ "almost"와 "most"

"almost"는 '거의'라는 뜻의 '부사'다. "most"는 '가장'이라는 뜻인데, 부사는 물론 형용사 및 명사로도 쓰인다.

(A) almost

(a) '거의'(nearly)라는 뜻의 almost

부사 "almost"는, 부정대명사 앞에서 '거의'라는 뜻으로 쓰인다.

Almost *all* homes have a TV these days.
(요즈음에는 거의 모든 집에 TV가 있습니다.)

해설 "almost"가 부정대명사 "all" 앞에 놓여, 동사 "have"를 수식하고 있다.

참고 these days: 요즈음, 오늘날. all homes = all the homes = all of the homes

Almost *all* people voted for him.
(거의 모든 사람들이 그에게 찬성투표를 했습니다.)

해설 "almost"가 부정대명사 "all" 앞에 놓여, 동사 "voted"를 수식하고 있다.

참고 vote [vout] vi. …에 투표를 하다. all people = all the people = all of the people

(b) '거의 …않다'라는 뜻의 "almost"

부사 "almost"가 'no, none, nothing, never'와 함께 쓰이면, '거의 …않다'라는 뜻이다.

Almost *no* one believed what he said.
(거의 아무도 그가 말한 것을 믿지 않았습니다.)

해설 "almost" 다음에 "no"가 와서, 동사 "believed"를 수식하고 있다. "almost no"는 '거의 …않다'(hardly any)라는 뜻이다.
그러므로 위 예문은 아래와 같이 바꾸어 쓸 수 있다.
= **Hardly any** one believed what he said.

참고 hardly [hάːrdli] ad. 거의 …아니다

(B) Most

(a) 부사로 쓰이는 most

His novel is *the* most interesting of all five.
(다섯 권 소설 전부 중에서 그의 소설이 가장 재미있습니다.)

해설 "the most"는 '가장'이라는 뜻으로, 형용사 "interesting"을 수식하고 있다.

참고 the most: 가장. all five = all five novels = all of the five novels

(b) 형용사로 쓰이는 most

Most people like him. (대부분의 사람들은 그를 좋아합니다.)

해설 "most"는 '대부분의' 뜻의 형용사로, 명사 "people"을 수식하고 있다.

(c) 명사로 쓰이는 most

Most of them are diligent. (그들 대부분은 부지런합니다.)

해설 "most"가 '명사'로 쓰였다. "most"는 '대부분' 또는 '대다수'(大多數)라는 뜻이다.

This is *the* most he can do for the work.
(이것은 그가 그 일을 위해 할 수 있는 최대한도다.)

해설 "most"는 명사다. '최대한도'(最大限度)라는 뜻이다.

참고 the most: 최대, 최고, 최대한도

(d) "most"를 이용한 관용구
ⓐ **at the most: 기껏해야, 많아야**

There were only four people at the mountain hiking meeting **at the most**.
(등산 모임에는 기껏해야 네 명만 왔습니다.)

> 참고 hiking [háikiŋ] n. 하이킹, 등산, 도보(徒步) 여행

ⓑ **make the most of … : …을 최대한으로 활용하다**

You have only a few hours before taking the exam. So, you must **make the most of** your time.
(시험을 치기 불과 몇 시간 전이기 때문에, 당신은 그 시간을[몇 시간을] 최대한으로 활용해야 합니다.)

⑧ "here"와 "there"

(A) here

"here"가 '장소 부사'로 쓰이면, '여기에' 또는 '여기로'라는 뜻이 있다.
그러나 "here"가 "Here is ~." 또는 "Here are ~."의 '유도 부사' 구문으로 쓰이면, 보통 '여기에 ~이 있다'라고 해석한다.
"Here is" 또는 "Here are" 다음에는 '주어'가 오는데, 주어가 단수이면 "Here is"를 쓰고 주어가 복수이면 "Here are"를 쓴다.

Here *is* a book. (여기에 책 한 권이 있습니다.)
> 해설 "is"가 '동사'고 'book'이 '주어'다.

주어가 단수(a book)이므로, 단수형 동사가 "is"가 쓰였다.
위 예문은 1형식 문장이다. 즉 동사(is) + 주어(a book)의 문장 형식이다. 그런데 부사 "here"이 문장 맨 앞에 나왔기 때문에, 주어와 동사가 도치(倒置), 즉 서로 바뀌었다.
주어와 동사의 순서가 바뀌는 것을 "here"가 '유도'(誘導) 즉 '끌어냈다'고 해서, "here"를 '유도 부사'(誘導 副詞)라고 부른다.

> 참고 '유도 부사'에 대해서는, '명사' 편에서 이미 설명한 '유도 부사' 부분을 참조하세요.

Here *are* books. (여기에 책들이 있습니다.)

해설 주어(books)가 복수이므로, 복수형 동사 "are"가 쓰였다.

(B) there

"there"가 '장소 부사'로 쓰이면, '거기에' 또는 '거기로'라는 뜻이 있다.
그러나 "there"가 "There is ~." 또는 "There are ~."의 구문으로 쓰이면, 보통 '~이 있다'라고 해석하며, 이러한 경우는 "there"가 유도부사로 쓰인 경우다.
"here"와 마찬가지로, '유도부사 구문'에서 "There is" 또는 "There are" 다음에는 '주어'가 오는데, 주어가 단수이면 "There is"를 쓰고 주어가 복수이면 "There are"를 쓴다.

There *is* a book on the table. (탁자 위에는 책 한 권이 있습니다.)
해설 "is"가 '동사'고 'book'이 '주어'다.
주어가 단수(a book)이므로, 단수형 동사 "is"가 쓰였다.
위 예문은 1형식 문장이다. 즉 동사(is) + 주어(a book)의 문장 형식이다. "on the table"은 부사구일 뿐이다.
위 예문은 원래 "A book is on the table."이라고 쓸 수 있는 것이나, 영어에서는 "A book is on the table."이라는 표현 대신, 문장 맨 앞에 "there" 넣은 다음 주어와 동사의 위치를 도치시켜, "There is a book on the table."이라는 표현을 관행적으로 쓰고 있다. 이 경우 "there"는 '유도 부사'인 것이다.

There *are* some books on the table. (탁자 위에는 책 몇 권이 있습니다.)
해설 주어(books)가 복수이므로, 복수형 동사 "are"가 쓰였다.

⑨ **"Yes"와 "No"**

"Yes"와 "No"는 모두 부사인데, "Yes"는 긍정문을 이끌고, "No"는 부정문을 이끈다.

A: Do you like playing the piano? ([당신은] 피아노 치는 것을 좋아합니까?)
B: Yes, I do. (예, 좋아합니다.)
해설 "Yes"는 긍정문(I do)을 이끌고 있다.
참고 do = like playing the piano

A: Do you like driving fast? ([당신은] 빨리 운전하는 것을 좋아합니까?)
B: No, I don't. (아니요, 그렇지 않습니다.)

해설 "No"는 부정문(I don't)을 이끌고 있다.

참고 don't = don't like driving fast. don't [도운트] = do not

⑩ "enough"와 "too"

"enough"와 "too"는 그다음에 주로 'to 부정사'가 사용되는 점에서 같다. 하지만 "enough"는 '긍정'의 의미로 쓰이는 반면, "too"는 '부정'의 의미로 쓰인다.

(A) enough

"enough"는 '충분히'라는 '긍정'의 뜻을 가진 부사로, 자신이 수식하는 형용사 바로 뒤에 위치한다.

He is *diligent* enough **to finish** the work in a day.
(그는 그 일을 하루에 끝마칠 정도로 충분히 부지런합니다.)

해설 "enough"는 형용사 "diligent"를 뒤에서 수식한다.
"enough" 다음에는 'to 부정사'(to finish)가 사용되었다.
위 예문은 아래와 같은 "so … that ~" 구문으로 바꾸어 쓸 수 있다.
= He is **so** diligent **that** he *can* finish the work in a day.

참고 in a day: 하루에

(B) too

"too"는 '너무'라는 '부정'의 뜻을 가진 부사로, 자신이 수식하는 형용사 앞에 위치한다.

He is too *old* **to do** such a work.
(그는 너무 나이가 많아서 그러한 일을 할 수 없습니다.)

해설 "too"는 형용사 "old"를 앞에서 수식한다.
형용사 "old" 다음에는 'to 부정사'(to do)가 사용되었다.
위 예문은 아래와 같은 "so … that ~" 구문으로 바꾸어 쓸 수 있다.
= He is **so** old **that** he *cannot* do such a work.

> 참고 too … to ~ : 너무 …해서 ~할 수 없다. cannot = can not = can't

⑪ "too"와 "as well"

"too"와 "as well"은 모두 '또한'(also)의 뜻이 있는 부사 및 부사구인데, 자신들이 수식하는 단어 뒤에 놓인다.

He had some food, and *some beer* too.
(그는 약간의 음식을 먹고, 또한 약간의 맥주도 마셨습니다.)
> 해설 부사 "too"(또한)는, 자신이 수식하는 "some beer" 뒤에 놓였다.

She had a cup of coffee, and *a piece of cake* as well.
(그녀는 한 잔의 커피를 마시고, 또한 한 조각의 케이크도 먹었습니다.)
> 해설 부사구 "as well"(또한)은, 자신이 수식하는 "a piece of cake" 뒤에 놓였다.

⑫ 부사의 형태가 형용사의 형태와 같은 경우

부사의 형태가 형용사의 형태와 같은 경우가 많은데(early, hard 등), "early"를 예로 들어 살펴본다.

부사로 쓰인 early:
He *had* breakfast early. (그는 아침을 일찍 먹었습니다.)
> 해설 "early"(일찍)는 부사로서, 동사 "have"(먹다)를 수식하고 있다.

형용사로 쓰인 early:
He had an early *breakfast*. (그는 이른 아침을 먹었습니다.)
> 해설 "early"(이른)는 형용사로서, 명사 "breakfast"를 수식하고 있다.

(6) 부사의 비교(比較)

1) 부사의 비교 변화

부사도 형용사와 마찬가지로, 다른 대상과의 비교를 나타내기 위하여 원급·비교급·최상급으로 그 어형(語形)이 변화하는데, 이를 '부사의 비교 변화'라고 한다.
'부사의 비교 변화' 형식에도 '규칙(規則) 변화'와 '불규칙(不規則) 변화'가 있다. 부사의 비교 변화는 형용사와 비교 변화와 유사하므로, 되도록 간단히 설명한다.

① 규칙 변화

'규칙 변화'는, '단음절어(單音節語) 부사'[모음이 하나인 부사]에 규칙적으로 "er" 및 "est"를 붙여 부사의 '비교급 및 '최상급'을 만드는 것이다.
'모음(a)이 하나인 부사' "fast"을 예로 들면, 원급은 "fast"(빨리)고, 비교급은 "faster"(더 빨리)이며, 최상급은 "fastest"(가장 빨리)다.
주의할 것은, 형용사의 경우와는 달리 부사의 최상급 앞에는 "the"를 붙이지 않는다.

'ly로 끝나는 부사'는, "more" 및 "most"를 붙여 '비교급' 및 '최상급'을 만든다.
예를 들면, "carefully"(조심스럽게)의 비교급은 "more carefully"(더 조심스럽게)이고, 최상급은 "most carefully"(가장 조심스럽게)다.

② 불규칙 변화

'불규칙 변화'는 부사의 비교급 및 최상급을 불규칙적으로 만드는 것이다.
예를 들면, "well"(잘 [하는])의 비교급은 "better"(더 잘)고, 최상급은 "best"(가장 잘)다.
원급 "well"이 "better"(비교급) 및 "best"(최상급)로 변했으므로, 비교급 및 최상급이 불규칙적으로 만들어진 것이다.

2) 부사의 원급·비교급·최상급의 용법

부사의 원급, 비교급, 최상급의 표현이 쓰이는 용법(用法)은 다음과 같다.

① '원급'의 용법

부사의 '원급'은 보통의 '부사'를 말한다.

He runs fast. (그는 빨리 달립니다.)
해설 "fast"가 '원급 부사'다.

She drives carefully. (그녀는 조심스럽게 운전을 합니다.)
해설 "carefully"가 '원급 부사'다.

He plays golf well. (그는 골프를 잘 칩니다.)
해설 "well"이 '원급 부사'다.

② '비교급'의 용법

부사의 비교급은, 일반적으로 비교되는 대상에 대해 '우등(優等)한 비교'를 말하며, 비교급 부사 다음에는 "than"을 쓴다.

He runs faster than his friends. (그는 자신의 친구들보다 빨리 달립니다.)
해설 "faster"가 '비교급 부사'다. 원급 부사 "fast"에 "er"를 붙여 '비교급 부사'를 만들었으며, "faster" 다음에는 "than"을 썼다.

She drives more carefully than her friends.
(그녀는 자신의 친구들보다 더 조심스럽게 운전을 합니다.)
해설 "more carefully"가 '비교급 부사'다. 원급 부사 "carefully"에 "more"를 붙여 '비교급 부사'를 만들었다. "more carefully" 다음에는 "than"을 썼다.

He plays golf better than she does. (그는 그녀보다 골프를 더 잘 칩니다.)

해설 "better"가 '비교급 부사'다. 원급 부사 "well"이 불규칙 변화하여, 비교급 "better"가 되었다. "better" 다음에는 "than"을 썼다.

참고 does = plays golf

③ the + 비교급(A), the + 비교급(B): "A"하면 할수록, 더욱더 "B"하다

The harder we study, the better we will do well on the test.
(공부를 열심히 하면 할수록, 시험을 더 잘 볼 수 있습니다.)

해설 위 예문은, 'the + 비교급(A: harder) ~, the + 비교급(B: better) ~'의 형태다.

참고 will [wil] aux. v. (경향) …하게 마련이다
do well on … : …을 잘하다[잘 보다]. test [test] n. 시험, 테스트

The more we have, the more we want.
(속담: 사람은 가질수록 더 가지려고 한다.)

해설 "we"은 '일반인'[일반적인 사람]을 가리킨다.

참고 the + 비교급 ~ the + 비교급(the more ~ the more)

The sooner the better. (빠를수록 더 좋습니다.)

참고 the + 비교급, the + 비교급(The sooner the better)

④ '최상급'의 용법

부사의 최상급(最上級)은, 말 그대로 '최상'(最上)이라는 뜻이다.

He runs fastest of all his friends.
(그는 자신의 친구들 중에서 가장 빨리 달립니다.)

해설 "fastest"가 '최상급 부사'다. 원급 부사 "fast"에 "est"를 붙여 '최상급 부사'를 만들었다.

Of all her friends, she drives most carefully.
(그녀의 모든 친구들 중에서, 그녀가 가장 조심스럽게 운전을 합니다.)

> 해설 "most carefully"가 '최상급 부사'다. 원급 부사 "carefully" 앞에 "most"를 붙여 '최상급 부사'를 만들었다.

(7) 의문부사

'의문부사'(疑問副詞, Interrogative Adverb)는, '문장의 맨 앞에서 의문문을 끌어가거나 또는 문장 중간에서 간접 의문문을 끌어가는 역할을 하는 부사'다. '의문 부사'도 부사이기 때문에 동사 또는 형용사를 수식한다.
의문부사는 'how, when, where, why'의 네 가지 종류가 있다.

① '의문 부사'가 문장 맨 앞에서 '의문문'(疑問文)을 끌어가는 경우

(A) How
의문부사 "how"는 정도(程度)나 방법 등을 물을 때 쓰이며, '얼마나, 어떻게'로 해석한다.

A: How old is your mother?
(어머니 연세가 어떻게 되십니까?) (= 연령이 몇 살이십니까?)
B: She is eighty-two years old. (82세이십니다.)
> 해설 "how"(어떻게)가 '의문 부사'다.
"how"는 형용사 "old"를 수식한다. "how"는 문장 맨 앞에서, '의문문'(How old is your mother?)을 끌어가고 있다. 위 문장에서 "how"는 '정도'를 나타내는데, '얼마나'로 해석한다.

(B) When
의문부사 "when"은 시간을 물을 때 쓰며, '언제'로 해석한다.

A: When did you finish the work? (당신은 언제 그 일을 끝마쳤습니까?)
B: I finished it three hours ago. (세 시간 전에 끝마쳤습니다.)
> 해설 "when"(언제)이 '의문 부사'다.

"when"은 동사 "finish"를 수식한다. "when"은 문장 맨 앞에서 '의문문'을 끌어가고 있다.

(C) Where

의문부사 "where"는 장소를 물을 때 쓰이며, '어디'라고 해석한다.

A: Where did you *go* in the morning? (당신은 아침에 어디 갔었습니까?)
B: I went to a movie. (영화 보러 갔었습니다.)
해설 "where"(어디에)가 '의문부사'다.
"where"는 동사 "go"를 수식한다. "where"는 문장 맨 앞에서 '의문문'을 끌어가고 있다.
참고 in the morning: 아침에. go to a movie: 영화 보러 가다(go to the movies; go to the cinema)

(D) Why

의문부사 "why"는 이유를 물을 때 쓰이며, '왜'라고 해석한다.

A: Why did you *meet* him yesterday? (왜 당신은 어제 그를 만났습니까?)
B: I met him because I wanted to borrow a book from him.
(그로부터 책을 한 권 빌리려고 그를 만났습니다.)
해설 "Why"가 '의문부사'다.
"why"는 동사 "meet"를 수식한다. "why"는 문장 맨 앞에서 '의문문'을 끌어가고 있다.

② '의문 부사'가 문장 중간에서 '간접 의문문'(間接 疑問文)을 끌어가는 경우

의문부사가 간접의문문을 끌어가는 경우, 간접의문문의 어순(語順)은 '의문 부사 + 주어 + 동사'다.

Do you know where *he goes*? (당신은 그가 어디 가는지 아세요?)
해설 "where"가 '의문부사'다. "where"는 동사 "goes"(원형: go)를 수식한다.
"where"는 '간접 의문문' "where he goes"를 끌어가고 있다. 간접의문문의 어순은 '의문부사'(where) + '주어'(he) + '동사'(go)다.
위 예문은 아래와 같이 두 문장을 합한 것이다.

= Do you know? + Where does he go?
= Do you know where he goes?

나머지 의문부사들 즉 "how, when, why"도, 위와 같은 방식으로 간접의문문을 끌어간다.

> 주의 "do you think"의 표현이 들어가면, '간접 의문문'의 어순이 아래와 같이 바뀐다.
> **How old** *do you think* **she is**? (Right)
> (당신은 그녀가 몇 살이라고 생각합니까?)
> 해설 "do you think"의 표현이 들어갔으므로, 의문부사(how)가 문장 맨 앞으로 나왔다. 따라서 다음과 같이 쓰면 틀린 문장이 된다.
> Do you think how old she is? (Wrong)

③ '의문 부사'가 문장 중간에서 '종속절'(從屬節) 또는 '종속구'(從屬句)를 끌어가는 경우

(A) 의문부사가 '종속절'을 끌어가는 경우

He wonders **why** *she went away*. (그는 그녀가 왜 떠났는지 궁금해합니다.)

해설 의문부사 "why"는, 종속절 "she went away"를 끌어가고 있다.

위 예문은 아래와 같이 두 문장을 합한 것이다.

= He wonders. + Why did she go away?
= He wonders why she went away.

참고 "she went away"가 '종속절'이고, "he wonders"가 '주절'이다.
wonder [wʌndər] vt. 궁금해하다〈3인칭 단수: wonders〉. go away: 떠나다

(B) 의문부사가 '종속구'를 끌어가는 경우

He doesn't know **when** *to do the work*.

(그는 그 일을 언제 해야 하는지 모르고 있습니다.)

해설 의문부사 "when"은, 종속구 "to do the work"를 끌어가고 있다.

위 예문은 아래와 같이 두 문장을 합한 것이다.

= He doesn't know. + When should he do the work?
= He doesn't know when to do the work.

(8) 관계부사

'관계부사'(關係副詞, Relative Adverb)는, '두 개의 문장을 결합시키는 역할을 하는 부사'다. 그러므로 '관계 부사'는 '부사의 기능'과 함께 '접속사의 기능'이 있다. 따라서 관계대명사가 '대명사의 기능'과 함께 '접속사의 기능'이 있는 것과 구별된다.

관계부사 다음에 오는 '절'(節)은, 빠진 것이 없는 완전한 '절'이다.
이 또한, 관계대명사 뒤에 오는 '절'이, 주어(주격 관계대명사의 경우)나 목적어(목적격 관계대명사의 경우)가 빠져 있는 '절'인 것과 구별된다.

관계부사 다음에 오는 '절'의 어순은 항상 '주어 + 동사'다.
관계부사 다음에 오는 '절'은 형용사절인데, 이 형용사절은 관계부사 앞에 있는 선행사[명사]를 수식한다.

① 관계부사의 종류

관계부사의 선행사는 '명사'인데, 그 선행사는 ①방법, ②시간, ③장소, ④이유를 나타낸다.
이에 따라서 관계부사도 '①how (방법), ②when (시간), ③where (장소), ④why (이유)'의 네 가지가 있다.
한편 관계부사는 '전치사 + 관계대명사(which)'로 바꾸어 쓸 수도 있다.

② 관계부사의 용법

(A) Where
관계부사 "where"는, 선행사가 '장소'를 나타낼 때 쓴다.

That is *the building* where he works. (저것은 그가 일하고 있는 빌딩입니다.)
해설 "where"가 '관계 부사'다. "where" 다음에 오는 '절'의 어순은 '주어 + 동사'(he works)다. 관계부사 "where"는, 선행사(the building)를 수식하는 형용사절(he works)을 이끈다. 관계부사가 이끄는 위 형용사절은, 선행사 "the building"을 수식한다.

관계부사도 부사이기 때문에, 관계부사 "where"는 형용사절(he works) 안에 있는 동사 "works"를 수식한다.
또한 관계부사(where) 다음에 오는 '절'(he works)은, 빠진 것이 없는 완전한 절이다. 즉 주어 (he)와 동사(works)가 모두 갖추어져 있다.
위 예문의 관계부사 "where"는, 두 개의 문장 즉 "That is the building."과 "He works there."를 결합하고 있다. 그러므로 관계부사 "where"는, '접속사와 부사'(and there)의 역할을 하고 있는 것이다.
한편 관계부사 "where"을, 아래와 같이 '전치사 + 관계대명사 which'로 바꾸어 쓸 수 있다.
= That is the building **in which** he works.

위 관계부사 예문이 만들어지는 과정을 정리해 보면 다음과 같다.
[2개의 문장] That is the building. + He works there.
→ [접속사 + 부사] That is the building, **and there** he works.
→ [관계부사] That is the building **where** he works.

(B) How
관계부사 "how"는, 선행사가 '방법'(the way)을 나타낼 때 쓴다. 그러나 선행사 "the way"는 보통 생략한다.

Please explain (the way) how you will settle the matter.
(당신이 그 문제를 어떻게 해결할 것인지 [그 방법을] 설명해 주십시오.)
해설 "how"가 '관계 부사'다. "how" 다음의 문장의 어순은 '주어 + 동사'(you will settle)다. 관계부사 "how"는, 선행사(the way)를 수식하는 형용사절(you will settle the matter)을 이끈다.
참고 way [wei] n. 방법(method). settle [sétl] [쌔애를] vt. (문제 등을) 해결하다

(C) When
관계부사 "when"은, 선행사가 '시간'을 나타낼 때 쓴다.

Every Friday is *the day* when our company is busy.
(매주 금요일은 우리 회사가 바쁜 날입니다.)

> **해설** "when"이 '관계 부사'다. "when" 다음의 문장의 어순은 '주어 + 동사'(our company is)다.

관계부사 "when"은, 선행사(the day)를 수식하는 형용사절(our company is busy)을 이끈다.

(D) Why

관계부사 "why"는, 선행사가 '이유'(the reason)를 나타낼 때 쓴다.

She knows *the reason* **why** he could not pass the exam.
(그녀는 그가 그 시험을 합격할 수 없었던 이유를 알고 있습니다.)

> **해설** "why"가 '관계 부사'다. "why" 다음의 문장의 어순은 '주어 + 동사'(he could not pass)이다.

관계부사 "why"는, 선행사(the reason)를 수식하는 형용사절(he could not pass the exam)을 이끈다.

③ 관계부사의 제한적 용법과 계속적 용법

관계부사도 관계대명사와 마찬가지로 제한적 용법과 계속적 용법이 있다. 그러나 관계부사 "how"와 "why"에는 계속적 용법이 없다.

관계부사의 '제한적 용법'은 관계부사 앞에 comma(,)가 없는 경우다. '제한적 용법'을 사용한 문장의 예는 생략한다. '관계부사의 용법'을 설명하면서 든 예문들이 모두 '제한적 용법'을 사용한 문장들이기 때문이다.

관계부사의 '계속적 용법'은 관계부사 앞에 comma(,)가 있는 경우다. '계속적 용법'을 사용한 문장의 해석은 문장 앞에서부터 한다.

계속적 용법이 있는 관계부사 "where"와 "when"을 살펴보면, 아래와 같다.

He went to New York, **where** he stayed for two days at his friend's house.
(그는 뉴욕에 갔는데, 거기서 그는 그의 친구 집에서 이틀을 머물렀습니다.)

해설 관계부사 "where" 앞에 comma(,)가 있으므로, 관계부사의 계속적 용법 문장이다. 해석은 문장 앞부터 했다.
위 예문은 아래와 같이 바꾸어 쓸 수도 있다.
= He went to New York, **and there** he stayed for two days at his friend's house.

He stayed in New York for two days, when he received a telephone call from his mother in Seoul.
(그는 뉴욕에서 이틀 머물렀는데, 그때 그는 서울에 계신 어머니로부터 전화를 한 통을 받았습니다.)
해설 관계부사 "when" 앞에 comma(,)가 있으므로, 관계부사의 계속적 용법 문장이다.
위 예문도 아래와 같이 바꾸어 쓸 수도 있다.
= He stayed in New York for two days, **and then** he received a telephone call from his mother in Seoul.
참고 telephone call: 전화[통화](phone call; call)

④ 관계부사의 선행사를 생략하는 경우

관계부사의 선행사가 생략되는 경우가 있다. 선행사를 굳이 말하지 않아도 상대방이 그 선행사를 충분히 알 수 있는 경우에 그러하다.
생략되는 선행사는, the place(where의 경우), the reason(why의 경우), the way(how의 경우), the day(when의 경우)다.

That is where they will play tennis tomorrow.
(저기가 그들이 내일 테니스를 칠 곳입니다.)
해설 관계부사 "where" 앞에 선행사 "the place"가 생략되었다. "the place"를 굳이 말하지 않아도, 문맥상 상대방이 충분히 알 수 있기 때문이다.
이렇게 되면 관계부사 "where"는, 명사절(they will play tennis tomorrow)을 이끄는 것이 되고 만다.
그 이유는, "they will play tennis tomorrow"가 주어 "That"의 보어[주격 보어] 역할을 하기 때문이다.

만약 "the place"가 생략되지 않는다면 "they will play tennis tomorrow"는 명사 "place"를 수식하는 형용사절임은 물론이다.

> 참고 play tennis: 테니스를 치다

나머지 관계부사 'how, when, why'도, 위와 같은 방식으로 그 선행사를 생략하여 사용할 수 있다.

⑤ 관계부사의 생략

관계부사의 선행사를 보면 다음에 나올 관계부사가 무엇인지를 쉽게 알 수 있는 경우에는, 관계부사 자체를 생략할 수 있다.
즉 선행사 "the place"가 있으면 관계부사 "where"가 올 것임을 쉽게 알 수 있고, "the way"가 있으면 관계부사 "how"가, "the day"가 있으면 관계부사 "when"이, "the reason"이 있으면 관계부사 "why"가 올 것임을 쉽게 알 수 있기 때문에, 이러한 경우에는 관계부사 where, how, when, why를 각각 생략할 수 있다.

앞에서 예를 들었던 문장을 다시 한번 예를 들어 관계부사의 생략을 설명하면, "She knows the reason (why) he could not pass the exam." 문장에서, 관계부사 "why"를 생략할 수 있다.
그 이유는 "the reason"을 보면 그 뒤에 관계부사 "why"가 나올 것이라는 것을 쉽게 알 수 있기 때문이다.

⑥ 복합 관계부사(複合 關係副詞)

'복합 관계부사'는 '관계부사에 ever가 붙은 것'이다.
복합관계부사는 'however, whenever, wherever'의 세 가지 종류만 있다. 즉 'whyever'라는 복합관계부사는 없다.

복합관계부사는 '관계부사가 관계부사의 선행사 자체를 포함하고 있는 형태'다. 복합관계부사는 부사절을 이끈다.
"wherever"를 예로 들어 복합관계부사를 설명하면 다음과 같다.

(a) "wherever"가 '장소의 부사절'을 이끄는 경우

You may go **wherever** *you want*. (당신이 원하는 곳은 어디든 가도 됩니다.)

해설 복합관계부사 "wherever"는, 부사절 "you want"를 이끌고 있다.
복합관계부사 "wherever"는, 관계부사(where)가 자신의 선행사(any place)를 포함하고 있는 형태다.
그러므로 위 예문을 (일반)관계부사 "where"를 사용하여 바꾸어 보면 아래와 같다.

= You may go **to any place where** you want.

참고 may [mei] aux. v. (허가) …해도 좋다, …해도 괜찮다

(b) "wherever"가 '양보의 부사절'을 이끄는 경우

Wherever you may go, you should respect others.
(당신이 어디를 가든, 당신은 다른 사람들을 존중해야 합니다.)

해설 복합관계부사 "wherever"는, 부사절 "you may go"를 이끌고 있다.
위 예문은 아래와 같이 바꾸어 쓸 수 있다.

= **No matter where** you may go, you should respect others.

참고 no matter + wh- 절: 비록 ~ 일지라도. may [mei] aux. v. (양보절에서) …일지라도
others: 다른 사람들, 타인(他人)(other people)

(9) 접속부사

'접속부사'(接續副詞, Conjunctive Adverb)는, '본래는 부사인 것이 접속사처럼 쓰이는 경우'를 말한다. 즉 본래는 '부사'지만, '절'과 '절'을 연결하여 '접속사'로 쓰이므로 '접속 부사'라고 부르는 것이다.
접속부사에는 'therefore, however 등' 여러 가지가 있다.

참고 conjunctive [kəndʒʌŋktiv] a. 접속사의; 연결하는

She felt tired in the afternoon, **therefore**, *she left the office early*.
(그녀는 오후에 피곤했으므로, 사무소에서 일찍 퇴근했습니다.)

해설 "therefore"가 '접속 부사'다.

"therefore"는, 절 "she felt tired in the afternoon"과 절 "she left the office early"를 연결시켜, 마치 '접속사'처럼 쓰이고 있다. "therefore"는 본래는 '부사'다.

한편 접속부사도 부사로서의 기능도 하기 때문에, 위 예문에서 접속부사 "therefore"는, 그 뒤에 나오는 '절' "she left the office early" 전체를 수식하고 있다. 즉 '따라서'(therefore) '그녀는 사무소에서 일찍 퇴근했다'(she left the office early)는 것이다.

참고 tired [taiərd] a. 피곤한.   therefore [ðɛ́ərfɔ̀ːr] ad. 그러므로, 따라서

Chapter 6
전치사

'전치사'(前置詞, Preposition)는, '명사(또는 명사 상당어구) 앞에 놓여서, 전치사 앞에 있는 다른 단어와의 관계를 나타내는 품사'다. 'of, on 등'이 전치사다.

전치사 바로 뒤에 오는 것은 '명사 또는 명사 상당어구'라고는 하지만, 전치사 뒤에 오는 것은 주로 '명사'다. 그러므로, 주로 '전치사 + 명사'의 형태로 쓰인다.

'전치사 + 명사'의 형태를 '전치사구'(前置詞句, Prepositional Phrase)라고 한다. 이러한 전치사구는 전치사 앞에 있는 단어인 '명사' 또는 '동사'를 수식한다.
그러므로 '전치사구'는, '형용사구'(명사를 수식하는 경우) 또는 '부사구'(동사를 수식하는 경우)로 쓰인다고 할 수 있다.

> 참고 preposition [prèpəzíʃən] n. 전치사. prepositional [prèpəzíʃənəl] a. 전치사의

(1) 전치사구

① '형용사구'로 쓰이는 전치사구

The *pen* on the table is mine. (테이블 위에 있는 펜은 내 것입니다.)
> 해설 "on the table"은, 전치사(on)와 명사(table)가 결합된 '전치사구'다.

"on the table"은, 전치사 "on" 앞에 있는 명사 "pen"을 수식하고 있다. 그러므로 "on the table"은, '형용사구'(形容詞句, Adjective Phrase)로 쓰인 것이다.
"on the table"(테이블 위에)라는 표현은 관용적으로 사용되고 있다.
한편, "**on**"은 전치사로서 명사 "table" 앞에 놓여서 "on" 앞에 있는 다른 단어인 "pen"과의 관계를 나타내고 있다. 즉 '테이블 **위에 있는** 펜'이라는 것을 알려 주고 있는 것이다.
> 참고 on [ən] [어언] prep. 위에, …의 표면에. mine [main] pron. 내 것, 나의 것

The machine is of great use. (그 기계는 대단히 유용합니다.)
> 해설 "of great use"는, 전치사(of)와 명사(use)가 결합된 '전치사구'다.

"of great use"은 위 문장에서 보어[주격 보어]다. 그러므로 "of great use"는 '형용사구'로 쓰인 것이다.
"of great use"는 "greatly useful"(대단히 유용한)의 뜻인데, 관용적으로 사용되고 있다.

> **참고** 형용사적 대격(對格, Accusative Case)
>
> '형용사적 대격'이란 'of + 명사'의 전치사구에서, 전치사 of를 생략하여 명사만으로 형용사의 역할을 하는 것'을 말한다.
>
> "of"를 포함한 전치사구가, 연령·크기·모양·색채·가격·직업을 나타내는 형용사구로 쓰이는 경우에 그러하다.
>
> They are **the same age**.
>
> (그들은 나이가 같습니다.)
>
> > **해설** "the same age"는, 원래의 "of the same age"에서 "of"가 생략된 것이다.
> > "the same age"는 '연령'을 나타내는 것으로, 위 문장에서 보어[주격 보어]로 쓰였으므로 "the same age"는 형용사의 역할을 하고 있다.
>
> ◆ of the same age: 같은 나이의, 동갑(同甲)의. accusative [əkjúːzətiv] a. 대격의

② '부사구'로 쓰이는 전치사구

He *gets up* early **in the morning**. (그는 아침에 일찍 일어납니다.)

> **해설** "in the morning"은, 전치사(in)와 명사(morning)가 결합된 '전치사구'다.
>
> "in the morning"은, 동사(정확하게는 '구동사'[Phrasal Verb]) "gets up"을 수식하고 있다. 그러므로 "in the morning"은, '부사구'(副詞句, Adverb Phrase)로 쓰인 것이다.
>
> "in the morning"(아침에)이라는 표현은 관용적으로 사용되고 있다.

> **참고** get up: (잠자리에서) 일어나다, 기상(起床)하다. phrasal [fréizəl] a. 구(句)의

His father *lives* **in the suburbs**. (그의 아버지는 교외에 삽니다.)

> **해설** "in the suburbs"는, 전치사(in)와 명사(suburb)가 결합된 '전치사구'다.
>
> "in the suburbs"는, 위 문장에서 동사 "lives"(원형: live)를 수식하고 있다. 그러므로 "in the suburbs"는 '부사구'로 쓰인 것이다.
>
> "in the suburbs"(교외에)라는 표현은 관용적으로 사용되고 있다.

> **참고** suburb [sʌ́bəːrb] n. 교외(郊外)

> **참고** 부사적 대격
>
> '부사적 대격'이란 '전치사 + 명사의 전치사구에서, 전치사를 생략하여 명사만으로 부사의 역할을 하는 것'을 말한다.
> 전치사를 포함한 전치사구가, 시간·거리·방법·정도를 나타내는 부사구로 쓰이는 경우에 그러하다.
> He *awaited* her *a long time*.
> (그는 그녀를 오랫동안 기다렸습니다.)
>
> **해설** "a long time"은, 원래의 "for a long time"에서 "for"가 생략된 것이다.
> "a long time"은 '시간'을 나타내는 것으로, 위 문장에서 동사 "awaited"(원형: await)를 수식하므로 "a long time"은 부사의 역할을 하고 있다.
>
> ◆ for a long time: 오랫동안, 장기간(長期間). await [əwéit] vt. …을 기다리다

(2) 전치사의 목적어

전치사 뒤에는 '명사 또는 명사상당어구'가 온다고 이미 설명을 한 바 있는데, 전치사 뒤에 오는 '명사 또는 명사상당어구'를 '전치사의 목적어(目的語)'라고 한다.

'명사 상당어구'(名詞 相當語句, Noun Equivalent)란 '단어로 된 명사는 아니지만 명사의 역할을 하는 어구(語句)'를 말하는데, '대명사, 명사구, 명사절, 동명사 등'이 이에 해당한다. '명사 상당어구'란 '명사와 비슷한 어구'란 뜻이다.

> **참고** noun [naun] n. 명사. equivalent [ikwívələnt] n. 상당 어구

(a) 전치사의 목적어가 '명사 또는 대명사'인 경우

She went *to* the *mountain with him*. (그녀는 그와 함께 산[山]에 갔습니다.)

> **해설** 전치사 "to"의 목적어는 "mountain"(명사)이고, 전치사 "with"의 목적어는 "him"(대명사)이다. "him"이 '명사 상당어구'다.
> 전치사 "with"의 '목적어'인 "him"은, '목적격'이다.

(b) 전치사의 목적어가 '동명사'인 경우

He is fond *of going* up the mountain. (그는 등산하는 것을 좋아합니다.)

> 해설 전치사 "of"의 목적어는 "going"(동명사)이다. "going"은 '명사 상당어구'다. 동사 "go"가 목적어로 온 경우인데, 전치사의 목적어는 목적격이어야 하므로, 동사 "go"가 목적격이 되기 위하여 동명사(going)의 형태를 취한 것이다.
> 참고 be fond of … : …을 좋아하다(like)

(3) 구전치사

'구전치사'(句前置詞, Phrasal Preposition)란, '단어가 둘 이상 모여서 한 개의 전치사의 역할을 하는 것'을 말한다. 즉 '구(句, Phrase)로 이루어진 전치사'가 '구 전치사'다.
'on account of(… 때문에), instead of(…대신에) 등'과 같은 관용어구(慣用語句)가 '구 전치사'의 예(例)다.

She *could not attend* the meeting on account of her urgent matter.
(그녀는 급한 일 때문에 그 회의에 참석할 수 없었습니다.)
> 해설 "on account of"가 '구전치사'다. "on account of"는 "because of"의 뜻이다.
> 참고 because of … : … 때문에

(4) 전치사가 자신의 목적어 뒤에 놓이는 경우

전치사는 그 목적어 앞에 놓이는 것이 원칙이다. 하지만 전치사가 그 목적어와 떨어져 문장 맨 뒤에 놓이기도 하는데, 아래와 같은 두 가지 경우에 그러하다.

① 전치사의 목적어가 관계대명사인 경우

That is the house *which* he lives in. (저것은 그가 살고 있는 집입니다.)
> 해설 위 문장의 원래 형태는 "That is the house in which he lives."다. 그러나 전치사(in)가 관계대명사(which)를 목적어로 취하는 것이 부자연스러우므로, 전치사 "in"을 문장 맨 뒤

에 위치시켰다.

즉 전치사 다음에 관계대명사가 오는 경우에는, 전치사는 문장 맨 뒤로 간다.

위 문장의 경우 관계대명사 "which"를 생략할 수도 있는데, 관계대명사 "which"를 생략하더라도, 전치사 "in"은 아래와 같은 문장 형태로 문장 맨 뒤에 그대로 남는다.

= That is the house he lives **in**.

② 전치사가 관용구의 일부를 이루는 경우

She doesn't understand *what* he is talking **about**.
(그녀는 그가 무엇에 관해 이야기하는지 이해를 하지 못합니다.)

해설 위 문장의 원래 형태는 "She doesn't understand **about what** he is talking."이다. 그러나 "talk about"이라는 관용구를 그대로 사용하기 위하여, "understand" 다음의 "about"을 떼어 내어 문장 맨 뒤로 보내 "talk about"을 사용한 것이다.

즉 전치사(about)가 관용구(talk about)의 일부를 이루는 경우에는, 전치사(about)는 자신의 목적어(what he is talking) 뒤에 놓이는 것이다.

참고 talk about … : …에 관하여 이야기하다

(5) 전치사의 종류

'전치사'에는 많은 종류가 있지만 크게, ①시간(時間)을 나타내는 전치사, ②장소(場所)를 나타내는 전치사, ③이유(理由)를 나타내는 전치사, ④원료(原料)를 나타내는 전치사, ⑤수단(手段)을 나타내는 전치사로 나누어 볼 수 있다. 나머지는 종류의 전치사들은 '⑥기타의 전치사'에서 살펴본다.

1) '시간'을 나타내는 전치사

① At

"at"은 '특정한 시간'을 나타낸다.

at dawn : 새벽에
> 해설 "dawn"(새벽)은 특정한 시간 또는 시간대(時間帶)다.
> 참고 dawn [dɔːn] [더어언 / 도오온] n. 새벽

at six-thirty in the morning : 오전 6시 30분에

at 10 o'clock in the morning : 오전 10시에

at noon : 정오(正午, 낮 12시)에

at lunch : 점심시간에

at 2:30 p.m. : 오후 2시 30분에
> 참고 at 2:30 p.m. = at 2:30 in the afternoon

at sunset : 일몰(日沒: 일몰 시간)에

at night : 밤에(밤중에)

at midnight : 자정(子正: 밤 열두 시)에

at the weekend : 주말(週末)에

at Christmas : 크리스마스에

at the end of this year : 올해 연말(年末)에

at this time next year : 내년 이맘때

② On

"on"은 '정해진 시간'을 나타낸다.

on the morning of October 1 : 10월 1일 아침에
해설 "the morning of October 1"(10월 1일)은 '정해진 시간'이다.
참고 "October 1"은 "October first"라고 읽는다.

on May 2, 2019 : 2019년 5월 2일에
참고 'May 2'는 "May second"라고 읽는다.

on New Year's Day : 1월 1일에, 새해 첫날에

on Monday : 월요일에

on Monday morning : 월요일 아침에

on her birthday : 그녀의 생일에

③ In

"in"은 '비교적 긴 시간'을 나타낸다.

in the evening : 저녁에
해설 "evening"(저녁)은 '비교적 긴 시간'이다.

in May : 5월에

in winter : 겨울에

in 2018 : 2018년에
참고 '2018년'은 "twenty eighteen"이라고 읽는다.

in the 21st century : 21세기[世紀]에
참고 in the 21st century = in the 21st century

④ By, till

"by"는 '…까지는'의 뜻으로 어떤 동작의 '완료'를 나타내고, "till" 또는 "until"은 '~까지'의 뜻으로 어떤 동작의 '계속'을 나타낸다.

He will come by three. (그는 3시까지는 올 것입니다.)
해설 '그가 오는 동작이 3시까지는 **완료될 것**'이라는 뜻이다. 즉 그의 동작은, '그가 오는 **한 번의 동작**'으로 끝난다.

I will wait for him till three. (3시까지 그를 기다리겠습니다.)
해설 '**그를 3시까지 계속해서 기다리겠다**'는 뜻이다. 즉 나의 동작은, '그가 올 때까지 최대한 **3시까지 계속**'된다.

⑤ In, within, after

"in"은 '…지나면'의 뜻이고, "within"은 '~이내에'의 뜻이며, "after"는 '…후에'의 뜻이다.

He will come home in three days. (그는 3일 지나면 집에 올 것입니다.)
해설 "in three days"는 '3일이 지나면'의 뜻이다.
참고 come home: 집에 오다

He will come home within three days. (그는 3일 이내에 집에 올 것입니다.)
해설 "within three days"는 '3일 이내(以內)에'의 뜻이다.

He will come home after three days. (그는 3일 후에 집에 올 것입니다.)
해설 "after three days"는 '3일 후(後)에'의 뜻이다.

⑥ From, since

"from"은 '…부터'의 뜻으로 '시간의 출발점'을 나타내고, "since"는 '…이래(以來)로'의 뜻으로 '과거부터 현재까지의 계속'을 나타내며 주로 완료 시제와 함께 쓰인다.

He will stay in Seoul from next week.
(그는 다음 주부터 서울에 머무를 것입니다.)
해설 "from next week"는 '다음 주부터'의 뜻이다. "from"은 '시간의 출발점'을 나타낸다.

He *has stayed* in Seoul since last week.
(그는 지난주 이래로 서울에 머무르고 있습니다.)
해설 "since last week"는 '지난주 이래로'의 뜻이다. "since"는 '현재완료 시제'(has stayed) 와 함께 쓰였다.

⑦ For, during, through

"for"는 '~동안'의 뜻으로 '일정한 기간의 시간'을 나타내고, "during"은 '~중에'의 뜻으로 '어떤 일이 계속되고 있는 기간'을 나타내며, "through"는 '~동안 죽'의 뜻으로 '어느 일정 기간의 처음부터 끝까지'를 나타낸다.

He has worked for two hours. (그는 두 시간 동안 일했습니다.)
해설 "for"는 '일정한 기간의 시간'(two hours)을 나타낸다.

She has been to New York during the summer vacation.
(그녀는 여름 방학 동안에 뉴욕을 다녀왔습니다.)
해설 "during"은 '어떤 일이 계속되고 있는 기간'(summer vacation)을 나타낸다.
참고 "summer vacation"은 '여름 휴가'라고 번역할 수도 있다.

It kept snowing through the night. (눈이 밤새도록 내렸습니다.)

해설 "through"는 '어느 일정 기간의 처음부터 끝까지'(the night)를 나타낸다.

참고 keep + 동사원형ing: 계속해서 …하다
snow [snou] vi. 눈이 내리다. "snow"는 "it"를 주어로 함. through the night: 밤새

⑧ In time, on time

"in time"은 '늦지 않게'(before a fixed time)의 뜻이고, "on time"은 '정각(正刻)에'(exactly at fixed time)의 뜻이다.

참고 fixed [fikst] a. 확정된. fixed time: 정각. exactly [igzǽktli] ad. 정확하게, 어김없이

She came in time to join the party.
(그녀는 그 파티에 참가하기 위하여 늦지 않게 왔습니다.)

해설 "came in time"은 '늦지 않게 왔다'는 뜻이다.

참고 join [dʒɔin] vt. …에 참가하다. party [páːrti] [파아리이 / 파아티이] n. 파티

He arrived on time. (그는 정각에 도착했습니다.)

해설 "arrived on time"은 '정각에 도착했다'는 뜻이다.

⑨ 시간을 나타내는 전치사의 생략

I will visit you **Monday** at two o'clock in the afternoon.
(나는 당신을 월요일 오후 2시에 방문할 것입니다.)

해설 위 문장에서는 "Monday" 앞에 있어야 할 시간을 나타내는 전치사 "on"이 생략되었다. 즉 문법적으로 본다면 "on Monday"가 맞다.
그러나 위 예문과 같이 '시간을 나타내는 전치사'는 생략되기도 하는데, 특히 회화체에서 그러하다.

참고 시간 표현을 연이어 쓸 때의 순서는, '요일(Monday) + 시간(at two o'clock in the afternoon)'이다.

2) '장소'를 나타내는 전치사

① At, in

"at"은 '비교적 좁은 장소'를 나타내고, "in"은 '넓은 장소'를 나타낸다.

She works as a lawyer **at** a law firm **in** New York.
(그녀는 뉴욕에 있는 어느 로펌에서 변호사로 일하고 있습니다.)

해설 "at"은 '비교적 좁은 장소'(law firm)를 나타내고, "in"은 '넓은 장소'(New York)를 나타냈다.

참고 lawyer [lɔ́iər] [로오이얼] n. 변호사. law firm n. 로펌, 법률사무소

참고 '… 장소에 도착하다'라는 것을 나타내는 Arrive at; Arrive in; Get (또는 Get to)

① **Arrive at + (비교적 좁은) 특정된 장소:**

They **arrived at** the restaurant.
(그들은 그 음식점에 도착했습니다.)

해설 "at" 전치사 뒤의 "the restaurant"(그 음식점)은, '비교적 좁은 특정된 장소'다.

◆ arrive [əráiv] [어롸아이(브)] vi. …에 도착하다〈과거: arrived〉. restaurant [réstərənt] n. 음식점

② **Arrive in + '도시 또는 국가':**

He **arrived in** Paris yesterday.
(그는 어제 파리에 도착했습니다.)

해설 "in" 전치사 뒤의 "Paris"(파리)는, '도시'로서, '넓은 장소'다.

③ **Get (또는 Get to) + 모든 장소(즉, 비교적 좁은 특정된 장소·도시·국가 등):**

(a) They **got to** the restaurant.
(그들은 그 음식점에 도착했습니다.)

◆ get [get] [개애엔(트)] vi. …에 도착하다((to))〈과거형: got [gat] [가아앋(트)]〉. got to = got

(b) He **got to** Paris yesterday.
(그는 어제 파리에 도착했습니다.)

(c) She **got** here yesterday.
(그녀는 어제 여기에 도착했습니다.)

해설 "get" 또는 "get to"는 회화체 영어에서 많이 쓰인다.

② **At, on**

"at"은 '주소 표시의 번지 앞에' 쓰이고, "on"은 '거리의 이름 앞에' 쓰인다.

He lives at 120 Jongro Street, Seoul.
(그는 서울특별시 종로 거리 120번지에 삽니다.)
해설 "at"은 '주소 표시의 번지(120) 앞에' 쓰였다.

His office is on Jongro Street, Seoul.
(그의 사무소는 서울특별시 종로 거리에 있습니다.)
해설 "on"은 '거리의 이름(Jongro Street) 앞에' 쓰였다.

③ **In, by**

"in"은 '안'을 나타내고, "by"는 '옆'을 나타낸다.

She looked at herself in the mirror. (그녀는 거울로 자신을 쳐다보았습니다.)
해설 "in the mirror"는 '거울 안에서'의 뜻이다.
참고 look at … : …을 보다. look in the mirror: 거울을 들여다보다. mirror [mírə] n. 거울

He is standing by his car. (그는 자신의 차 옆에 서 있습니다.)
해설 "by his car"는 '그의 차 옆에'의 뜻이다.
참고 stand [stænd] vi. 서 있다, 서다

④ **In, into, out of**

"in"은 '안에 있는 상태'를 나타내고, "into"는 '안으로 들어가는 동작'을 나타내며, "out of"는 '밖으로 나오는 동작'을 나타낸다.

He is in the room. (그는 방 안에 있습니다.)
해설 "in the room"은 '방 안에 있는 상태'를 말한다.

She saw a man go into the house.
(그녀는 한 남자가 그 집으로 들어가는 것을 보았습니다.)
해설 "into the house"는 '집 안으로 들어가는 동작'을 말한다.
참고 지각동사의 목적격보어는 동사원형이다. 위 예문은 '지각동사(saw) + 목적어(man) + 목적격보어(go)'로 되어있다. "go"는 '동사원형'이다.

They came out of the building. (그들은 그 빌딩 밖으로 나왔습니다.)
해설 "out of the building"은 '빌딩 밖으로 나오는 동작'을 말한다.

⑤ From, to, for, toward

"from"은 '…로부터'의 뜻으로 '출발 지점'을 나타내고, "to"는 '…로'의 뜻으로 '도착 지점'을 나타내며, "for"는 '…을 향하여'의 뜻으로 '떠나는 방향'을 나타내고, "toward"는 '…쪽으로'의 뜻으로 '동작의 방향'을 나타낸다.

It takes one hour by subway from A to B.
(A에서 B까지는 전철로 한 시간 걸립니다.)
해설 "from A"는, 'A로부터 출발'이라는 '출발 지점'(A)을 나타낸다.
참고 take [teik] vt. (시간이) 걸리다〈3인칭 단수: takes〉

He went to Seoul. (그는 서울로 갔습니다.)
해설 "to Seoul"은 '도착 지점'(Seoul)을 나타낸다.

She will leave for New York tomorrow morning.
(그녀는 내일 아침 뉴욕으로 떠날 것입니다.)
해설 "for New York"은, '뉴욕을 향하여'라는 '떠나는 방향'을 나타낸다.

He walked toward the subway station. (그는 지하철역 쪽으로 걸었습니다.)
해설 "toward the subway station"은, '지하철역 쪽으로'라는 '동작의 방향'을 나타낸다. "toward" 대신 "towards"를 사용해도 그 뜻은 같다.

⑥ On, over, above

"on", "over" 및 "above"는 모두 '위'를 나타내는 전치사지만, "on"은 '표면과 붙어 있는 위'를 뜻하고, "over"는 '표면에서 조금 떨어진 위'를 뜻하며, "above"는 '표면에서 멀리 떨어진 위'를 뜻한다.

Read the book on the desk. (책상 위에 있는 책을 읽으시오.)
해설 "the book on the desk"은 '책상 위에 놓여 있는 책'을 말한다. 책은 책상 위에 '붙어' 있다.

Look at that bridge over the river. (강 위의 저 다리를 보세요.)
해설 "that bridge over the river"는 '강 위를 가로지르는 다리'를 말한다.

There is the full moon above that building.
(저 빌딩 위로 보름달이 걸려 있습니다.)
해설 "the full moon above that building"은 '빌딩 위에 높이 떠 있는 보름달'을 말한다.
참고 full moon: 보름달

⑦ Beneath, under, below

"beneath", "under" 및 "below"는 모두 '밑'을 나타내는 전치사지만, "beneath"는 보통 '표면과 붙어 있는 밑'을 뜻하고, "under"는 '표면에서 조금 떨어진 밑'을 뜻하며, "below"는 일반적으로 '표면에서 멀리 떨어진 밑'을 뜻한다.

There is ice beneath his feet. (그의 발밑은 빙판[氷板]입니다.)
해설 "ice beneath his feet"는 '발밑에 있는 얼음 표면'을 말한다. 빙판은 그의 발밑에 '붙어' 있다.
참고 beneath [biníːθ] prep. …의 밑에. ice [ais] n. 얼음, 얼음 표면. foot [fut] n. 발.
feet [fiːt] "foot"의 복수. 발은 두 개이므로, '발'이라고 하면 보통 "feet"를 쓴다.

He sat beneath a tree. (그는 어느 나무 밑에[아래에] 앉았습니다.)

> **해설** 위 예문에서 "beneath"는 "under"의 뜻이다. 그러므로 "beneath a tree"는 '나무에서 조금 떨어진 밑'이다.
> 따라서 "beneath"는 '표면과 붙어 있는 밑' 외에 다른 뜻도 있음을 알 수 있다.
>
> **참고** sit [sit] vi. 앉다〈과거: sat [sæt]〉. 부정관사 "a"는, '막연히 어떤'(any)이라는 뜻이다.

The cat is under the desk. (그 고양이는 책상 밑에 있습니다.)
> **해설** "under the desk"는 '책상 표면에서 조금 떨어진 밑'을 말한다.
>
> **참고** under [ʌ́ndər] prep. …밑에

The whole city was seen below our plane.
(비행기 밑으로 도시 전체가 보였습니다.)
> **해설** "below our plane"은 '비행기에서 멀리 떨어진 밑'을 말한다.
>
> **참고** below [bilóu] prep. …의 아래에. whole [houl] a. 전부의, 모든

His name was printed below the title of the book.
(그 책의 제목 밑에 그의 이름이 인쇄되었습니다.) (= 인쇄되어 있습니다.)
> **해설** 위 예문에서 "below"는 "under"의 뜻이다. 그러므로 "below the title of the book"는 '책 제목 밑'이다.
> 이 경우의 "below"는 "in a lower position than …"의 의미가 있다. 따라서 "below"는 '표면에서 멀리 떨어진 밑' 외에 다른 뜻도 있음을 알 수 있다.
>
> **참고** print [print] vt. 인쇄하다. title [táitl] n. (책 등의) 제목

⑧ Up, down

"up"은 '수직 방향의 위쪽'을 나타내고, "down"은 '수직 방향의 아래쪽'을 나타낸다.

His room is up the stairs. (그의 방은 계단 위에 있습니다.)
> **해설** "up the stairs"는 '계단 위쪽'을 말한다.
>
> **참고** stair [stɛər] [스떼에어얼] n. (stairs) 계단(階段). 계단은 여러 개의 '단'(段)으로 되어 있으므로, 복수 형태인 "stairs"로 표현한다.

His office is down the stairs. (그의 사무소는 계단 아래에 있습니다.)
🟢해설 "down the stairs"는 '계단 아래쪽'을 말한다.

⑨ Across, along, through, throughout

"across"는 '표면의 한쪽에서 다른 쪽까지 가로지르는 것'을 뜻하고, "along"은 '긴 것의 바깥쪽을 따라 끝에서 끝까지'를 뜻하며, "through"는 '어떤 공간을 관통하는 것'을 뜻하고, "throughout"은 '…을 두루[샅샅이]'를 뜻한다.

He swam across the river. (그는 강을 수영해서 건넜습니다.)
🟢해설 "across the river"는 '강 표면의 한쪽에서 다른 쪽까지 가로지르는 것'을 말한다. 즉 '강 위를 횡단(橫斷)하는 것'이다.
🟢참고 swim [swim] vi. 수영하다〈과거: swam [swæm]〉

They walked along the seashore. (그들은 바닷가를 따라 걸었습니다.)
🟢해설 "along the seashore"는 '바닷가를 따라 끝에서 끝까지'를 말한다.
🟢참고 seashore [síːʃɔːr] [씨이쇼어얼] n. 바닷가, 해변

The Han River flows through Seoul. (한강은 서울을 관통하며 흐릅니다.)
🟢해설 "through Seoul"은 '서울을 관통하는 것'을 말한다.
🟢참고 the Han River: 한강. flow [flou] vi. 흐르다〈3인칭 단수: flows〉

He travelled throughout the country for about three month.
(그는 약 세 달 동안 전국을 샅샅이 여행했습니다.)
🟢해설 "throughout the country"는 '전국을 샅샅이'라는 뜻이다.
🟢참고 travel [trǽvəl] vi. 여행하다〈과거: traveled, travelled〉
throughout the country = throughout the (whole) country. country [ˈkʌntri] n. 한 나라의 전 지역

⑩ Behind, after

"behind"는 '…의 뒤'의 뜻이고, "after"는 '…의 뒤를 쫓아'의 뜻이다.

There is a small mountain behind the house.
(그 집 뒤에는 조그만 산이 있습니다.)
- 해설 "behind the house"는 '그 집 뒤'를 말한다.

The police ran after a criminal in that area.
(경찰이 저 지역에서 범인을 뒤쫓았습니다.)
- 해설 "after a criminal"은 '범인의 뒤를 쫓아'를 말한다.
- 참고 run after … : …을 추적하다, 뒤쫓다. run [rʌn] [뤄어언] vi. 달리다, 뛰다〈과거: ran [ræn]〉 criminal [kríminl] [크뤼미너어얼] n. 범죄자, 범인(犯人)

⑪ Round, around

"round"는 '…을 돌아서'라는 뜻으로 '동작 상태'를 나타내고, "around"는 '…의 주위에'라는 뜻으로 '정지 상태'를 나타낸다.

The moon moves round the earth. (달은 지구 주위를 돕니다.)
- 해설 "round the earth"는 '지구를 돌아서'라는 '동작 상태'를 말한다.
- 참고 round [raund] prep. …을 돌아서

They sat around the table. (그들은 탁자 주위에 둘러앉았습니다.)
- 해설 "around the table"은 '탁자의 주위에'라는 '정지 상태'를 말한다.
- 참고 around [əráund] prep. …의 주위에

⑫ Between, among

"between"은 '둘 사이'를 나타내고, "among"은 '셋 이상 사이'를 나타낸다.

The Straits of Korea lie between Korea and Japan.
(대한해협[大韓海峽]은 한국과 일본 사이에 있습니다.)
- 해설 "between Korea and Japan"은 '한국과 일본의 두 나라 사이'를 말한다.
- 참고 the Straits of Korea: 대한해협. "straits"가 복수형이므로 동사도 복수형(lie)이다. 즉 단수형(lies)이 아니다. lie [lai] [라아아이] vi. 놓여 있다, 있다

Many deer were running **among** the trees.
(많은 사슴들이 나무들 사이에서 달리고 있었습니다.)

해설 "among the trees"는 '나무 세 그루 이상 사이'를 말한다.

참고 deer [diər] n. 사슴. "deer"은 단수와 복수의 형태가 같다.

3) '이유'(理由) 또는 '원인'(原因)을 나타내는 전치사

① At

"at"은 '…을 보고 또는 듣고'의 뜻으로, '감정(感情)의 원인'을 나타낸다.

He was surprised **at** the news. (그는 그 뉴스에 놀랐습니다.)

해설 "at the news"는 '그 뉴스를 듣고'의 뜻으로, '감정(surprised)의 원인(the news)'을 나타낸다.

참고 be surprised at … : …에 놀라다. surprise [sərpráiz] vt. …을 놀라게 하다

② For

"for"는 '… 때문에'라는 뜻이다.

He is famous **for** his flowing speech. (그는 그의 유창한 연설로 유명합니다.)

해설 "for his flowing speech"는 '그의 유창한 연설 때문에'라는 뜻이다.

참고 be famous for … : …로 유명하다. flowing [flóuiŋ] a. (말 등이) 유창(流暢)한(fluent [flúːənt])

③ Because of

"because of"는 '… 이유로, 때문에'라는 뜻이다. "because of"는 "on account of"와 뜻이 같은데 "because of" 다음에는 명사, 명사구 또는 명사절이 온다.

참고 account [əkáunt] n. 이유(reason), 원인(cause). cause [kɔːz] n. 원인(原因)

He was discharged from the army **because of** his serious family situation.

(그는 심각한 가정 사정 때문에 군대에서 전역[轉役]했습니다.)
해설 "because of" 뒤에는 '명사구'(his serious family situation)가 왔다.
참고 be discharged from the army: 군대에서 전역[제대]하다
discharge [distʃáːrdʒ] vt. 전역시키다, 제대(除隊)시키다((from)). army [áːrmi] n. 군대

His father closed the factory because of the fact that there were no orders of his products.
(그의 아버지는 자신의 제품에 대한 주문이 없어서 공장 문을 닫았습니다.)
해설 "because of" 뒤에는 '명사절'(the fact that there were no orders of his products)이 왔다.
참고 order [ɔ́ːrdər] n. 주문(注文). product [prɑ́dʌkt] n. 제품

④ Owing to, due to

"owing to" 또는 "due to"는 모두, '… 때문에'(because of)라는 뜻이다. 둘 다, 문장 맨 앞이나 중간에 쓰인다.

Owing to his fast driving, he had an accident.
(그는 빨리 운전했기 때문에 사고를 당했습니다.)
(= He had an accident, **owing to** his fast driving.)
해설 "owing to"를 "due to"로 바꾸어 써도, 같은 뜻이다.
참고 driving [dráiviŋ] n. 운전. have an accident: 사고(事故)를 당하다. accident [ǽksidənt] n. 사고

⑤ From, through

"from" 및 "through"는 모두 '때문에'라는 '원인'을 나타내지만, 보다 구체적으로는, "from"은 '직접적인 원인'을 뜻하고 "through"는 '간접적인 원인'을 뜻한다.

He got sick from drinking too much. (그는 과음[過飮]해서 병이 났습니다.)
해설 '과음한 것'(from drinking too much)이, '병이 난 것'(got sick)의 '직접적인 원인'이 되었다는 것이다.
참고 get sick: 병이 나다⟨과거형: got sick⟩. drink too much: 과음하다. drink [driŋk] vi. 술을 마시다

Through her help, he passed the examination.
(그녀가 도와주어서 그는 그 시험에 합격했습니다.)
해설 '그녀가 도와준 것'(through her help)이, '그 시험에 합격한 것'(passed the examination)의 '간접적인 원인'이 되었다는 것이다.

⑥ With, for

"with" 및 "for"는 모두 '사람에게 영향을 미치는 외부의 원인'을 나타내지만, 보다 구체적으로는, "with"는 '육체에 미치는 유형적 원인'을 뜻하고, "for"는 '마음에 미치는 무형적 원인'을 뜻한다.

She shivered with cold. (그녀는 추위로 떨었습니다.)
해설 "cold"(추위)는, '사람의 육체에 미치는 외부의 유형적(有形的) 원인'이다.
참고 shiver [ʃívər] vi. (추위 등으로) 떨다. cold [kould] n. 추위

He trembled for fear. (그는 공포[恐怖]에 떨었습니다.)
해설 "fear"(공포)는, '사람의 육체에 미치는 외부의 무형적(無形的) 원인'이다.
참고 tremble [trémbl] vi. (공포 등으로) 떨다. fear [fiər] n. 공포

⑦ Of, from

"of" 및 "from"은 모두 '사람 사망의 원인'을 나타내지만, 보다 구체적으로는, "of"는 '병(病)으로 인한 원인'이고 "from"은 '병 이외의 원인'이다.

Her mother died of cancer. (그녀의 어머니는 암으로 돌아가셨습니다.)
해설 "of cancer"는, 사망의 원인이 '암'(癌)이라는 '병'이라는 것을 말한다.
참고 cancer [kǽnsər] [캐앤써얼] n. 암

He died from a car accident. (그는 자동차 사고로 사망했습니다.)
해설 "from a car accident"는, 사망의 원인이 '자동차 사고'라는 '병 이외의 원인'이라는 것을 말한다.

⑧ Be tired from, be tired of

"be tired from"는 '… 때문에 지치다'라는 뜻이고, "be tired of"는 '…에 싫증 나다'라는 뜻이다.

He is tired from travelling. (그는 여행으로 지쳐 있습니다.)
해설 "is tired from travelling"은 '여행 때문에 지쳐 있고'라는 뜻이다.
참고 tired [taiərd] a. 지친((from)). travelling [trǽvəliŋ] n. 여행(旅行)

She is tired of cucumbers.
(그녀는 오이가 싫증 납니다.) (= 오이에 질리고 있습니다.)
해설 "is tired of cucumbers"는 '오이에 싫증을 느끼고'라는 뜻이다.
참고 tired [taiərd] a. 싫증 난((of)). cucumber [kjúːkʌmbər] n. 오이

4) '재료'(材料) 또는 '원료'(原料)를 나타내는 전치사

① Of, from

"of" 및 "from"은 모두 '재료'를 나타내는 전치사다.
하지만 "of"는 재료가 제품이 되어도 '그 재료가 원형(原形)을 잃지 않는' 즉 형태만 바뀌는 물리적 변화가 나타나는 경우에 쓰이고, "from"은 재료가 제품이 되면 '그 재료가 원형을 잃어버리는' 즉 형태는 물론 성분까지 바뀌는 화학적 변화가 나타나는 경우에 쓰인다.

That old bridge was built of wood.
(저 오래된 다리는 나무로 만들어진 것입니다.)
해설 "of wood"는, 나무를 재료로 만들었는데 '그 나무 재료가 그대로 남아 있다'는 것을 뜻한다.

White wine is made from green grapes. (백포도주는 청포도로 만듭니다.)
해설 "from green grapes"는, 청포도를 재료로 하기는 하나 '그 재료가 다른 물질로 변화해 버려 청포도가 그대로 남아 있지 않다'는 것을 뜻한다.

참고 white [wait] [와아이트] a. 흰, 하얀. 알파벳 "h"가 발음되지 않음을 주의하여야 함.
wine [wain] [와아아인] n. 와인, 포도주. green grape: 청포도[靑葡萄]. grape [greip] n. 포도

② In

"in"은 '…로'라는 뜻으로, '사용된 재료'를 나타낸다.

That picture on the wall is painted in oils.
(벽에 걸린 저 그림은 유화 물감으로 그린 것입니다.)
해설 "in oils"는 '유화 물감을 재료로'라는 뜻이다.
참고 picture [píktʃər] n. 그림; 사진. wall [wɔːl] [워어얼 / 워오올] n. 벽
paint [peint] vt. (그림을) 그림 물감으로 그리다. oil [ɔil] n. 유화(油畫) 물감(oils)

5) '수단'(手段) 또는 '도구'(道具)를 나타내는 전치사

① By

"by"는 '…에 의하여, …로'라는 뜻으로, '사용된 수단'을 나타낸다.

She informed him of the news by email.
(그녀는 그에게 그 소식을 이메일로 알려 주었습니다.)
해설 "by email"은 '이메일에 의하여'라는 뜻으로, "by"는 '사용된 수단'(email)을 나타낸다.
그러므로 "by"는, "by means of"(…에 의하여)의 뜻이다.
참고 inform + A(사람) + of … : "A"에게 …을 알리다. email = e-mail

He goes to work by bus. (그는 버스로 직장에 갑니다.)
해설 'by bus'는 '버스로'라는 뜻으로, "by"는 '사용된 수단'(bus)을 나타낸다.
참고 work [wəːrk] n. 직장(職場), 일터(workplace). go to work: 일하러 가다

② With

"with"는 '…로'라는 뜻으로, '사용된 도구'를 나타낸다.

Cut it with the knife. (그 칼로 그것을 자르시오.)
해설 "with the knife"는 '칼을 사용하여'라는 뜻으로, "with"는 '사용된 도구(knife)'를 나타낸다.
참고 knife [naif] n. 주머니칼, 식칼. 알파벳 "k"가 발음되지 않음을 주의하여야 함.

③ Through

"through"는 '…을 통하여'라는 뜻으로, '사용된 매개(媒介) 또는 중개(仲介)'를 나타낸다.

They talked to each other through an interpreter.
(그들은 통역인을 통하여 서로 이야기했습니다.)
해설 "through an interpreter"는 '통역인을 이용하여'라는 뜻으로, "through"는 '사용된 매개'(interpreter)를 나타낸다.
참고 talk to: …에게 이야기하다. interpreter [intə́ːrpritər] n. 통역자(通譯者)

6) '판매 방법'을 나타내는 전치사

① For

"for"는 '얼마의 금액'에 판매한다는 뜻이다.

He bought the book for 20,000 Korean Won.
(그는 그 책을 2만 원에 샀습니다.)
해설 "for 20,000 Korean Won"은 '2만 원의 금액(金額)에' 판다는 뜻으로, "for"는 '판매 방법'을 나타낸다.
위 예문은 아래와 같이 바꾸어 쓸 수도 있다.

= He paid 20,000 Korean Won for the book.
> 참고 pay [pei] vt. 지불(支拂)하다, 지급(支給)하다〈과거: paid [peid]〉

② By

"by"는 '어떤 단위(單位)로' 판매한다는 뜻이다.

Meat is sold by the gram. (고기는 그램으로 팝니다.)
> 해설 "by the gram"은 '그램(gram) 단위로' 판다는 것이다. 그러므로 "by"는 '판매 방법'을 나타낸다.
> 참고 meat [miːt] n. 고기, 육류(肉類). gram [græm] [그래애앰] n. 그램〈복수형: grams〉

7) '목표' 또는 '목적'을 나타내는 전치사

① At

"at"은 '목표'를 나타낸다.

He shot at a bear. (그는 곰을 향해 쏘았습니다.)
> 해설 "at a bear"는 '곰을 향하여'라는 뜻으로, "at"은 '목표'를 나타낸다.
> 참고 shoot [ʃuːt] vt. 쏘다, 사격하다〈과거: shot [ʃat]〉. bear [bɛər] [배어얼] n. 곰

② For

"for"는 '목적'을 나타낸다.

He worked as an official for his country.
(그는 나라를 위하여 공무원으로서 일했습니다.)
> 해설 "for his country"는 '나라를 위하여'라는 뜻으로, "for"는 '목적'을 나타낸다.
> 참고 official [əfíʃəl] n. 공무원

8) '찬성' 또는 '반대'를 나타내는 전치사

① For

"for"는 찬성을 나타낸다.

She is for the plan. (그녀는 그 계획에 찬성입니다.)
해설 "for the plan"은 '그 계획에 찬성한다'는 뜻으로, "for"는 '찬성'을 나타낸다.

② Against

"against"는 반대를 나타낸다.

He is against the opinion. (그는 그 의견에 반대입니다.)
해설 "against the opinion"은 '그 의견에 반대한다'는 뜻으로, "against"는 '반대'를 나타낸다.
참고 against [əgénst] [어개앤스트] prep. …에 반대하여. opinion [əpínjən] n. 의견(意見)

9) '무엇을 제외하고'를 뜻하는 전치사

'but, except, excepting, besides'는 모두, '…을 제외하고'라는 뜻을 나타내는 전치사다.

① But

No one solved the question but her.
(그녀를 제외하고는 아무도 그 문제를 풀지 못했습니다.) (= 그녀만 그 문제를 풀었습니다.)
해설 "but her"는 '그녀를 제외하고는'의 뜻이다.
참고 solve [salv] vt. (문제 등을) 풀다. question [kwéstʃən] n. 문제; 질문

② Except

Everyone except him agreed with her opinion.

(그를 제외한 모든 사람이 그녀의 의견에 동의하였습니다.) (= 그만 그녀의 의견에 동의하지 않았습니다.)
해설 "except him"은 '그를 제외하고는'의 뜻이다.

③ Excepting

"except"는 문장 맨 앞에는 쓰이지 않으나, "excepting"은 보통 문장 맨 앞에 쓰인다. 그러나 "excepting"도 "not" 등과 함께 쓰일 때는, 문장 중간에 쓰인다.

Excepting Sundays the shop is open daily.
(매[每] 일요일을 제외하고는 그 가게는 매일 문을 엽니다.)
해설 "excepting Sundays"는 '매 일요일을 제외하고는'의 뜻이다.
참고 open [óupən] a. (가게 등이) 영업 중인. daily [déili] ad. 매일, 날마다

Everyone should keep the law, *not* **excepting** the president in the country.
(모든 사람은 법을 지켜야 하는데, 나라의 대통령도 예외가 아닙니다.)
해설 "not excepting the president"는 '대통령도 예외는 아니다'라는 뜻인데, 이 경우 "excepting"은 "not"과 함께 쓰여 문장 중간에 왔다.

④ Besides

Besides her, no one solved the question.
(그녀를 제외하고는 아무도 그 문제를 풀지 못했습니다.) (= 그녀만 그 문제를 풀었습니다.)
해설 "besides her"는 '그녀를 제외하고는'의 뜻으로, "besides"는 "excepting"과 같은 뜻이다.
참고 besides [bisáidz] prep. … 이외에는, …을 제외하고는

10) '그 외에 또한'을 뜻하는 전치사 besides

She bought two other fruit besides.
(그녀는 그 외에 다른 과일 두 개를 더 샀습니다.)

> 해설 "besides"는 '그 외에'를 뜻하는 전치사다. "besides"는 '또한'(also)의 뜻이다. 그러므로 위 예문은, '그녀는 또한 다른 과일 두 개도 샀다'고 해석할 수 있다.
> 참고 besides [bisáidz] prep. 그 외에, 게다가(in addition). addition [ədíʃən] n. 추가(追加)

11) '누구 곁에'를 뜻하는 전치사 beside

Please sit beside me. (내 곁에 앉으세요.)
> 해설 "beside"가 '… 곁에'를 뜻하는 전치사다.
> 참고 beside [bisáid] prep. … 곁에

12) '출처'(出處, origin) 또는 '출신'(出身)을 나타내는 전치사 from

He borrowed the book from her. (그는 그 책을 그녀에게서 빌려 왔습니다.)
> 해설 '그 책'(the book)의 출처(origin)가, '그녀'(her)라는 뜻이다.
> 참고 origin [ɔ́ːrədʒin] n. 출처(source). source [sɔːrs] n. 출처, 정보원(情報源)

She comes from Germany. (그녀는 독일 출신입니다.)
> 해설 "from Germany"는 '독일 출신'이라는 뜻이다.
> 참고 come from … : … 출신이다(be from). Germany [dʒə́ːrməni] n. 독일

A: Where are you from? (= Where do you come from?)
  (어디 출신이세요?) (= 어디서 오셨어요?)
B: I'm from Germany. (독일 출신입니다.) (= 독일에서 왔어요.)

13) '자격'을 뜻하는 전치사 as

아래에서 전치사 "as"는, '자격'(資格)의 뜻으로 쓰였다.

He told her as a father. (그는 그녀에게 아버지로서 말했습니다.)
> 해설 "as"는 '… 로서'(자격)를 뜻한다.

She is very popular as a singer. (그녀는 가수로서 인기가 매우 많습니다.)
> 해설 "as"는 '… 로서'(자격)를 뜻한다.
> 참고 popular [pάpjulər] a. 인기(人氣) 있는

14) '비슷함'을 뜻하는 전치사 like

She looks like my aunt. (그 여자분은 나의 이모처럼 생기셨습니다.)
> 해설 "like"는 '…처럼'(비슷함)의 뜻이다.
> 참고 look like … : …처럼 보이다

15) '무엇에 관하여'를 뜻하는 전치사

① About

We talked about the matter. (우리는 그 문제에 관하여 이야기를 했습니다.)
> 해설 "about"은 '…에 관하여[대하여]'라는 뜻이다.

② On

He has many books on philosophy.
(그는 철학에 관한 책을 많이 가지고 있습니다.)
> 해설 "on"은 '…에 관하여[대하여]'라는 뜻이다.

"about"과 "on"은 모두 '…에 관하여'라고 해석되지만, "about"은 '비교적 자세히'라는 의미가 있고 "on"은 '전문적으로 자세히'라는 의미가 있어, 서로 약간의 차이가 있다.
> 참고 on [ən] [어어언] prep. …에 관하여. philosophy [filάsəfi] n. 철학

③ Regarding

They discussed regarding the law. (그들은 그 법에 대하여 토론했습니다.)
> 해설 "regarding"은 '…에 대하여[관하여]'를 뜻하는 전치사다.

"regarding"도 "about" 및 "on"과 마찬가지로 '…에 관하여'라고 해석되지만, "regarding"은 '문어적(文語的) 표현'에 더 많이 사용된다.

즉 "regarding"은 '전문적인 문장'에 많이 사용되는데, "regarding"과 같은 뜻으로 사용되는 표현들로는 아래와 같은 것들이 있다.

regarding = concerning = as to = as for = in regard to = with regard to = in respect of = with respect to = with reference to

> 참고 regarding [rigáːrdiŋ] prep. …에 관하여. concerning [kənsə́ːrniŋ] prep. …에 관하여
> regard [rigáːrd] n. (…에 대한) 관심(關心). respect [rispékt] n. 관계, 관련. reference [réfərəns] n. (…과의) 관련, 관계

〈아래 부분은 참고로만 보시기 바랍니다.〉

16) 전치사 for

전치사 "for"는 실제로 많이 쓰이고 있다. 따라서 여기에 별도로 간단히 정리해 본다.

① …을 위해서, 이익을 위해(for the benefit of)

I bought this pen for you. (나는 당신에게 주려고 이 펜을 샀습니다.)

> 해설 "for you"는 '당신을 위해'[당신에게 주려고]의 뜻이다.
> 참고 for the benefit of: …을 위하여. benefit [bénəfit] n. 이익(利益)

② …을 돕기 위해(to help)

Let me carry this bag for you. (이 가방을 제가 들어 드릴게요.)

> 참고 carry [kǽri] vt. 나르다, 운반하다

③ …을 대리하여(on behalf of), 대표하여(representing)

He signed the document for her.
(그는 그녀를 대리[代理]하여, 그 서류에 서명을 하였습니다.)

She attended the meeting for her company.
(그녀는 자신의 회사를 대표[代表]하여, 그 회의에 참석하였습니다.)

> 참고 represent [rèprizént] vt. …을 대표하다

④ …을 찬성하여(in support of)

I voted for her in the election.

(나는 그 선거에서 그녀에게 찬성투표를 했습니다.)

> 참고 vote [vout] vi. 투표를 하다; 찬성투표를 하다((for)). election [ilékʃən] n. 선거

⑤ …에서 일하는(working at)

He works for Samsung Electronics.

(그는 삼성전자에서 일합니다.) (= 삼성전자에 다닙니다.)

> 참고 work at … : …에서 일하다, 근무하다

⑥ 행사(occasion)

We had a party for her 30th birthday.

(우리는 그녀의 30세 생일을 맞아 파티를 했습니다.)

> 참고 occasion [əkéiʒən] n. 행사(行事)(a special event). have a party: 파티를 하다

⑦ …의 목적으로(having the purpose of)

That house is for sale. (저 집은 팔려고 내놨습니다.)

> 참고 for sale: 팔려고 내놓은, 판매하는. purpose [pə́ːrpəs] n. 목적

⑧ 잡다, 타다(get)

He ran for the bus.

(그는 그 버스를 잡으려고 뛰었습니다.) (= 그 버스를 타려고 뛰었습니다.)

⑨ …돈을 받고(receiving money)

She works at the restaurant for $70 a day.

(그녀는 그 음식점에서 하루에 70달러를 받고 일합니다.)

⑩ 가격으로, 지급[지불]하고(payment)

He bought the book for $30.

(그는 그 책을 30달러에 샀습니다.) (= 그 책을 사는 데 30달러를 지급했습니다.)

> 참고 payment [péimənt] n. 지급(支給), 지불(支拂)

⑪ …으로(for meal)

What did you have *for* lunch? (점심으로 뭘 먹었습니까?)

참고 meal [miːl] n. 식사(食事). have = eat

⑫ …을 할 수 있는, 할 만한(afford to)

He doesn't have the money *for* a car. (그는 자동차를 살 만한 돈이 없습니다.)

참고 afford [əfɔ́ːrd] vt. …할 수 있다, 할 여유가 있다((to))

⑬ …에 어울리는(suitable)

The sport is not *for* you. (그 운동은 당신에게 안 어울려요.)

참고 suitable [súːtəbl] a. 어울리는, 적합한((for)). sport [spɔːrt] n. 운동, 스포츠

⑭ …에 관해서는, 관련해서는, …에게는(in relation to)

This shirt is a little big *for* you. (이 셔츠는 당신에게 조금 커요.)

해설 '당신에 관련해서는(즉 당신에게는), 이 셔츠가 조금 크다'는 것이다.

For her music is everything. (그녀에게는 음악이 전부입니다.)

해설 '그녀에게는, 음악이 가장 중요하다'는 것이다.

⑮ …에 대한(regarding)

The company put an advertisement *for* the car.
(그 회사는 그 차에 대한 광고를 냈습니다.)

참고 put an advertisement: 광고를 내다. put [put] vt. …에 놓다. put - put (과거) – put (과거완료)
advertisement [ǽdvərtáizmənt / ədvə́ːtismənt] n. 광고(廣告)

⑯ …인 것을 고려하면(considering)

It's cold *for* March. (3월치고는 춥습니다.) (= 3월인 것을 고려하면)

참고 consider [kənsídər] vt. …를 고려(考慮)하다

⑰ …으로 향하는(towards)

This airplane is *for* Korea. (이 비행기는 한국행[行] 비행기입니다.)

⑱ …으로 예정된(scheduled)

She booked a table at the restaurant *for* 11 o'clock.

(그녀는 11시로 그 음식점에 테이블 하나를 예약했습니다.) (= 11시에 가는 것으로)

> 참고 schedule [skédʒuːl] vt. 예정(豫定)하다. book [buk] vt. 예약하다(make a reservation)

⑲ 시간(time), 거리(distance)

He played tennis *for* an hour. (그는 한 시간 동안 테니스를 쳤습니다.)

They walked *for* 10 kilometers. (그들은 10킬로미터를 걸었습니다.)

> 참고 distance [dístəns] n. 거리(距離). kilometer [kilάmətər] n. 킬로미터

⑳ 이유(because of: … 때문에)

She doesn't have coffee *for* various reasons.

(그녀는 여러 가지 이유로 커피를 마시지 않습니다.)

> 참고 various [véəriəs] a. 여러 가지의. have coffee: 커피를 마시다(drink coffee)

㉑ 의무(duty)가 되는

Whether you should do the work is *for* you to decide.

(그 일을 해야 하느냐 하는 것은 당신이 결정할 일입니다.) (= 결정을 하는 것은 당신의 의무입니다.)

> 참고 "for you to decide"에서, "you"는, 부정사 "to decide"의 '의미상 주어'다.
> duty [djúːti] n. 의무(義務)

㉒ 뜻하는(showing meaning)

What's the Korean word *for* sheriff? ("sheriff"를 한국말로 뭐라고 합니까?)

> 참고 show [ʃou] vt. 알리다, 알려 주다. meaning [míːniŋ] n. 뜻, 의미. sheriff [ʃérif] n. 보안관

Chapter 7
접속사

'접속사'(接續詞, Conjunction)는, ①단어와 단어, ②구와 구, ③절과 절을 '접속'(接續), 즉 '연결을 시켜 주는' 역할을 하는 품사다.
아래에서 접속사의 역할과 종류에 대하여 살펴본다.

참고 conjunction [kəndʒʌŋkʃn] n. 접속사

(1) 접속사의 역할

1) 단어(單語)와 단어(單語)의 연결

Su-ji and Mi-ae are good friends. ('수지'와 '미애'는 친한 친구입니다.)
해설 "and"가 '접속사'다.
"and"는, '단어'(Su-ji)와 '단어'(Mi-ae)를 연결하고 있다.
참고 good [gud] a. 친한, 친밀한

2) 구(句)와 구(句)의 연결

You can place the photo *on the desk* **or** *on the table*.
(당신은 그 사진을 책상 위에나 아니면 탁자 위에 놓을 수 있습니다.)
해설 "or"가 '접속사'다. "or"는, '또는'의 뜻이다.
"or"는, '구'(on the desk)와 '구'(on the table)를 연결하고 있다.

3) 절(節)과 절(節)의 연결

He stayed home yesterday **because** *it was very cold*.
(날씨가 매우 추웠기 때문에 그는 어제 집에 있었습니다.)
해설 "because"가 '접속사'다.

"because"는, '절'(he stayed home yesterday)과 '절'(it was very cold)을 연결하고 있다.

> 참고 home [houm] ad. 집에서. "it"은 날씨를 가리키는 대명사임.

(2) 접속사의 종류 및 용법

'접속사'는 크게 ①'등위접속사'와 ②'종속접속사'의 두 가지 종류가 있다.
'등위 접속사'에는 '등위 상관접속사'가 포함되고, '종속 접속사'에는 '종속 상관접속사'가 포함된다.

1) 등위접속사

'등위접속사'(等位接續詞, Coordinate [Coordinating] Conjunction)는, '단어·구·절을 대등(對等)한 관계로 연결시키는 접속사'다. 등위접속사 앞에는 일반적으로 콤마(,)를 찍는다.

> 참고 coordinate [kouɔ́ːrdənət] a. 대등한, 동등(同等)한〈현재분사: coordinating〉

등위접속사의 예는 다음과 같다.

① And

"and"는 '덧붙이는', 즉 '부가'(附加)의 의미가 있다.

Min-su and Chan-jin are friends. ('민수'와 '찬진'은 친구입니다.)
> 해설 "and"는, '단어'(Min-su)와 '단어'(Chan-jin)를 대등한 관계로 '덧붙여' 연결시키고 있다. 즉 "Min-su"에 "Chan-jin"을 덧붙였다.

② But

"but"은 '반대'(反對)의 의미가 있다.

He graduated from university, but *he has to continue to study in order to increase his knowledge.*
(그는 대학교를 졸업했지만, 그의 지식을 늘리기 위하여 공부를 계속해야 합니다.)

해설 "but"는 '반대 상황'을 나타내면서, '절'(he graduated from university)과 '절'(he has to continue to study in order to increase his knowledge)을 대등한 관계로 연결시키고 있다.

즉 '그는 대학교를 졸업했음에도 불구하고 공부를 더 하겠다'는 내용이다. '그는 대학교를 졸업했음' 부분과 '공부를 더 하겠다' 부분은, 서로 '반대 상황'이다.

"but" 앞에는 comma(,)를 찍었다.

참고 graduate from … : …를 졸업하다. graduate [grǽdʒuət] vi. (각종 학교를) 졸업하다((from))

③ For

"for"는 '이유'의 의미가 있다.

She stayed at home, for *it was very hot outside.*
(밖이 매우 더웠기 때문에 그녀는 집에 머물러 있었습니다.)

해설 "for"는 '이유'를 나타내면서, '절'(she stayed at home)과 '절'(it was very hot outside)을 대등한 관계로 연결시키고 있다. "for" 앞에는 comma(,)를 찍었다.

참고 stay [stei] [스떼이이] vi. (…에) 머무르다〈과거: stayed〉
hot [hat] [하아앝(트)] a. 더운. outside [áutsáid] n. 바깥쪽, 외부

④ Or

"or"는 '선택'(選擇)의 의미가 있다.

Which do you like better, fish or meat*?*
(생선과 고기 중 어떤 것을 더 좋아하세요?)

해설 "or"은 '선택'을 나타내면서, '단어'(fish)와 '단어'(meat)를 대등한 관계로 연결시키고 있다.

⑤ So

"so"는 '결과'의 의미가 있다.

He has money in his pocket, so *he can buy the book.*
(그는 주머니에 돈이 있으므로 그 책을 살 수 있습니다.)

해설 "so"는 '결과'를 나타내면서, '절'(he has money in his pocket)과 '절'(he can buy the book)을 대등한 관계로 연결시키고 있다.
즉 '주머니에 돈이 있기 때문에 **그 결과** 그 책을 살 수 있다'는 것이다.
"so" 앞에는 comma(,)를 찍었다.

참고 pocket [pákit] n. 호주머니, 주머니

2) 등위상관접속사

'등위상관접속사'(等位相關接續詞, Coordinate Correlative Conjunctions)는, '두 개의 단어·구·절을, 서로 대등하게 상관(相關)시켜 연결하는 접속사'다.
'등위 상관 접속사'는 '두 개의 단어·구·절'을 '대등'하게 연결시키므로, **등위** 접속사'에 속한다. 그러나 한편, '두 개의 단어·구·절'을 '상관'(相關) 즉 '상호 관련'시키므로, **상관** 접속사'에도 속한다. 그러므로 **등위 상관** 접속사'라고 하는 것이다.

참고 correlative [kərélətiv] a. 상호 관계가 있는, 상관 관계가 있는

등위상관접속사의 예는 다음과 같다.

① Either A or B: "A" 또는 "B" 〈B에 동사를 일치시킴〉

Either you or he **has** to do the work. (당신 또는 그가 그 일을 해야 합니다.)

해설 "either ~ or"는, "you"와 "he"를 '대등'하게 연결하므로 '등위 접속사'에 속하고, "you"와 "he"를 '상호 관련'[상관]시키므로('당신'이냐, 아니면 '그 사람'이냐), '상관 접속사'에도 속한다.
"either A or B"에서는 "B"에 동사를 일치시키므로, "he" 다음에 "has"(원형: have)가 쓰였다.

참고 either [íːðər / áiðər] [이이덜 / 아이덜] conj. "A" 이든 "B"이든

② **Neither A nor B: "A"도 아니고 "B"도 아니다 〈B에 동사를 일치시킴〉**

Neither *you* nor *your friends* are responsible for the accident.
(당신도 그리고 당신의 친구들도 그 사고에 책임이 없습니다.)

해설 "neither ~ nor"는, 두 개의 단어 즉 "you"와 "your friends"를 '대등'하게, 그리고 '상호 관련'시켜('당신'이냐 또는 '당신 친구들'이냐) 연결하고 있다.
"neither A nor B"에서는 "B"에 동사를 일치시키므로, "your friends" 다음에 복수형 동사 "are"가 쓰였다.

참고 neither [níːðər / náiðər] [니이덜 / 나이더] ad. (상관 접속사적으로) "A"도 아니고 "B"도 아니다.

③ **Not only A but also B: "A"뿐만 아니라 "B"도 〈B에 동사를 일치시킴〉**

Not only *you* but also *your wife* was kind to her.
(당신뿐만 아니라 당신의 아내도 그녀에게 친절했습니다.)

해설 "not only ~ but also"는, 두 개의 단어 즉 "you"와 "your wife"를 '대등'하게, 그리고 '상호 관련'시켜('당신'도 그리고 '당신 아내'도) 연결하고 있다.
"not only A but also B"에서는 "B"에 동사를 일치시키므로, "your wife" 다음에 단수형 동사 "was"가 쓰였다.

④ **Both A and B: "A"와 "B" 〈B 뒤의 동사는 항상 복수임〉**

Both *you* and *I* are university students. (당신과 나는 대학생입니다.)

해설 "both ~ and"는 두 개의 단어 즉 "you"와 "I"를 '상호 관련'[상관]시키되, '대등'하게 연결하고 있다.
"both A and B"는 '복수'이므로(위 예문에서는 "you"와 "I"로 두 명), 그 뒷부분인 B(여기서는 "I") 다음에는, 항상 복수형 동사를 쓴다(여기서는 "are").

⑤ **A as well as B: "B"뿐만 아니라 "A"도 〈A에 동사를 일치시킴〉**

He as well as *his friends* was pleasant at the party.
(그의 친구들뿐만 아니라 그도 그 파티에서 즐거웠습니다.)

> **해설** "as well as"는 두 개의 단어 즉 "he"와 "his friends"를 '상호 관련'시키되, '대등'하게 연결하고 있다.

"A as well as B"에서는 "A"(he)에 동사를 일치시키므로, "your friends" 다음에 단수형 동사 "was"가 쓰였다.

> **참고** pleasant [plézənt] [플래애잰트] a. 즐거운

3) 종속접속사

'종속접속사'(從屬接續詞, Subordinate [Subordinating] Conjunction)는, '종속절(從屬節, Subordinate Clause)을 주절(主節, Main Clause)에 연결시키는 접속사'다.

'종속 접속사'는 '**종속**(從屬)된 **위치**(位置)에 있는 접속사'라고 하여, '**종위**(從位) 접속사'라고도 한다.

> **참고** subordinate [səbɔ́ːrdənət] a. …에 종속하는〈현재분사: subordinating〉

'종속절'은 '주절에 종속(從屬)된 절'이다. 종속절은 ①명사절, ②형용사절, ③부사절의 세 가지 종류가 있다.

'종속절'인 ①'명사절'은 주절의 목적어가 되는 등 '명사의 역할을 하는 절'이고, ②'형용사절'은 주절의 명사를 수식하는 '형용사의 역할을 하는 절'이며, ③'부사절'은 주절 전체를 수식하는 등 '부사의 역할을 하는 절'이다.

① '명사절'을 이끄는 종속접속사

'명사절'을 이끄는 종속접속사의 예(例)는 다음과 같다.

(A) That

She knows *(that)* he is honest. (그녀는 그가 정직하다는 것을 압니다.)

> **해설** "that"은 종속절(that he is honest)을 주절(she knows)에 연결시키고 있다. 종속절(that he is honest)은 동사 "know"의 '목적어'이므로, '명사절'이다.

위 예문의 경우, 종속접속사 "that"은 생략할 수 있다.

> **참고** "that"부터 종속절이므로, 위 문장을 끊어서 읽을 때는 "that" 앞에서 끊어 읽는다. 즉, She knows /that he is honest.와 같이 끊어 읽는다.

Her point is *that* he is honest. (그녀 말의 요점은 그가 정직하다는 것입니다.)
해설 "that"은 종속절(that he is honest)을 주절(her point is)에 연결시키고 있다. 종속절(that he is honest)은 '보어'[주격 보어]이므로, '명사절'이다.

(B) If, whether

Do you know *if the supermarket is open*?
(당신은 그 슈퍼마켓이 문을 열었는지 압니까?)
해설 "if"는 종속절(if the supermarket is open)을 주절(do you know)에 연결시키고 있다. 종속절(if the supermarket is open)은 동사 "know"의 '목적어'이므로, '명사절'이다.
참고 if [if] conj. …인지 어떤지(whether)

I don't know *whether* it will rain tomorrow.
(내일 비가 올지 어떨지 나는 모릅니다.)
해설 "whether"는 종속절(whether it will rain tomorrow)을 주절(I don't know)에 연결시키고 있다. 종속절(whether it will rain tomorrow)은 동사 "know"의 '목적어'이므로, '명사절'이다.
참고 whether [hwéðər] [왜더얼] conj. …인지 어떤지. 알파벳 "h"가 발음되지 않음을 주의하여야 함.

② '형용사절'을 이끄는 종속접속사 which

'형용사절'을 이끄는 종속접속사의 예로 "which"를 살펴본다.

He likes the book *which* his mother gave him.
(그는 그의 어머니가 자신에게 준 그 책을 좋아합니다.)
해설 "which"는 종속절(which his mother gave him)을 주절(he likes the book)에 연결시키고 있다. 종속절(which it will rain tomorrow)은 명사 'the book'을 수식하고 있으므로, '형용사절'이다.
한편 'the book'은 '선행사'고, 종속접속사 "which"은 목적격 관계대명사다. 그러므로 '형용사절'을 이끄는 종속접속사는 '관계대명사'인 것을 알 수 있다.

③ '부사절'을 이끄는 종속접속사

'부사절'을 이끄는 종속접속사의 예는 다음과 같다.

(A) '시간'을 나타내는 종속접속사
(a) After

He brushes his teeth within 30 minutes *after* he has a meal.
(그는 식사 후 30분 이내에 이를 닦습니다.)

해설 "after"는 '…후'의 뜻으로 '시간'을 나타낸다.
종속접속사 "after"는, 종속절(after he has a meal)을 주절(he brushes his teeth within 30 minutes)에 연결시키고 있다.
'종속접속사를 포함하는 종속절'(after he has a meal)은 주절(he brushes his teeth within 30 minutes) 전체를 수식하고 있으므로, 종속절은 '부사절'이다.
'종속절은 주절 전체를 수식하고 있으므로 종속절은 부사절이다'라는 위와 같은 해설은, 다음의 '(G) 비교를 나타내는 종속접속사'에 이르기까지 '부사절을 이끄는 종속접속사'의 설명에 인용되는 예문에 모두 동일하게 해당되는 해설이다. 그러므로 위와 같은 동일한 해설은 앞으로 생략하기로 한다.

참고 brush one's teeth: 이를 닦다.　brush [brʌʃ] vt. (이 등을) 닦다
have a meal: 식사를 하다(take a meal).　meal [miːl] n. (제때의) 식사(食事)

(b) When

When I saw you last, you were a university student.
(내가 당신을 지난번에 보았을 때 당신은 대학생이었습니다.)

해설 "when"은 '…때'의 뜻으로 '시간'을 나타낸다.
위 예문의 "when"은 "at the time that"의 뜻으로, 시간을 나타내는 (종속)접속사 중에서 가장 많이 쓰인다.
종속접속사 "when"은, 종속절(when I saw you last)을 주절(you were a university student)에 연결시키고 있다.
위 예문은 아래와 같이 바꾸어 써도 마찬가지 뜻이다.
= You were a university student **when** I saw you last.
그러므로 접속사 "when"을 강조하기 위하여 "when"을 문장 맨 앞에 놓고, 종속절(when I

saw you last)이 끝날 때 콤마(,)를 찍은 것뿐이다. 다음에 나오는 (종속)접속사 예문들의 경우도 모두 마찬가지다. 따라서 위와 같은 동일한 해설은 앞으로 생략하기로 한다.

참고 last [læst] ad. 전번에, 지난번에

When I *arrive* in New York tomorrow, I'll call you. (= I'll call you when I arrive in New York tomorrow.)
(내가 내일 뉴욕에 도착했을 때 당신에게 전화하겠습니다.) (= 뉴욕에 도착하면 ~)
해설 '시간'을 나타내는 '부사절'[종속절]에서는, 현재시제가 미래시제를 대신한다. 즉, 미래시제를 쓰지 않고 현재시제를 쓴다.
위 예문의 '시간을 나타내는 부사절'(When I arrive in New York tomorrow)에서, **"arrive"(현재시제)**는 미래시제(will arrive) 대신 쓰인 것이다. 부사절 안에 "tomorrow"가 있으므로, 위 부사절이 '미래'를 나타내고 있는 것임을 알 수 있다.

When I *got home*, I took a shower. (나는 집에 돌아왔을 때, 샤워를 했습니다.)
해설 위 예문에서는, '시간 접속사' "when"은, 일이 연이어 일어나는 것을 나타낸다. 즉 '내가 집에 돌아온 것'(I got home)이 먼저고, 그다음에 '내가 샤워를 한 것'(I took a shower)이다. 그러므로 이러한 경우의 "when"은 "after"의 뜻이다.

참고 get home: 집에 오다, 귀가(歸家)하다〈과거형: got home〉
take a shower: 샤워하다(영국식 표현은 have a shower)〈과거형: took a shower〉

When she *visited him*, he was happy to meet her.
(그녀가 그를 방문했을 때, 그는 그녀를 만나서 기뻤습니다.)
해설 위 예문에서는, '시간 접속사' "when"은, '원인'과 '결과'를 나타낸다.
즉 '그녀가 그를 방문한 것'(she visited him)이 원인이고, '그가 그녀를 만나서 기쁜 것'(he was happy to meet her)이 결과다.
그러나 위 "when"도, 일이 연이어 일어나는 것을 나타낸다고도 할 수 있다. 즉 '그녀가 그를 방문한 것'이 먼저고, 그다음에 '그가 그녀를 만나서 기쁜 것'이라고 할 수도 있다.

참고 happy [hǽpi] [해애삐이] a. 기쁜

(c) As
시간을 나타내는 종속접속사 "as"는, 보통 '동시 동작'(同時 動作)을 나타낼 때 쓴다.

다만 그 동시동작은, ⓐ 짧은 시간 내에 일어나는 동시동작과 ⓑ 보다 긴 시간 내에 일어나는 동시동작의 두 가지 종류가 있다.

ⓐ 짧은 시간 내에 일어나는 '동시 동작'을 나타내는 as

As he entered the room, his son was studying at his desk.
(그가 방에 들어갔을 때, 그의 아들은 책상에서 공부하고 있었습니다.)

해설 "as"는 '…때'의 뜻으로, '시간'을 나타낸다.
'그가 방에 들어가는'(he entered the room) 종속절의 동작과, '그의 아들이 책상에서 공부하고 있는'(his son was studying at his desk) 주절의 동작은 '동시 동작'이다. 즉 '그가 방에 들어가는' 동작과 '그의 아들이 책상에서 공부하고 있는' 동작은, '동시에(at the same time) 일어난 일' 또는 '동시에 일어난 변화'(simultaneous changes)인 것이다.

참고 simultaneous [sàiməltéiniəs] a. 동시에 일어나는(happening at the same time)

As he left the restaurant, the rain poured down suddenly.
(그가 그 음식점을 나왔을 때, 갑자기 비가 억수같이 쏟아졌습니다.)

해설 "as"는 '…때'의 뜻으로, '시간'을 나타낸다.
'그가 음식점을 나오는'(he left the restaurant) 종속절의 동작과, '갑자기 비가 억수같이 쏟아지는'(the rain poured down suddenly) 주절의 동작은 '동시 동작'이다. 즉 동시에 일어난 일이다.

참고 left = came out of. pour [pɔːr] [포오어얼] vi. (비가) 억수같이 쏟아지다((down))

ⓑ 보다 긴 시간 내에 일어나는 '동시 동작'을 나타내는 as

As he grew older, he became smarter.
(그는 나이가 들어 감에 따라 더 똑똑해졌습니다.)

해설 '그가 나이가 들어 가는'(he grew older) 동작과, '그가 더 똑똑해지는'(he became smarter) 동작은 '동시 동작'이다.
그러나 '그가 나이가 들어 가는' 동작과 '그가 더 똑똑해지는' 동작은, '보다 긴 시간 내에'(in a longer period of time) 일어난 동작들이다. 그러므로 "as"는, "while" 또는 "during the time that"의 뜻이다.
이러한 경우의 "as"를, '비례'(比例)를 나타내는 "as"라고 설명하기도 한다. 즉 '그가 나이를 들어 감에 비례하여 더 똑똑해졌다'라고 설명하기도 하는 것이다. 이 경우 "as"는 '…함에 따라'의 뜻이다.

> 참고 grow old: 늙다〈과거형: grew older〉. smart [smaːrt] a. 똑똑한〈비교급: smarter〉

(B) '장소'를 나타내는 종속접속사 where

'장소'를 나타내는 종속접속사의 예로 "where"를 살펴본다.

You may go *where* you want to. (당신이 원하는 곳에 가도 좋습니다.)
> 해설 "where"는 '장소'를 나타낸다.

"where"은, 종속절(where you want to)을 주절(you may go)에 연결시키고 있다.

(C) '이유'(理由)를 나타내는 종속접속사

(a) Because

He is at home *because* he is sick. (그는 아프기 때문에 집에 있습니다.)
> 해설 "because"는 '… 때문에'의 뜻으로, '이유'를 나타낸다.

종속접속사 "because"는, 종속절(because he is sick)을 주절(he is at home)에 연결시키고 있다.

(b) Since

Since he hasn't much money, he can't buy the car.
(그는 돈이 많지 않기 때문에 그 차를 살 수 없습니다.)
> 해설 "since"는 '… 하므로'의 뜻으로, '이유'를 나타낸다.

종속접속사 "since" 및 "as"는, 위 예문에서와 같이, 일반적으로 문장 맨 앞에 온다.
그러므로 위 예문에서는 "Since he hasn't much money"가 '종속절'이고, "he can't buy the car"가 '주절'이다.

(c) As

As he is studying hard, he is likely to succeed.
(그는 열심히 공부하므로 성공할 가능성이 있습니다.)
> 해설 "as"는 '… 하므로'의 뜻으로 '이유'를 나타내는데, 문장 맨 앞에 왔다.

"as"는 "because"의 뜻이다.
"As he is studying hard"가 '종속절'이고, "he is likely to succeed"가 '주절'이다.

> 참고 be likely to … : …할 가능성이 있다

> 참고 '이유'를 나타내는 종속접속사들 간의 의미가 강한 순서
> 이유 즉, '~ 때문에'라는 뜻을 가진 종속접속사들을 그 뜻이 강한 순서대로 왼쪽부터 배열하면, 아래와 같다.
> because 〉 since 〉 as 〉 for

(D) '조건'(條件)을 나타내는 종속접속사

(a) If

He will play baseball *if* the weather *is* nice tomorrow.
(만일 내일 날씨가 좋으면, 그는 야구를 할 것입니다.)

> 해설 "if"는 '만일 …**한다면**'의 뜻으로, '긍정적 조건'을 나타낸다.

종속접속사 "if"는, 종속절(if the weather is nice tomorrow)을 주절(he will play baseball)에 연결시키고 있다.
한편, '조건'을 나타내는 '부사절'[종속절]에서는, 현재시제가 미래시제를 대신한다. 즉, 미래시제를 쓰지 않고 현재시제를 쓴다.(참고로, '시간'을 나타내는 '부사절'의 경우에도 그러하다.)
위 예문의 경우, '조건을 나타내는 부사절'(if the weather is nice tomorrow)에서, **"is"**(**현재시제**)는 미래시제(will be) 대신 쓰인 것이다. 아래의 두 가지 예(unless; provided)의 경우에도 마찬가지다.

> 참고 위 예문은 비록 "if"가 있을지라도 가정법 문장이 아니다. "if the weather is nice tomorrow"는 '부사절로서의 조건절(條件節)'일 뿐이다. 즉 **가정법 현재**의 조건절'이 아니다. 그러므로 '부사절로서의 조건절'과 '가정법의 조건절'은 잘 구별하여야 한다.
> 그러나 실제에 있어서는, '조건의 부사절' 문장과 '가정법 현재'의 문장은 서로 구별되지 않고 쓰이는 경우가 많다.

(b) Unless

He will not play baseball *unless* the weather is nice tomorrow,
(만일 내일 날씨가 좋지 않으면, 그는 야구를 하지 않을 것입니다.)

> 해설 "unless"는 '만일 …**하지 않는다면**'(if ~ not)의 뜻으로, '부정적 조건'을 나타낸다.

종속접속사 "unless"는, 종속절(unless the weather is nice tomorrow)을 주절(he will not play baseball)에 연결시키고 있다.

참고 unless [ənlés] conj. …하지 않는다면(if not)

(c) Provided

He will consent to the offer, *provided* all the others agree.

(만약 다른 사람들이 모두 동의한다면 그는 그 제안에 승낙할 것입니다.)

해설 "provided"는 "if"의 뜻이다.

종속접속사 "provided"는, 종속절(provided all the others agree)을 주절(he will consent to the offer)에 연결시키고 있다.

참고 offer [ɔ́ːfər] n. 제안(提案).   provided [prəváidid] conj. 만약 …이면(provided that; on condition that)   consent [kənsént] vi. 승낙(承諾)하다, 동의(同意)하다((to))

(E) '양보'(讓步)를 나타내는 종속접속사: although, though 등

She swims very well *although* she is only twelve.

(그녀는 비록 겨우 열두 살이지만 수영을 매우 잘합니다.)

해설 "although"는 '비록 …이지만'의 뜻으로, '양보'를 나타낸다.

종속접속사 "although"는, 종속절(although she is only twelve)을 주절(she swims very well)에 연결시키고 있다.

참고 '양보'는 '두 가지 상황이 대조(對照, contrast)를 이루는 경우'다. 위 예문의 경우, '겨우 열두 살이라는 상황'과 '수영을 매우 잘한다는 상황'이라는 두 개의 상황이 대조를 이루고 있다.
위 예문의 경우 "although" 대신 "though"를 사용할 수 있다. "though"는 "although"와 같은 뜻이다.
contrast [kəntrǽst | kəntrάːst] n. 대조, 대비(對比)

(F) '상태'(狀態)를 나타내는 종속접속사 "as if"

He talks *as if* he actually saw the scene.

(그는 마치 그 장면을 실제로 본 것처럼 말합니다.)

해설 "as if"는 '마치 ~인 것처럼'의 뜻으로, '상태'를 나타낸다.

종속접속사 "as if"는, 종속절(as if he actually saw the scene)을 주절(he talks)에 연결시키고 있다.

참고 actually [ǽktʃuəli] ad. 실제로, 정말로.   scene [siːn] n. 장면(場面)

(G) '비교'(比較)를 나타내는 종속접속사 than

New York was much larger *than* he heard.
(뉴욕은 그가 들었던 것보다 훨씬 더 컸습니다.)

> 해설 "than"은 '…보다'의 뜻으로, '비교'를 나타낸다.

종속접속사 "than"은, 종속절(than he heard)을 주절(New York was much larger)에 연결시키고 있다.

4) 종속상관접속사

'종속상관접속사'(從屬相關接續詞, Subordinate Correlative Conjunctions)는, '두 개의 단어·구·절을, 서로 종속적으로 상관(相關)시켜 연결하는 접속사'다.

'종속 상관 접속사'는 '두 개의 단어·구·절'을 '종속적'으로 연결시키므로, '**종속** 접속사'에 속한다. 그러나 한편, '두 개의 단어·구·절'을 '상관'(相關) 즉 '상호 관련'시키므로, '**상관** 접속사'에도 속한다. 그러므로 '**종속 상관** 접속사'라고 하는 것이다.

종속상관접속사의 예는 다음과 같다.

① In order that

He visited New York *in order that* he would meet his friend.
(그는 친구를 만나기 위해 뉴욕을 방문했습니다.)

> 해설 "in order that"은 '~하기 위해'(in order to)의 뜻으로, '목적'을 나타낸다.

종속상관접속사 "in order that"은, 두 개의 절 즉 "he visited New York"과 "he would meet his friend"를 '상호 관련'[상관]시키되('그가 뉴욕을 방문하는 것'과 '그가 그의 친구를 만나는 것'), '종속적'으로 연결하고 있다.

즉, '주'(主)가 되는 것은 "he visited New York"이고, 종속절 "in order that he would meet his friend"는 주절 "he visited New York"에 '종속'되고 있다.

> 참고 "in order that"은 "in order to"와 같은 뜻이기 때문에, 위 예문은 아래와 같이 바꾸어 쓸 수 있다.
> = He visited New York **in order to** meet his friend.

② So … that

He studied *so* hard *that* he passed the exam.
(그는 매우 열심히 공부를 했기 때문에 그 시험에 합격했습니다.)

해설 "so … that"은 '매우 … 해서 ~ 하다'의 뜻으로, '결과'를 나타낸다. 종속상관접속사 "so … that"은, 두 개의 절 즉 "he studied hard"와 "he passed the exam"을 '상호 관련'[상관]시키되('그가 열심히 공부하는 것'과 '그가 그 시험에 합격하는 것'), '종속적'으로 연결하고 있다.

즉, '주'(主)가 되는 것은 "he studied hard"이고, 종속절 "so … that he passed the exam"은 주절 "he studied hard"의 종속된 '결과'인 것이다.

③ No sooner ~ than

No sooner **had he arrived** at the office *than* it began to shower.
(그가 사무소에 도착하자마자 소나기가 내리기 시작했습니다.)

해설 "no sooner ~ than"은 '~ 하자마자 ~ 하다'의 뜻으로, '상황'을 나타낸다. 보통 'no sooner A than B'로 표기하여, 'A 하자마자 B 하다'로 해석한다.

"no sooner ~ than"은, 두 개의 '절' 즉 "he had arrived at the office"과 "it began to shower"를 '상호 관련'[상관]시키되('그가 사무소에 도착하는 것'과 '소나기가 내리기 시작하는 것'), '종속적'으로 연결하고 있다.

즉, '주'(主)가 되는 것은 "he had arrived at the office"이고, 종속절 "no sooner ~ than it began to shower"는 주절 "he had arrived at the office"에 '종속'되고 있다.

'그가 사무실에 도착'한 것이 먼저기 때문에 '과거완료 시제'(had arrived)고, '소나기가 내린 것은 그다음'이므로 '과거 시제'(began)다.

부정어 "no sooner"는 '부사구'이므로, 그다음에 오는 어순(語順)이 '조동사 + 주어'(had he)가 되었다. 즉 '주어'(he)와 '조동사'(had)가 서로 도치(倒置)되었다.

참고 begin to + 동사원형: … 하기 시작하다(start). shower [ʃáuər] vi. 소나기가 내리다

Chapter 8
감탄사

감탄사(感歎詞, Interjection)는 '놀람, 기쁨 등의 감정을 나타내는 품사'다. "oh, bravo" 등이 감탄사다.

Oh, that's a good idea! (오, 좋은 아이디어입니다!)
　해설　"oh"가 '감탄사'다. 감탄사 "oh"는 '놀람의 감정'을 나타내고 있다.
　참고　interjection [ìntərdʒékʃən] n. 감탄사.　idea [aidíːə] n. 아이디어; 생각

영어의 알파벳(English Alphabet)

A, a [ei]	B, b [biː]	C, c [siː]	D, d [diː]	E, e [iː]	F, f [ef]
G, g [dʒiː]	H, h [eitʃ]	I, i [ai]	J, j [dʒei]	K, k [kei]	L, l [el]
M, m [em]	N, n [en]	O, o [ou]	P, p [piː]	Q, q [kjuː]	R, r [aːr]
S, s [es]	T, t [tiː]	U, u [juː]	V, v [viː]	W, w [dʌbljùː]	X, x [eks]
Y, y [wai]	Z, z [ziː/zed]				

　참고
영어의 26개 알파벳(alphabet) 중에서 '모음'(母音, vowel)은 "**A, E, I, O, U**" 5개뿐이다. 그 나머지 21개 알파벳은 모두 '자음'(子音, consonant)이다.

구와 절

제1장(영어의 8품사)에서는 영어 문장의 가장 작은 단위인 '단어'(單語, Word)를, 그 성질에 따라 8개의 품사로 나누어 살펴보았다.

이제 여기에서는 단어 한 개가 아닌, '단어 + 단어'의 모임인 '구'(句, Phrase)에 대해서 살펴보고자 한다.

또한, '구'보다 약간 더 긴 단위인, '절'(節, Clause)에 대해서도 살펴본다.

'구'와 '절'은 '품사'가 아니면서도 품사(명사, 형용사 등)의 역할을 하므로, '구와 절'은 '품사(8품사)의 확장'이라고도 할 수 있겠다.

참고 phrase [freiz] n. 구. clause [klɔːz] n. 절.

(1) '구'의 종류

'구'는 '두 개 이상의 단어가 모여 하나의 품사 역할을 하는 어군(語群, a group of words)'이다.
'구'는 ①명사구, ②형용사구, ③부사구의 세 가지 종류가 있다. 이에 더하여 '동사구'를 추가하기도 한다.
'명사구'는 명사의 역할을 하고, '형용사구'는 형용사의 역할을 하며, '부사구'는 부사의 역할을 하고, 나아가 '동사구'는 동사의 역할을 한다.

1) 명사구

'명사구'(名詞句, Noun Phrase)는, '명사' 품사와 마찬가지로, ①주어, ②목적어, ③보어 역할을 한다.

① '주어' 역할

To behave gently is important for friendship.
(우정을 위해서는 점잖게 행동하는 것이 중요합니다.)
해설 "to behave gently"가 '명사구'다.
단어 세 개 즉 "to, behave, gently"가 모여, '구'(to behave gently)가 되었다. 이 중에서 "to

behave"는 'to 부정사'고, "gently"는 부사다.
위 문장에서 명사구 "to behave gently"는, '주어'의 역할을 하고 있다.

참고 behave [bihéiv] vi. 행동하다, 처신(處身)하다(act). gently [dʒéntli] ad. 친절하게; 품위 있게 friendship [fréndʃip] n. 우정(友情)

② '목적어' 역할

He hopes to meet her. (그는 그녀를 만나기를 희망하고 있습니다.)
해설 "to meet her"가 '명사구'다.
"to meet her"는, 동사 "hopes"(원형: hope)의 '목적어' 역할을 하고 있다.

③ '보어' 역할

To see is to believe.
(격언: 보는 것이 믿는 것이다.) (= 백문[百聞]이 불여일견[不如一見])
해설 "to believe"가 '명사구'다.
"to believe"는, '보어'[주격 보어]의 역할을 하고 있다. 그러므로 'to see = to believe'다.

2) 형용사구

'형용사구'(形容詞句, Adjective [Adjectival] Phrase)는, '형용사' 품사와 마찬가지로 ①명사를 수식하거나 ②보어 역할을 한다. 형용사구가 명사를 수식할 때는 명사 바로 뒤에 놓이는 경우가 많다.

참고 adjectival [ædʒiktáivəl] a. 형용사의

① '명사' 수식

The books on that bookshelf are all good ones.
(저 책꽂이 위에 있는 책들은 모두 좋은 책들입니다.)
해설 "on that bookshelf"가 '형용사구'다.
"on that bookshelf"는, 명사 "books"[the books]를 뒤에서 수식하고 있다.

참고 "ones"는 "books" 대신 쓰였다.

② '보어' 역할

The policy is of no use now. (그 정책은 지금은 쓸모없습니다.)
해설 "of no use"가 '형용사구'다.
"of no use"는, 주어 "the policy"를 보충 설명하는 '보어'[주격 보어]의 역할을 하고 있다.
참고 of no use: 쓸모없는(useless)

3) 부사구

'부사구'(副詞句, Adverb [Adverbial] Phrase)는, '부사' 품사와 마찬가지로 ①동사 또는 ②형용사를 수식한다.
참고 adverbial [ædvə́ːrbiəl] a. 부사의

① '동사' 수식

He *goes* to his office on foot. (그는 그의 사무소에 걸어서 출근합니다.)
해설 "on foot"가 '부사구'다.
"on foot"는, 동사 "goes"(원형: go)를 수식한다.
참고 go to the office: 회사에 출근(出勤)하다. on foot: 걸어서, 도보(徒步)로

② '형용사' 수식

The problem is *difficult* to solve. (그 문제는 풀기가 어렵습니다.)
해설 "to solve"가 '부사구'다.
"to solve"는, 형용사 "difficult"를 뒤에서 수식한다.

4) 동사구

'동사 + 전치사' 또는 '동사 + 부사'의 형태가, '동사구'(動詞句, Verb Phrase)다. 동사구는 한 개의 '동사' 품사의 역할을 한다.
'동사구'가 일단 '동사'가 된 이상은, 일반 동사와 동일하다. 따라서 '동사구'는 '자동사'가 되기도 하고 '타동사'가 되기도 한다.

동사구는, '구'(句)가 '동사'가 되었다고 하여 '구동사'(句動詞, Phrasal Verb)라고도 한다. '동사구'를 '숙어'(熟語, Idiom)라고도 부르는데, 동사구는 그 종류가 매우 많다. 여기에서는 두 개만 예를 들어 살펴본다.

She **handed in** the report to the professor.
(그녀는 교수님에게 그 리포트를 제출했습니다.)
해설 "handed in"이 '동사구'다. ("handed"의 원형은 "hand")
"hand in"은, '동사(hand) + 전치사(in)'의 형태다.
"hand in"은 "submit"(제출하다)의 뜻을 가지고 있는 타동사로서, 위 예문에서는 "report"를 목적어로 취하고 있다.
그러므로 위 예문은 아래와 같이 바꾸어 쓸 수 있다.
= She **submitted** the report to the professor.
참고 hand [hænd] [해애앤(드)] vt. 주다, 건네주다

He **gave back** the pen to her. (= He **gave** her the pen **back**.)
(그는 그녀에게 그 펜을 되돌려 주었습니다.)
해설 "gave back"이 '동사구'다. ("gave"의 원형은 "give")
"give back"은, '동사(give) + 부사(back)'의 형태다.
"give back"은 "return"(되돌려 주다)의 뜻을 가지고 있다.
그러므로 위 예문은 아래와 같이 바꾸어 쓸 수 있다.
= He **returned** the pen to her.

(2) '절'의 종류

'절'은 '주어 + 동사'의 형태로 이루어진 어군(語群)이다. '절'은 '구'(句)와 마찬가지로, 하나의 '품사' 역할을 한다.

'절'이 비록 '주어 + 동사' 형태를 하고 있다고 할지라도 이는 전체 문장의 일부분일 뿐이므로, '절'은 그 자체만으로는 하나의 완전한 문장이 아님은 물론이다.

1) 형태에 따른 '절'의 종류

① 종속절(從屬節, Subordinate [Dependent] Clause)

'절' 중에서 '문장의 중심이 되는 절'을 '주절'(主節, Main [Independent] Clause)이라고 하고, '주절에 딸린 절, 즉 종속(從屬)되는 절'을 '종속절'이라고 한다. '종속절'을 '종위절'(從位節)이라고도 한다.

'주절'은 독립하여 혼자서도 쓰일 수 있는 '절'이지만, '종속절'은 독립하여 혼자서는 쓰일 수 없으며, 다른 '절'(주절)에 딸려서만(즉, 종속[從屬]되어서만) 쓰일 수 있는 '절'이다.

주절과 종속절은, '종속 접속사'(if, although 등)에 의해서 연결된다.

'종속절'에 대해서는 이미 '접속사'[종속 접속사] 편에서 설명했으므로, 여기서는 더 이상 살펴보지 않는다.

> **참고** dependent [dipéndənt] a. 종속(從屬)하는. independent [indipéndənt] a. 독립적인
> subordinate [səbɔ́ːrdənet] a. 종속하는. main [mein] a. 주(主)된, 중심적인

② 등위절(等位節, Coordinate Clause)

'종속절'에 대비되는 '절'로 '등위절'이라는 것이 있는데, '등위절'은 '등위 접속사'(and, or 등)에 의하여 서로 연결된다. '등위절'을 '대등절'(對等節)이라고도 한다.

'등위절'은 서로 대등(對等)하여, 어느 쪽에도 종속(從屬)되는 바가 없으므로, 각 '등위절'은 모두 각각 '주절'(主節)이다.

'등위절'에 대해서도 이미 '접속사'[등위 접속사] 편에서 살펴보기는 했지만, 예문을 하나 더 들어 본다.

He is diligent *and* his son is honest.
(그는 부지런하고 그의 아들은 정직합니다.)

해설 "he is diligent"와 "his son is honest"가 각각 '등위절'이다.
위 두 개의 '절'은, 등위접속사 "and"에 의하여 문법적으로 서로 대등(對等)하게 연결되어 있다.
위 문장에서와 같이, '절'("he is diligent" 또는 "his son is honest")은 '주어와 동사'("he is" 또는 "his son is")의 기본적인 문법 구조로 이루어져 있다.
"diligent"와 "honest"는 각각 '형용사'로서, 주어를 꾸며 주는 수식어[주격 보어]다.

2) 품사 역할에 따른 '절'의 종류

'절'은 하나의 '품사'의 역할을 한다고 했는데, '품사'의 역할을 하는 '절'은 '절' 중에서도 '종속절'이다. 등위절은 '절'과 '절'의 결합일 뿐이어서 별다른 기능이 없기 때문이다.
종속절의 종류는 ①명사절, ②형용사절, ③부사절의 세 가지 종류가 있다.

① 명사절(名詞節, Noun Clause)

'명사절'은, '주절'에 대하여 '명사' 품사의 역할을 하는 '절'[종속절]이다.
'명사'는 '주어, 목적어, 보어'로 쓰이므로, 명사절도 문장 중에서 ①주어, ②목적어, ③보어로 사용된다.

(a) '주어'로 사용

What she said yesterday was true. (그녀가 어제 말한 것은 진실입니다.)

해설 "what she said yesterday"가 '명사절'이다.
"what she said yesterday"는 위 문장에서 '주어'로 사용되었다.

(b) '목적어'로 사용

Do you know who he is? (그가 누구인지 아십니까?)

해설 "who he is"가 '명사절'이다.
"who he is"는, 위 문장에서 동사 "know"의 '목적어'로 사용되었다.

"do you know"가 '주절'이고 "who he is"가 '종속절'이다.

주절 "do you know"는 혼자서도 쓰일 수 있다. 그러나 종속절 "who he is"는 혼자서는 쓰일 수 없으며, 주절 "do you know"에 종속되어서만 쓰일 수 있다.

> 참고 "who he is"는 '간접의문문'이다. 간접의문문의 어순은 '의문사 + 주어 + 동사'다.

(c) '보어'로 사용

His opinion is *that the news is true*.
(그의 의견은 그 뉴스는 사실이라는 것입니다.)

> 해설 "that the news is the true"가 '명사절'이다. "that the news is the true"는, 위 문장에서 동사 "is"의 '보어'[주격 보어]로 사용되었다.

> 참고 true [truː] a. 사실(事實)인, 진실(眞實)인

② 형용사절(形容詞節, Adjective Clause)

'형용사절'은, '주절'에 대하여 '형용사' 품사의 역할을 하는 '절'[종속절]이다. '형용사절'은, 관계대명사의 선행사 또는 관계부사의 선행사를 수식한다.

(a) 관계대명사의 선행사를 수식

This is a *book which Mr. Kim wrote*. (이것은 김 선생님이 쓴 책입니다.)

> 해설 "which Mr. Kim wrote"가 '형용사절'이다.

"which Mr. Kim wrote"은, 위 문장에서 명사 "book"을 수식하고 있다. "book"은 관계대명사 "which"의 선행사다.

(b) 관계부사의 선행사를 수식

Last Wednesday is the *day when she left for New York*.
(지난주 수요일은 그녀가 뉴욕으로 떠난 날입니다.)

> 해설 "when she left for New York"이 '형용사절'이다.

"when she left for New York"은, 위 문장에서 명사 "day"를 수식하고 있다. "day"는 관계부사 "when"의 선행사다.

③ 부사절(副詞節, Adverb [Adverbial] Clause)

'부사절'은, 주절에 대하여 '부사' 품사 역할을 하는 '절'[종속절]인데, 부사절에 대해서는 '접속사'[종속접속사] 편에서 이미 설명하였으므로, 여기에서 다시 설명하지 않는다.

문장의 구성요소

제1장(8품사)에서는 영어 문장의 최소 단위인 '단어'와 그 역할인 '품사'를 살펴봤고, 제2장(구와 절)에서는 단어보다는 조금 더 큰 단위인 '구'와 '절'에 대해서 살펴봤다.

위와 같은 '단어, 구, 절'은, 문장의 단위를 '평면적' 측면에서 살펴본 것이라고 할 수 있다. 그러나 문장의 최소 단위들을 '기능적' 측면에서 살펴볼 수도 있는데, 그것이 이번에 설명하려는 문장의 구성요소(構成要素, Elements)다.

영어 문장의 '구성 요소'는, 우선 크게는 (1)'주부'(主部)와 (2)'술부'(述部)의 두 가지 요소가 있다. 즉 영어의 문장은 '주부'와 '술부'의 두 가지 요소가 없이는 이루어질 수 없다.

다음으로 문장의 구성 요소를 개별적으로 작게 나누어 볼 수 있는데, 여기에는 ①주어, ②동사, ③목적어 및 ④보어의 네 가지 요소가 있다. 즉 영어의 문장은 '주어', '동사', '목적어' 및 '보어'가 서로 적절히 섞여야 제 기능을 발휘하게 된다.
'주어', '동사', '목적어' 및 '보어'를, '문장의 주요 요소' 또는 '문장의 4요소'라고 부른다.

아래에서 위 구성요소들에 대하여 하나씩 살펴본다.

(1) 주부와 술부

영어 문장의 '주부'(Subject)는 그 문장의 주제(主題)가 되는 부분이고, '술부'(Predicate)는 주부를 설명하는 부분이다.
참고 subject [sʌ́bdʒikt] n. 주부, 주어. predicate [prédikət] n. 술부, 술어(述語)

He *is diligent*. (그는 부지런합니다.)
해설 위 문장에서 "he"는 '주부'고, "is diligent"는 '술부'다.
'주부' "he"는 위 문장의 '주제'가 되는 부분이고, '술부' "is diligent"는 '주부'인 "he"를 설명하는 부분이다. 영어 문장은 위와 같이 '주부'와 '술부'라는 기본적인 단위로 이루어진다.

Half his first new salary *was given to his parents.*
(그는 첫 월급의 반을 부모님에게 드렸습니다.)

> 해설 위 문장에서 "Half his first new salary"는 '주부'고, "was given to his patents"는 '술부'다.

> 참고 "half" 다음에 전치사 "of"가 생략되었다. salary [sǽləri] n. 월급(月給), 봉급(俸給)

(2) 문장의 주요 요소

문장의 '주요 요소'(主要 要素)는 ①주어, ②동사, ③목적어, ④보어다.

① 주어(主語, Subject: 보통 "S"로 표기한다)

'주어'는 영어 문장의 '주부' 중에서 가장 중심이 되는 '요소'다.
주어가 될 수 있는 것으로는 ①명사, ②대명사, ③명사상당어구가 있다.

> 참고 '주부'든 '주어'든, 영어로는 모두 "Subject"으로 표기한다. 그러나 '주부'와 '주어'를 구별하기 위하여, '주부'를 "Complete Subject"으로, '주어'를 "Simple Subject"으로 표현하기도 한다.
> 보통, "Complete Subject"은 '명사 + 수식어'의 형태고, "Simple Subject"은 '명사'의 형태다. 여기에서의 '명사'는, 대명사 또는 명사상당어구를 포함하는 개념이다.

(a) 명사 또는 대명사

Su-ji and he are friends. ('수지'와 그는 친구입니다.)

> 해설 "Su-ji"와 "he"가 각각 '주어'다.

그러나 "Su-ji and he" 전체를 '주어'[주부]라고 할 수도 있다. 이 경우에는, "Su-ji and he"이 "Complete Subject"이고, Su-ji와 "he"가 각각 "Simple Subject"이다.
"Su-ji"는 '명사'(고유명사)고, "he"는 '대명사'다.

(b) 명사상당어구

To violate laws is wrong. (법을 위반하는 것은 나쁜 것입니다.)

> 해설 "to violate laws"가 '주어'다.

"to violate laws" 중, "to violate"는 'to 부정사'로 '명사 상당어구'다.

참고 violate [váiəlèit] vt. 위반(違反)하다. wrong [rɔ́ːŋ] [뤄어엉] a. 나쁜

② 동사(動詞, Verb: 보통 "V"로 표기한다)

'동사'는 문장 '술부'의 중심이 되는 '요소'다.
일반적으로 쓰이는 동사가 이른바 '일반 동사'(一般 動詞)다. 그러나 문장이 '진행형'인 경우에는 일반동사 외에 'be 동사'를 사용하고, 나아가 문장이 '부정문' 또는 '의문문'인 경우에는 일반동사 외에 '조동사'(助動詞)까지 사용한다. 그러므로 넓은 의미의 '동사'에는, '일반 동사'와 'be 동사'뿐만 아니라 '조동사'도 포함된다.
'동사'에 대해서는 '8품사'의 '동사' 편에서 이미 설명하였으므로, 여기서는 다시 설명하지 않는다.

③ 목적어(目的語, Object: 보통 "O"로 표기한다)

'목적어'는 동사의 대상이 되는 문장의 '요소'다.
목적어로는 주어와 마찬가지로, '명사', '대명사' 또는 '명사 상당어구'가 사용된다. 목적어는 ①직접목적어와 ②간접목적어의 두 가지 종류가 있다.
'목적어'에 대해서도 '동사' 편에서 이미 설명하였으므로, 여기서는 다시 설명하지 않는다.

④ 보어(補語, Complement: 보통 "C"로 표기한다)

'보어'는 '주어' 또는 '목적어'를 보충적으로 설명하는 문장의 '요소'다.
보어로는 '명사', '대명사', '명사 상당어구'뿐만 아니라, '형용사' 또는 '형용사 상당어구'가 사용된다. 보어는 ①주격보어와 ②목적격보어[목적보어]의 두 가지 종류가 있다.
'보어'에 대해서도 '동사' 편에서 이미 설명하였다. 그러므로 여기서는 다시 설명하지 않는다.

⑤ 수식어(修飾語, Modifier: 보통 "M"으로 표기한다)

위와 같이 '문장의 주요 요소'는 ①주어, ②동사, ③목적어, ④보어, 이렇게 네 가지다.
그런데 이들 문장의 4요소들을 수식하는 '형용사'와 '부사'를 ⑤'수식어'라고 부르면서, '수식어'를 문장의 '요소'에 추가하여, 이들 전부를 가리켜 '문장의 5요소'라고 부르기도 한다.

수식어인 '형용사'는 형용사구와 형용사절을 포함하고, '부사'는 부사구와 부사절을 포함한다. 형용사(형용사구와 형용사절 포함) 및 부사(부사구 및 부사절 포함)에 대해서는 이미 설명하였으므로, 다시 설명하지 않는다.

참고 modifier [mάdəfàiər] n. 수식어

PART 4

문장의 5형식

영어 문장(Sentence)을 이루는 최소 단위인 '단어'(Word)와 '구성 요소'(Element)에 대해서는, 이 책의 제1장(8품사), 제2장(구와 절), 제3장(문장의 요소)에서 살펴보았다.

여기에서는, '영문'(英文) 즉 '영어로 쓴 글'의 최소 단위인 '문장'(文章, Sentence) 자체에 대하여 살펴보고자 한다.

영어 문장에 관련하여 첫 번째로 살펴보고자 하는 것이, 영어 '문장의 기본 문형(文型)'인 '문장의 5형식(形式)'(5 Sentence Patterns)이다.

참고 pattern [pǽtərn] [패애러언] n. (정형화된) 양식(樣式)

'문장의 5형식'(문장의 5가지 형식)은, 영어 '동사의 5가지 종류'에 따른 분류 형식이다. 즉 동사의 5가지 종류에 따라 문장도 5가지 형식으로 분류된다.

그러므로 '문장의 5형식'을 살펴보기에 앞서, 우선 '동사의 5가지 종류'를 살펴보는 것이 필요하다. '동사의 종류'에 대해서는 이미 '동사' 편에서 설명하였으므로, 여기서는 간단히 언급하는 것으로 그친다.

1) 동사의 5가지 종류

동사는 '목적어'를 필요로 하는가 여부에 의하여, '자동사'(自動詞: 목적어 불필요)와 '타동사'(他動詞: 목적어 필요)로 나누어지는데,

자동사는 '보어'를 필요로 하는가 여부에 의하여, ①완전 자동사(보어 불필요)와 ②불완전 자동사(보어 필요)로 나누어지고,

타동사는 '목적어와 보어' 모두를 필요로 하는가 여부에 의하여, '완전 타동사'(목적어만 필요함) ⑤'불완전 타동사'(목적어와 보어 모두 필요함)로 나누어진다.

그리고, '완전 타동사'는 목적어가 한 개인가 아니면 두 개인가 여부에 의하여, ③단일 목적 동사(單一 目的 動詞)(목적어가 한 개)와 ④수여 동사(授與 動詞)(목적어가 두 개)로 나누어진다.

이제 위 '동사의 5가지 종류'에 따른 '문장의 5가지 형식'(문장의 5형식)을, 간략히 정리해 보면 아래와 같다.

① **완전 자동사**

목적어와 보어가 필요 없다 – '**1형식 문장**'을 형성함.
완전 자동사의 예: set ([해 등이] 지다)

② **불완전 자동사**

목적어는 필요 없으나 보어[주격 보어]가 필요하다 – '**2형식 문장**'을 형성함.
불완전 자동사의 예: become (…이 되다)

③ **단일 목적 동사**

보어는 필요 없으나, 목적어[직접 목적어]가 한 개 필요한 완전타동사다 – '**3형식 문장**'을 형성함.
단일 목적 동사의 예: like (…을 좋아하다)

④ **수여 동사**

보어는 필요 없으나, 목적어가 두 개[간접 목적어, 직접 목적어] 필요한 완전타동사다 – '**4형식 문장**'을 형성함.
수여 동사의 예: give (…을 주다)

⑤ **불완전 타동사**

목적어와 보어[목적격 보어]가 필요하다 – '**5형식 문장**'을 형성함.
불완전 타동사의 예: make (…하게 하다)

2) 문장의 5형식

'문장의 5형식'의 내용을 각각 살펴보면 다음과 같다.

① 1형식(形式): S + V

'1형식 문장'은 '주어(S) + 동사(V)'의 형식으로 되어 있다. 동사(V)는 '완전 자동사'다.

The sun sets in the west. (해는 서쪽으로 집니다.)
해설 'S + V'의 형식으로 되어 있는 '1형식 문장'이다. 'S'는 "sun"[the sun]이고, 'V'는 "sets"(원형: set)다.
동사 "set"는 '완전 자동사'로서, 목적어나 보어를 필요로 하지 않는다.
"in the west"는 동사 "sets"를 수식하는 부사구다.
참고 set [set] vi. (해·달 등이) 지다. in the west: 서쪽으로

② 2형식: S + V + C

'2형식 문장'은 'S + V + 보어(C)'의 형식으로 되어 있다. 동사(V)는 '불완전 자동사'고, "C"는 '주격 보어'(主格 補語)다.

He became a teacher. (그는 선생님이 되었습니다.)
해설 'S + V + C'의 형식으로 되어 있는 '2형식 문장'이다. 'S'는 "he"이고 'V'는 "became"(원형: become)이며, 'C'는 "teacher"다.
동사 "become"은 '불완전 자동사'로서 보어를 필요로 한다.
보어 "teacher"는 '주격 보어'로서, 주어(he) = 보어(teacher)의 관계에 있다.

③ 3형식: S + V + O(D.O)

'3형식 문장'은 'S + V + 목적어(O)'의 형식으로 되어 있다. 동사(V)는 목적어 한 개를 필요로 하는 '완전 타동사'다. '목적어'는 목적어 중에서도 '직접 목적어'(D.O)다.

She likes cake. (그녀는 케이크를 좋아합니다.)
해설 'S + V + O'의 형식으로 되어 있는 '3형식 문장'이다. 'S'는 "she"이고 'V'는 "likes"(원형: like)이며, 'O'는 "cake"다.
"like"는 '완전 타동사'로서 한 개의 목적어를 필요로 하는데, "cake"가 '목적어'[직접 목적어]다.

> **참고** 직접 목적어: Direct Object [D.O]. 간접 목적어: Indirect Object [I.O])

④ 4형식: S + V + O(I.O) + O(D.O)

'4형식 문장'은 'S + V + 간접목적어(I.O) + 직접목적어(D.O)'의 형식으로 되어 있다. 동사(V)는 목적어 두 개(간접 목적어, 직접 목적어)를 필요로 하는, '수여(授與) 동사'다.

He gave her a pen. (그는 그녀에게 펜을 주었습니다.)
해설 'S + V + I.O + D.O'의 형식으로 되어 있는 '4형식 문장'이다. 'S'는 "he"이고 'V'는 "gave"(원형: give)며, 'I.O'는 "her"고 "D.O"는 "pen"이다.
"give"는 '수여동사'로서 두 개의 목적어를 필요로 하는데, 첫 번째 목적어인 "her"가 '간접 목적어'이고, 두 번째 목적어인 "pen"이 '직접 목적어'이다.
위와 같은 4형식 문장은 3형식 문장(S + V + O)으로 바꾸어 쓸 수도 있는데, 위 예문을 3형식 문장으로 바꾸어 쓰면 아래와 같다.
= He gave a pen to her.
위 문장에서는 목적어는 '직접 목적어'[pen] 한 개다. "to her"는 동사 "gave"를 수식하는 '부사구'일 뿐이다.

⑤ 5형식: S + V + O + C

'5형식 문장'은 'S + V + O + C'의 형식으로 되어 있다. 동사(V)는 '목적어 한 개'와 '목적격 보어'를 필요로 하는, '불완전 타동사'다.
'C'가 '목적격 보어'(目的格 補語)다. 목적어(O)는 '직접 목적어'(D.O)다.

He made her happy. (그는 그녀를 행복하게 했습니다.)
해설 'S + V + O + C'의 형식으로 되어 있는 '5형식 문장'이다. 'S'는 "he"이고 'V'는 "made"(원형: make)며, 'O'는 "her"고, 'C'는 "happy"인데 '목적격 보어'다.
목적격보어 "happy"는 목적어 "her"를 보충 설명하고 있다. '그녀가(her) 행복하다(happy)'는 것이다. 즉 '목적어(her) = 보어(happy)'의 관계에 있다.
그러므로 '목적어'(O)와 '목적격 보어'(C) 사이에서는, 의미상으로 '주부(her) + 술부(happy)'의 관계가 성립한다고 볼 수 있다.

문장의 종류

제1장(8품사), 제2장(구와 절), 제3장(문장의 요소)에서 '영어 문장을 이루는 단위'를 모두 살펴보고, 제4장(문장의 5형식)에서 '문장의 형식'을 살펴봄으로써, 하나의 영어 문장이 어떻게 구성되어 있는가를 모두 살펴보았다.

이제는 위와 같이 파악된 영어의 문장에는 어떤 것들이 있는지, 즉 영어 '문장의 종류'(Kinds of Sentence)에 대해서 살펴본다.

(1) '문장의 표현 형식'에 따른 문장의 종류

영어 문장은 그 표현 형식에 따라, ①평서문, ②의문문, ③명령문, ④감탄문, ⑤기원문, 이렇게 다섯 가지로 나눌 수 있다.

1) 평서문

'평서문'(平敍文, Declarative Sentence)은, '사실 그대로를 서술(敍述)하는 문장'이다. 평서문의 어순은 '주어 + 동사'고, 문장 맨 끝에 마침표(Period) "."를 찍는다.
평서문에는 '긍정문'(肯定文)과 '부정문'(否定文)이 있다.

> 참고 declarative [diklǽrətiv] a. 서술적인

① 긍정문인 평서문

She is a teacher. (그녀는 선생님입니다.)
> 해설 사실(그녀는 선생님이다)을 그대로 서술하고 있다. 사실을 긍정적으로 서술하고 있으므로 '긍정문'이다. 어순은 '주어(she) + 동사(is)'다. 문장 맨 끝에 마침표(Period) "."을 찍었다.

② 부정문인 평서문

He is not a teacher. (그는 선생님이 아닙니다.)
> 해설 사실(그는 선생님이 아니다)을 그대로 서술하고 있다. 사실을 부정적으로 서술하고 있으

므로 '부정문'이다. 동사 "is" 뒤에 '내용을 부정하는 부사' "not"을 넣어, '부정문'이 되었다. 부사 "not"은 동사 "is"를 수식한다.

③ 긍정문을 부정문으로 바꾸는 방법

(A) 긍정문의 동사가 'be 동사'거나 긍정문에 '조동사'가 있는 경우에는, be동사 또는 조동사 다음에 "not"을 붙여 부정문을 만든다.

(a) 긍정문에 'be 동사'가 있는 경우

긍정문: He is a professor. (그는 교수님입니다.)

→ 부정문: He is not a professor. (그는 교수님이 아닙니다.)

해설 긍정문에 있는 'be 동사'(is) 다음에 "not"을 붙여, 부정문을 만들었다.

(b) 긍정문에 '조동사'가 있는 경우

긍정문: He can do the work. (그는 그 일을 할 수 있습니다.)

→ 부정문: He can not do the work. (그는 그 일을 할 수 없습니다.)

해설 긍정문에 있는 조동사(can) 다음에 "not"을 붙여, 부정문을 만들었다.

(B) 긍정문의 동사가 '일반 동사'인 경우에는, 긍정문이 현재형일 때는 'do(es) not + 동사 원형'을 쓰고, 긍정문이 과거형일 때는 'did not + 동사 원형'을 써서 부정문을 만든다.

(a) 긍정문이 현재형일 때

긍정문: He likes her. (그는 그녀를 좋아합니다.)

→ 부정문: He does not like her. (그는 그녀를 좋아하지 않습니다.)

해설 긍정문의 동사가 일반동사 "likes"(원형: like)이므로, 'does not + 동사 원형(like)'을 써서 부정문을 만들었다.

참고 긍정문에서, 주어 "he"가 3인칭 단수이므로, "like"를 쓰지 않고 "likes"를 썼다.
부정문에서도, 주어 "he"가 3인칭 단수이므로, "do not"을 쓰지 않고 "does not"을 썼다.

(b) 긍정문이 과거형일 때

긍정문: He worked hard. (그는 열심히 일했습니다.)

→ 부정문: He did not work hard. (그는 열심히 일하지 않았습니다.)

해설 긍정문의 동사가 일반동사 "work"이므로, 'did not + 동사 원형(work)'을 써서 부정문을 만들었다.

> 참고 hard [haːrd] [하아알드] ad. 열심히

2) 의문문

'의문문'(疑問文, Interrogative Sentence)은, '의문(疑問)을 나타내는 문장'이다. 문장의 일반적인 어순은 '동사 + 주어'로, 평서문의 어순인 '주어 + 동사'와는 반대다. 문장 끝에는 의문부호인 "?"(Question Mark)를 찍는다.

의문문은 ①의문사 없는 의문문, ②의문사 있는 의문문, ③선택 의문문, ④부가 의문문, ⑤간접 의문문, ⑥수사 의문문, 이렇게 여섯 가지 종류가 있다.

① 의문사 없는 의문문(Yes-No Question)

'의문사 없는 의문문'은, "Yes"나 "No"로 대답할 수 있는 보통의 의문문이다. 대답할 때는, 질문에 사용된 'be 동사'나 '조동사'를 사용한다.

> 참고 question [kwéstʃən] n. 의문문; 질문

'의문사 없는 의문문'의 여러 가지 형태를 살펴보면 다음과 같다.

(A) Be 동사 + 주어 ~ ?
A: Is that a book? (저것은 책입니까?)
B: Yes, it is. (= Yes, it is a book.) (예, 그렇습니다.)
또는,
No, it isn't. (= No, it isn't a book.) (아니요, 그렇지 않습니다.)

> 해설 "Is that a book?"이 '의문사 없는 의문문'이다.
"is"가 'be 동사'고, "that"이 '주어'다.
"Is that"으로 시작함으로써 "be 동사 + 주어"의 어순을 취하고 있다. 문장 맨 끝에 의문부호 "?"를 찍었다.

(B) 조동사 + 주어 + 본동사 ~ ?

(a) '조동사'가 "can"인 경우

A: Can she play the piano? (그녀는 피아노를 칠 줄 압니까?)

B: Yes, she can. (= Yes, she can play the piano.)

(예, 그녀는 피아노를 칠 줄 압니다.)

또는,

No, she cannot. (= No, she cannot play the piano.)

(아니요, 그녀는 피아노를 칠 줄 모릅니다.)

해설 "Can she play the piano?"가 '의문사 없는 의문문'이다.

"can"이 '조동사'고, "she"가 '주어'이며, "play"가 '본동사'다.

"Can she play"로 시작함으로써 "조동사 + 주어 + 본동사"의 어순을 취하고 있다.

참고 play the piano: 피아노를 치다. cannot = can not = can't

(b) '조동사'가 "do"인 경우

ⓐ '본동사'가 현재형인 경우: Do(es) + 주어 + 동사 원형 ~ ?

A: Does he plan to visit her tomorrow?

(그가 그녀를 내일 방문할 계획입니까?)

B: Yes, he does. (= Yes, he plans to visit her tomorrow.)

(예, 그렇습니다.)

또는,

No, he doesn't. (= No, he does not plan to visit her tomorrow.)

(아니요, 그렇지 않습니다.)

해설 "Does he plan to visit her tomorrow?"가 '의문사 없는 의문문'이다.

"does"가 '조동사'고, "he"가 '주어'이며, "plan"이 '본동사'다. "Does he plan"으로 시작함으로써 "조동사 + 주어 + 본동사"의 어순을 취하고 있다.

본동사 "plan"이 '현재형'이므로, 조동사도 현재형 "does"(원형: do)가 쓰였다.

주어가 3인칭 단수인 "he"이므로, "does"가 쓰였다. 만일에 주어가 2인칭 "you"이었다면 "do"가 쓰였을 것이다.(예: Do you plan to visit her tomorrow? / Yes, I do. 또는 No, I don't.)

참고 plan [plæn] [플래애앤] vt. …할 계획이다, 생각이다

ⓑ '본동사'가 과거형인 경우: Did + 주어 + 동사 원형 ~ ?

A: Did he visit you yesterday? (그가 어제 당신을 방문했습니까?)
B: Yes, he did. (= Yes, he visited me yesterday.) (예, 그렇습니다.)
또는,
No, he didn't. (= No, he did not visit me yesterday.)
(아니요, 그렇지 않습니다.)

해설 "Did he visit you yesterday?"가 '의문사 없는 의문문'이다.
"did"가 '조동사'고, "he"가 '주어'이며, "visit"이 '본동사'다. "Did he visit"으로 시작함으로써 "조동사 + 주어 + 본동사"의 어순을 취하고 있다.
본동사 "visited"가 '과거형'이므로, 조동사도 과거형 "did"가 쓰였다.
조동사 "do"의 과거형은 인칭에 상관없이, 즉 1, 2, 3인칭 모두 "did"다.

② 의문사 있는 의문문(Wh-Question)

'의문사가 있는 의문문'는 '의문사로 시작하는 의문문'이다. '의문사가 있는 의문문'에는 "Yes" 또는 "No"로 대답할 수 없다. 문장의 '어순'은 '의문사 + 동사 + 주어'다.

A: Where is she? (그녀는 어디에 있습니까?)
B: She went shopping. (그녀는 쇼핑하러 갔습니다.)

해설 "Where is she?"가 '의문사 있는 의문문'이다.
"where"이 '의문사'고, "is"가 '주어'이며, "she"가 '주어'다. '의문사 + 동사 + 주어'의 어순을 취하고 있다.

참고 go shopping: 쇼핑하러 가다〈과거형: went shopping〉

참고 ⓐ긍정문, ⓑ부정문, ⓒ의문사 없는 의문문, ⓓ의문사 있는 의문문
위와 같은 문장들의 예를 하나씩 들어 보면 아래와 같다.
ⓐ I had lunch.(나는 점심을 먹었습니다.)
ⓑ He didn't have lunch.(그는 점심을 먹지 않았습니다.)
ⓒ Did you have lunch?(당신은 점심을 먹었습니까?)
ⓓ What did you have for lunch?(당신은 점심으로 무엇을 먹었습니까?)

③ 선택 의문문(選擇 疑問文, Alternative Question)

'선택 의문문'은 '둘 중에서 하나를 선택하라는 의문문'이다. 선택의문문은 의문문의 문장 중에 "or"가 들어가는 형태다.

참고 alternative [ɔːltə́ːrnətiv] a. 선택의, 선택적인(selective)

A: Which do you like better, summer or winter?
(여름과 겨울 중, 어느 계절을 더 좋아합니까?)
B: I like summer better. (나는 여름을 더 좋아합니다.)
해설 "Which do you like better, summer or winter?"가 '선택 의문문'이다. 문장 중에 "or"(또는)가 들어갔다. 어떤 것인지를 선택하라는 것이다.
참고 better [bétər] [배애럴] ad. 더 좋게, 더 많이. summer [sʌ́mər] [써머어얼] n. 여름

④ 부가 의문문(附加 疑問文, Tag Question)

'부가의문문'은 평서문 뒤에 '덧붙여진', 즉 평서문에 '부가'(附加)한 의문문이다.
일반적으로 '긍정문 평서문'(肯定文 平敍文) 뒤에는 '부정 의문문'(否定 疑問文)을 부가하고, '부정문 평서문'(否定文 平敍文) 뒤에는 '긍정 의문문'(肯定 疑問文)을 부가한다.
'부가 의문문'도 의문문이므로 그 어순은 '동사 + 주어'다.
참고 tag [tæg] n. 꼬리표, 딱지

부가의문문의 동사는, 본문(本文) 즉 '평서문'의 동사가 'be 동사'나 '조동사'인 경우에는 부가의문문에는 'be 동사'나 '조동사'를 그대로 사용하고, 본문의 동사가 '일반 동사'인 경우에는 부가의문문에는 "do(es) 또는 did"를 사용한다.
한편 본문의 '주어'는, 부가의문문에서는 이를 '대명사'로 나타낸다.

(A) 본문의 동사가 'be 동사'일 때의 부가의문문
(a) 부가의문문이 '부정 의문문'인 경우
Min-su is busy, isn't he? (he = "Min-su") ('민수'는 바쁘죠, 그렇죠?)
해설 "isn't he?"가 '부가 의문문'이다.
본문이 '긍정문 평서문'(Min-su is busy)이므로, 부가의문문은 '부정 의문문'(isn't he?)이다.

부가의문문의 어순은 '동사 + 주어'(isn't he?)다.
본문의 동사가 "is"로 'be 동사'이므로, 본문의 "is"에 "not"을 붙여 "isn't"가 되었다.
부가의문문을 사용한 것은, 본문의 내용 즉 '민수가 바쁘다'는 사실을 상대방으로부터 확인받기 위함이다.
본문의 주어 "Min-su"는, 부가의문문에서는 대명사 "he"로 대치(代置)되었다.
부가의문문에서는 부정문에 모두 '축약형'을 쓴다. 즉 "is not he?"가 아니라 "isn't he?"다.

(b) 부가의문문이 '긍정 의문문'인 경우

Su-ji is not busy, is she? (she = "Su-ji") ('수지'는 바쁘지 않죠, 그렇죠?)
> 해설 "is she?"가 '부가 의문문'이다.

본문이 '부정문 평서문'(Su-ji is not busy)이므로, 부가의문문은 '긍정 의문문'(is she?)이다. 본문의 "is not"에서 동사가 "is"로 'be 동사'이므로, 본문의 "is"가 부가의문문에서 그대로 쓰였다. 부가의문문을 사용한 것은, 본문의 내용 즉 '수지가 바쁘지 않다'는 사실을 상대방으로부터 확인받기 위함이다.
본문의 주어 "Su-ji"는, 부가의문문에서는 대명사 "she"로 대치(代置)되었다.

(B) 본문의 동사가 '조동사'일 때의 부가의문문
(a) 부가의문문이 '부정 의문문'인 경우

Su-ji can do the work, can't she? (she = "Su-ji")
('수지'는 그 일을 할 수 있죠, 그렇죠?)
> 해설 "can't she?"가 '부가 의문문'이다.

본문이 '긍정문 평서문'(Su-ji can do the work)이므로, 부가의문문은 '부정 의문문'(can't she?)이다. 부가의무문문의 어순은 '동사 + 주어'(can't she?)이다.
본문의 동사가 조동사 "can"으로 시작하므로, 본문의 "can"에 "not"을 붙여 "can't"(cannot)이 되었다.
부가의문문을 사용한 것은, 본문의 내용 즉 '수지가 그 일을 할 수 있다'는 사실을 상대방으로부터 확인받기 위함이다.
본문의 주어 "Su-ji"는, 부가의문문에서는 대명사 "she"로 대치(代置)되었다.

(b) 부가의문문이 '긍정 의문문'인 경우

Min-su cannot do the work, can he? (he = "Min-su")

('민수'는 그 일을 할 수 없죠, 그렇죠?)

> 해설   "can he?"가 '부가 의문문'이다.

본문이 '부정문 평서문'(Min-su cannot do the work)이므로, 부가의문문은 '긍정 의문문' (can he?)이다. 본문의 "cannot"에서 조동사가 "can"이므로, 본문의 "can"이 부가의문문에서 그대로 쓰였다.

부가의문문을 사용한 것은, 본문의 내용 즉 '민수가 그 일을 할 수 없다'는 사실을 상대방으로부터 확인받기 위함이다.

본문의 주어 "Min-su"는, 부가의문문에서는 대명사 "he"로 대치(代置)되었다.

(C) 본문의 동사가 '일반 동사'일 때의 부가의문문

(a) 부가의문문이 '부정 의문문'인 경우

You like fruit, don't you? (당신은 과일 좋아하죠, 그렇죠?)

> 해설   "don't you?"가 '부가 의문문'이다.

본문이 '긍정문 평서문'(you like fruit)이므로, 부가의문문은 '부정 의문문'(don't you?)이다. 본문의 동사가 "like"로 '일반 동사'이므로, 부가의문문에는 "do"가 쓰였다.

부가의문문을 사용한 것은, 본문의 내용 즉 '상대방이 과일을 좋아한다'는 것을 그 상대방으로부터 확인받기 위함이다.

(b) 부가의문문이 '긍정 의문문'인 경우

You don't like noodles, do you? (당신은 국수를 좋아하지 않지요, 그렇죠?)

> 해설   "do you?"가 '부가의문문'이다.

본문이 '부정문 평서문'(you don't like noodles)이므로, 부가의문문은 '긍정 의문문'(do you?)이다. 본문의 동사가 "like"로 '일반 동사'이므로, 부가의문문에는 "do"가 쓰였다.

부가의문문을 사용한 것은, 본문의 내용 즉 '상대방이 국수를 좋아하지 않는다'는 것을 그 상대방으로부터 확인받기 위함이다.

> 참고   noodle [núːdl] n. 국수

⑤ 간접 의문문(間接 疑問文, Indirect Question)

'간접의문문'은 '의문문이 문장의 일부로 들어가 있는 경우'를 말한다. 간접의문문은 '의문사' 또는 '접속사'로 시작하며, '주어 + 동사'의 어순이다.

간접의문문에 대해서는 그 사이 몇 번 살펴봤지만, 여기서 다시 한번 간단히 정리해 본다.

참고 indirect [indərékt] [인디뤠액트] a. 간접적(間接的)인

(A) '의문사 + 주어 + 동사' 형태의 간접의문문

He knows who she is. (그는 그녀가 누구인지 알고 있습니다.)

해설 "who she is"(그녀가 누구인지)가 간접의문문이다. '의문사(who) + 주어(she) + 동사(is)' 어순으로 되어 있다.

위 문장은, 아래와 같이, 두 개의 문장을 하나로 합친 문장이다.

"He knows." + "Who is she?"

→ He knows who she is.

(B) '접속사 + 주어 + 동사' 형태의 간접의문문

Do you know if he visited her?

(당신은 그가 그녀를 방문했는지 어떤지를 압니까?)

해설 "if he visited her"(그가 그녀를 방문했는지 어떤지)가 간접의문문이다. '접속사(if) + 주어(he) + 동사(visited)' 어순으로 되어 있다.

위 문장은, 아래와 같이, 두 개의 문장을 하나로 합친 문장이다.

"Do you know?" + "Did he visit her?"

→ Do you know if he visited her?

⑥ 수사 의문문(修辭 疑問文, Rhetorical Question)

'수사 의문문'은, '문장(文章)의 형식은 의문문을 취하긴 했지만 문장의 실질적인 내용은 평서문인 경우'를 말한다.

강한 긍정 또는 강한 부정을 나타내기 위해 문장에 기교(技巧)를 사용한 형태가 수사의문문이다.

참고 rhetorical [ritɔ́ːrikəl] a. 수사학(修辭學)의. 알파벳 "h"가 발음되지 않음을 주의하여야 함.

Who can do the work?
(누가 그 일을 할 수 있다는 말인가?) (= 아무도 그 일을 할 수 없다.)
해설 위 문장을 보통의 평서문으로 고치면 "**No one** can do the work."다.
이와 같은 평서문의 내용을 강조하기 위하여 의문사(who)를 사용하여 의문문의 형식을 취한 것이, 위 예문과 같은 '수사의문문'이다.
위 예문의 경우에는, '강한 부정'(아무도 …할 수 없다)을 나타내기 위하여 '의문문'의 형식을 사용한 경우다.

3) 명령문

'명령문'(命令文, Imperative Sentence)은, '명령(命令) 또는 금지(禁止)를 나타내는 문장'이다. 명령문은 ①직접명령문, ②권유명령문, ③간접명령문의 세 가지 형태가 있다.
참고 imperative [impérətiv] a. 명령형(命令形)의

① 직접(直接) 명령문

'직접명령문'은 '상대방에게 직접 명령 또는 금지를 알리는 문장'이다. 대부분의 명령문은 직접명령문이다.

직접명령문은 '동사의 원형'으로 시작한다. 명령을 받는 상대방이 "you"이므로 "you"는 생략하고, '동사의 원형'으로 시작하는 것이다. 그러나 특히 상대방을 지적해서 명령할 때는, 예외적으로 "you"를 생략하지 않는다.

(A) '명령'하는 경우

Close the door when you come in or out. (들어오고 나갈 때는 문을 닫아라.)
해설 상대방에게 직접 명령하는 문장이다.
일반동사 "close"의 '동사의 원형'(close)으로 문장이 시작되었다.

Be quiet! (조용히 해라!)
해설 be동사의 '동사의 원형'(be)으로 문장이 시작되었다. "You are quiet!"에서, "you"를 생

략하고 "are"를 그 원형인 "be"로 바꾼 것이다.
명령문에 느낌표(!)를 찍으면, 더 강한 명령이 된다.
  참고 quiet [kwáiət] a. 조용한

Please be quiet. (조용히 좀 해 주세요.)
  해설 일반 명령문 앞에 "please"를 붙이면 부드러운 명령문이 된다. 이 경우에는 상대방에 대한 '부탁'에 가깝다. 문장도 마침표(.)로 끝난다.

(B) '금지'하는 경우

Don't speak loudly in public places. (공공장소에서는 큰 소리로 말하지 마라.)
  해설 상대방에게 직접 금지하는 문장이다. '동사의 원형'(speak) 앞에 "don't (= do not)을 붙였다.
  참고 loudly [láudli] ad. 큰 목소리로, 시끄럽게. public place: 공공장소(公共場所)

Never meet him! (그를 절대로 만나지 마라!)
  해설 금지명령문은 주로 don't으로 시작하지만, "never"로 시작하면 그 의미가 더 강하다. 의미가 더 강하기 때문에 느낌표(!)를 찍었다.
부사 "never" 다음에, 동사원형(meet)을 쓴 형태다.

(C) '상대방을 지적해서 명령'하는 경우

You get this, Min-su. ('민수'야, 네가 이것을 가져라.)
  해설 특히 상대방을 지적해서 명령하는 문장이다. 문장 맨 앞에 예외적으로 상대방인 "you"을 붙였다. 즉 상대방을 지적해서 명령할 때는, "you"를 생략하지 않는다.
  참고 get = receive

② 권유(勸誘) 명령문

'권유 명령문'은 Let's로 시작하는 명령문인데, 명령을 받는 사람은 "us"(우리)다. 즉 명령의 대상은 상대방(2인칭)뿐만 아니라 본인(1인칭)을 포함한다.

Let's take a bus. (버스를 탑시다.)
해설 Let's 다음에 일반동사의 원형(take)이 쓰였다. Let's는 "Let us"의 축약형이다. 버스를 탈 사람은 상대방뿐만 아니라 본인을 포함한다.

Let's *not* take a taxi. (택시를 타지 맙시다.)
해설 부정 권유명령문인데 Let's 다음에 "not"를 쓰고, 그다음에 일반동사의 원형(take)이 쓰였다.
택시를 타지 말아야 할 사람은 상대방뿐만 아니라 본인을 포함한다.

③ 간접(間接) 명령문

간접명령문은 '상대방을 통해 간접적으로 1인칭 또는 3인칭에게 명령하는 형식'이다. '직접 명령문'이 직접적으로 상대방[2인칭]에 대한 명령인 것과 다르다.
간접명령문은 상대방을 통한 명령이므로, 좀 공손한 느낌이 든다. 간접명령문의 형식은 'Let + 목적어 + 동사 원형'이다.

(A) 1인칭에 대한 간접명령문

Let me go there. (나를 그곳에 가게 해 주세요.)
해설 'Let + 목적어(me) + 동사원형(go)'의 형식이다. 상대방에 말하고 있지만, 명령을 받는 사람은 '말하는 사람 자신, 즉 1인칭' "me"다.
"Let me go there."은 실제로는 '내가 그곳에 가겠습니다'라는 뜻이다. 즉 '내가 그곳에 가겠다'라는 내용을 '나를 그곳에 가게 해 주세요'라고 간접적으로 돌려 말한 것이다. 다만 말하는 사람의 요청에 대한 상대방의 동의(명시적이든 묵시적이든)를 기다린다는 것이 다를 뿐이다.

(B) 3인칭에 대한 간접명령문

Let him go there. (그를 그곳에 가게 합시다.)
해설 'Let + 목적어(him) + 동사원형(go)'의 형식이다. 상대방에게 말하고 있지만, 명령을 받는 사람은 '말하는 사람과 상대방 외의 사람', 즉 '3인칭'인 "him"이다.

4) 감탄문

'감탄문'(感歎文, Exclamatory Sentence)은 '감탄을 나타내는 문장'이다. 문장 끝에 '감탄부호' "!"를 붙인다. 감탄문은 "what" 또는 "how"로 시작한다.

> 참고 exclamatory [iksklǽmətɔ́ːri] a. 감탄하는

① "what"으로 시작하는 감탄문

어순: What + (a, an) + 형용사 + 명사 + 주어 + 동사!

What a beautiful woman she is! (그녀는 얼마나 아름다운지!)
> 해설 "what"으로 시작하는 감탄문이다. "What" + "a" + 형용사(beautiful) + 명사(woman) + 주어(she) + 동사(is)의 어순으로 되어 있다.
> 위 예문은 아래와 같은 평서문으로 바꾸어 쓸 수 있다.
> = She is a very beautiful woman.

② "how"로 시작하는 감탄문

어순: How + 형용사 (또는 부사) + 주어 + 동사!

How fast he runs! (그가 얼마나 빨리 달리는지!)
> 해설 "how"로 시작하는 감탄문이다. "how" + 부사(fast) + 주어(he) + 동사(runs)의 어순으로 되어 있다.
> 위 예문은 아래와 같은 평서문으로 바꾸어 쓸 수 있다.
> = He runs very fast.

5) 기원문

'기원문'(祈願文, Optative Sentence)은, '상대방이 잘되기를 기원(祈願)하는 문장'이다. 기원문의 형식은 'May + 주어 + 동사 원형'이다. 문장 끝에 '기원부호' "!"를 붙인다.

보통 평서문의 어순이라면 '주어 + may + 동사 원형'이 될 것인데, '주어'와 'may'의 순서를 도치(倒置)시켜 기원문을 만드는 것이다.
한편, '주어 + 동사원형' 형식의 기원문도 있다.
> 참고 optative [áptətiv] a. 기원[소망]을 나타내는

May you be healthy! (건강하시기를!)
> 해설 'May + 주어(you) + 동사 원형(be)'의 형식이다. 상대방의 건강을 기원하는 내용이다.

May God bless you! (신이 축복하시기를!)
> 해설 'May + 주어(God) + 동사 원형(bless)'의 형식이다. 상대방에게 신의 축복이 있기를 기원하는 내용이다.
> 참고 bless [bles] vt. …를 축복(祝福)하다

God bless you! (신이 축복하시기를!)
> 해설 '주어(God) + 동사 원형(bless)'의 형식이다.

(2) '문장의 구조'에 따른 문장의 종류

영어 문장을 그 구조(構造)에 따라 분류하면, ①단문, ②중문, ③복문, ④혼문, 이렇게 네 가지로 나눌 수 있다.

① 단문(單文, Simple Sentence)

'단문'은 문장 중에 '주부 + 술부'가 한 개만 있는 문장이다.

I will attend the meeting. (나는 그 모임에 참석할 것입니다.)
> 해설 위 문장에서 "I"는 '주부'[주어]이고, "will attend the meeting"은 '술부'다. '주부'와 '술부'가 한 개만 있으므로 위 문장은 '단문'이다.

② 중문(重文, Compound Sentence)

'중문'은 문장 중에 '단문'이 두 개 이상 있는 문장이다. 즉 '단문 + 단문'으로 이루어진 문장이 '중문'이다.
각 단문은 등위접속사(and, or 등)로 연결되므로, 각 단문은 실질적으로는 '등위절'이다. 그러므로 '중문'은 '등위 접속사'로 연결된 '등위절'의 결합이라고 할 수 있다.

He is a professor, and I am a student. (그분은 교수님이고 나는 학생입니다.)
해설 위 문장은 "He is a professor."와 "I am a student."의 두 개의 '단문'으로 이루어져 있다. 그리고 각 단문은 등위접속사 "and"로 연결되어 있다. 따라서 위 문장은 '중문'이다.
"He is a professor."와 "I am a student."는 각각 '등위절'이다.
참고 compound [kámpaund] a. 중문(重文)의; 합성(合成)의

③ 복문(複文, Complex Sentence)

'복문'은 문장이 '주절 + 종속절'로 이루어진 경우다. 종속절이 두 개 이상인 경우도 있다.
주절과 종속절은 '종속 접속사'에 의해 연결된다. 그러므로 종속접속사가 있는 문장이 '복문'이라고 할 수 있다.
참고 complex [kəmpléks] a. 복합(複合)의

종속절은 '접속사'(종속접속사) 또는 '관계사'로 시작한다. 종속절에는 ①명사절, ②형용사절, ③부사절이 있다.
'종속절'에 대해서는 '접속사' 편에서 종속접속사를 설명하면서 이미 살펴보았지만, '복문'의 구조를 살피기 위하여 여기서 다시 한번 간단히 언급한다.

(a) 종속절이 '명사절'인 '복문'

She knows *that he is a doctor*. (그녀는 그가 의사라는 것을 알고 있습니다.)
해설 "she knows"는 주절이고, "that he is a doctor"는 종속절이다.
주절과 종속절은, (종속)접속사 "that"에 의하여 연결되어 있다. 그러므로 위 예문은 '복문'이다.
종속절 "that he is a doctor"는 '명사절'이다. 주절의 동사 "knows"(원형: know)의 목적어이기 때문이다.

(b) 종속절이 '형용사절'인 '복문'

This is the book *that* she bought yesterday.
(이것은 어제 그녀가 구입한 책입니다.)

해설 "this is the book"은 주절이고, "that she bought yesterday"는 종속절이다.
주절과 종속절은, 관계사[관계대명사] "that"에 의하여 연결되어 있다. 그러므로 위 예문은 '복문'이다.
종속절 "that she bought yesterday"는 '형용사절'이다. 주절의 명사 "book"을 수식하고 있기 때문이다.

(c) 종속절이 '부사절'인 '복문'

He gets up *when* the sun rises. (그는 해가 뜨면 잠자리에서 일어납니다.)

해설 "he gets up"은 주절이고, "when the sun rises"는 종속절이다.
주절과 종속절은, (종속)접속사 "when"에 의하여 연결되어 있다. 그러므로 위 예문은 '복문'이다.
종속절 "when the sun rises"는 '부사절'이다. 주절의 '동사구' "gets up"을 수식하고 있기 때문이다.

④ 혼문(混文, Mixed Sentence)

'혼문'은 문장이 '단문, 중문 또는 복문이 혼합되어져 만들어진 문장'이다.

참고 mixed [mikst] a. 혼합(混合)한

The old man gets up *when the sun rises*, *but* his young son gets up late.
(그 노인은 해가 뜨면 잠자리에서 일어나지만, 그의 젊은 아들은 잠자리에서 늦게 일어납니다.)

해설 "the old man gets up when the sun rises"는 '복문'이고, "his young son gets up late"는 '단문'이다. 이 '복문'과 '단문'은, (등위)접속사 "but"으로 연결되어 있다.
그러므로 위 예문은, 복문 "the old man gets up when the sun rises"와 단문 "his young son gets up late"가 혼합되어져 만들어진, '혼문'이다.

참고 late [leit] ad. 늦게

문장을 꾸며 주는 요소

지금까지 영어의 '품사'(제1장), '구와 절'(제2장), '문장의 구성요소'(제3장), '문장의 형식'(제4장), 그리고 '문장의 종류'(제5장)를 알아보았다.

이들은 영어 문장의 기본 구조를 이룬다. 그런데 이러한 기본 구조를 수식하여 문장의 내용을 보다 풍부하게 꾸며 주는 보충 요소들이 있다. ①관사, ②조동사, ③수동태, ④가정법, ⑤부정사, ⑥동명사, ⑦분사, ⑧화법이 그들이다.

이제 이러한 보충 요소들에 대하여 하나씩 살펴보기로 한다.

Chapter 1
관사

'관사'(冠詞, Article)는 명사 앞에 붙이는 수식어다. 관사는 명사 앞에 붙이는 것이므로 관사는 형용사의 일종이라고 할 수 있다.

한편 관사는 한정사(限定詞, Determiner)의 일종이기도 하다. 그러므로 관사는 명사를 '한정' 하거나 '특정'하는 역할을 한다.

'명사' 앞에는 대부분 '관사'를 붙인다. 그러나 관사를 붙이지 않는 예외도 많다.

관사는 ①'부정관사'(不定冠詞, Indefinite Article)와 ②'정관사'(定冠詞, Definite Article)의 두 가지 종류가 있다.

부정관사는 "a" 또는 "an"이고, 정관사는 "the"다.

명사 앞에 형용사가 있는 경우에는, 관사는 형용사 앞에 붙인다.

> 참고 article [ɑ́ːrtikl] n. 관사.   determiner [ditə́ːrmənər] n. 한정사
> definite [défənit] a. 한정적(限定的)인.   indefinite [indéfənit] a. 정해지지 않은, 부정(不定)의

(1) 부정관사

부정관사 "a" 또는 "an"은, 모든 '셀 수 있는 명사'에 쓰이는데, 부정관사는 그 '셀 수 있는 명사'가 '한 개'일 때, 즉 '단수(單數) 명사'(singular countable noun)일 때 쓰인다.

그러므로 '셀 수 없는 명사'인 고유명사·물질명사·추상명사에는 원칙적으로 부정관사를 쓸 수 없고, '복수 명사'에도 물론 쓸 수 없다.

> 참고 singular [síŋgjulər] a. 단수(單數)의.   countable [káuntəbl] a. 셀 수 있는

① "a"와 "an"

(A) 부정관사 a

부정관사 "a"는, '자음'(子音, Consonant)으로 발음이 시작되는 명사 앞에 붙인다.

비록 명사가 모음 알파벳으로 시작될지라도, 발음이 자음으로 발음되면 "a"를 붙인다.

a book (책 한 권)
> 해설 명사 book [buk]은 자음 "b"로 발음이 시작되므로, 부정관사 "a"를 붙인다.

참고 "a"는 보통 [ə][어어]로 발음하나, [éi][에이]라고 발음하기도 한다.

a *useful* machine (유용[有用]한 기계 한 대)
해설 명사(machine) 앞에 형용사(useful)가 있는 경우에는, 관사는 형용사(useful) 앞에 붙인다.
형용사 "useful"[júːsfəl]이 비록 모음 알파벳(u)으로 시작될지라도, 발음이 자음(ju)으로 발음되므로 부정관사 "a"를 붙인다.
참고 영어의 알파벳(alphabet) 26개 중에서 '모음'은 "a, e, i, o, u" 5개고, 나머지 21개는 모두 '자음'이다.

(B) 부정관사 an

부정관사 "an"은, 모음(母音, Vowel)으로 발음이 시작되는 단어 앞에 붙인다.
비록 단어가 자음 알파벳으로 시작될지라도, 발음이 모음으로 발음되면 "an"을 붙인다.

an orange (오렌지 한 개)
해설 명사 orange [ɔ́ːrindʒ]는 모음 "ɔ"로 발음이 시작되므로, 부정관사 "an"을 붙인다.
참고 "an"은 보통 [ən][어언]으로 발음하나, [ǽn][애앤]으로 발음하기도 한다.

an hour (한 시간)
해설 명사 hour [auər]은 비록 자음 알파벳(h)으로 시작될지라도, 발음이 모음(a)으로 발음되므로 부정관사 "an"을 붙인다.

② '하나'(one)라는 뜻

(a) 부정관사가 '하나'(one)라는 의미이기는 하지만, 굳이 '하나'라고 해석하지 않는 경우

He gave her a pen. (그는 그녀에게 펜을 주었습니다.)
해설 "a pen"은 '펜 한 개'(펜 하나)라는 의미이나, 굳이 '펜 한 개를 주었다'라고 해석하지 않고 그냥 '펜을 주었다'라고 해석한다.
펜을 다른 사람에게 줄 때는 보통 한 개를 주기 때문에, 굳이 한 개라고 하지 않는 것이다.

(b) 부정관사를 '하나'(one)라고 꼭 해석하여야 하는 경우

He has a younger sister and an elder brother.

(그는 여동생이 한 명 있고 형도 한 명 있습니다.)
해설 위 예문에서 "a"와 "an"은 모두 '하나'라는 의미다.
형제가 몇 명인가를 알려 주는 내용이기 때문에, "a"와 "an"은 꼭 '하나'라고 해석을 하여야 한다.

③ 어떤 명사든 맨 처음 사용할 때

He bought a car yesterday. The car was very expensive.
(그는 어제 자동차를 샀습니다. 그 차는 매우 비쌌습니다.)
해설 상대방에게 "car"라는 명사를 처음 말하게 될 때는, 그 car는 '일반적'인 car일 뿐이어서 '특정(specific)되어 있지 않다.' 그러므로 car 앞에 부정관사 "a"를 붙인다.(이 경우 해당 명사가 단수명사이어야 함은 물론이다.)
그러나 그다음에 말할 때는 그 car는 이미 '특정되어 있으므로'(즉 그가 어제 산 자동차이므로), 그 car 앞에 정관사 "the"를 붙인다.
참고 expensive [ikspénsiv] [익스뻰씨이브] a. 비싼. specific [spisífik] a. 특정(特定)한

④ '막연히 어떤'(any)

Please give me a pen. (펜을 하나 주십시오.) (= 아무 펜이나 하나 주십시오.)
해설 "a"는 '막연히 어떤'(any)의 의미다.

Can you drive a car? (차를 운전할 줄 아세요?)
해설 "a car"는 "any car"의 뜻이다. 즉 막연히 어떤 자동차든, 자동차를 운전할 수 있느냐의 뜻이다.

⑤ '…이라는'(a certain) 사람

A lady stopped by to see you. (어떤 숙녀분이 당신을 보려고 잠깐 들렀습니다.)
해설 "a"는 "a certain"(어떤)의 의미다.
그러므로 위 예문은 아래와 같이 바꾸어 쓸 수 있다.
= **A certain lady** stopped by to see you.
참고 stop by: 잠시 들르다, 잠깐 방문하다〈과거형: stopped by〉

A Mr. Min came to see you. (민 선생님이라는 분이 당신을 뵙자고 오셨습니다.)
해설 "a"는 "a certain"(어떤)의 의미다.

⑥ 어떤 사람의 직업(a person's job)을 말할 때

He is **a** doctor. (그는 의사입니다.)
해설 어떤 사람의 직업을 말할 때는, 그 직업을 나타내는 명사(doctor) 앞에 부정관사를 붙인다.

She is **an** English **teacher**. (그녀는 영어 선생님입니다.)
해설 직업을 나타내는 명사 "teacher" 앞에는 부정관사를 쓰는데, "teacher" 앞의 형용사 "English"[íŋgliʃ]의 발음이 모음으로 시작하므로, "English" 앞에 부정관사 "an"을 붙인다.(명사 앞에 형용사가 있는 경우에는 형용사 앞에 관사를 붙인다.)

⑦ 어떤 동물 전체

부정관사는 어떤 동물 전체를 나타내는 단수명사 앞에 쓰인다.

A monkey is a clever animal. (원숭이는 영리한 동물입니다.)
해설 "a"는 '단수 명사' "monkey" 앞에 쓰여, "monkey"(원숭이)라는 동물 전체를 나타내고 있다.
참고 monkey [mʌ́ŋki] n. 원숭이
위 예문의 경우에는, "a monkey" 대신 "the monkey" 또는 "monkeys"를 써도 모두 같은 뜻이다. 다만 "monkeys"를 쓰는 경우에는, "Monkeys are clever animals."와 같은 문장이 되어야 한다.

⑧ …마다, 매(每, per)

He goes up a mountain once **a** month. (그는 한 달에 한 번 등산을 합니다.)
해설 "a"는 '마다'(per)의 의미다.
"once a month"는, '한 달에 한 번' 또는 '매달 한 번'이라는 뜻이다.

⑨ 같은(the same)

Birds of a feather flock together.
(격언: 같은 깃털을 가진 새들끼리 모인다.) (= 끼리끼리 모인다.)
해설 "a"는 '같은'(the same)의 의미다.
"a feather"은 '같은 깃털'이란 뜻이다.
참고 feather [féðər] n. 깃털. flock [flak] vi. (동물이) 모이다.
"birds"가 복수이므로, 복수형 동사 "flock"이 쓰였다.

Min-ho and Su-jin are of an age. ('민호'와 '수진'은 같은 나이입니다.)
해설 "an"은 '같은'(the same)의 의미다.
참고 of [əv] prep. …와 같은. age [eidʒ] n. 나이. of an age: 같은 나이의(of the same age)

⑩ 어떤 '날'이나 '달' 앞에

His birthday was on a Monday last year.
(그는 생일은 작년에는 월요일이었습니다.)
해설 어떤 날(day)인 "Monday" 앞에 부정관사 "a"를 붙였다.

It's been a rainy July. (비가 자주 오는 7월입니다.)
해설 어떤 달(month)인 "July" 앞에 부정관사 "a"를 붙였다.(명사 "July" 앞에 형용사 "rainy"가 있으므로, "rainy" 앞에 "a"를 붙였다.)
참고 rainy [réini] a. 비가 오는, 비가 자주 오는. it's = it has

(2) 정관사

부정관사를 사용하는 단수명사와 원칙적으로 관사를 붙이지 않는 고유명사·물질명사·추상명사 외의 명사 앞에는, 대부분 정관사를 붙인다.
그러므로 오히려 정관사를 사용하지 않는 예외를 아는 것이 중요할 수도 있다.
우선 정관사를 사용하는 경우를 살펴보면 다음과 같다.

① 같은 명사가 뒤의 문장에 다시 나올 때

I bought *a book* yesterday. The **book** was interesting.
(나는 어제 책을 한 권 샀습니다. 그 책은 재미있었습니다.)

해설 "the book"은 앞 문장의 "a book"을 가리키고 있다.
같은 명사(book)가 뒤로 다시 나오므로, 그 명사(book) 앞에 정관사(the)를 붙인 것이다.

참고 '재미있다'는 뜻을 나타내는 영어 표현에 대하여, 때에 따라서는 "interesting" 대신 "funny"를 쓰기도 한다.
funny [fʌni] a. 재미있는; 우스운, 웃기는. fun [fʌn] [훠(f)언] n. 재미. have fun: 재미있게 지내다

② 특정된 것을 말할 때

Please give the **pen** to me. (그 펜을 나에게 주세요.)

해설 위 문장의 "pen"은 상대방도 알고 있는 것으로, 이미 '특정'(特定)된 것이다. 그래서 "pen" 앞에 정관사(the)를 붙였다.

③ 자신이 이미 알고 있을 뿐만 아니라 상대방도 알고 있는 상식적인 것을 말할 때

She went to the **dentist** this afternoon. (그녀는 오늘 오후에 치과에 갔습니다.)

해설 "dentist"(치과 의사)는, 자신뿐만 아니라 상대방도 이미 알고 있는 상식적인 '명사'다. 그러므로 그 앞에 정관사(the)를 붙였다.
위 "dentist"는 **이미 '특정'되어 있는** "dentist"다. 특정되어 있지 않은(즉 이미 알고 있지 않은) "dentist"는, 그녀가 갈 수 없기 때문이다.
위 "dentist"와 같은 예로는 "bank"(은행) 또는 "airport"(공항) 등 기타 많은 명사를 들 수 있는데, 이들 명사 앞에는 모두 "the"를 붙인다. 이미 특정되지 않은(즉 이미 알고 있지 않은) 은행이나 공항 등은 갈 수 없기 때문이다.

참고 dentist [déntist] n. 치과 의사. go to the dentist: 치과에 가다⟨과거형: went to the dentist⟩

④ 명사가 수식어구(修飾語句)로 한정(限定)될 때

Seoul is the **capital** *of Korea*. (서울은 한국의 수도[首都]입니다.)

해설 명사 "capital"이, '수식어구'인 전치사구 "of Korea"로 한정되었다. 그러므로 명사 "capital" 앞에 정관사(the)를 붙였다.

> 참고 capital [kǽpətl] n. 수도

That is **the** road *to Daejon-city*. (저것은 대전시[大田市]로 가는 도로입니다.)
> 해설 명사 "road"가, 수식어구인 전치사구(to Daejon-city)로 한정되었다. 그러므로 명사 "road" 앞에 정관사(the)를 붙였다.

> 참고 Daejon-city = the city of Daejon

The pen *on the table* is mine. (탁자 위의 그 펜은 나의 것입니다.)
> 해설 명사 "pen"이, 수식어구인 형용사구 "on the table"로 한정되었다. 그러므로 명사 "pen" 앞에 정관사(the)를 붙였다.

This is **the** book *that I bought yesterday*. (이것은 내가 어제 구입한 책입니다.)
> 해설 명사 "book"이, 관계대명사 "that"에 의하여 이끌리는 수식어구인 형용사절(that I bought yesterday)에 의해 한정되었다. 그러므로 명사 "book" 앞에 정관사(the)를 붙였다.

⑤ 어떤 동물 전체를 나타내는 단수명사 앞

The horse is a very fast animal. (말은 매우 빠른 동물입니다.)
> 해설 "the"는 '단수 명사' "horse" 앞에 쓰여, '말'(horse)이라는 동물 전체를 나타낸다.

> 참고 "the horse" 대신, "a horse" 또는 "horses"를 써도 모두 같은 뜻이다. 다만 "horses"를 쓰는 경우에는, "Horses are very fast animals."와 같은 문장이 되어야 한다.(이와 같은 설명은, '부정관사'를 살펴볼 때 이미 한 바 있다.)

⑥ 세상에서 유일(唯一)한 것 앞

the sun, the moon, the sky, the earth, the east, the world 등.
> 해설 태양(sun), 달(moon) 등은 '세상에서 유일한 것'이다. 그러므로 그 앞에 정관사(the)를 붙인다.

> 참고 그러나 "earth"(지구)를 태양계의 행성 중의 하나로 보는 경우에는, 지구가 태양계의 유일한 행성은 아니므로, earth 앞에 the를 붙이지 않는다.

⑦ 형용사의 최상급 앞

That is *the* tallest **building** in this city.
(저것은 이 도시에서 가장 높은 빌딩입니다.)
해설 형용사의 최상급 "tallest" 앞에 정관사(the)를 붙였다.

⑧ 서수(序數) 앞

She received *the* first **prize** in the English writing contest.
(그녀는 영어 작문 콘테스트에서 1등상을 받았습니다.)
해설 서수 "first" 앞에 정관사(the)를 붙였다.
참고 prize [praiz] n. 상(賞). contest [kάntest] n. 콘테스트, 대회(大會)

Queen Elizabeth *the* **Second** (= Queen Elizabeth II)
해설 칭호(稱號)인 서수 "Second"(2세) 앞에는, 정관사(the)를 붙인다.
참고 Queen Elizabeth II : 영국의 여왕 엘리자베스 2세(世)

⑨ 특정한 연대의 수사(數詞) 앞

Korea in *the* **seventies** : 70년대(1970년대)의 한국
해설 특정한 연대(年代)인 "seventies"(70년대) 앞에는, 정관사(the)를 붙인다.
참고 the seventies = the 70s = the 1970s
정관사 "the"를 붙이는 연대는, 보통 '10년 단위의 기간'(periods of 10 years)이다.

⑩ 고유명사가 뒤따르는 보통명사 앞

the poet **Tagore** : 시인 타고르
해설 고유명사 "Tagore"가 뒤따르는 보통명사(poet) 앞에는, 정관사(the)를 붙인다.
참고 Tagore [tɑgɔ́ːr] n. 타고르(인도의 시인). poet [póuit] n. 시인(詩人)

⑪ 고유명사 다음에 오는 직업을 표시하는 보통명사 앞

Kim＊＊, *the official* : 공무원 김＊＊
해설 고유명사 'Kim＊＊' 다음에 오는 직업을 표시하는 보통명사 "official" 앞에는, 정관사 (the)를 붙인다.

⑫ 소유격대명사 대신 쓰이는 the

'전치사의 목적어'가 동작의 대상이 될 때, '전치사의 목적어인 신체의 일부를 표시하는 명사' 앞에는, 소유격대명사 대신 정관사(the)를 붙인다.

He looked her *in the* face. (그는 그녀의 얼굴을 보았습니다.)
해설 전치사 "in"의 목적어 "face"가, 동작 "looked"(원형: look)의 대상이다. 즉 "face"(얼굴)을 "looked"(보았다)한 것이다.
그러므로 '전치사의 목적어인 신체의 일부를 표시하는 명사'(face) 앞에, 소유격 (인칭)대명사 (her) 대신 정관사(the)를 붙였다.
위 예문은 아래와 같이 쉬운 표현으로 바꾸어 쓸 수도 있다.
= He looked her face.

She touched him *by the* hand. (그녀가 그의 손을 건드렸습니다.)
해설 전치사 "by"의 목적어 "hand"가, 동작 "touched"(원형: touch)의 대상이다.
그러므로 '전치사의 목적어인 신체의 일부를 표시하는 명사'(hand) 앞에, 소유격 (인칭)대명사 (his) 대신 정관사(the)를 붙였다.
위 예문은 아래와 같이 쉬운 표현으로 바꾸어 쓸 수도 있다.
= She touched his hand.
참고 touch [tʌtʃ] [터어취] vt. …을 가볍게 치다

She patted him *on the* back. (그녀는 그의 등을 가볍게 두드렸습니다.)
해설 전치사 "on"의 목적어 "back"이, 동작 "patted"(원형: pat)의 대상이다.
그러므로 '전치사의 목적어인 신체의 일부를 표시하는 명사'(back) 앞에, 소유격 (인칭)대명사 (his) 대신 정관사(the)를 붙였다.

위 예문은 아래와 같이 쉬운 표현으로 바꾸어 쓸 수도 있다.
= She patted his back.
> 참고 pat [pæt] vi. …을 가볍게 두드리다. back [bæk] n. (사람의) 등

⑬ 계량(計量)의 단위를 나타낼 때

This milk is sold by **the** kilogram. (이 우유는 킬로그램으로 팔립니다.)
> 해설 계량의 단위 "kilogram" 앞에 정관사(the)를 붙였다.

이 경우 "the"는 "each"의 뜻이다.
> 참고 each [iːtʃ] a. 각(各), 각각(各各)의

⑭ 정관사를 형용사 앞에 붙여, 복수보통명사 또는 추상명사를 만들 때

the rich = the rich people = rich people: 부자(富者)들
> 해설 'the + 형용사'(the rich)는 '복수 보통명사'(rich people)다.

the good = goodness: 선(善)
> 해설 'the + 형용사'(the good)는 '추상명사'(goodness)다.
> 참고 good [gud] a. 선(善)한, 착한. goodness [gúdnis] n. 선량(善良), 친절

> **주의** the + 과거분사
>
> "the accused" 및 "the deceased"의 경우는, 'the + 형용사'가 아니라, 'the + 과거분사'다.
> 'the + 형용사'의 경우와는 달리, 'the + 과거분사'는 모두 '단수 보통명사'다.
> 그러므로 "the accused"는 '피고인'(被告人)이고, "the deceased"는 '고인'(故人)이다.
> > 참고 accuse [əkjúːz] vt. 고소(告訴)하다, 고발(告發)하다〈과거 및 과거분사: accused〉
> > decease [disíːs] vi. 사망(死亡)하다(die)〈과거 및 과거분사: deceased〉

---

⑮ 계절, 방위(方位), 방향(方向) 앞

the rainy season : 우기(雨期), 장마철
> 해설 계절(rainy season) 앞에는 정관사(the)를 붙인다.

the south : 남(南)쪽
- 해설 방위(south) 앞에는 정관사(the)를 붙인다.
- 참고 south [sauθ] n. 남, 남쪽

to the right : 오른쪽으로
- 해설 방향(right) 앞에는 정관사(the)를 붙인다.
- 참고 right [rait] n. 오른쪽, 우측(右側)

⑯ 국가(國家)의 명칭 앞

국가 명칭에는 원래 정관사를 붙이지 않는다. 국가 명칭은 고유명사이기 때문이다.(예: Korea, Germany, Sweden)
그러나 '여러 주(州)가 합쳐져 이루어진 국가'나 '명칭이 복수형인 국가'인 경우에는, 국가 명칭 앞에 정관사(the)를 붙인다. 그 예는 다음과 같다.

the United States of America : 미합중국(美合衆國)
- 해설 '미합중국'[미국]은 '여러 주가 합쳐져 이루어진 국가'다.
- 참고 United [juːnáitid]는 자음 "ju"로 시작하므로, "the United …"는 [더 유나이티드 …]로 발음하여야 한다. 그러나 실제로는 [디 유나이티드 …]로 발음하기도 한다.

the Philippines : 필리핀
- 해설 '필리핀'은 '국가 명칭이 복수형(複數形)인 국가'다.

⑰ '국가 언어의 명칭' 뒤에 "language"라는 말이 붙을 때, '국가 언어의 명칭' 앞

the Korean language : 한국어(= Korean)
the English language : 영어(= English)

⑱ 공공건물, 공공시설, 정치기관의 명칭 앞

the Blue House : 청와대
the White House : 백악관

the Pentagon : (미국) 국방부
the University of Minnesota : 미네소타 대학교
the Eiffel Tower : 에펠탑(塔)
the Korean government : 한국 정부(the South Korean government)
the Senate : (미국) 상원

> 참고 pentagon [péntəgàn] n. 미국 국방부. Eiffel Tower [áifəl táuər] n. 에펠탑
> government [gʌ́vərnmənt] n. 정부(政府). senate [sénət] n. 미국 상원(上院)

주의 열차역, 공항, 공원, 항구, 만, 다리, 도로와 같은 공공시설의 명칭 앞에는 정관사(the)를 붙이지 않는다.

열차역의 명칭 앞 – Seoul Station : 서울역
공항의 명칭 앞 – Inchon International Airport : 인천 국제 공항
공원의 명칭 앞 – Pagoda Park : 파고다 공원
항구의 명칭 앞 – Busan Harbor : 부산항
만의 명칭 앞 – Hudson Bay : 허드슨 만(灣)(캐나다 북동부의 만)
다리의 명칭 앞 – Waterloo Bridge : 워털루 다리
도로의 명칭 앞 – Chungmu Street : 충무로(忠武路)

> 참고 harbor [háːrbər] n. 항구. bay [bei] n. 만
> 위와 같은 공공시설의 명칭은, '고유한 이름'[고유명사](예: Seoul)로 시작하므로, "the"를 붙이지 않는 것이다.

---

⑲ 연구소, 협회, 학회의 명칭 앞

연구소의 명칭 앞 – the Korea Development Institute : 한국 개발 연구원
협회의 명칭 앞 – the Korea Traders Association : 한국 무역 협회
학회의 명칭 앞 – the Forest Association : 산림 학회

> 참고 development [divéləpmənt] n. 개발. 알파벳 "p"가 거의 발음되지 않음을 주의하여야 함.
> institute [ínstətjùːt] n. 연구 기관. forest [fɔ́ːrist] n. 삼림(森林), 숲
> trader [tréidər] n. 무역업자. association [əsòusiéiʃən] n. 협회(協會)

⑳ 반도, 군도, 제도, 대양[바다], 해협, 강, 산맥, 사막, 운하의 명칭 앞

반도의 명칭 앞 - the Korean Peninsula : 한반도(韓半島)
군도의 명칭 앞 - the Hawaiian Islands : 하와이 군도(群島)
제도의 명칭 앞 - the West Indies : 서인도 제도(西印度 諸島)
대양의 명칭 앞 - the Atlantic : 대서양(大西洋)(= the Atlantic ocean)
해협의 명칭 앞 - the Straits of Korea : 대한 해협(大韓 海峽)
강의 명칭 앞 - the Han River : 한강(江)
산맥의 명칭 앞 - the Taebak Mountains : 태백 산맥(山脈)
사막의 명칭 앞 - the Sahara Desert : 사하라 사막(沙漠)(= the Sahara)
운하의 명칭 앞 - the Suez Canal : 수에즈 운하(運河)

> **참고** peninsula [pənínsjulə] [페닌썰라아] n. 반도. Hawaiian [həwáiən] a. 하와이의
> island [áilənd] [아아일랜드] n. 섬〈복수: islands〉. 알파벳 "s"가 발음되지 않음을 주의하여야 함.
> mountain [máuntən] [마운트은] n. 산〈복수: mountains(산맥)〉
> Indies [índiz] [인디이스] n. 서인도 제도(West Indies). Atlantic [ætlǽntik] a. 대서양의
> strait [streit] n. 해협〈복수: straits〉. Sahara [səhǽrə] n. 사하라 사막. desert [dézərt] n. 사막
> Suez [suːéz] n. 수에즈. canal [kənǽl] n. 운하

㉑ 선박[배], 항공기, 열차, 철로의 명칭 앞

선박의 명칭 앞 - the Mayflower : 메이플라워호(號)(= the Mayflower ship)
항공기의 명칭 앞 - the Korean Air Lines : 대한 항공(KAL)
열차의 명칭 앞 - the Saemaeul : 새마을호(號)(= the Saemaeul trains)
철로의 명칭 앞 - the Gyungbu Line : 경부선(京釜線)

> **참고** airline [éərlain] n. 항공 회사[항공사(航空社)]〈복수: airlines〉. line [lain] n. (철도) 선로(線路)

㉒ 신문, 잡지의 명칭 앞

신문의 명칭 앞 - the New York Times: 뉴욕 타임즈(= the New York Times newspaper)
잡지의 명칭 앞 - the Digest: 다이제스트(= the Digest magazine)

> **참고** newspaper [núːzpeipər] [뉴우스페이뻐얼] n. 신문. magazine [mǽgəzíːn] n. 잡지(雜誌)

> **주의** 시사 잡지 "Time" 앞에는 정관사(the)를 붙이지 않는다.

㉓ 연주(演奏)하는 악기의 이름 앞

play the piano : 피아노를 연주하다

㉔ 발명품 앞

Who invented the telephone? (누가 전화를 발명했습니까?)
해설 전화(telephone)는, '벨'(Bell: Alexander Graham Bell)이 특허를 받은 발명품이다. 그러므로 '발명품'인 "telephone" 앞에, "the"를 붙였다.
참고 invent [invént] vt. 발명(發明)하다. invention [invénʃən] n. 발명품(發明品); 발명

㉕ 독특한 병명(病名) 앞

the blues : 우울증(憂鬱症, depression)
참고 blue [bluː] n. 울적한 기분, 우울함. depression [dipréʃən] n. 우울증

㉖ 관용어구(慣用語句)에 쓰이는 the

in the morning : 아침에
in the sky : 하늘에
on the Internet : 인터넷에서
on the radio : 라디오에서

(3) 관사의 생략

명사 앞에 관사가 생략(省略, Omission)되는 경우도 많은데, 그러한 경우는 다음과 같다.(생략되는 것은 대부분 정관사다.)

참고 omission [oumíʃən] n. 생략

① 어떤 사람을 부를 때

Waiter, can you take my order? (웨이터, 주문할게요.)
해설 부르는 상대방(waiter) 앞에는 관사가 생략된다.
참고 take [teik] vt. …을 받다. take an order: 주문(注文)을 받다(receive an order)

② 가족 구성원의 명칭 앞

Father gave me this book. (아버님이 내게 이 책을 주셨습니다.)
해설 가족 구성원의 명칭(father) 앞에는 관사가 생략된다.
참고 그러나 "father"로만 표현하는 경우는 드물 것이고, 보통은 "my father, his father" 등으로 표현할 것이다.

③ 고유명사 앞에 놓이는 호칭·신분 등의 명칭 앞

President Kim Young Sam : 김영삼 대통령
해설 고유명사(Kim Young Sam) 앞에 놓이는 호칭인 "president" 앞에는, 관사가 생략된다.
참고 "Kim Young Sam"을 "Kim Young-sam" 또는 "Kim Youngsam"으로 표기하기도 한다.

President Roosevelt : 루스벨트 대통령
King Danjong : 단종(端宗) 왕
Professor Kim : 김 교수

④ 신분 또는 직책을 나타내는 명사가 보어로 쓰였을 때, 그 명사 앞

They elected him chairman of the meeting.
(그들은 그를 그 모임의 회장으로 선출했습니다.)

해설 신분(身分)을 나타내는 명사 "chairman"이 보어[목적격 보어]로 쓰였다. 그러므로 그 앞에 정관사(the)가 생략되었다.
참고 elect [ilékt] vt. 선출(選出)하다; 선거(選擧)하다

He is captain of the ship. (그는 그 배의 선장입니다.)
해설 직책(職責)을 나타내는 명사 "captain"이 보어[주격 보어]로 쓰였다. 그러므로 그 앞에 정관사(the)가 생략되었다.
참고 captain [kǽptən] n. 선장(船長)

⑤ 한 사람의 직업이 두 개인 경우, 두 번째 직업 앞

A professor and novelist visited here.
(교수이며 소설가인 어떤 분이 여기를 방문했습니다.)
해설 어떤 사람의 직업이 교수(professor)이기도 하면서 소설가(novelist)이기도 하다. 즉 직업이 둘이다.
이러한 경우, 두 번째 직업인 소설가(novelist) 앞에는 관사[부정관사]를 생략한다.
참고 그러므로 위 경우는 방문자가 한 명이다.
만약 "A professor and a novelist visited here."(교수 한 분과 소설가 한 분이 여기를 방문했습니다.)이라고 쓰면, 이 경우에는 방문자가 두 명이다.

⑥ 직장(職場)을 의미하는 "work" 앞

She goes to work at 9 a.m. (그녀는 오전 9시에 직장에 출근을 합니다.)
해설 '직장'(the place where we do our job)을 의미하는 "work" 앞에, 관사가 생략되었다.
참고 "go to work"는, '일하러 가다'는 뜻의 관용구(慣用句, 숙어)로도 쓰인다.

⑦ 학교의 명칭 앞

Seoul National University : (국립) 서울대학교(SNU)
Yonsei University : 연세대학교
Yale University : 예일대학교
Paichai High School : 배재고등학교

⑧ 건물이나 가구가 본래의 용도(用途)로 쓰일 때, 그 건물 또는 가구의 명칭 앞

School starts at 9 a.m. (수업은 오전 9시에 시작합니다.)
해설 건물 "school"(학교)이 본래의 용도인 '수업'(修業)의 의미로 쓰였으므로, 그 앞에 관사가 생략되었다.

He goes to church every Sunday morning.
(그는 매 일요일 오전에는 예배를 보러 갑니다.)
해설 건물 "church"(교회)가 본래의 용도인 '예배'(禮拜)의 의미로 쓰였으므로, 그 앞에 관사가 생략되었다.
참고 go to church: 교회에 예배 보러 가다. "Sunday"를 "the LORD's day"(주일[主日])라고도 한다.

They are at church. (그들은 예배 중입니다.)
해설 건물 "church"(교회)가, 본래의 용도인 '예배'(禮拜)의 의미로 쓰였다.
참고 at church: 예배 중

She went to bed at 11 p.m. last night.
(그녀는 어젯밤에는 밤 11시에 잠이 들었습니다.)
해설 가구(家具) "bed"(침대)가 본래의 용도인 '취침'(就寢)의 의미로 쓰였으므로, 그 앞에 관사가 생략되었다.

⑨ Mount 또는 Lake 다음에 고유명사가 올 때

Mount Halla : 한라산(漢拏山)
해설 "Mount" 다음에 고유명사 '한라'가 왔으므로, 관사가 생략된다.
참고 mount [maunt] n. 산(mountain)

Lake Baikal : 바이칼 호수(러시아 시베리아 남동쪽의 호수)
해설 "Lake" 다음에 고유명사 '바이칼'이 왔으므로, 관사가 생략된다.

⑩ 식사, 운동, 질병의 명칭 앞

He usually has breakfast at 7 a.m. (그는 보통 오전 7시에 아침을 먹습니다.)
해설 식사(食事)인 "breakfast"(아침 식사) 앞에, 관사가 생략되었다.
참고 have [hæv] [해애브] vt. …을 먹다(eat). "have breakfast"(아침 식사를 하다)는 관용구임.

He is having lunch. (그는 점심을 먹고 있는 중입니다.)
해설 "lunch"(점심 식사) 앞에, 관사가 생략되었다.

She wants to play golf. (그녀는 골프를 치고 싶어 합니다.)
해설 운동(運動)인 "golf"(골프) 앞에, 관사가 생략되었다.

Let's play tennis this afternoon. (오늘 오후에 테니스를 칩시다.)
해설 "tennis"(테니스) 앞에, 관사가 생략되었다.

She is suffering from influenza. (그녀는 독감으로 고생하고 있습니다.)
해설 질병(疾病)인 "influenza"(독감) 앞에, 관사가 생략되었다.
참고 suffer [sʌ́fər] vi. (병을) 앓다((from)). influenza [influénzə] n. 인플루엔자, 독감(毒感)

He overcame cancer in the long run by early detection and quick treatment. (그는 조기 발견과 빠른 치료로 결국 암을 이겨 냈습니다.)
해설 "cancer"(암) 앞에, 관사가 생략되었다.
참고 overcome [ouvərkʌ́m] vt. …을 이기다, 극복(克服)하다〈과거: overcame〉
cancer [kǽnsər] [캐앤써얼] n. 암(癌). in the long run: 결국에는
detection [ditékʃən] n. 발견, 탐지(探知). treatment [tríːtmənt] n. 치료(治療)

⑪ 복수명사가 일반적인 의미로 쓰일 때, 그 복수명사 앞

Books are her friends. (책은 그녀의 친구입니다.)
해설 '복수 명사'인 "books"가 '일반적인 의미'(책)로 쓰였다.

⑫ 남성(男性) 또는 여성(女性)을 의미하는 일반적인 명사 앞

In general, man is physically stronger than woman.
(일반적으로 남성이 여성보다 신체적으로 더 강합니다.)
해설 명사 "man"과 "woman"이 '남성' 또는 '여성'을 나타내는 일반적인 의미로 쓰였으므로, 관사가 생략되었다.
참고 in general: 일반적으로(generally).   physically [fízikəli] ad. 신체적(身體的)으로, 육체적(肉體的)으로

⑬ a kind of 또는 a sort of 다음에 나오는 명사 앞

It is a kind of vegetable. (이것은 야채의 일종입니다.)
해설 a kind of 다음에 나오는 명사 "vegetable" 앞에, 관사가 생략되었다.
참고 a kind of: …의 한 종류(a sort of).   sort [sɔːrt] n. 종류

⑭ 형용사의 최상급이 서술적으로 쓰일 때, 그 형용사의 최상급 앞

She is happiest when she is reading a good book.
(그녀는 좋은 책을 읽고 있을 때가 가장 행복합니다.)
해설 형용사의 최상급 "happiest"가 서술적으로 쓰였으므로, 그 앞에 관사[정관사]가 생략되었다.

⑮ 한정사(some, any, my, her 등) 앞

This is her book. (이것은 그녀의 책입니다.)
해설 "her"은 소유격인칭대명사로서, 명사 "book"을 한정(또는 특정)하는 한정사(determiner)다. 그러므로 "her" 앞에는 관사(a 또는 the)를 붙이지 않는다.

⑯ 언어의 명칭 앞

He speaks Japanese very well. (그는 일본어를 매우 잘합니다.)
해설 언어(言語)의 명칭인 "Japanese"(일본어) 앞에, 관사가 생략되었다.

⑰ 달(month), 계절, 명절의 명칭 앞

March is her favorite month. (3월은 그녀가 가장 좋아하는 달입니다.)
해설 달의 명칭인 "March" 앞에, 관사가 생략되었다.

Her birthday is in June. (그녀의 생일은 6월입니다.)
해설 달의 명칭인 "June" 앞에, 관사가 생략되었다.

Fall is the season he likes best. (가을은 그가 가장 좋아하는 계절입니다.)
해설 계절(季節)의 명칭인 "fall"(가을) 앞에, 관사가 생략되었다.
참고 fall [fɔːl] n. 가을(autumn). season [síːzn] n. (보통 the season) 계절. best [best] ad. 가장, 제일

In summer, she visits her parents in the country.
(여름에, 그녀는 시골에 계신 부모님을 방문합니다.)
해설 계절의 명칭인 "summer"(여름) 앞에, 관사가 생략되었다.
참고 in summer: 여름에. in the country: 시골에.
계절이 특정되는 경우, 즉 어느 특정된 계절(a specific season)에는, "the"를 붙인다.(예: **The** summer of 2018 was very hot.[2018년 여름은 매우 더웠습니다.])

Christmas is coming within two weeks. (두 주[週]만 있으면 성탄절입니다.)
해설 명절(名節)의 명칭인 "Christmas" 앞에, 관사가 생략되었다.

⑱ by 다음에 오는 교통수단 앞

They are going to travel **by** car. (그들은 승용차로 여행을 하려고 합니다.)
해설 "by" 다음에 '교통 수단'(交通 手段)인 "car"(자동차)가 왔으므로, 명사 "car" 앞에 관사가 생략되었다.

He commutes **by** bus. (그는 버스로 통근합니다.)
해설 "by" 다음에 교통수단인 "bus"가 왔으므로, "bus" 앞에 관사가 생략되었다.
참고 commute [kəmjúːt] vi. 통근(通勤)하다

⑲ 행성(行星)의 이름 앞

Mars: 화성, Saturn: 토성
참고 Mars [maːrz] n. 화성(火星). Saturn [sǽtərn] n. 토성(土星)

⑳ 두 개의 명사가 짝을 이룰 때, 그 각각의 명사 앞

They are brother and sister. (그들은 남매간[男妹間]입니다.)
해설 두 개의 명사가 짝을 이루므로(brother and sister), 각 명사 앞에 관사가 생략되었다.

The girls are walking arm in arm.
(그 소녀들은 서로 팔을 끼고 걷고 있는 중입니다.)
해설 두 개의 명사가 짝을 이루므로(arm in arm), 각 명사 앞에 관사가 생략되었다.
참고 arm in arm: 서로 팔을 끼고

㉑ 관용구(慣用句)에서의 관사 생략

He is at home. (그는 집에 있습니다.)
해설 관용구 "at home"(집에, 집에서)은, 명사 "home" 앞에 관사가 생략된 것이다.

(4) 관사의 예외적인 위치

관사의 위치(位置)는, 원칙적으로 '명사' 앞이다. 그리고 '형용사 + 명사'인 경우는 형용사 앞이고, '부사 + 형용사 + 명사'인 경우는 부사 앞이다.
그런데 이와 같은 관사의 위치에 대한 원칙에는, 다음과 같은 예외가 있다.

① 'so + 형용사 + a + 명사' 등의 순서

형용사 앞에 "as, how, so, too" 등의 부사가 있으면, 부정관사는 부사 앞이 아니라 형용사 뒤에 위치한다. "so"의 경우를 예로 들어 본다.

He finished it in *so* **short** *a period*.
(그는 그것을 그렇게 짧은 기간 내에 끝냈습니다.)

해설 위 예문은, 원칙대로라면 "a so short period"(관사 + 부사 + 형용사 + 명사)의 순서가 되어야 할 것이다.

그러나 위와 같이 예외적으로, "so short a period"(부사 + 형용사 + 관사 + 명사)의 순서가 되었다.

참고 so [souː] ad. 그렇게, 그토록, 매우. period [píːəriəd] n. 기간

② 'such + a + 형용사 + 명사' 등의 순서

형용사 앞에 "quite, rather, such" 등이 있으면, 부정관사는 "quite" 등의 뒤에 위치한다. "such"의 경우를 예로 들어 본다.

He is *such* **a** *diligent man*. (그는 정말 부지런한 사람입니다.)

해설 위 예문은, 원칙대로라면 "a such diligent man"(관사 + such + 형용사 + 명사)의 순서가 되어야 할 것이다.

그러나 위와 같이 예외적으로, "such a diligent man"(such + 관사 + 형용사 + 명사)의 순서가 되었다.

참고 such [sətʃː] [써어취] a. (강조) 아주 …한

③ 'all + the + 명사' 등의 순서

명사 앞에 "all, both, double" 등의 형용사가 있으면, 정관사(the)는 형용사 앞이 아니라 형용사 뒤에 위치한다. "all"의 경우를 예로 들어 본다.

All **the** *people* were gathered there. (모든 사람들이 그곳에 모였습니다.)

해설 위 예문은, 원칙대로라면 "the all people"(관사 + 형용사 + 명사)의 순서가 되어야 할 것이다.

그러나 위와 같이 예외적으로 "all the people"(형용사 + 관사 + 명사)의 순서가 되었다.

참고 gather [gǽðər] vt. …을 모으다. all the people = all people

Chapter 2
조동사

'조동사'(助動詞, Helping [Auxiliary] Verb)는, 크게 세 종류가 있다. ①기본조동사, ②법조동사, ③구조동사, 이렇게 세 종류다.

> 참고 helping [hélpiŋ] a. 도움을 주는. auxiliary [ɔːgzíljəri] a. 보조적인(supporting)

'기본조동사'(基本助動詞, Primary Helping Verb)는 'be 동사', 'do 동사' 및 'have 동사'다. 이들 '기본 조동사'들은 자신들의 뜻은 없으며, 오로지 '본동사'(本動詞, Main Verb)를 도와 문장의 형태를 바꾸는 기능만 있다.(예: like[긍정문] → do not like[부정문])
즉 기본조동사는 문장을 의문문, 부정문, 수동태로 바꾸는 데 쓰이고, 문장의 시제를 변화시키는 데도 쓰인다.(예: like[평서문] → Do you like?[의문문])

> 참고 primary [práimeri] a. 주요(主要)한

'법조동사'(法助動詞, Modal Helping Verb)는 "will, can, must" 등이다.
이들 '법 조동사'들은 자신들의 뜻이 있어, 그 뜻을 가지고 본동사를 돕는다.
예를 들어 동사[본동사] "work"는 '일하다'는 뜻만 가지지만, 조동사[법 조동사] "must"를 그 앞에 붙이면 "must work"가 되어, '일해야 한다'는 뜻이 된다.
우리가 보통 '조동사'라고 말할 때는, 사실 이 '법 조동사'를 가리키는 것이다.

> 참고 modal [móudl] [모우더어얼] a. [문법] 법(法)의. 여기서의 '**법**'(mood; attitude)은, '말하는 사람(화자[話者])의 말의 표현 **방법**'이다(the attitude of the speaker to the hearer).
> mood [muːd] n. 기분, 심정. attitude [ǽtitjùːd] [애애더튜우드] n. 태도(態度). speaker: 화자. hearer: 청자(聽者: 듣는 사람). "Modal Helping Verb"는, 간단히 "Modal Verb"라고도 한다.

'구 조동사'(句 助動詞, Phrasal Helping Verb)는 '구'가 조동사 역할을 하는 경우다. 예를 들어 '구' "be able to"(…할 수 있다)는, 그다음에 오는 '동사원형'(본동사)에 대하여 '조동사' 역할을 한다.(예: He **was able to** *do* the work.)

> 참고 "was able to"(할 수 있었다)는, "be able to"(할 수 있다)의 과거형이다.

'조동사'와 함께 쓰이는 '일반동사'를, '조동사'와 구분하기 위하여 '본동사'라고 부르기도 한다는 것은 이미 설명한 바가 있다. 아무튼 조동사는 본동사 앞에 놓인다. 즉 '조동사 + 본동사'의 순서다.

이제 각 조동사들에 대하여 하나씩 살펴본다.

(1) 기본조동사

① 'be 동사'와 'have 동사'

(A) be 동사

'be 동사'는 여러 가지 형태로 변화한다. 즉, 'am, are, is, was, were, been, being'과 같이 변화한다.

He **is** *studying* now. (그는 지금 공부를 하고 있는 중입니다.)
해설 "is"가 '조동사'고 "studying"이 '본동사'다.
조동사 "is"는 아무런 뜻이 없고, 단지 문장의 형태가 '현재진행형 시제(時制)'(is studying)가 되도록 돕는 기능만 할 뿐이다.

(B) have 동사

'have 동사'는 'have, has, had'의 세 가지 형태가 있다. 세 가지 중 "has"의 형태에 대해서만 살펴본다.

He **has** *finished* the work. (그는 그 일을 끝마쳤습니다.)
해설 "has"가 '조동사'고 "finished"가 '본동사'다.
조동사 "has"는 아무런 뜻이 없으며, 단지 문장의 형태가 '현재완료 시제'(has finished)가 되도록 돕는 기능만 하고 있다.

② do 동사

조동사 "do"는 '의문문' 또는 '부정문' 등을 만드는 데 사용된다. 조동사 "do"의 3인칭 단수형은 "does"고, 과거형은 "did"다.
참고 물론 "do"는 본동사로도 사용된다. 그러나 여기서는, 조동사로 쓰이는 "do"에 대해서 살펴보는 것이다.

(A) 의문문에 사용

Do you *like* apples? (사과를 좋아합니까?)
해설 "do"가 '조동사'고 "like"는 '본동사'다.

조동사 "do"는 '의문문'을 만드는 데 사용되었다.
> 참고 본동사 "like"는 '동사원형'의 형태다.

What did you do this morning? (당신은 오늘 아침에 무엇을 했습니까?)
> 해설 "did"가 '조동사'고 "do"가 '본동사'다.

의문문이 과거 시제이므로, 조동사 "do"가 "did"로 변경되어 사용되었다.

(B) 부정문에 사용

He does not like apples. (그는 사과를 좋아하지 않습니다.)
> 해설 "does"가 '조동사'고 "like"가 '본동사'다.

조동사 "do"는 '부정문'을 만드는 데 사용되었다. 주어 "he"가 3인칭 단수이므로, 조동사 "do"가 "does"로 변경되어 사용되었다.

(C) '강조'(强調)에 사용

Do go and see the scenery. (꼭 가서 그 경치를 보세요.)
> 해설 "do"가 '조동사'고, "go"와 "see"가 '본동사'다.

조동사 "do"는, 본동사들인 "go"와 "see"를 강조하고 있다.
> 참고 scenery [síːnəri] n. 경치, 경관(景觀). 본동사 "go"와 "see"는 '동사원형'의 형태다.

(2) 법 조동사

'법 조동사'는 '말하는 사람'의 심적(心的)인 태도를 나타내기 위하여 사용되는 조동사다.
예를 들어 "I do the work."는 '나는 그 일을 합니다'라는 뜻이지만, "I can do the work."는 "나는 그 일을 할 수 있습니다"라는 뜻인데, 여기서 "can"이 '법 조동사'다.
위 예문(I can do the work.)에서 (법)조동사 "can"은, 말하는 사람 "I"(나)의 '심적인 태도'(가능성)를 나타내기 위하여 사용되었다. 즉 "can"은 본동사 "do"를 도와서, '할 수 있다'는 '가능성'을 나타내고 있는 것이다.

앞에서도 말한 바와 같이, 우리가 보통 '조동사'라고 할 때는, 일반적으로 이러한 '법 조동사'를 가리킨다.

> 참고 '법 조동사'를 '직설법(直說法) 조동사'(can, will, may, must)와 '가정법(假定法) 조동사'(could, would, might, should)로 나누기도 하지만, 이 책에서는 굳이 그렇게 나누지 않는다.

① Can, could

앞에서 설명한 바와 같이, 조동사 "can"은 주로 "할 수 있다"는 '가능'(可能)의 의미를 나타낸다. 조동사 "can"의 과거형은 "could"이다.

(A) 가능: '~할 수 있다'

She *can speak* English. (그녀는 영어를 할 줄 압니다.)

> 해설 "can"이 '조동사'고 "speak"가 '본동사'다.

조동사 다음에 오는 본동사의 형태는, 원칙적으로 '부정사'(Infinitive)인데, 부정사 중에서도 '원형 부정사'(Bare Infinitive)다. 즉 "to"가 없는 부정사다.

원형부정사는 '동사 원형'의 형태이므로, 조동사 다음의 본동사는 '동사 원형'이라고 해도 사실 상관없다.

위 예문에서 조동사 "can" 다음의 본동사 "speak"는, '원형 부정사'[동사 원형]의 형태다.

> 참고 bare [bɛər] a. 가장 간결한. infinitive [infinətiv] n. 부정사(不定詞)

Can you *change* $100? (100달러를 잔돈으로 바꾸어 줄 수 있습니까?)

> 해설 "can"이 '조동사'고 "change"가 '본동사'다.

> 참고 change [tʃeindʒ] vt. (큰돈을) 잔돈으로 바꾸다

(B) 허가(許可): '~해도 좋다'(may)

A: Can I *smoke* here? (제가 여기서 담배를 피워도 될까요?)
B: Yes, you can. (예, 피울 수 있습니다.) (= 피워도 됩니다.)

> 해설 "can"이 '조동사'고 "smoke"가 '본동사'다.

> 참고 smoke [smouk] vi. 담배를 피우다. you can = you can smoke here. = you may smoke here.

> **참고** Could I smoke here?
>
> "Could I smoke here?"는 "Can I smoke here?"보다 공손한 표현이다. 즉 "could"는 공손한 표현을 만든다.
>
> ◆ 위 예문에서 "could"는, 조동사 "can"의 과거형이 아니며, 위와 같은 독자적 쓰임새가 있는 조동사 "could"다.

(C) 강한 부정적 추측(cannot): '~일 리가 없다'

The rumor **cannot** be true. (그 소문은 사실일 리가 없습니다.)

해설 "cannot"이 '조동사'고, "be"가 '본동사'다.(정확하게는, "cannot"은 조동사 "can"에 "not"을 붙인 것이다.)

조동사 "cannot" 다음의 본동사는, 'be 동사'의 동사원형인 "be"가 쓰였다.

참고 rumor [rúːmər] n. 소문(所聞). true [truː] a. 사실의, 진짜의

> **참고** cannot have + 과거 분사
>
> 'cannot have + 과거 분사'는, '과거의 강한 부정적 추측'(~이었을 리가 없다)을 나타낸다.
>
> He **cannot have done** so. (그가 그렇게 했을 리가 없습니다.)

② May, might

조동사 "may"는 주로 '…을 해도 좋다'는 '허가'의 의미를 나타낸다. 조동사 "may"의 과거형은 "might"이다.

(A) 허가: '~해도 좋다'

A: **May** I *use* this pen? (내가 이 펜을 사용해도 될까요?)
B: Yes, you **may**. (예, 사용해도 좋습니다.) (= Yes, you may use that pen.)

해설 "may"가 '조동사'고 "use"가 '본동사'다.

참고 May I use this pen? = Is it OK to use this pen?

(B) 현재의 추측: '~ 하는지 모른다'

He **may** *be sleeping*. (그는 자고 있는지 모릅니다.)

해설 "may"가 '조동사'고 "be sleeping"(진행형)이 '본동사'다.

> **참고** may have + 과거 분사
> 'may have + 과거 분사'는 '과거의 추측'(~ 했었는지 모른다)을 나타낸다.
> He **may have been** sleeping. (그는 자고 있었는지 모릅니다.)
> **해설** "may"가 '조동사'고 "have been sleeping"이 '본동사'인 구조다.

(C) '기원문'(祈願文)에 쓰이는 may: '~ 하기를!'

May she *live* a happy life! (그녀가 행복하게 살기를!)
해설 "may"가 '조동사'고 "live"가 '본동사'다.
기원문이기 때문에 'may + 주어(she) + 동사 원형(live)'의 형태를 취하였다.

(D) '목적'(目的)을 나타내는 may: '~ 하기 위하여'

He studies hard so that he **may** *pass* the examination.
(그는 그 시험에 합격하기 위하여 열심히 공부합니다.)
해설 "may"가 '조동사'고 "pass"가 '본동사'다.
위 예문은 아래와 같이 바꾸어 쓸 수 있다.
= He studies hard **in order to** pass the examination.

(E) '가능성'을 나타내는 might: '…일지 모른다'

It **might** snow this afternoon. (오후에는 눈이 올지 모릅니다.)
해설 "might"이 '조동사'고 "snow"가 '본동사'다.
여기서 "might"은 "may"의 과거형으로 쓰인 것이 아니라, "might"이라는 별개의 독립적인 '조동사'로 쓰였다. 이 경우 "might"은, '…일지 모른다, 아마 …일 것이다, …할 수 있다'의 뜻이다.
위 예문은 아래와 같이 바꾸어 쓸 수 있다.
= It is possible that it will snow this afternoon.

③ Must

조동사 "must"는, '…을 해야 한다'는 '의무'(義務, obligation)가 그 주요한 뜻이다.
참고 obligation [àbləgéiʃən] n. 의무. "obligation"은 "duty"(의무)를 포함하는 보다 넓은 개념의 '의무'임.

(A) 의무: '… 하여야 한다'

He **must** *finish* the work by tomorrow afternoon.
(그는 그 일을 내일 오후까지 끝마쳐야 합니다.)
> 해설 "must"가 '조동사'고 "finish"가 '본동사'다.

You **must** *be back* home by 9 o'clock at night.
(명령: 밤 9시까지는 집에 돌아와야 한다.)
> 해설 "must"가 '조동사'고 "be back"이 '본동사'다.
> 참고 be back: 돌아오다(return; come back). "you"는 명령의 상대방이므로, 해석하지 않는다.

You **must** *keep* what you promised. (격언: 약속한 것은 지켜야 한다.)
> 해설 "must"가 '조동사'고 "keep"이 '본동사'다.
> 참고 promise [prάmis] vt. …을 약속하다. "you"는 일반인을 가리키는 것이므로, 해석하지 않는다.

(B) 금지(禁止, must not): '… 해서는 안 된다'

You **must not** *tell* a lie. (명령: 거짓말해서는 안 된다.)
> 해설 "must not"이 '조동사'고, "tell"이 본동사다.(정확하게는, "must not"은 조동사 "must"에 "not"을 붙인 것이다.)
> 참고 tell a lie: 거짓말을 하다. "you"는 명령의 상대방이므로, 해석하지 않는다.

(C) 강한 추측: '~임에 틀림없다'

He **must** *be tired* after a long journey.
(그는 긴 여행을 했으니 틀림없이 피곤할 것입니다.)
> 해설 "must"가 '조동사'고 "be tired"(수동태)가 '본동사'다.
> 참고 journey [dʒə́ːrni] n. 여행(trip)

> **참고** must have + 과거 분사
>
> 'must have + 과거 분사'는 '과거의 강한 추측'(~ 했음에 틀림없다)을 나타낸다.
> He **must have been** a soldier in the past.
> (그는 과거에 군인이었음에 틀림없다.)

(D) "must"의 미래형 표현·현재형 대용어·과거형 표현

"must"의 미래형 표현은 "will have to"고, 현재형(現在形) 대용어는 "have to"며, 과거형 표현은 "had to"다.

He **will have to** *do* the work. (그는 그 일을 하지 않으면 안 될 것입니다.)
해설 "will have to"가 "must"의 미래형 표현이다.
"will have to"는 '…하지 않으면 안 될 것이다'라고 해석한다.

He **has to** *do* the work. (그는 그 일을 해야만 합니다.)
해설 "has to"(원형: have to)가 "must"의 '현재형 대용어'다.
"has to"는 '…하지 않으면 안 된다'라고 해석한다.

> **참고** have to
> "have to"는 "must"와 거의 같은 뜻이다. 다만 그 어감이 "must"보다 조금 부드럽다고 하여, 회화체에서는 주로 "have to"를 사용한다.
> 한편, "must"는 '개인적(個人的)인 사정인 경우'에 사용하나, "have to"는 '개인적이지 않은 사정의 경우'에 사용한다고 설명하기도 한다.

He **had to** *do* the work. (그는 그 일을 해야만 했습니다.)
해설 "had to"가 "must"의 과거형 표현이다.("had"은 "have"의 과거형이다.)
"had to"는 '…하지 않으면 안 되었었다'라고 해석한다.

(E) "must"의 부정형(否定形) 표현

"must"의 부정형 표현은 "don't have to" 또는 "need not"이다. 모두 '…할 필요가 없다'라고 해석한다.

You **don't have to** *do* the work. (당신은 그 일을 할 필요가 없습니다.)
해설 "don't have to"가 "must"의 '부정형 표현'이다.
"don't have to"는 "need not"와 같은 뜻이다. 그러므로 위 예문은 아래와 같이 바꾸어 쓸 수 있다.

= You **need not** do the work.

④ Will, would

조동사 "will"은, '의지, 의욕, 권유, 습관' 등의 뜻을 나타낸다. 조동사 "will"의 과거형은 "would"이다.

(A) Will

"will"이 조동사로 쓰이는 때는, 주로 '의지, 의욕'을 나타내는 경우다.

He *will help* her if she asks.
(만약 그녀가 요청한다면 그는 그녀를 도울 것입니다.)
〔해설〕 "will"이 '조동사'고 "help"가 '본동사'다.
조동사 "will"은, '돕겠다'(help)는 '의지' 또는 '의욕'을 나타내고 있다.

조동사 "will"은 '권유'에도 쓰인다.
〔예〕 *Will* you *have* dinner with me today? (오늘 나하고 저녁 같이 먹을래요?)
〔해설〕 "will"이 '조동사'고 "have"(먹다)가 '본동사'다. 조동사 "will"은 '권유'(勸誘)의 뜻이다.

(B) Would

조동사 "would"의 용법은 다음과 같다.(여기의 조동사 "would"는, 조동사 "will"의 과거형이 아니며, 별개의 독립된 조동사인 "would"다.)

(a) Would not: 과거의 강한 거절 또는 거부(拒否): '~하려고 하지 않았다'

He *would not do* the work. (그는 그 일을 하려고 하지 않았습니다.)
〔해설〕 "would"가 '조동사'고 "do"가 '본동사'다.
조동사 "would"는 "not"과 합쳐져서, '과거의 강한 거절[거부]'을 나타내고 있다.
위 예문은 아래와 같이 바꾸어 쓸 수도 있다.
= He resisted doing the work.
〔참고〕 resist [rizíst] vt. 저항(抵抗)하다, 반대하다. 동사 "resist"는 '동명사'만을 목적어로 취한다. 따라서 "resist" 다음에 "doing"(동명사)이 쓰였다.

(b) 과거의 습관: '~하곤 하였다'

In summer, he sometimes *would* go to the river near his home to swim.
(여름에 그는 가끔 집 근처에 있는 강으로 수영을 하러 가곤 했습니다.)

해설 "would"가 '조동사'고 "go"가 '본동사'다.
"would"는 '과거의 습관'을 나타낸다.

참고 위 경우의 "would"을, '과거의 불규칙적인 습관'을 나타내는 "would"라고 설명하기도 한다. sometimes [sʌmtaimz] ad. 가끔, 때때로

(c) 정중한 부탁: '~해 주시겠습니까?'

Would you *turn down* the TV? (TV 소리 좀 줄여 주시겠습니까?)

해설 "would"가 '조동사'고 "turn down"이 '본동사'다.
조동사 "would"는, 조동사 "will"보다 공손한 권유 또는 요청의 표현이다.

참고 turn down: (TV 등의) 소리를 작게 하다(reduce the volume). reduce [ridjúːs] vt. 줄이다
"turn down"은 이른바 '동사구'[구동사, Phrasal Verb]다. "turn down"은 '동사(turn) + 부사(down)'로 이루어졌는데, "turn down"은 전체로써 하나의 '동사' 역할을 한다. 동사로서의 "turn down"은 '타동사'다. 그러므로 "TV"는 타동사 "turn down"의 목적어다.

참고 would you like + to부정사(또는 명사)? ; I would like + to부정사(또는 명사)

* **Would you like** *to have* dinner with me? (= **Do you want** to have dinner with me?)
(저와 함께 저녁을 드시겠어요?)

해설 위 "would you like"는, "do you want"의 공손한 표현(a polite way to say)이다.
"would"가 조동사고, "like"가 본동사다. "to have"는 '목적어'인데 'to부정사'다.

* **I would like** *to have* dinner with you. (= **I want** to have dinner with you.)
(나는 당신과 저녁을 같이 먹고 싶습니다.)

해설 위 "I would like"는, "I want"의 공손한 표현이다.
"to have"도 '목적어'인데 'to부정사'다.
"I would"는 I'd로 줄여 쓸 수 있다.(= **I'd like** to have dinner with you.)

* **Would you like** *coffee*? (= **Do you want** coffee?)
(커피를 드시겠어요?)

> 해설 위 "would you like"도, "do you want"의 공손한 표현이다. "coffee"는 '목적어'인데 '명사'다.
> * I would like *tea*. (= I'd like tea.) (= I want tea.)
> (저는 차[茶]를 마시고 싶습니다.)
> 해설 위 "I would like"도, "I want"의 공손한 표현이다. "tea"는 '목적어'인데 '명사'다.

⑤ **Shall, should**

조동사 "shall"은, '당연'(當然) 등의 의미를 나타낸다. 조동사 "shall"의 과거형은 "should"이다.

(A) Shall
"shall"이 조동사로 쓰이는 때는 주로 '당연'(마땅히)을 나타내는 경우인데, 이러한 표현은 법조문(法條文) 등 법률적인 문장에 주로 쓰인다.

He shall *be punished* for the fraud.
(법적인 판단: 그는 사기[사기죄]로 처벌되어야 한다.)
해설 "shall"이 '조동사'고 "be punished"가 '본동사'다.
"be punished"는 '수동태'의 형태다.
참고 punish [pʌ́niʃ] vt. 처벌하다〈과거: punished〉. fraud [frɔːd] n. 사기(詐欺)

(B) Should
조동사 "should"의 용법은 다음과 같다.(여기의 조동사 "should"는, 조동사 "shall"의 과거형이 아니며, 별개의 독립된 조동사인 "should"다.)

(a) 의무(duty), 당연: '~ 해야 한다'
He should *start* the work right now.
(그는 그 일을 지금 당장 시작해야 합니다.)
해설 "should"가 '조동사'고 "start"가 '본동사'다.
"should"는 '의무, 당연'의 뜻이다.
참고로, '의무, 당연'의 뜻에서는 "must"가 "should"보다 그 의미가 더 강하고, "should"는

"ought to"와 그 의미가 비슷하나 "ought to"가 그 뜻이 조금 강하다고 한다. 그러므로 '의무, 당연' 뜻 조동사의 강함의 순서를 정리하면 아래와 같다.
must 〉 ought to 〉 should

You should keep public morality. (명령: 공중도덕을 지켜야 한다.)
해설 "should"가 '조동사'고, "keep"이 '본동사'다.
참고 public [pʌ́blik] a. 공중(公衆)의. morality [mərǽləti] n. 도덕(道德)
"you"는 일반인이기 때문에 해석하지 않는다.

(b) 과거에 대한 반성(should have + 과거 분사): '…했어야 했다'
You should have studied harder in your school days.
(당신은 학생 시절에 공부를 더 열심히 했어야 했습니다.)
해설 "should have studied"(should have + 과거 분사)는 '과거에 대한 반성'(공부를 했어야 했다)을 나타낸다.
"should have studied"는 '가정법 과거완료'(과거 사실의 반대)의 표현이기도 하다.
참고 hard [haːrd] ad. 열심히〈비교급: harder〉. one's school days: …의 학생 시절, 학교 시절

(c) 가능성이 있는(probable; expected): '아마 …일 것이다'
This book should be interesting. (이 책은 아마 재미있을 겁니다.)
해설 "should"는 '제법 가능성이 있음'을 나타낸다.
참고 probable [prάbəbl] a. 가능성이 있는. expected [ikspéktid] a. 기대되는

(d) 가능성(possibility): '혹시 …하다면'
If you should have any questions, please let me know.
(혹시 질문이 있으시면 제게 알려 주십시오.)
해설 "should"는 '가능성'을 나타내는데, 이러한 "should"는 '격식을 차린'(formal) 문장에서 주로 쓰인다.
"If you should have any questions"는 조건을 나타내는 부사절인데, 위와 같은 문장은 보통 "if"를 생략하고 "you"와 "should"를 도치시켜(즉 위치를 바꾸어), 아래와 같은 형태로 쓰인다.
= Should you have any questions, please let me know.
참고 possibility [pàsəbíləti] n. 가능성. formal [fɔ́ːrməl] a. 격식(格式) 차린, 예의 바른

(e) 'that 절'(명사절)에 조동사 "should"가 관용적으로 들어가는 경우

ⓐ "It is" 다음에 "important, natural, necessary, right, wrong" 등의 형용사가 오면, 그 다음에 오는 'that 절' 안에는 "should"를 쓴다.

이른바 '이성적 판단'(理性的 判斷)의 경우다. 한 예로 "important"는 '중요하다'는 뜻이니, 이를 '이성적 판단'이라고 하는 것이다.

이 경우, "should"는 해석하지 않는다.

It is *important* that he should do the work.
(그가 그 일을 하는 것은 중요합니다.)
해설 "It is" 다음에 "important"가 왔으므로, 'that 절' 안에 "should"를 썼다.

ⓑ "It is" 다음에 "regrettable, strange, surprising" 등의 형용사가 오면, 그다음에 오는 'that 절' 안에는 "should"를 쓴다.

이른바 '감성적 판단'(感性的 判斷)의 경우다. 한 예로 "regrettable"은 '유감(遺憾)이다'라는 뜻이니, 이를 '감성적 판단'이라고 하는 것이다.

이 경우, "should"는 '…하다니'로 해석한다.

It is *regrettable* that he should respond so.
(그가 그렇게 대응하다니 유감스럽습니다.)
해설 "It is" 다음에 "regrettable"이 왔으므로, 'that 절' 안에 "should"를 썼다.
"should respond so"는 '그렇게 대응하다니'로 해석한다.
참고 regrettable [rigrétəbl] a. 유감스러운. respond [rispánd] vi. 대응(對應)하다

ⓒ "demand, insist, request, suggest" 등의 동사 다음에 계속되는 'that 절' 안에는, "should"를 쓴다.

그러나 이 경우, 보통 "should"는 생략된다.

She *requested* that he (should) go there.
(그녀는 그가 그곳에 가야 한다고 요청했습니다.)
해설 "request" 동사 다음에 "that" 절이 왔으므로, 'that 절' 안에 "should"를 썼다.

그러나 "should"는 생략할 수 있다. 그러므로 'that 절' 안에는 보통 '동사 원형'만 남게 된다. 위 예문의 경우에는 "go"만 남게 된다.

참고 request [rikwést] vt. …을 요청하다

(3) 구 조동사

'구조동사'는 '두 단어로 된 것'(예: ought to)도 있고, '세 단어로 된 것'(예: be able to)도 있다. '구 조동사'는 거의 대부분이 마지막 단어가 "to"로 끝나므로, 그 뒤에는 '동사 원형'이 온다. 구조동사는 그 종류가 매우 많지만, 여기서는 두 개만 예를 들어 살펴본다.

① Ought to …: …을 해야 한다

조동사 "ought to"는, '…을 해야 한다'는 '당연, 의무'를 나타낸다.
"ought to"는 "should"와 그 뜻이 비슷하지만, "should"보다는 '격식을 차린'(formal) 형태다. "ought to"의 부정형(否定形)은 "ought not to"(… 해서는 안 된다)다. 그리고 'ought to have + 과거 분사'(… 했어야 한다)는, '과거의 유감(遺憾)'을 나타내는 표현 형태다.

We **ought to** *love* one another. (우리는 서로 사랑해야 합니다.)
해설 "ought to"가 '조동사'[구조동사]고, "love"가 '본동사'다.
참고 one another: 서로

You **ought not to** *say* so. (당신은 그렇게 말해서는 안 됩니다.)
해설 "ought not to"는 "ought to"의 '부정형'이다.

You **ought to have helped** him. (당신은 그를 도와주었어야 했습니다.)
해설 "ought to have helped"는 '과거의 유감'을 나타낸다. 즉 '그를 도와주었어야 하는데 도와주지 못해서 유감(遺憾)'이라는 것이다.
위 예문은 아래와 같이 바꾸어 쓸 수도 있다.
= You **should have helped** him.

> 참고 "You should have helped him."은, '가정법 과거완료'의 형태다.

② Used to …: … 하곤 했다

조동사 "used to"[발음: 유스 투]는, '과거의 습관'(… 하곤 했다) 또는 '과거의 상태'(한때 … 했었다)를 나타낸다.
모두 '과거'의 습관 또는 상태이므로, 현재는 그러한 습관 또는 상태는 없다.

He *used to* do exercises every morning last year.
(그는 작년에는 매일 아침 운동을 하곤 했습니다.) (= 그러나 지금은 그렇지 않다.)
> 해설 "used to"가 조동사[구조동사]고, "do"가 본동사다.

"used to"는 '과거의 습관적인 동작'(매일 아침 운동했던 것)을 나타낸다. '과거의 규칙적인 습관'이라고 설명하기도 한다.

He *used to* live in New York.
(그는 한때 뉴욕에 살았었습니다.) (= 그러나 지금은 뉴욕에 살지 않는다.)
> 해설 "used to"가 조동사고, "live"가 본동사다.

"used to"는 '과거의 상태'(과거에 뉴욕에 살았던 것)을 나타낸다.

(4) 조동사처럼 쓰이는 "need"와 "dare"

"need"와 "dare"는 '긍정문'에서는 '일반 동사'[본동사]로 쓰이지만, '의문문'과 '부정문'에서는 조동사로도 쓰인다.

① Need

"need"는 의문문과 부정문에 '조동사'로 쓰여, '…할 필요가 있다'(의문문의 경우) 또는 '…할 필요는 없다'(부정문의 경우)라는 뜻을 나타낸다.

Need he *go* there? (그가 거기 갈 필요가 있습니까?)
해설 "need"가 '조동사'고, "go"가 '본동사'다.
"need"는 '…할 필요가 있다'라는 뜻이다.

He need not *go* there. (그는 거기 갈 필요가 없습니다.)
해설 "need"가 '조동사'고, "go"가 '본동사'다. 조동사 "need"는 "not"(부정문에 쓰이는 부사)과 함께 쓰여, "need not"은 '…할 필요는 없다'라는 뜻이다.

② Dare

"dare"는 의문문과 부정문에 조동사로 쓰여, '감히 그런 일을 하겠나'(의문문의 경우) 또는 '감히 그런 일은 안 한다'(부정문의 경우)라는 뜻을 나타낸다.

Dare he *do* such a thing? (그가 감히 그런 일을 하겠습니까?)
해설 "dare"가 '조동사'고, "do"가 '본동사'다. "dare"는 '감히 그런 일을 하겠나'라는 뜻이다.

He dare not *do* such a thing.
(그는 감히 그런 일을 안 합니다.) (= 그런 일을 할 사람이 아닙니다.)
해설 "dare"가 '조동사'고, "do"가 '본동사'다. 조동사 "dare"는 "not"과 함께 쓰여, "dare not"은 '감히 그런 일은 안 한다'라는 뜻이다.

Chapter 3
수동태

(1) 수동태의 형식

'수동태'(受動態, Passive Voice)란, '**행위의 객체**가 문장의 중심이 되는 형태'를 말한다.
한편 수동태와 대조되는 문장을 '능동태'(能動態, Active Voice)라고 하는데, 이는 '**행위의 주체**가 문장의 중심이 되는 형태'다.

예를 들어 "She wrote a novel."(그녀는 소설을 한 권 썼습니다)이라는 문장은, '행위의 주체'인 "she"가 중심이다. 그러므로 이 문장은 '능동태 문장'(앞으로 '능동태'라고만 한다)이다. 그런데 위 문장을 "A novel was written by her."(한 권의 소설이 그녀에 의해 쓰어졌습니다)라고 바꾸면, '행위의 객체(또는 목적어)'인 "novel"이 문장의 중심이 되는데, 이러한 문장이 '수동태 문장'(앞으로 '수동태'라고만 한다)이다.

> 참고 passive [pǽsiv] a. 수동(태)의.　active [ǽktiv] a. 능동(태)의.　voice [vɔis] n. 태(態)

1) 수동태의 일반적인 형식

'수동태의 형식'은 '수동태를 만드는 방법'이라고도 할 수 있다. 수동태를 만드는 방법이란 '능동태를 수동태로 바꾸는 방법'이다.

능동태를 수동태로 바꾸는 방법은, 우선 능동태의 목적어를 수동태의 주어로 하고, 능동태의 동사는 'be + 과거분사'로 바꾸며, 능동태의 주어는 목적격으로 하여 "by" 뒤에 두는 것이다. 즉 수동태의 형식은, '능동태의 목적어 + be + 과거분사 + by + 목적격(능동태의 주어)'이다.

능동태를 수동태로 바꾸는 것을 '전환(轉換)한다'고 설명하나, '전환'이라는 말은 어려운 말이므로 이 책에서 '바꾼다'는 말을 쓰고자 한다.

앞에서 예를 들었던 문장을 가지고 수동태를 만드는 일반적인 방법을 살펴보면,
능동태 형식의 문장: "She wrote a novel."
→ 수동태 형식의 문장: A novel was written by her.
그러므로 수동태의 형식은, '능동태의 목적어(A novel) + 'be + 과거분사'(was written) + by + 목적격 대명사(능동태의 주어 her)'다.

위 예에서 보는 바와 같이, 능동태는 '행위의 주체'(she)에 중심을 두는 형식이고, 수동태는 '행위의 객체'(novel)에 중심을 두는 형식이다.

2) 'by + 목적격(능동태의 주어)'이 생략되는 형식

능동태의 주어가 ①일반인이거나, ②명확하지 않거나, ③굳이 행위자를 나타낼 필요가 없을 경우, 수동태에서는 'by + 목적격' 부분을 생략한다.

① 능동태의 주어가 일반인인 경우

능동태: One should keep one's promise. (사람은 약속을 지켜야 합니다.)
수동태: One's promise should be kept. (= One's promise should be kept **by one**.)

해설 능동태의 주어인 "one"은 '일반인'(一般人)을 가리킨다. 그러므로 수동태에서 'by + 목적격'(by one)이 생략되었다.

"one"뿐만 아니라, 일반인을 뜻하는 다른 단어들(somebody, they, we, you)도, 수동태에서는 보통 생략된다.

참고 keep one's promise: 약속을 지키다(keep one's word). keep [kiːp] vt. (약속 등을) 지키다 promise [prɑ́mis] n. 약속(約束). word [wəːrd] n. 약속

② 능동태의 주어를 알 수 없는 경우

His father **was killed** in the Korean War.
(그의 부친은 한국 전쟁에서 전사하셨습니다.)

해설 그의 부친을 죽인 적군(敵軍)이 누군지 모른다. 그러므로 '행위의 주체'(by + 목적격)을 나타낼 수 없다.

따라서 이러한 종류의 문장(즉 행위의 주체를 알 수 없는 문장)은, '수동태'로 쓸 수밖에 없다.

참고 Korean War: 한국 전쟁, 육이오(6.25) 전쟁

③ 능동태의 주어를 굳이 나타낼 필요가 없는 경우

That building **was built** 10 years ago. (저 빌딩은 10년 전에 지어졌습니다.)

해설 빌딩을 지은 건설 회사를 굳이 나타낼 필요가 없는 문장이다. 그러므로 'by + 목적격'을 생략하였다.
따라서 이러한 종류의 문장(즉 행위의 주체를 굳이 나타낼 필요가 없는 문장)은, 보통 '수동태'로 쓴다.

(2) 수동태의 시제

수동태의 시제(時制, Tense)는, 다음과 같이 8가지 종류가 있다.
앞에서 인용했던 예문(She wrote a novel.)을 사용하여 수동태의 각 시제를 살펴본다.

① 현재

능동태: She writes a novel. (그녀는 소설 한 권을 씁니다.)
수동태: A novel is written by her. (소설 한 권이 그녀에 의해 쓰여집니다.)
해설 현재 동사 "is"가 쓰였으므로, 수동태의 시제는 '현재'다.

② 과거

능동태: She wrote a novel. (그녀는 소설 한 권을 썼습니다.)
수동태: A novel was written by her. (소설 한 권이 그녀에 의해 쓰여졌습니다.)
해설 과거 동사 "was"가 쓰였으므로, 수동태의 시제는 '과거'다.

③ 미래

능동태: She will write a novel. (그녀는 소설 한 권을 쓸 것입니다.)
수동태: A novel will be written by her. (소설 한 권이 그녀에 의해 쓰여질 것입니다.)
해설 "will be"가 쓰였으므로, 수동태의 시제는 '미래'다.

④ 현재완료

능동태: She has written a novel. (그녀는 소설 한 권을 다 썼습니다.) (= 쓰기를 마쳤습니다.)
수동태: A novel has been written by her. (소설 한 권이 그녀에 의해 다 쓰여졌습니다.)
해설 "has been"이 쓰였으므로, 수동태의 시제는 '현재완료'다.

⑤ 과거완료

능동태: She had written a novel. (그녀는 소설 한 권을 썼었습니다.)
수동태: A novel had been written by her. (소설 한 권이 그녀에 의해 쓰여졌었습니다.)
해설 "had been"이 쓰였으므로, 수동태의 시제는 '과거완료'다.

⑥ 미래완료

능동태: She will have written a novel. (그녀는 소설 한 권을 썼을 것입니다.)
수동태: A novel will have been written by her. (소설 한 권이 그녀에 의해 쓰여졌을 것입니다.)
해설 "will have been"이 쓰였으므로, 수동태의 시제는 '미래완료'다.

⑦ 현재진행

능동태: She is writing a novel. (그녀는 소설 한 권을 쓰고 있는 중입니다.)
수동태: A novel is being written by her. (소설 한 권이 그녀에 의해 쓰여지고 있는 중입니다.)
해설 "is being"이 쓰였으므로, 수동태의 시제는 '현재진행'이다.

⑧ 과거진행

능동태: She was writing a novel. (그녀는 소설 한 권을 쓰고 있는 중이었습니다.)
수동태: A novel was being written by her. (소설 한 권이 그녀에 의해 쓰여지고 있는 중이었습니다.)
해설 "was being"이 쓰였으므로, 수동태의 시제는 '과거진행'이다.

(3) 주의해야 할 수동태 형식

1) 4형식 문장

4형식 문장의 수동태는, 간접목적어를 주어로 하거나 또는 직접목적어를 주어로 할 수 있으므로, 원칙적으로 두 개의 수동태가 가능하다.

① 원칙적인 수동태 형태

능동태: He gave *her* the book. (그는 그녀에게 그 책을 주었습니다.)
해설 "her"가 '간접 목적어'고, "the book"이 '직접 목적어'다.

(a) 수동태: 간접목적어를 주어로 한 경우
She was given *the book* by him.
해설 간접목적어인 "her"가, 수동태 문장의 주어(she)가 되었다.
직접목적어 "book"은 목적어 자리에 그대로 남아 있다. 그러므로 능동태 4형식 문장이, 수동태에서는 3형식 문장(S [She] + V [was given] + O [the book])으로 바뀌었다. "by him"은, 동사(was given)를 수식하는 전치사구[부사구]일 뿐이다.
4형식 문장은, 위와 같이 보통 간접목적어를 주어로 하여 수동태를 만든다.

(b) 수동태: 직접목적어를 주어로 한 경우
The book was given *to her* by him.
해설 직접목적어인 "the book"이, 수동태의 주어가 되었다.
간접목적어 "her"는 전치사 "to"와 함께 쓰였다(to her). 그러므로 능동태 4형식 문장이, 수동태에서는 1형식 문장(S [The book] + V [was given])으로 바뀌었다. "to her by him"은, 동사(was given)를 수식하는 부사구일 뿐이다.
그런데 전치사 "to"는 생략이 가능하다. 그러므로 위 예문은 아래와 같이 바꾸어 쓸 수 있다.
= The book was given her by him.

② 예외적인 수동태 형태

4형식의 문장 중에 'buy' 등의 동사가 있는 경우에는, 예외적으로 한 개의 수동태만 가능하다. 이 경우에는, 능동태의 '직접목적어'만이 수동태의 주어가 될 수 있는 것이다. 즉 능동태의 간접목적어는 수동태의 주어가 될 수 없다.

이와 같이 수동태에서 직접목적어만을 주어로 할 수 있는 4형식 문장의 동사로는 'buy' 외에도 'make, sell, send, pass, write' 등이 있다.

능동태: She bought him *a book*. (그녀가 그에게 책을 한 권 사주었습니다.)
해설 "him"이 '간접 목적어'고, "a book"은 '직접 목적어'다.
수동태: A book was bought *for him* by her.
해설 능동태의 직접목적어 "a book"이, 수동태의 주어가 되었다.
간접목적어 "him"은 전치사 "for"와 함께 쓰였다(for him). 그런데 전치사 "for"는 생략이 가능하다. 그러므로 위 예문은 아래와 같이 바꾸어 쓸 수 있다.
= A book was bought him by her.

2) 5형식 문장

5형식 문장은, 목적어만 수동태의 주어가 될 수 있고, 목적격 보어는 수동태의 주어가 될 수 없다. 그러므로 능동태의 5형식 문장을 수동태로 바꾸면, 2형식 문장이 된다.

능동태: The country elected *him* President. (그 나라는 그를 대통령으로 선출하였습니다.)
해설 "him"이 '목적어'고, "President"(= president)가 '목적격 보어'다.
수동태: He was elected President by the country.
해설 능동태의 목적어 "him"이 수동태에서 주어가 되었고, '목적격 보어' "president"는 '주격 보어'로 변하여 그 자리에 그대로 남았다.
그러므로 5형식의 능동태 문장은, 수동태에서는 2형식 문장(S [He] + V [was elected] + C [President])으로 바뀌었다. "by the country"는 부사구일 뿐이다.

3) '보어'가 '원형 부정사'인 문장

보어가 원형부정사인 '사역 동사'(使役 動詞)를 포함하는 능동태 문장을 수동태 문장으로 바꾸면, 능동태의 '원형 부정사'는 수동태에서 'to 부정사'로 바뀐다.

능동태: He made his son *read* a book. (그는 아들에게 책을 읽게 했습니다.)
해설 "made"(원형: make)가 '사역 동사'고, "read"가 '원형 부정사'다.
수동태: The son was made to read a book by him.
해설 능동태의 '원형 부정사'(read)는, 수동태에서 'to 부정사'(to read)로 바뀌었다.

4) 의문문의 수동태

능동태인 의문문을 수동태로 바꾸는 경우에는, 'by + 의문사'가 수동태 문장의 맨 앞에 온다.

능동태: Who wrote this book? (이 책을 누가 썼습니까?)
수동태: By whom *was* this book *written?*
해설 수동태에서는 "By whom"이 문장 맨 앞에 쓰였다.
그러나 "By whom was this book written?"과 같은 수동태는 문법책에서나 볼 수 있는 것이며, 실제로는 '능동태'(Who wrote this book?)를 사용한다.

5) 문장 중의 목적어가 명사절일 경우

능동태: They say *that he is wise*. (그는 현명하다고 합니다.)
해설 위 문장은 목적어가 명사절(that he is wise)이다.
수동태: It is said *that he is wise*.
해설 능동태의 명사절(that he is wise)은 수동태에서도 그대로 남고, 그 앞에 "it is said"(~이라고 한다)를 붙였다. 즉 능동태의 "they say"를, 수동태에서 "it is said"로 변경했다.
한편 위 예문은 아래와 같은 수동태의 형태도 가능하다.
= He *is said* to be wise.

참고 They say that ~ : ~이라고들 한다.

6) 문장에 '조동사'가 있는 경우

능동태 문장에 '조동사'가 있는 경우에는, 수동태는 '조동사 + be + 과거 분사'의 형식을 취한다.

능동태: He *can* do the work. (그는 그 일을 할 수 있습니다.)
해설 "can"이 '조동사'다
수동태: The work can be done by him.
해설 수동태에서는, '조동사(can) + be + 과거 분사(done)'의 형식을 취하였다.

7) 숙어를 포함하는 능동태 문장의 수동태

숙어를 포함하는 능동태 문장을 수동태로 고칠 때는, 숙어는 마치 한 단어처럼 한 덩어리로 취급된다.

능동태: He *took over* the work. (그는 그 일을 인계받았습니다.)
해설 "took over"(현재형: "take over")가 숙어다.
참고 "took over"는 정확하게는 '구동사'다. "take over"는 '동사 + 전치사'의 형태이기 때문이다.
수동태: The work was taken over by him.
해설 숙어 "take over"가 마치 한 단어처럼 취급되어, "was taken over"의 형태로 쓰였다.
참고 take over …(사물): …을 인계(引繼)받다, 떠맡다(assume the control of).
assume [əsúːm] vt. (책임 등을) 떠맡다. control [kəntróul] n. (…에 대한) 관리, 지배권(支配權)

8) 수동태의 관용적(慣用的) 표현

능동태의 주어가 수동태에서는 "by …"로 표현되지만, "by" 이외의 다른 전치사가 사용되는 경우도 많다. 수동태 문장에 '숙어'와 같은 관용적 표현이 사용되는 경우가 그러하다.

(a) 수동태에 "be surprised at"가 쓰이는 경우

능동태: The newspaper article surprised him. (그 신문 기사가 그를 놀라게 했습니다.)

수동태: He was surprised at the newspaper article. (그는 그 신문 기사를 보고 놀랐습니다.)

해설 원래의 수동태 형태라면 위 수동태는 "He was surprised by the newspaper article."로 되어야 한다. 그러나 "by" 대신에 "at"이 쓰였다.

그 이유는 "be surprised at"(…에 놀라다)가 이미 '숙어'로 쓰이기 때문이다.

그러나 위 예문과 같은 형식의 문장은, 보통 능동태로 쓰지 않고 '수동태'로 쓴다.

참고 article [ɑ́ːrtikl] n. (신문 등의) 기사(記事). surprise [sərpráiz] vt. …을 놀라게 하다

(b) 수동태에 "be covered with"가 쓰이는 경우

능동태: Snow covers the roof. (눈이 지붕을 덮고 있습니다.)

수동태: The roof is covered with snow. (지붕이 눈으로 덮여 있습니다.)

해설 원래의 수동태 형태라면 위 수동태는 "The roof is covered by snow."로 되어야 한다. 그러나 "by" 대신에 "with"가 쓰였다.

그 이유는 "be covered with"(…으로 덮여 있다)가 이미 '숙어'로 쓰이기 때문이다.

그러나 위 예문과 같은 형식의 문장도, 보통 능동태로 쓰지 않고 '수동태'로 쓴다.

참고 cover [kʌ́vər] vt. (…으로) …을 덮다((with …))

수동태를 쓰는 숙어의 예를, 몇 개 더 들어 본다.

ⓐ be known **for** + (알려진 이유) : …로 알려져 있다[유명하다] (Wrong: be known by)

ⓑ be made **of** + (재료[材料]) : …로 만들어져 있다 (Wrong: be made by)

ⓒ be satisfied **with** + (만족하는 대상[對象]) : …에 만족하다 (Wrong: be satisfied by)

참고 satisfy [sǽtisfài] vt. 만족시키다〈과거 및 과거분사: satisfied〉. wrong [rɔ́ːŋ] [뤄어엉] a. 틀린

Chapter 4
가정법

'가정법'(假定法, Conditionals [Subjunctive Mood])은, '사람 마음의 태도를 가정적(假定的)으로 표현하는 방법'이고, 가정법 문장(conditional sentences)은 그러한 가정적 표현이 사용된 문장이다.

가정법과 대조되는 것이 직설법인데, '직설법'(直說法, Indicative Mood)은 사실을 사실대로 표현하는 것이다. 그러므로 일반적인 보통의 문장은 모두 직설법 문장이다.

'가정법' 또는 '직설법' 할 때의 '법'(法)은, '방법'(方法) 또는 '표현법'(表現法)이라는 의미다.

> 참고 conditional [kəndíʃənl] n. 가정 어구(假定 語句); a. 가정(假定)을 나타내는
> subjunctive [səbdʒʌ́ŋktiv] a. 가정법의. indicative [indíkətiv] a. 직설법의

(1) 가정법의 종류

가정법은 ①현재, ②과거, ③과거완료, ④미래의 네 가지 종류가 있는데, 이에 더하여 '혼합 시제'를 추가하기도 한다.

1) 가정법 현재

'가정법 현재'(假定法 現在, Subjunctive Present 또는 First Conditional)는, '미래에는 가능성이 있지만 현재로는 불확실한 상황'을 표현할 때 사용한다.
가정법 현재의 형태는 아래와 같다.

조건절(條件節, If-clause):	주절(主節, Main-clause):
만일 …한다면	~할 것이다
If + 현재형 동사 (또는 동사원형)	… **will** (또는 shall, can, may) **+ 동사 원형**

If he loves her, he will marry her.
(만일 그가 그녀를 사랑한다면, 그는 그녀와 결혼할 것입니다.)

> 해설 조건절(If-clause 또는 conditional clause)에, "if"와 함께 '현재형 동사' "loves"(원형:

love)가 쓰였다.

위 문장은 '미래에는 가능성이 있지만 현재로는 불확실한 상황'을 나타내고 있다. 즉 '그가 미래에 그녀를 사랑하여 그녀와 결혼할 가능성은 있지만, 현재로서는 불확실하다'는 것이다.

조건절에는 '동사 원형'이 사용될 수도 있지만 실제로 사용되는 경우는 드물며, 주절에서 "shall" 조동사가 사용될 수 있지만 실제로는 사용되는 경우는 드물다.

그러므로 조건절에 주로 '현재형 동사'가 사용되기 때문에, '가정법 **현재**'라고 하는 것이다.

가정법현재의 문장은, "if" 종속접속사를 사용하는 (직설법의) '조건의 부사절'의 문장과 매우 비슷하다. 그러므로 그때그때의 상황을 따라, 해당 '절'(clause)이 '가정법현재의 조건절'인지 아니면 '조건의 부사절'인지를 구별하여야 한다. 그러나 실제로는 '가정법 현재'의 문장과 '조건의 부사절' 문장이 서로 구별되지 않고 사용되는 경우가 많다.

> 참고 present [préznt] n. 현재(現在). main [mein] a. 주된. marry [mǽri] vt. …와 결혼하다

2) 가정법 과거

'가정법 과거'(假定法 過去, Subjunctive Past 또는 Second Conditional)는, '현재의 사실에 반대되는 상황'을 표현할 때 사용한다.

가정법 과거의 형태는 아래와 같다.

조건절: 만일 …하다면   주절: ~할 텐데
If + 과거형 동사 (또는 were)   **… would (또는 should, could, might)
                                        + 동사 원형**

① 조건절의 동사가 '일반 동사'인 경우

If he loved her, he would marry her.
(그가 그녀를 사랑한다면, 그녀와 결혼할 텐데.)

> 해설 조건절에 "if"와 함께 '과거형 일반 동사' "loved"가 쓰였다.

위 문장은 '현재의 사실에 반대되는 상황'을 나타내고 있다. 즉 '그는 현재 그녀를 사랑하지 않기 때문에 그녀와 결혼하지 않고 있다'는 것이다.

조건절에 '과거형 동사'가 사용되기 때문에 '가정법 **과거**'라고 한다.

모든 가정법 문장의 '조건절'과 '주절'은, 조건(condition)과 결과(result)의 관계에 있다. 위 예문의 경우를 보면, '조건'(조건절: 그가 그녀를 사랑한다면)이 충족되면 '결과'(주절: 그녀와 결혼한다)가 생긴다는 것이다.

> 참고 condition [kəndíʃən] n. 조건(條件). result [rizʌ́lt] n. 결과

② 조건절의 동사가 'be 동사'[were]인 경우

If he were wise, he would marry her. (그가 현명하다면, 그녀와 결혼할 텐데.)
> 해설 조건절에 "if"와 함께 be동사의 과거형 "were"가 쓰였다.
위 문장은 '현재의 사실에 반대되는 상황'을 나타내고 있다. 즉 '그는 현재 현명하지 못하여 그녀와 결혼하지 않고 있다'는 것이다.

3) 가정법 과거완료

'가정법 과거완료'(假定法 過去完了, Subjunctive Past Perfect 또는 Third Conditional)는, '과거의 사실에 반대되는 상황'을 표현하는 경우에 사용한다.
가정법 과거완료의 형태는 아래와 같다.

조건절: 만일 …하였다면　　　　　　주절 : ~했었을 텐데
If + had + 과거분사　　　　　　… would (또는 should, could, might)
　　　　　　　　　　　　　　　　+ have + 과거분사

① 조건절의 동사가 '일반 동사'인 경우

If he had loved her, he would have married her.
(그가 그녀를 사랑했었다면, 그녀와 결혼했을 텐데.)
> 해설 조건절에 "if"와 함께 "had loved"(had + 과거분사 "loved")가 쓰였다.
위 문장은 '과거의 사실에 반대되는 상황'을 나타내고 있다. 즉 '그는 과거에 그녀를 사랑하지 않았기 때문에 그녀와 결혼하지 않았다'는 것이다.
조건절에 '과거완료형 동사'(had + 과거분사)가 사용되기 때문에, '가정법 **과거완료**'라고 한다.

② 조건절의 동사가 'be 동사'인 경우

If he had been wise, he would have married her.
(그가 현명했다면, 그녀와 결혼했을 텐데.)

해설 조건절에 "if"와 함께 "had been"(had + 과거분사 "been")이 쓰였다. 위 문장도 '과거의 사실에 반대되는 상황'을 나타내고 있다. 즉 '그는 과거에 현명하지 못했었기 때문에 그녀와 결혼하지 않았다'는 것이다.

참고 be [bi] vi. …이다. be (원형) – was, were (과거) – been (과거분사)

4) 가정법 미래

'가정법 미래'(假定法 未來, Subjunctive Future)는, '미래에 대한 매우 불확실한 상황' 또는 '있을 수 없는 상황의 가정'을 표현한다.

'미래에 대한 매우 불확실한 상황'을 나타낼 때는 조건절에 "should"를 사용하고, '있을 수 없는 상황의 가정'을 나타낼 때는 조건절에 "were to"를 사용한다.

가정법 미래의 형태는 아래와 같다.

조건절: 만일 …한다면   주절: ~할 것이다
If + should (또는 were to) + 동사 원형   **… would (should)**
                                          + 동사 원형

① 조건절에 "should"를 쓰는 경우

If he should win the lottery, he would get enough money for his business.
(만일 그가 복권에 당첨된다면, 그의 사업 자금을 충분히 마련할 수 있을 텐데.)

해설 조건절에 "if"와 함께 "should"가 쓰였다.
위 문장은 '미래에 대한 매우 불확실한 상황'을 나타내고 있다. 즉 '그가 복권에 당첨된다는 것은 매우 불확실한 것'이다.

참고 win the lottery: 복권에 당첨되다. lottery [látəri] n. 복권. get [get] vt. …을 얻다, 획득하다

② 조건절에 "were to"를 쓰는 경우

If he were to be young again, he would work hard.
(만일 그가 다시 젊어진다면, 그는 열심히 일할 텐데.)

해설 조건절에 "if"와 함께 "were to"가 쓰였다.
위 문장은 '있을 수 없는 상황의 가정'을 나타내고 있다. 즉 '그가 다시 젊어진다는 것은 있을 수 없는 상황'이다.

5) 가정법 혼합 시제

'가정법 혼합 시제'(假定法 混合 時制, Mixed Conditional)는, 가정법 문장에서 조건절과 주절의 시제가 서로 다른 경우다(즉, 다른 시제들이 섞인[mixed] 경우다).
예를 들면, 조건절은 가정법 과거완료이지만 주절이 가정법 과거가 되는 경우가 이에 해당한다.

If he had married her, he would live with her.
(그가 그녀와 결혼했었다면, 그는 그녀와 같이 살고 있을 텐데.)

해설 위 예문에서 조건절은 가정법 과거완료의 형태(If + had + 과거분사)고, 주절은 가정법 과거의 형태(would +동사 원형)다.
그러므로 위 문장은 '가정법 혼합 시제'다. 즉 '가정법 과거완료 시제와 가정법 과거 시제가 섞인 형태'다.
'과거에 그가 그녀와 결혼을 하지 않았기 때문에, 현재 그는 그녀와 살고 있지 않다'는 것이다.

(2) 특별한 형태의 가정법

'특별한 형태의 가정법'이란, '본래의 가정법 형태를 취하지 않고 다른 형태의 문장을 사용함으로써 가정법을 표현하는 경우'를 말한다.

'특별한 형태의 가정법'의 종류와 형태는 아래와 같다.

1) I wish 가정법

'I wish + 가정법'은 '이룰 수 없는 소망'을 나타내는데, '현재 사실의 반대'를 표현하는 경우에는 'I wish 가정법 과거'를 사용하고, '과거 사실의 반대'를 표현하는 경우에는 'I wish 가정법 과거완료'를 사용한다.

① I wish 가정법 과거

'I wish + 가정법 과거'는 '현재에 이룰 수 없는 소망'(즉 현재 사실의 반대)을 나타내며, '~하면 좋을 텐데'라고 해석한다.

형태: I wish + (that) + **주어 + 과거형 동사**

과거형 동사는 '과거형 조동사 + 동사 원형' 또는 "were"다.
접속사 "that"은 보통 생략한다.
주절 "I wish"는 직설법 표현이고, "that" 이하의 종속절이 가정법 표현이다.

I wish I could assist you now. (내가 지금 당신을 도울 수 있다면 좋을 텐데.)
해설 "I wish" 다음에, '과거형 조동사(could) + 동사 원형(assist)'을 썼다.
위 예문은 '현재에 이룰 수 없는 소망'을 나타낸다. 즉 '현재 돕고는 싶지만 도울 수 없는 상태다'라는 것이다.

I wish she were here. (그녀가 여기에 있으면 좋을 텐데.)
해설 "I wish" 다음에, '과거형 동사'(were)를 썼다.
위 예문도 '현재에 이룰 수 없는 소망'을 나타낸다. 즉 '그녀가 여기에 있으면 좋겠지만 현재 여기에 없는 상태다'라는 것이다.

② I wish 가정법 과거완료

'I wish + 가정법 과거완료'는 '과거에 이루지 못한 소망'(즉 과거 사실의 반대)을 나타내며, '~하였더라면 좋았을 텐데'라고 해석한다.

형태: I wish + (that) + **주어 + 'had + 과거분사'**

접속사 "that"은 보통 생략한다.
주절 "I wish"는 직설법 표현이고, "that" 이하의 종속절이 가정법 표현이다.

I wish I had assisted you then. (내가 그때 당신을 도와주었더라면 좋았을 텐데.)
  해설 "I wish" 다음에, 'had + 과거분사(assisted)'를 썼다.
위 예문은 '과거에 이루지 못한 소망'을 나타낸다. 즉 '과거에 돕고는 싶었지만 도울 수 없는 상태였다'는 것이다.

2) as if 가정법

'as if 가정법'은 'I wish 가정법'과 그 형식이 거의 비슷하다. 다만 다른 점은, 가정법 부분을 이끄는 접속사가 "as if"라는 것뿐이다.("as if" 대신, "as though"를 간혹 쓰기도 한다.)

'as if 가정법'도, 언급 시점이 현재인 경우에는 'as if 가정법 과거'를 사용하고, 언급 시점이 과거인 경우에는 'as if 가정법 과거완료'를 사용한다.

① as if 가정법 과거

'as if + 가정법 과거'는 '현재 사실의 반대'를 나타내며, '마치 …처럼'이라고 해석한다.

형태: 주어 + 동사 + as if + **주어 + 과거형 동사**

과거형 동사는, ①'과거형 일반동사'이거나 ②'were', 또는 ③'과거형 조동사 + 동사 원형'이다.
주절 '주어 + 동사'는 직설법 표현이고, "as if" 이하의 종속절이 가정법 표현이다.

He talks *as if* he met her. (그는 마치 그녀를 만나고 있는 것처럼 이야기합니다.)
  해설 "as if" 다음에, '과거형 일반동사' met(원형: meet)를 썼다. 주절 "he talks"는 직설법 표현이다.

위 예문은 '현재 사실의 반대'다. 즉 '현재 그는 그녀를 만나지 않고 있는 것'이다.

② as if 가정법 과거완료

'as if + 가정법 과거완료'는 '과거 사실의 반대'를 나타내며, '마치 … 했던 것처럼'이라고 해석한다.

형태: 주어 + 동사 + as if + **주어 + 'had + 과거분사'**

주절 '주어 + 동사'는 직설법 표현이고, "as if" 이하의 종속절이 가정법 표현이다.

He talks *as if* he had met her. (그는 마치 그녀를 만났던 것처럼 이야기합니다.)
  해설 "as if" 다음에, 'had + 과거분사(met)'를 썼다.
위 예문은 '과거 사실의 반대'다. 즉 '과거에 그는 그녀를 만나지 않았던 것'이다.

3) if절 대용 표현

'but for, except for, without' 등으로, 가정법의 'if절'[조건절]을 '대용'(代用) 즉 '대신(代身) 사용'할 수 있다. 이들은 모두 '…이 없다면'이라고 해석한다.
"but for"의 경우만 살펴본다.

But for air, man could not live. (= **If there were no** air, man could not live.)
(공기가 없다면 사람은 살 수 없을 것입니다.)
  해설 "but for"가, 'if절' 대신 쓰이고 있다. 즉, "but for"는 "If there were no" 대신 쓰였다. 가정법 주절의 동사가 "could not live"이므로, 위 예문은 가정법 과거다. 그러므로 '현재 사실의 반대'를 나타낸다.
  참고 man [mæn] n. 사람, 인간(人間)

4) 가정법 조건절에서 "if"가 생략되는 경우

가정법 조건절에서 "if"가 생략되는 경우에는, 조건절 내의 주어와 동사가 도치된다.

Were he wise, he would marry her. (= If he were wise, he would marry her.)
(그가 현명하다면, 그녀와 결혼할 텐데.)
해설 조건절에서 "if"가 생략되었으므로, 주어(he)와 동사(were)가 도치되었다. 즉 "were he"(동사 + 주어)의 순서가 되었다.

(3) '구'(句)에 가정법 조건절의 의미가 포함되어 있는 경우

'구'(句)에 가정법 조건절의 의미가 포함되어 있는 경우가 있는데, '부정사구, 부사구' 등이 그러한 경우에 해당한다.

① 부정사구(不定詞句)

He would be happy to marry her. (= He would be happy if he married her.)
(그가 그녀와 결혼한다면 그는 행복할 텐데.)
해설 부정사구 "to marry her" 안에, 가정법 조건절 "if he married her"의 의미가 포함되어 있다.
위 예문은 주절의 동사가 'would + 동사원형'(would be)이므로, 가정법 과거다. 그러므로 '현재 사실의 반대'를 나타낸다.

② 부사구(副詞句)

He could have done it with your assistance. (= He could have done it if he had had your assistance.)
(당신의 도움이 있었다면 그는 그것을 할 수 있었을 텐데.) (= 그가 당신의 도움을 받았더라면 ~)
해설 부사구 "with your assistance" 안에, 가정법 조건절 "if he had had your assistance"

의 의미가 포함되어 있다.

위 예문은 주절의 동사가 'could + have + 과거분사'(could have done)이므로, 가정법 과거완료다. 그러므로 '과거 사실의 반대'를 나타낸다.

(4) 가정법 조건절의 "if"와 유사한 뜻을 가지는 문구(文句)

가정법의 조건절에서 쓰이는 "if"(만일 ~이라면)와 유사한 뜻을 가지는 문구로는, 'in case that, unless, as long as' 등이 있다.

물론 이들 문구는 직설법 문장에서 쓰이는 것들이다. 그러나 그 의미가 가정법 문장에서 쓰이는 "if"와 유사하다는 것이다.

이들 문구는 '(종속)절'을 끌어가므로, 이들은 '조건'을 나타내는 '종속 접속사'라고 할 수 있다.

① in case that (= in case; if)

In case that she does not hear from the man by tomorrow, she will not meet him. (= If she does not hear from the man by tomorrow, she will not meet him.)
(만일 그녀가 내일까지 그로부터 연락받지 못한다면, 그녀는 그를 만나지 않을 것입니다.)

해설 "in case that"은 "if"의 뜻을 가지고 있다.

"In case that she does not hear from the man by tomorrow" '절'은, '조건'을 나타내는 종속절이다.

위 "in case that"과 '동일한 뜻'을 가지는 문구로는,

= on condition that [on condition],
= provided that [provided],
= supposing that [supposing],
= assuming that [assuming] 등이 있다.

이들은 모두 "in case that"을 대신하여, 그 자리에 쓸 수 있다.

참고 case [keis] n. 경우(境遇). provided [prəváidid] conj. 만약 ~이면(if)
supposing [səpóuziŋ] conj. 만약 …이라면(if). assuming [əsúːmiŋ] conj. …이라면(if)

② where

The government should settle the matter **where** necessary.
(필요한 경우에는 정부가 그 문제를 해결하여야 합니다.)

해설 "where"는 '…하는 경우에는'의 뜻으로, "in case" 또는 "if"로 바꾸어 쓸 수 있다. "where"는 법률적 문장 등의 '문어체(文語體) 영어'에서 주로 쓰인다.

참고 "where"는 부사절을 이끄는 (종속)접속사다. where necessary = where (it is) necessary = where (it is) necessary (for the government to settle the matter)

③ unless (= if ~ not)

"in case that"에서 사용한 예문을 다시 한번 사용하여, "unless"를 설명한다. 즉, "In case that she does not hear"을 "Unless she hears"로 바꾸어 본다.

Unless she hears from the man by tomorrow, she will not meet him. (= **If** she does **not** hear from the man by tomorrow, she will not meet him.)
(만일 그녀가 내일까지 그로부터 연락받지 못한다면, 그녀는 그를 만나지 않을 것입니다.)

해설 "unless"는 "if ~ not"의 뜻을 가지고 있다. "Unless she hears from the man by tomorrow" '절'은, '조건'을 나타내는 종속절이다.

④ as long as (= so long as; if; only if)

He may lend money **as long as** you keep your promise to pay it back. (= He may lend money **if** you keep your promise to pay it back.)
(당신이 갚겠다는 약속을 지킨다면, 그는 당신에게 돈을 빌려줄지도 모릅니다.)

해설 "as long as"는, "if"(또는 only if)의 뜻을 가지고 있다.
"as long as you keep your promise to pay it back" '절'은, '조건'을 나타내는 종속절이다.

참고 may [mei] aux. v. …일지도 모른다. as long as ~ : ~이라면(if), ~ 하는 한(only if)
pay … back: …(돈)을 갚다. it = money

Chapter 5
부정사

'부정사'(不定詞, Infinitive)는 '준동사'의 일종이다. 그러므로 '부정사'를 살펴보기에 앞서 '준동사'라는 것이 무엇인가를 먼저 알아본다.(준동사에 대해서는 '동사' 편에서 이미 간단히 살펴본 바 있다.)

'준동사'(準動詞, Verbid)는, '일반동사가 약간 변경된 형태로서 명사, 형용사 또는 부사의 역할을 하는 것'을 말한다.
준동사는 동사를 변경시켜 만든 것이기 때문에 여전히 동사의 성격을 가지고 있으므로, '동사에 준(準)한다'고 해서 '준동사'라고 부르는 것이다. '준동사'에 대하여 보통의 (일반)동사를 '본동사'(本動詞, Main Verb)라고 부르기도 한다.
준동사로는 ①부정사, ②동명사, ③분사가 있다.

① '부정사'는 동사원형 앞에 "to"를 붙이거나(to 부정사) 아니면 동사원형 자체를 사용하여(원형 부정사), 명사·형용사·부사의 역할을 하는 것이고,
② '동명사'는 동사원형에 "ing"를 붙여, 명사의 역할을 하는 것이며,
③ '분사'는 동사원형에 "ing"를 붙이거나(현재분사) 또는 동사의 과거분사형(과거분사)을 사용하여, 형용사의 역할을 하는 것이다.

위와 같은 세 가지의 준동사를 차례차례 살펴보기로 하는데, 우선 '부정사'부터 설명한다.

(1) 부정사의 용법

위에서 본 바와 같이 부정사는 '명사, 형용사, 부사'의 역할을 하므로, 부정사는 ①명사적 용법, ②형용사적 용법, ③부사적 용법의 세 가지 용법이 있다.
위와 같은 부정사의 세 가지 용법 외에도, 부정사는 기타의 다른 용법이 있는데, 그러한 용법에 대해서도 위 세 가지 용법에 이어 설명하도록 한다.

1) 명사적 용법

'부정사의 명사적 용법(名詞的 用法)'은, 부정사가 '명사'처럼 ①주어, ②목적어, ③보어로 쓰이는 [역할을 하는] 경우를 말한다.

여기서는 우선 'to 부정사'에 대해서만 살펴보는 것이고, '원형 부정사'에 대해서는 별도로 설명한다.

① '주어'로 쓰이는 경우

To read a book is interesting. (책을 읽는 것은 흥미롭습니다.)
해설 "to read"가 '부정사'다.
"to read"는, 위 문장에서 '주어'[주부]의 역할을 하고 있다.

② '목적어'로 쓰이는 경우

She wants to read the book. (그녀는 그 책을 읽기를 원합니다.)
해설 "to read"가 '부정사'다.
"to read"는, 위 문장에서 타동사 "wants"(원형: want)의 '목적어' 역할을 하고 있다.

③ '보어'로 쓰이는 경우

(A) 주격 보어

A useful hobby is to read a book. (유익한 취미는 책을 읽는 것입니다.)
해설 "to read"가 '부정사'다.
"to read"는, 위 문장에서 자동사[불완전자동사] "is"의 '주격 보어' 역할을 하고 있다.

(B) 목적격 보어

Money enables people to do a lot of things.
(돈은 사람이 많은 일을 할 수 있게 합니다.)
해설 "to do"가 '부정사'다.
"to do"는, 위 문장에서 타동사[불완전타동사] "enable"의 '목적격 보어' 역할을 하고 있다.

목적어는 "people"이다.

참고 enable [inéibl] vt. (사람이 …을) 할 수 있게 하다. thing [θin] n. (추상적으로 막연한) 일〈복수: things〉

2) 형용사적 용법

'부정사의 형용사적 용법(形容詞的 用法)'은, 부정사가 형용사처럼 명사를 수식하는 경우를 말한다.

He has a lot of *work* **to do** this afternoon.
(그는 오늘 오후에 할 일이 많습니다.)
해설 "to do"가 '부정사'다.
"to do"는, 명사 "work"를 뒤에서 수식하고 있다.

3) 부사적 용법

'부정사의 부사적 용법(副詞的 用法)'은, 부정사가 부사처럼 ①동사, ②형용사, ③부사를 수식하는 경우를 말한다.

① '동사'를 수식하는 경우

He *came* **to meet** her. (그는 그녀를 만나기 위하여 왔습니다.)
해설 "to meet"가 '부정사'다.
"to meet"은, 동사 "came"(원형: come)을 수식하고 있다.
"to"에는 '…하기 위하여'의 뜻이 있으므로, 위 예문은 아래와 같이 바꾸어 쓸 수 있다.
= He came **in order to** meet her.

② '형용사'를 수식하는 경우

This problem is very *difficult* **to solve**. (이 문제는 풀기가 매우 어렵습니다.)
해설 "to solve"가 '부정사'다.

"to solve"는, 형용사 "difficult"를 수식하고 있다.

③ '부사'를 수식하는 경우

He is qualified *enough* to work for the company.
(그는 그 회사에서 일할 만한 충분한 자격이 있습니다.)
해설 "to work"이 '부정사'다.
"to work"는, 부사 "enough"를 수식하고 있다.
참고 qualify [kwάləfài] vt. 자격(資格)을 갖추다. enough [inʌf] ad. 충분히

4) 독립적 용법

'부정사의 독립적 용법(獨立的 用法)'은, 부정사가 문장 전체를 수식하는 경우라고 일반적으로 설명한다.
그러나 사실은 부정사가 '절'(節)을 수식하고 있는 경우이므로, '문장 전체를 수식'한다고 하기보다는 '절 전체를 수식'한다고 하는 것이 정확한 표현일 것이다.
부정사가 독립적 용법으로 쓰인 예(例)를, 몇 가지 들어 본다.

To be honest, he is not innocent. (솔직히 그는 무죄[無罪]가 아닙니다.)
해설 "to be honest"(솔직히)가 '부정사'다.
"to be honest"는, 그다음에 오는 "he is not innocent"라는 '절' 전체를 수식하고 있다.
참고 honest [άnist] a. 솔직한, 정직한. innocent [inəsənt] a. (사람이) 무죄(無罪)인(not guilty)

To be sure, the article is real. (확실히 그 기사는 사실입니다.)
해설 "to be sure"(확실히)가 '부정사'다.
"to be sure"는, 그다음에 오는 "the article is real"이라는 '절' 전체를 수식하고 있다.
참고 sure [ʃuər] a. 확신하는. real [ríːəl] [뤼이이얼] a. 사실의, 진짜의

To begin with, let's discuss the matter.
(우선 그 문제에 대해서 토론[討論]합시다.)

해설 "to begin with"(우선)가 '부정사'다.
"to begin with"는, 그다음에 오는 "let's discuss the matter"라는 '절' 전체를 수식하고 있다.

To make matters worse, he made a mistake during the exam.
(설상가상[雪上加霜]으로 그는 그 시험 도중에 실수를 했습니다.)
해설 "to make matters worse"(설상가상으로)가 '부정사'다.
"to make matters worse"는, 그다음에 오는 "he made a mistake during the exam"이라는 '절' 전체를 수식하고 있다.

5) 의문사 + to 부정사

'의문사 + to 부정사'는 동사의 목적어가 되므로, 부정사의 용법 중 '명사적 용법'에 속한다고 할 수 있다. 하지만 '의문사 + to 부정사'는 중요하므로, 여기에서 별도로 설명한다.
'의문사 + to 부정사'에 쓰이는 '의문사'로는 "what, where, when, how" 등이 있다.

He knows what to do. (그는 무엇을 해야 할지 알고 있습니다.)
해설 "what to do"가 '의문사 + to 부정사'다.
"what to do"는, 동사 "knows"(원형: know)의 '목적어'로 쓰이고 있다. 그러므로 "what to do"는 부정사의 명사적 용법에 속한다.

He knows where to go. (그는 어디로 가야 할지 알고 있습니다.)
해설 "where to go"가 '의문사 + to 부정사'다.
"where to go"는, 동사 "knows"의 '목적어'로 쓰이고 있다. 그러므로 "where to go"는 부정사의 명사적 용법에 속한다.

He knows when to do the work. (그는 그 일을 언제 해야 할지 알고 있습니다.)
해설 "when to do"가 '의문사 + to 부정사'다.
"when to do"는, 동사 "knows"의 '목적어'로 쓰이고 있다. 그러므로 "when to do"는 부정사의 명사적 용법에 속한다.

He knows **how to do** the work.
(그는 그 일을 어떻게 해야 할지 알고 있습니다.) (= 즉 그 일을 하는 방법을 알고 있습니다.)
해설 "how to do"가 '의문사 + to 부정사'다.
"how to do"는, 동사 "knows"의 '목적어'로 쓰이고 있다. 그러므로 "how to do"는 부정사의 명사적 용법에 속한다.

6) be 동사 + to 부정사

'be 동사 + to 부정사'는 '보어'[주격 보어]가 되므로, 부정사의 용법 중 '명사적 용법'에 속한다고 할 수 있다. 하지만 'be 동사 + to 부정사'는 중요하므로, 여기에서 별도로 설명한다.
'be 동사 + 부정사'는 ①예정, ②의무, ③가능, ④운명, ⑤의도, 이렇게 다섯 가지 의미로 쓰인다.

① be 동사 + to 부정사: 예정(豫定)[…할 예정이다]

He **is to come** here at 10 a.m. (그는 여기에 오전 10시에 올 예정입니다.)
해설 "is to come"(be 동사 + to 부정사)은 '예정'을 나타낸다.
부정사 "to come"은 '주격 보어'로 쓰였다.
위 예문은 아래와 같이 바꾸어 쓸 수 있다.
= He **is going to come** here at 10 a.m.

② be 동사 + to 부정사: 의무(義務)[…하여야 한다]

You **are to finish** this work within one hour.
(당신은 이 일을 한 시간 내에 끝마쳐야 합니다.)
해설 "are to finish"(be 동사 + to 부정사)는 '의무'를 나타낸다.
부정사 "to finish"는 '주격 보어'로 쓰였다.
위 예문은 아래와 같이 바꾸어 쓸 수 있다.
= You **must finish** this work within one hour.

③ be 동사 + to 부정사: 가능(可能)[…할 수 있다]

You **are to do** the work. (당신은 그 일을 할 수 있습니다.)
  해설 "are to do"(be 동사 + to 부정사)는 '가능'을 나타낸다.
부정사 "to do"는 '주격 보어'로 쓰였다.
위 예문은 아래와 같이 바꾸어 쓸 수 있다.
= You **can do** the work.

④ be 동사 + to 부정사: 운명(運命)[…할 운명이다]

They **are to meet** again in the future. (그들은 미래에 다시 만날 운명입니다.)
  해설 "are to meet"(be 동사 + to 부정사)는 '운명'을 나타낸다.
부정사 "to meet"는 '주격 보어'로 쓰였다.
그러므로 위 예문은 아래와 같이 바꾸어 쓸 수 있다.
= They **are destined to meet** again in the future.
  참고 be destined to … : …할 운명이다.   destined [déstind] a. (사람이 할) 운명(運命)에 있는

⑤ be 동사 + to 부정사: 의도(意圖)[…하려면]

If you **are to pass** the examination, you must study hard.
(당신이 그 시험에 합격하려면 열심히 공부해야 합니다.)
  해설 "are to pass"(be 동사 + to 부정사)는 '의도'를 나타낸다.
부정사 "to pass"는 '주격 보어'로 쓰였다.
위 예문은 아래와 같이 바꾸어 쓸 수 있다.
= If you **intend to pass** the examination, you must study hard.
  참고 intend [inténd] vt. …을 의도하다.   intend to … : …하려고 한다.

(2) 원형 부정사

'원형부정사'(原形不定詞, Bare Infinitive)는, 'to 없는 부정사' 즉 '동사원형(動詞原形)만으로 된 부정사'를 말한다.

> 참고 '원형 부정사'를 '동사 원형'이라고 부르는 때도 있다. '원형 부정사'와 '동사 원형'은 그 '형태'가 같기 때문이다.

'원형 부정사'는 다음과 같은 경우에 사용된다.

① '지각 동사'(知覺 動詞) + 목적격보어(원형 부정사)

He *saw* his son *read* a book. (그는 그의 아들이 책을 읽는 것을 보았습니다.)
> 해설 "read"가 '원형 부정사'다.

원형부정사 "read"는, '지각 동사(saw) + 목적어(his son) + 목적격 보어(read)'에서 '목적격 보어'로 쓰였다.

지각동사의 목적격보어가 원형부정사일 때는 '능동'(能動)의 뜻이 있다. 그러므로 '목적어'가 '… 한다'의 뜻이다.(즉 '그의 아들'[his son]이 '읽는다'[read])

② '사역 동사'(使役 動詞) + 목적격보어(원형 부정사)

He *had* his son *read* a book. (그는 아들이 책을 읽게 했습니다.)
> 해설 "read"가 '원형 부정사'다.

원형부정사 "read"는, '사역 동사(had) + 목적어(his son) + 목적격 보어(read)'에서 '목적격 보어'로 쓰였다.

사역동사의 목적격 보어가 원형부정사일 때도 '능동'(能動)의 뜻이 있다. 그러므로 '목적어'가 '… 한다'의 뜻이다.(즉 '그의 아들'[his son]이 '읽는다'[read])

③ 원형부정사를 사용한 '관용적 표현'(숙어)의 예

(a) cannot but + 원형 부정사: … 하지 않을 수 없다

He *cannot but laugh*. (그는 웃지 않을 수 없습니다.)
> 해설 "laugh"가 '원형 부정사'다.

> **참고** 이미 설명한 바와 같이, '원형 부정사'를 '동사 원형'이라고 표기해도 아무런 문제가 없다.

(b) had better + 원형 부정사: ⋯하는 것이 좋다, ⋯ 하는 것이 더 낫다

You had better leave now. (당신은 지금 떠나는 것이 좋습니다.)

> **해설** "leave"가 '원형 부정사'다.

'had better + 원형 부정사'는 'may as well + 원형 부정사'와 그 뜻이 비슷하다. 다만 "had better"는 권고(勸告)의 뜻이 있어 그 의미가 다소 강한 면이 있으므로, "may as well"이 "had better"보다 완곡한 표현이라고 설명한다.

(3) 부정사의 시제

이미 설명한 바와 같이 부정사는 '준동사'(準動詞)다. 준동사는 동사(動詞)에 준(準)한다. 그러므로 부정사도 동사와 같이 '시제'(時制)를 가지고 있다.

그러나 준동사의 시제는 매우 간단하다. 즉 '단순 시제'와 '완료 시제' 두 가지만 있다.
'단순 시제'는 준동사의 시제가 '동사의 시제와 같거나 또는 미래의 시제'고, '완료 시제'는 준동사의 시제가 '동사의 시제보다 앞선, 즉 이전(以前) 시제'다.
이와 같은 시제 형태는, '부정사'는 물론 같은 준동사에 속하는 '동명사'와 '분사'의 경우에도 마찬가지다.

한편, 부정사의 단순시제를 나타내는 'to + 동사 원형' 형태의 부정사를 '단순 부정사'(單純 不定詞)라고 하고, 부정사의 완료시제를 나타내는 'to have + 과거 분사' 형태의 부정사를 '완료 부정사'(完了 不定詞)라고 한다.

1) '단순 부정사'의 시제

'단순 부정사'의 시제는, ①동사의 시제와 같거나 또는 ②동사보다 나중인 미래의 시제다.

① 동사의 시제와 같은 경우

'추측'을 나타내는 동사(seem, appear 등) 뒤에 오는 '단순 부정사'의 시제는, 동사의 시제와 같다.

He *seems to be* diligent. (그는 부지런한 것 같습니다)
해설 "to be"(to + 동사원형)가 '단순 부정사'다.
'추측을 나타내는 동사' "seems"(원형: seem) 뒤에 오는 '단순 부정사'(to be)의 시제는, 동사의 시제와 같다. 즉 '현재'다.
그러므로 위 예문은 아래와 같이 바꾸어 쓸 수 있다.
= It seems that he is diligent.

② 동사의 시제보다 나중 시제인 경우

'미래를 나타내는 동사'(promise, expect 등) 뒤에 오는 '단순 부정사'의 시제는, 동사보다 나중인 '미래'의 시제다.

She *promises to visit* you soon. (그녀는 당신을 곧 방문할 것을 약속합니다.)
해설 "to visit"(to + 동사원형)이 '단순 부정사'다.
'미래를 나타내는 동사' "promises"(원형: promise) 뒤에 오는 '단순 부정사'(to visit)의 시제는, 동사보다 나중인 '미래'의 시제다. 즉 동사의 시제는 '현재'고 부정사의 시제는 '미래'다.
그러므로 위 예문은 아래와 같이 바꾸어 쓸 수 있다.
= She promises she will visit you soon.

2) '완료 부정사'의 시제

'완료 부정사'의 시제는, 동사의 시제보다 앞선 시제다.

He *seems to have been* diligent. (그는 부지런했던 것 같습니다)
해설 "to have been"(to have + '과거 분사')이 '완료 부정사'다.

'동사'(seems) 뒤에 오는 '완료 부정사'(to have been)의 시제는, 동사의 시제보다 앞선다. 즉 동사의 시제는 '현재'고 부정사의 시제는 '과거'다.
그러므로 위 예문은 아래와 같이 바꾸어 쓸 수 있다.
= It seems that he was diligent.

(4) 부정사의 '의미상 주어'

'동사'가 주어를 가지듯이 '준동사'인 부정사도 동사의 성질을 가지기 때문에 주어를 가지는데, 부정사의 주어를, 동사의 '주어'와 구별하기 위하여 '의미상 주어'(意味上 主語)라고 부른다.
'부정사'와 마찬가지로, 다른 준동사인 '동명사'와 '분사'도 각각 자신들의 '의미상 주어'를 가진다.

1) 부정사의 의미상 주어가 나타나지 않는 경우

① 부정사의 의미상 주어가 '일반인'(we, you 등)일 때

It is difficult to learn a foreign language. (외국어를 배우는 것은 어렵습니다.)
해설 부정사(to learn)의 주어[의미상 주어]는, '일반인'(一般人) "we"다.
따라서 부정사의 주어가 나타나지 않는다. 즉 생략되었다.

② 부정사의 의미상 주어가 문장의 주어와 같을 때

He expects to see her. (그는 그녀를 보기를 기대합니다.)
해설 부정사(to see)의 주어[의미상 주어]는, 전체 문장의 주어(he)와 같다. 즉 부정사의 의미상 주어는 "he"다.
따라서 부정사의 주어가 나타나지 않는다. 즉 생략되었다.
위 예문을 일반 문장으로 바꾸어 보면 아래와 같다.
= He expects that he will see her.

③ 부정사의 의미상 주어가 문장의 목적어와 같을 때

He expects you *to see* her. (그는 당신이 그녀를 만나기를 기대합니다.)
해설 부정사(to see)의 주어[의미상 주어]는, 전체 문장의 목적어(you)와 같다. 즉 부정사의 의미상 주어는 "you"다.
따라서 부정사의 주어가 나타나지 않는다. 즉 생략되었다.
위 예문을 일반 문장으로 바꾸어 보면 아래와 같다.
= He expects that you will see her.
참고 see [siː] vt. (…을) 만나다(meet)

2) 부정사의 의미상 주어가 나타나는 경우

① 'for + 목적어 + 부정사'의 경우

He waited *for them* **to arrive**. (그는 그들이 도착하기를 기다렸습니다.)
해설 'for + 목적어(them) + 부정사(to arrive)'에서, 목적어 "them"이 부정사 "to arrive"의 주어[의미상 주어]다.
그러므로 "them"이 "arrive"한다는 것이다.

② 'of + 목적어 + 부정사'의 경우

문장 중에 '사람의 성질을 나타내는 형용사'(kind, nice 등)가 있으면, 'of + 목적어 + 부정사' 형태를 쓴다.

It is *kind of you* **to show** me the way. (길을 안내해 주시니 친절하시군요.)
해설 문장 중에 "kind" 형용사가 있으므로, 'of + 목적어(you) + 부정사(to show)'의 형태가 되었다.
목적어 "you"가, 부정사 "to show"의 주어[의미상 주어]다.
그러므로 "you"가 "show"한다는 것이다.
참고 show [ʃou] vt. (남에게 길을) 안내하다. show A(사람) the way: "A"에게 길을 안내하다.

(5) 대부정사

'대부정사'(代不定詞)는, 부정사가 반복되는 것을 피하기 위해, 'to + 동사 원형' 대신 "to"만 쓰는 것을 말한다.

You may go if you want **to**. (= You may go if you want **to go**.)
(당신이 가기를 원한다면 가도 좋습니다.)
해설 "to"가 '대 부정사'다.
부정사 안의 동사원형 "go"가 반복되는 것을 피하기 위해, 부정사 "to go" 대신(代身) "to"만 쓴 것이다.

(6) 부정사의 부정(否定)

부정사를 '부정'(否定)할 때는, 부정사 바로 앞에 '부정어'(否定語) "not" 또는 "never"를 붙인다.

She told him **not to go** there. (그녀는 그에게 그곳에 가지 말라고 말했습니다.)
해설 'to 부정사'(to go) 바로 앞에 "not"을 붙여, '부정사의 부정'을 만들었다.

You had better **not go** now. (당신은 지금 가지 않는 것이 좋습니다.)
해설 '원형 부정사'(go) 바로 앞에 "not"을 붙여, '부정사의 부정'을 만들었다.

She told her son **never to tell** a lie.
(그녀는 그녀의 아들에게, 절대로 거짓말을 하지 말라고 말씀하셨습니다.)
해설 'to 부정사'(to tell) 바로 앞에 "never"를 붙여, '부정사의 부정'을 만들었다.

(7) 부정사를 사용하는 '관용적 표현'(숙어)의 예

① be supposed to + 동사 원형: …하기로 되어 있다

He is supposed to meet her at three p.m. here.
(그는 그녀를 여기에서 오후 3시에 만나기로 되어 있습니다.)

참고 suppose [səpóuz] vt. …하기로 되어 있다

② enough to + 동사 원형: …할 정도로 충분히 …하다

He is healthy enough to swim for an hour without a stop.
(그는 쉬지 않고 한 시간을 수영을 할 수 있을 정도로 건강합니다.)

참고 healthy [hélθi] a. 건강한. without a stop: 멈추지 않고

③ too … to + 동사 원형: 너무 … 해서 …할 수 없다

The question is too difficult for him to solve.
(그 문제는 너무 어려워서, 그가 풀 수가 없습니다.)

Chapter 6
동명사

'동명사'(動名詞, Gerund)는 '동사가 명사의 역할을 하는 준동사'다. 그러므로 동명사는 '**동사**'의 기능과 '**명사**'의 기능을 둘 다 가지고 있다.

참고 gerund [dʒérənd] n. 동명사

동명사의 형태는 '동사 원형 + ing'다. 동사가 명사의 역할을 하기 위하여, 자신을 '동사 원형 + ing'의 형태로 변형시킨 것이다.
따라서 동명사는 형태상으로는 현재분사와 같다. 그러나 현재분사가 '동사의 기능과 형용사의 기능'을 가지고 있는 데 반하여, 동명사는 '동사의 기능과 명사의 기능'을 가지고 있는 점에서, 동명사와 현재분사는 다르다.

동명사는 성질상으로는 '동사'지만, 주로 '명사'의 역할을 하므로, 동명사는 명사와 마찬가지로 ①주어, ②목적어, ③보어로 쓰인다.

(1) 동명사의 용법

1) '주어'로 쓰이는 경우

Writing a novel is interesting. (소설을 쓰는 것은 흥미롭습니다.)
해설 "writing"이 '동명사'다.
"writing"은, 동사의 원형 "write"에 "ing"를 붙인 형태다. 발음 문제로 "write"에서 "e"를 빼고 "ing"를 붙여 "writing"으로 하였다.
동명사 "writing"은 "a novel"과 함께 위 문장의 '주부'를 이루므로, 동명사 "writing"은 위 문장에서 '주어'다. 따라서 동명사 "writing"은 '명사'의 역할을 하고 있다.
한편 동명사 "writing"은 "novel"을 목적어로 취하고 있으므로, 동명사 "writing"은 여전히 '동사'로서의 성격이 있음을 알 수 있다.

2) '목적어'로 쓰이는 경우

① 동사의 목적어

He likes playing golf. (그는 골프를 치는 것을 좋아합니다.)
해설 "playing"이 '동명사'다.
"playing"은, 동사의 원형 "play"에 "ing"를 붙인 형태다.
동명사 "playing"은 동사 "likes"(원형: like)의 '목적어'이므로, 동명사 "playing"은 '명사'의 역할을 하고 있다.
한편 동명사 "playing"은 "golf"를 목적어로 취하고 있으므로, 동명사 "playing"은 여전히 '동사'로서의 성격이 있음을 알 수 있다.

② 전치사의 목적어

전치사 다음에 동사가 올 때는 동사는 '동명사'의 형태를 취한다. 이 경우에는 '동명사'가 '전치사의 목적어'가 된다. 관용적인 표현에 이러한 경우가 많다.

His illness prevented him *from* leaving for New York.
(병이 나서 그는 뉴욕으로 출발하지 못했습니다.)
해설 "leaving"이 '동명사'다.
"leaving"은 전치사 "from"의 '목적어'다. 그러므로 동명사 "leaving"은 '명사'의 역할을 하고 있다.
'prevent A(사람 또는 사물) from B(사건)'는 관용구[숙어]다. 'A가 B 하는 것을 막다, 방해하다'(hinder from doing something)라는 뜻이다.
참고 illness [ílnis] n. 병(病), 질병. hinder [híndər] vt. 방해(妨害)하다

3) '보어'로 쓰이는 경우

The only thing that she likes is seeing movies.
(그녀가 유일하게 좋아하는 것은 영화를 보는 것입니다.)

> **해설** "seeing"이 '동명사'다.

"seeing"은, 동사의 원형 "see"에 "ing"를 붙여 "seeing"으로 한 것이다.

동명사 "seeing"은, 자동사[불완전자동사] "is"의 '보어'로 쓰이고 있다. 따라서 동명사 "seeing"은 '명사'의 역할을 하고 있다.

한편 동명사 "seeing"은 "movies"를 목적어로 취하고 있으므로, 동명사 "seeing"은 여전히 '동사'로서의 성격이 있음을 알 수 있다.

(2) 동명사의 시제

동명사의 시제(時制)도, '단순 시제'와 '완료 시제' 두 가지가 있다.

동명사의 단순시제를 나타내는 '동사 원형 + ing' 형태의 동명사를 '단순 부정사'(單純 動名詞)라고 하고, 동명사의 완료시제를 나타내는 'having + 과거 분사' 형태의 동명사를 '완료 동명사'(完了 動名詞)라고 한다.

1) '단순 동명사'의 시제

'단순 동명사'의 '시제'는, ①동사의 시제와 같거나 아니면 ②동사보다 나중인 '미래'의 시제다.

① 동사의 시제와 같은 경우

He *likes* working with her. (그는 그녀와 일하는 것을 좋아합니다.)
> **해설** "working"이 '단순 동명사'다.

"working"의 시제는, 동사 "likes"(원형: like)와 시제와 같다. 즉 '현재'다.

② 동사의 시제보다 나중 시제인 경우

He *is* sure of Mr. Kim's coming tomorrow.
(그는 김 선생님이 내일 올 것을 확신합니다.)

해설 "coming"이 '단순 동명사'다.
"coming"의 시제는, 동사 "is"보다 나중인 '미래'의 시제다. 즉 동사의 시제는 '현재'고 동명사의 시제는 '미래'다.
그러므로 위 예문은 아래와 같이 바꾸어 쓸 수 있다.
= She is sure that Mr. Kim will come tomorrow.
참고 be sure of … : …을 확신하다. "Mr. Kim"은 '동명사의 의미상 주어'다.

2) '완료 동명사'의 시제

'완료 동명사'의 시제는, 동사의 시제보다 앞선 시제다. 즉 이전(以前) 시제다.

He *likes* having worked with her. (그는 그녀와 일했던 것을 좋아합니다.)
해설 "having worked"가 '완료 동명사'다.
"having worked"의 시제는, 동사 "likes"의 시제보다 앞선다. 즉 동사의 시제는 '현재'고, 동명사의 시제는 '과거'다.

(3) 동명사의 의미상 주어

1) 동명사의 의미상 주어가 나타나지 않는 경우

① 동명사의 의미상 주어(意味上 主語)가, 일반인(we, you 등)일 때

Watching a baseball game is interesting.
(야구 경기를 보는 것은 흥미롭습니다) (= 재미있습니다.)
해설 동명사(watching)의 주어[의미상 주어]는, '일반인' "we"다.
따라서 동명사의 주어는 나타나지 않는다. 즉 생략되었다.

② 동명사의 의미상 주어가 문장의 주어와 같을 때

He began **reading** a novel. (그는 소설 읽기를 시작했습니다.)
 해설 동명사(reading)의 주어[의미상 주어]는, 전체 문장의 주어(he)와 같다. 즉 "reading"의 의미상 주어는 "he"다. 따라서 동명사의 주어는 나타나지 않는다.

2) 동명사의 의미상 주어가 나타나는 경우

동명사의 의미상 주어가 나타나는 경우는, '문장의 주어와 동명사의 의미상 주어가 다를 때'다.

① '소유격 인칭대명사' 형태인 의미상 주어

동명사의 의미상의 주어는, 원칙적으로 '소유격 인칭대명사'로 표시한다.

She likes **his** *doing* the work. (그녀는 그가 그 일을 하는 것을 좋아합니다.)
 해설 "doing"이 '동명사'고, 소유격 인칭대명사 "his"가 '동명사의 의미상 주어'다.
즉 전체 문장의 주어는 "she"고, 동명사의 의미상 주어는 '대명사의 소유격'인 "his"다. 그러므로, "his"(의미상 주어)가 "doing"(the work)을 한다는 것이다.

② '명사'의 형태인 의미상 주어

He likes **his son** *doing* the work.
(그는 그의 아들이 그 일을 하는 것을 좋아합니다.)
 해설 "doing"이 '동명사'고, 명사 "his son"(특히 "son")이 '동명사의 의미상 주어'다. 즉 전체 문장의 주어는 "he"고, 동명사의 의미상 주어는 '명사'인 "his son"이다. 그러므로, "his son"(의미상 주어)이 "doing"(the work)을 한다는 것이다.

(4) 동명사를 사용하는 '관용적 표현'(숙어)의 예

① be accustomed to ⋯ing[동명사] : ⋯이 습관이 되어 있다(be used to ⋯ing)

He is accustomed to taking a walk after lunch. (= He is used to taking a walk after lunch.)
(그는 점심 식사 후에 산책을 하는 것이 습관이 되어 있습니다.)

해설 "⋯ing"는 '동명사'를 가리킨다. 아래의 ②부터 ⑮까지에서의 "⋯ing"도 모두 '동명사'를 가리키는 것이다.

참고 take a walk: 산책(散策)하다(go for a walk)

② be busy ⋯ing : ⋯ 하느라고 바쁘다

He is busy preparing for the conference. (그는 회의 준비에 바쁩니다.)
참고 prepare for ⋯ : ⋯을 준비하다. conference [kánfərəns] n. 회의(會議)

③ cannot help ⋯ing : ⋯ 하지 않을 수 없다(cannot but + 동사 원형)

He could not help escaping from the dangerous situation. (= He cannot but escape from the dangerous situation.)
(그는 그 위험한 상황에서 도망치지 않을 수 없었습니다.)
참고 escape [iskéip, eskéip] vi. 도망치다, 벗어나다. dangerous [déindʒərəs] a. 위험한

④ feel like ⋯ing : ⋯하고 싶다

He feels like going to the mountain. (그는 산에 가고 싶어 합니다.)
참고 go to the mountain: 산에 가다, 등산 가다

⑤ go ⋯ing : ⋯하러 가다

She went shopping at the department store yesterday evening.
(그녀는 어제 저녁에 백화점에 쇼핑하러 갔습니다.)

참고 go shopping: 쇼핑하러 가다, 장 보러 가다〈과거형: went shopping〉.　department store: 백화점

⑥ How about ⋯ing? : ⋯ 하는 것이 어떨까요?(What about ⋯ing?)

How about visiting him? (= What about visiting him?)
(그를 방문하는 것이 어떨까요?)

⑦ It goes without saying that ~ : ~은 말할 나위도 없다(Needless to say that ~)

It goes without saying that he loves her. (= Needless to say that he loves her.)
(그가 그녀를 사랑한다는 것은 말할 나위도 없습니다.) (= 그는 정말 그녀를 사랑합니다.)

참고 needless [níːdlis] a. 불필요한, 쓸데없는(unnecessary)

⑧ It is no use ⋯ing : ⋯ 해도 소용없다(It is of no use to + 동사 원형; It is useless to + 동사 원형)

It is no use repenting after losing your health. (= It is of no use to repent after losing your health.) (= It is useless to repent after losing your health.)
(건강을 잃은 후에는 후회해도 소용없습니다.)

해설 전치사 다음의 동사는 전치사의 목적어로서 '동명사' 형태를 취하기 때문에, "after losing"이 되었다. "your health"에서 "your"는 '일반인'을 가리킨다.

참고 repent [ripént] vi. 후회하다.　health [helθ] n. 건강.　of no use: 쓸모없는(useless)

⑨ keep A(사람) from ⋯ing : "A"에게 ⋯을 못 하게 하다

The snow kept him from going there. (= He couldn't go there because of the snow.)
(그는 눈 때문에 거기에 갈 수 없었습니다.)

⑩ look forward to ⋯ing : ⋯을 기대하다, 고대(苦待)하다

He looks forward to meeting her at the party.

(그는 파티에서 그녀를 만나는 것을 고대하고 있습니다.)

해설 전치사 "to"가 있기 때문에, 그 목적어로 동명사 "meeting"이 쓰였다. "look forward to" 다음에는 보통 '명사'가 쓰인다. 그러므로 동사 "meet"가 명사 역할을 하기 위하여 동명사(meeting) 형태를 취한 것이다.

⑪ need ⋯ing : ⋯할 필요가 있다(need to be + 과거 분사)

The house **needs repairing**. (= The house **needs to be** *repaired*.)
(그 집은 수리[修理]를 할 필요가 있습니다.)

참고 repair [ripέər] vt. ⋯을 수리하다

⑫ never A without ⋯ing : "A" 하면 반드시 ⋯한다

He **never sees the book without thinking** of his father. (= **Whenever** he sees the book, he always thinks of his father.)
(그는 그 책을 볼 때마다 그의 아버지를 생각합니다.)

⑬ on ⋯ing : ⋯ 하자마자(upon ⋯ing; as soon as)

On arriving at New York, he visited his friend. (= **As soon as** he arrived at New York, he visited his friend.)
(뉴욕에 도착하자마자 그는 그의 친구를 방문했습니다.)

⑭ there is no ⋯ing : ⋯ 하는 것은 불가능하다(it is impossible to + 동사 원형)

There is no crossing this ocean by swimming. (= **It is impossible to** *cross* this ocean by swimming.)
(이 바다를 수영으로 건너는 것은 불가능합니다.)

참고 전치사 "by"가 있기 때문에, 그 목적어로 동명사 "swimming"이 쓰였다.
cross [krɔːs] vt. 건너다. ocean [óuʃən] n. 바다, 대양(大洋)

⑮ worth ···ing : ···할 가치가 있다(It is worthwhile to + 동사 원형)

This book is worth reading. (= It is worthwhile to *read* this book.)
(이 책은 읽을 가치가 있습니다.)

> 참고 worth [wəːrθ] a. (어떤) 가치가 있는. worthwhile [wə́ːrθwáil] a. ···할 가치가 있는

Chapter 7
부정사를 목적어로 취하는 동사, 동명사를 목적어로 취하는 동사

여기서는 부정사를 목적어로 취하는 동사[타동사]와, 동명사를 목적어로 취하는 동사[타동사]에 대하여 설명한다.(본 Chapter에서 말하는 동사는 모두 '타동사'다.)

1) 'to 부정사'만을 목적어로 취하는 동사

'to 부정사'만을 목적어로 취하는 동사는 매우 많다. 그러므로 그러한 동사를 만날 때마다 그때 그때 익혀야 한다. 몇 가지 예만 들어 본다.

She decided *to enter* music school.
(그녀는 음악 학교에 들어가기로 결정했습니다.)
해설 동사 "decide"(과거: decided)는, 'to 부정사'만을 목적어로 취한다.

He promised *never to drink* again.
(그는 다시는 절대로 술을 마시지 않겠다고 약속했습니다.)
해설 동사 "promise"(과거: promised)는, 'to 부정사'만을 목적어로 취한다. "never"는 '부정어'다.

"decide" 및 "promise" 외에, 'to 부정사'만을 목적어로 취하는 동사의 예를 더 들어 보면, 아래와 같다.
care, choose, expect, hope, mean, plan, refuse, want, wish 등.

2) '동명사'만을 목적어로 취하는 동사

'동명사'만을 목적어로 취하는 동사도 매우 많다. 그러므로 그러한 동사를 만날 때마다 그때그때 익혀야 한다. 몇 가지 예만 들어 본다.

He enjoys *playing* baseball. (그는 야구를 하는 것을 즐깁니다.)
해설 동사 "enjoy"(3인칭 단수: enjoys)는, '동명사'만을 목적어로 취한다.
참고 enjoy [en-joi, indʒɔ́i] [엔조오이] vt. …을 즐기다. play baseball: 야구를 하다

She finished having breakfast. (그녀는 아침 식사를 하는 것을 마쳤습니다.)
해설 동사 "finish"(과거: finished)는, '동명사'만을 목적어로 취한다.

"enjoy" 및 "finish" 외에, '동명사'만을 목적어로 취하는 동사의 예를 들어 보면, 아래와 같다.
admit, avoid, consider, deny, escape, mind, postpone, practice 등.

3) 'to 부정사'를 목적어로 취하기도 하고 '동명사'를 목적어로 취하기도 하는 동사

He began to walk. (그는 걷기 시작했습니다.)
해설 동사 "begin"(과거: began)은, 'to 부정사'를 목적어로 취하기도 하고 '동명사'를 목적어로 취하기도 한다.
그러므로 위 문장은 아래와 같이 바꾸어 쓸 수도 있다.
= He began walking.

"begin" 외에, 'to 부정사'를 목적어로 취하기도 하고 '동명사'를 목적어로 취하기도 하는 동사의 예를 들어 보면, 아래와 같다.
continue, neglect, plan 등

4) 'to 부정사'를 목적어로 취하느냐 아니면 '동명사'를 목적어로 취하느냐에 따라 의미의 차이가 있는 동사

'to 부정사'를 목적어로 취하느냐 아니면 '동명사'를 목적어로 취하느냐에 따라 의미의 차이가 있는 동사들이 있는데,
① 'to 부정사'를 목적어로 취하는 것은, 'to 부정사'의 시제가 동사와 시제와 같거나 나중[미래]인 경우고,
② '동명사'를 목적으로 취하는 것은, '동명사'의 시제가 동사의 시제보다 앞서는 경우다. 즉 이전(以前)인 경우다.

He **remembers** *to do* so. (그는 그렇게 **할 것을** 기억하고 있습니다.)

해설 'to 부정사'(to do)의 시제는 '미래'이므로, 동사 "remembers"(원형: remember)의 시제 '현재'보다, 'to 부정사'(to do)의 시제는 나중이다.

그러므로 위 예문은 아래와 같이 바꾸어 쓸 수 있다.

= He remembers that he will do so.

He **remembers** *doing* so. (그는 그렇게 **한 것을** 기억하고 있습니다.)

해설 '동명사'(doing)의 시제는 '과거'이므로, 동사 "remembers"의 시제 '현재'보다, '동명사'(doing)의 시제는 이전이다(즉, 앞선다).

그러므로 위 예문은 아래와 같이 바꾸어 쓸 수 있다.

= He remembers he did so.

"remember" 외에, 'to 부정사'를 목적어로 취하느냐 아니면 '동명사'를 목적어로 취하느냐에 따라 의미의 차이가 있는 동사의 예를 들어 보면, 아래와 같다.

forget, regret, stop, try 등

Chapter 8
분사

'분사'(分詞, Participle)는, '동사가 형용사의 역할을 하는 준동사'다. 그러므로 분사는 형용사처럼 명사를 수식한다.

참고 participle [páːrtisipl] n. 분사

(1) 분사의 종류

'분사'는 ①현재 분사와 ②과거 분사, 이렇게 두 가지 종류가 있다.
① 현재분사는 보통 '…하고 있는'으로 해석되어, '능동적(能動的)인 의미'가 있고,
② 과거분사는 보통 '…하여진'이라고 해석되어, '수동적(受動的)인 의미'가 있다.

1) 현재분사

'현재분사'(現在分詞, Present Participle)의 형태는, '동사 원형 + ing'다. 그러므로 현재분사는 '동명사'와 그 형태가 같다.
그러나 '현재 분사'는 '형용사'의 역할을 하는 점에서, '명사'의 역할을 하는 동명사와 다르다.

a sleeping man (잠자고 있는 남자)
해설 "sleeping"이 '현재분사'다.
동사원형 "sleep"에 "ing"를 붙여서 현재분사를 만들었다.
현재분사 "sleeping"은 명사 "man"을 수식하고 있다. 현재분사(sleeping)가 이렇게 명사(man)를 수식하므로, 현재분사가 형용사 역할을 한다고 하는 것이다.
"sleeping"은 '잠자고 있는'의 뜻이므로 '능동적인 의미'가 있다. 따라서 위 어구(語句)를 아래와 같이 바꾸어 쓸 수 있다.
= a man who is sleeping

2) 과거분사

'과거분사'(過去分詞, Past Participle)의 형태는, '동사의 과거분사형(過去分詞形)'이다.

fallen leaves : 낙엽

해설 "fallen"이 '과거 분사'다.
"fallen"은, 동사원형 "fall"의 '과거분사형'[과거분사]이다.
과거분사 "fallen"은, 명사 "leaves"를 수식하고 있다. 과거분사(fallen)는 이렇게 형용사처럼 명사(leaves)를 수식한다.
"fallen"은 '떨어진'의 뜻이므로 '수동적인 의미'다. 따라서 위 어구를 아래와 같이 바꾸어 쓸 수 있다.
= leaves which were fallen. (떨어진 나무 잎사귀들[나뭇잎들])

참고 fall [fɔːl] vi. 떨어지다〈과거: fell, 과거분사: fallen〉. leaf [liːf] n. 잎, 잎사귀〈복수: leaves〉

(2) 분사의 용법

분사는 형용사의 성격을 가진다. 그러므로 분사도 형용사와 마찬가지로, ①한정적 용법과 ②서술적 용법의 두 가지 용법이 있다.

1) 한정적 용법

'분사의 한정적 용법(限定的 用法, Attributive Use)'은, 분사가 명사의 앞 또는 뒤에서 그 명사를 수식하는 용법이다.
분사가 단독으로 쓰일 때는 명사 앞에서 그 명사를 수식하고(예: a **sleeping** man),
분사가 부사구 등의 수식어와 함께 쓰이면 명사 뒤에서 그 명사를 수식한다(예: the man **standing** in front of the door).

분사가 단독으로 쓰일 때 명사 앞에서 그 명사를 수식하는 경우는, 위 '(1) 분사의 종류'에서 이미 본 바와 같으므로, 여기서는 분사가 부사구 등의 수식어와 함께 쓰여 명사 뒤에서 그 명사를 수식하는 경우만 살펴본다.

① '현재 분사'의 한정적 용법

Do you know *the man* **standing** in front of the door?
(당신은 문 앞에 서 있는 그 남자를 아십니까?)
  해설 "standing"이 '현재 분사'다.
"standing"은 부사구 "in front of the door"와 함께 쓰여, 명사 "man"을 그 뒤에서 수식하고 있다.
위 예문은 아래와 같이 바꾸어 쓸 수 있다.
= Do you know the man **who is** standing in front of the door?
〈위 문장에서 "who is"는 생략할 수 있으므로, "who is"를 생략하면, 위 예문(Do you know the man standing in front of the door?)과 같이 되는 것이다.〉
  참고 in front of … : … 앞에. front [frʌnt] n. (물건 등의) 앞부분

② '과거 분사'의 한정적 용법

He received *a book* **written** in English.
(그는 영어로 쓰여진 책 한 권을 받았습니다.)
  해설 "written"이 '과거 분사'다.
"written"은 동사 "write"의 과거분사형이다.
"written"은 부사구 "in English"와 함께 쓰여, 명사 "book"을 그 뒤에서 수식하고 있다.
위 예문은 아래와 같이 바꾸어 쓸 수 있다.
= He received a book **which was** written in English.
〈위 문장에서 "which was"는 생략할 수 있으므로, "which was"를 생략하면, 위 예문(He received a book written in English.)과 같이 되는 것이다.〉

2) 서술적 용법

분사도 형용사처럼 ①주격보어 또는 ②목적격보어로 쓰여, 주어 또는 목적어를 설명해 주고 있는데, 이것이 '분사의 서술적 용법(敍述的 用法, Predictive Use)'이다.

① 분사가 '주격 보어'로 쓰이는 경우

(A) 주격보어로 쓰인 현재분사

The man came running. (그 남자는 뛰어왔습니다.)

〈해설〉 "running"이 '현재 분사'다.
동사원형 "run"에 "n"을 하나 더 추가하고 "ing"를 붙여서, 현재분사(running)를 만들었다.
"came"(원형: come)이 자동사[불완전자동사]이므로, 현재분사 "running"은 위 문장에서 '주격 보어'로 쓰였다. 그러므로 현재분사 "running"은 주어 "man"을 설명한다.

(B) 주격보어로 쓰인 과거분사

He felt tired after a long work day.
(그는 오랜 시간 일하고 났더니 피곤함을 느꼈습니다.)

〈해설〉 "tired"가 '과거 분사'다.
동사원형 "tire"에 "d"를 붙여서, 과거분사(tired)를 만들었다.
"felt"(원형: feel)가 자동사[불완전자동사]이므로, 과거분사 "tired"는 위 문장에서 '주격 보어'로 쓰였다. 그러므로 과거분사 "tired"는 주어 "he"를 설명한다.

② 분사가 '목적격 보어'로 쓰이는 경우

(A) 목적격보어로 쓰인 현재분사

He heard her playing *the piano.*
(그는 그녀가 피아노를 연주하는 소리를 들었습니다.)

〈해설〉 "playing"이 '현재 분사'다.
동사 "play"에 "ing"를 붙여서 '현재분사'(playing)를 만들었다.
현재분사 "playing"은, 목적어 "her"의 '목적격 보어'다. 그러므로 현재분사 "playing"은 목적어 "her"를 설명한다. (즉, her = playing [the piano])

(B) 목적격보어로 쓰인 과거분사

Leave the *door* opened. (문을 열린 채로 놓아두세요.)

해설 "opened"가 '과거분사'다.

동사 "open"에 "ed"를 붙여서 '과거분사'(opened)를 만들었다.

과거분사 "opened"는, 목적어 "door"의 '목적격 보어'다. 그러므로 과거분사 "opened"는 목적어 "door"를 설명한다. (즉, the door = opened)

(3) 분사구문

'분사구문'(分詞構文, Participial Construction)이란, '분사(현재분사 또는 과거분사)가 있는 구(句)'를 말한다.

'분사 구문'은, '접속사 + 주어 + 동사'로 되어 있는 '부사절'(종속절)에서, '접속사 + 주어'를 생략하고, '동사'를 '분사'(현재분사 또는 과거분사)의 형태로 바꾼 것이다.

분사구문을 사용하면 문장이 좀 더 간단해진다. 그러므로 분사구문도 문장을 줄여 쓰고자 하는 영어의 성질에서 유래된 것이라고 하겠다.

분사구문은 '주절'(主節)을 수식한다. 따라서 분사구문은 '부사구'의 일종이라고 할 수 있다. 그러므로 '주절'을 수식하는 '부사절'(종속절)이 줄어들어 '부사구'가 된 것이, 분사구문인 것이다.

현재분사가 이끄는 분사구문은 '능동'의 뜻이 있고, 과거분사가 이끄는 분사구문은 '수동'의 뜻이 있다.

참고 participial [pὰːrtəsípiəl] a. 분사의.
construction [kən'strʌkʃn] n. 구문(arranged words to form a phrase)
arrange [əréindʒ] vt. …을 배열(配列)하다; …을 정돈하다. form [fɔːrm] vt. …을 형성(形成)하다

1) 분사구문을 만드는 방법

① 종속절의 주어와 주절의 주어가 같을 때

종속절의 주어와 주절의 주어가 같을 때는, 분사구문(종속절)에 주어를 없앤다.

(A) '현재분사'를 사용하여 분사구문을 만든 경우

As he has money, he can buy the book.
(그는 돈이 있기 때문에 그 책을 살 수 있습니다.)
→ 종속절[As he has money]에서, '접속사 + 주어'(As he)를 생략한다:
has money, he can buy the book.
→ 동사(has)의 원형(have)에 ing를 붙여, 현재분사 "having"을 만든다:
분사구문: Having money, he can buy the book.
해설 "having money"가 '분사 구문'이다.
"having"은 동사원형 "have"에서 "e"를 빼고 "ing"를 붙여, "having"을 만든 것이다.
'종속절'의 주어(he)와 '주절'의 주어(he)가 같기 때문에, 분사구문[종속절]의 주어(he)를 생략하였다.
분사구문 "having money"는 주절 "he can buy the book"을 수식한다. 그러므로 분사구문 "having money"는 '부사구'의 역할을 한다고 하는 것이다.

(B) '과거분사'를 사용하여 분사구문을 만든 경우

As she was tired, she rested at home.
(그녀는 피곤했기 때문에 집에서 쉬었습니다.)
→ 종속절[As she was tired]에서, '접속사 + 주어'(As she)를 생략한다:
was tired, she rested at home.
→ 동사(was)의 원형(be)에 ing를 붙여, 현재분사 "being"을 만든다:
Being tired, she rested at home.
→ "Being"을 생략한다.
분사구문: Tired, she rested at home.(과거분사)
해설 "tired"가 '분사 구문'이다.

"tired"는 주절 "she rested at home"을 수식한다.
종속절의 주어(she)와 주절의 주어(she)가 같기 때문에, 분사구문[종속절]의 주어(she)를 생략하였다.
"tired"가 '과거 분사'의 형태이기 때문에 과거분사를 사용한 분사구문이라고 하기는 하지만, "tired" 앞에 "being"을 생략하였기 때문에 "tired"가 앞으로 나온 것뿐이다. 그러므로 분사구문에 쓰이는 분사의 형태는, 원래는 동사원형에 "ing"를 붙인 '현재 분사'라고 보아야 한다.

참고 rest [rest] [래애스트] vi. 쉬다, 휴식하다

② 종속절의 주어와 주절의 주어가 다를 때

종속절의 주어와 주절의 주어가 다를 때는, 분사구문(종속절)에 주어를 남겨 놓는다.

As the weather was fine, he went hiking.
(날씨가 좋았기 때문에 그는 하이킹을 갔습니다.)
→ 종속절[As the weather was fine]에서, '접속사'(As)를 생략한다:
the weather was fine, he went hiking.
→ 종속절의 주어(the weather)를 남겨 놓고, 동사(was)의 원형(be)에 ing를 붙여 현재분사 "being"을 만든다:
분사구문: The weather being fine, he went hiking.

해설 "The weather being fine"이 '분사 구문'이다.
"The weather being fine"은, 주절 "he went hiking"을 수식한다.
종속절의 주어(the weather)와 주절의 주어(he)가 다르기 때문에, 분사구문[종속절]의 주어(the weather)는 그대로 남겨 놓았다.
그리고 "was"의 동사원형(be)에 "ing"를 붙여, "being"을 만들었다.
분사구문에 남아 있는 주어(the weather)를, 분사구문의 '의미상 주어'(意味上 主語)라고 한다.
그리고 이와 같이 '분사구문에 의미상 주어가 남겨져 있는 분사구문'을, '독립 분사구문'(獨立 分詞構文)이라고 부른다.

2) 분사구문의 용법

분사구문은 본질적으로는 종속접속사에 이끌리는 부사절이기 때문에, 종속접속사의 용법과 비슷하게 '시간, 이유, 조건, 양보, 부대상황'의 용법이 있다.

① 시간

Walking in the street, by accident he met a high school classmate of his.
(길을 걷다가 우연히 그는 고등학교 동창을 만났습니다.) (= 길을 걸을 때 ~)

해설 분사구문 "Walking in the street"은, '시간'을 나타내는 분사구문이다.
시간을 나타내는 분사구문은 '~ 할 때'라고 해석한다.
분사구문(Walking in the street)을 원래대로 복원(復元)하면, 아래와 같은 문장이다.
= While he was walking in the street, by accident he met a high school classmate of his.

참고 a high school classmate of his: 관사 "a"가 있으므로 소유격 "his"가 "of" 뒤로 갔다. 즉 '이중 소유격'(二重所有格)이다.
by accident: 우연히(by chance). accident [ǽksidənt] n. 우연한 행위. chance [tʃæns] n. 우연(偶然)

② 이유

There being no one to help him, he did the work by himself.
(그를 도와줄 사람이 없었기 때문에 그는 혼자서 그 일을 했습니다.)

해설 분사구문 "There being no one to help him"은, '이유'를 나타내는 분사구문이다.
이유를 나타내는 분사구문은 '~이므로'라고 해석한다.
분사구문(There being no one to help him)을 원래대로 복원하면, 아래와 같은 문장이다.
= Since there was no one to help him, he did the work by himself.

참고 by oneself: 혼자서(alone)

③ 조건

Turning to the right, you will see the building.
(오른쪽으로 돌아가면 그 빌딩이 나옵니다.)

해설 분사구문 "Turning to the right"은, '조건'을 나타내는 분사구문이다.
조건을 나타내는 분사구문은 '~ 하면'이라고 해석한다.
분사구문(Turning to the right)을 원래대로 복원하면, 아래와 같은 문장이다.
= If you turn to the right, you will see the building.
참고 to the right: 오른쪽으로.　see [siː] vt. …이 보이다, …을 보다

④ 양보

Born of the same parents, they are different in character.
(같은 부모에게서 태어났는데도 그들은 성격이 다릅니다.)
해설 분사구문 "Born of the same parents"는, '양보(讓步)'를 나타내는 분사구문이다.
양보를 나타내는 분사구문은 '~일지라도'라고 해석한다.
분사구문(Born of the same parents)을 원래대로 복원하면, 아래와 같은 문장이다.
= Although they were born of the same parents, they are different in character.
참고 be born: 태어나다.　born of … : …로부터 태어난(born from).　character [kǽriktər] n. 성격(性格)

⑤ 부대 상황

'부대상황'(附帶狀況)[동시(同時)상황, 동시동작]이란, '주절의 동작[상황]이 행해질 때 분사구문[종속절]의 주어는 어떤 동작[상황]을 하고 있는가' 하는 것을 나타내는 것이다.

Singing and dancing together, they had a good time.
(노래하고 춤추며 그들은 즐거운 시간을 보냈습니다.)
해설 분사구문 "Singing and dancing together"은, '부대 상황'을 나타내는 분사구문이다.
부대상황을 나타내는 분사구문은 '~ 하면서'라고 해석한다.
'주절의 동작이 행해질 때'(즉, 그들이 즐거운 시간을 보낼 때: they had a good time), '분사구문 주어의 동작'(즉, 같이 노래하고 춤추는: singing and dancing together)을 나타내고 있다.
즉 '즐거운 시간을 보내는 것'과 '노래하고 춤추는 것'이 동시에 일어난 것을 표현하는 것이다.
분사구문(Singing and dancing together)을 원래대로 복원하면, 아래와 같은 문장이다.
= They sang and danced together and they had a good time.

> **참고** have a good time: 즐거운 시간을 보내다

3) 분사구문 앞에 접속사를 그대로 두는 경우

종속절(부사절)의 '접속사'는 분사구문에서 생략하는 것이 원칙이나, 분사구문이 나타내는 뜻을 강조하고자 하는 경우에는 접속사를 생략하지 않고 그대로 둔다.

Though knowing the danger, he continued to do the work.
(그 위험을 알면서도 그는 그 일을 계속했습니다.)
> **해설** 분사구문(Though knowing the danger)이 나타내는 뜻을 강조하기 위하여(즉 뚜렷이 나타내기 위하여), 접속사 "though"를 생략하지 않고 그대로 두었다.
> 즉, (그가) '그 위험을 알았음에도 불구하고'(Though knowing the danger), 그는 그 일을 계속했다는 것이다.
> **참고** continue [kəntínjuː] vt. …을 계속하다. continue to … : 계속 … 하다

4) 무인칭 독립분사구문

이미 설명한 바 있지만, '분사구문에 주어[의미상 주어]가 남아 있는 경우의 분사구문'을 '독립분사구문'이라고 한다.
이러한 독립분사구문 중에서 분사구문의 주어가 막연한 일반인을 나타낼 때는 그러한 주어는 생략할 수 있는데, 이와 같이 '독립분사구문 중에서 주어가 생략된 경우'를 '무인칭 독립분사구문'(無人稱 獨立分詞構文)이라고 한다.(이러한 경우는, 결국은 보통의 분사구문과 그 형태가 같아지게 된다.)

'무인칭 독립분사구문'은 보통 '관용구'처럼 쓰이고 있으므로, '무인칭 독립분사구문'이라는 어려운 용어는 개의치 말고, '숙어'라고 생각하고 그대로 익혀 놓으면 된다.

Judging from his appearance, he seems to be a soldier.
(외관으로 판단컨대, 그는 군인 같습니다.)

🟢해설 분사구문 "judging from his appearance" 앞에는, 원래는 주어[의미상 주어] "we"가 있었다. 그러나 주어 "we"가 '일반인'이므로 생략되었다.
위 예문에서 관용구로 쓰이는 부분은, "judging from"(…로 판단컨대)이다.
분사구문(Judging from his appearance)을 원래대로 복원하면, 아래와 같은 문장이다.
= If we judge from his appearance, he seems to be a soldier.
🟢참고 judge [dʒʌdʒ] [좌아쥐] vi. (…으로부터) 판단하다((from)). appearance [əpíərəns] n. 외관(外觀)

Frankly speaking, he is innocent. (솔직히 말하면, 그는 무죄[無罪]입니다.)
🟢해설 "Frankly speaking"(솔직히 말하면)이, 관용구로 쓰이는 '무인칭 독립분사구문'이다.

위와 같은 형태의 분사구문(무인칭 독립분사구문)의 예를 더 들어 보면, 아래와 같다.
generally speaking: 일반적으로 말하면
strictly speaking: 엄격히 말하면
taking all things into consideration: 모든 점을 고려해 보면
🟢참고 strictly [stríktli] ad. 엄격히. consideration [kənsìdəréiʃən] n. 고려(考慮)

5) 완료 분사구문

'완료분사구문'(完了分詞構文)의 시제(時制)는, 주절의 시제보다 앞선 시제다. 즉 '그 이전(以前)'의 시제다.
'완료 분사구문'의 시제 형태는 'having + 과거 분사'다.

Having received no response from her, he wrote to her again.
(그녀로부터 답변이 없었기 때문에 그는 그녀에게 다시 편지를 썼습니다.)
🟢해설 "having received"(having + 과거분사)가, '완료 분사구문'이다.
"having received"의 시제는 '과거완료'고, 주절(he wrote to her again)의 시제는 '과거'다.
그러므로 '완료 분사구문'의 '시제'가 주절의 시제보다 앞선다.
분사구문(Having received no response from her)을 원래대로 복원하면, 아래와 같은 문장이다.
= As he had received no response from her, he wrote to her again.

> 참고 no [nou] a. (하나의 …도) 않은, 없는.　response [rispǻns] n. 답변(答辯)
> write [rait] vi. …에게 편지를 쓰다(write to).　again [əgén] [어개애앤] ad. 다시, 다시 한 번(once more)

6) 분사구문의 부정(否定)

분사구문의 부정은, 분사 앞에 "not"을 붙이는 방식으로 한다.

Not receiving an answer, he visited her home directly.
(답변이 없었기 때문에 그는 직접 그녀의 집을 방문했습니다.)

> 해설 분사구문(receiving an answer) 앞에 "not"을 붙여, 분사구문(receiving an answer)의 '부정'을 만들었다.
> "not"이 붙은 분사구문(Not receiving an answer)을 원래대로 복원하면, 아래와 같은 문장이다.
> = As he did not receive an answer, he visited her home directly.

Chapter 9
사역동사와 지각동사

사역동사와 지각동사는 '품사' 편의 '동사'에서 설명할 수 있는 것이기는 하다. 하지만 사역동사와 지각동사는 '원형 부정사'나 '과거 분사' 등에 쓰이기 때문에, 사역동사와 지각동사를 따로 떼어, '부정사'와 '분사'를 설명한 다음인 이곳에서 별도로 설명한다.

(1) 사역동사

'사역동사'(使役動詞, Causative Verb)란, '…을 하게 하다, 시키다'라는 '사역'(使役, causative)의 뜻을 가진 동사다. "make, have, let" 동사가 이에 속한다.
'사역 동사' 다음에는 목적어와 목적격보어가 나온다. 그러므로 사역동사는 5형식 문장을 만드는 불완전타동사다.

참고 causative [kɔ́ːzətiv] a. 사역(使役)의.
'사역'의 의미가 가장 강한 것은 "make"고, 가장 약한 것은 "let"이라고 보통 설명한다. 그러므로 사역의 의미가 강한 순서는 아래와 같다.
make 〉 have 〉 let

1) 사역동사가 쓰이는 형태

사역동사는 '사역동사 + 목적어 + 원형 부정사'의 형태로 쓰인다. 원형부정사가 '목적격 보어'다.
참고 '원형 부정사'는 '동사 원형'과 그 형태가 같다.

① Make

She made his son clean the room.
(그녀는 아들에게 방을 청소시켰습니다.) (= 억지로 청소시켰다.)
해설 위 예문은 '사역동사(made) + 목적어(his son) + 원형부정사(clean)'의 형태를 하고 있다. (made의 원형은 make)
사역동사 "make"는 "compel"의 뜻이다. 그러므로 "make"는 '억지로 …시키다'라는 뜻이 된다. "make" 대신 "compel"을 사용하여, 위 문장을 바꾸어 쓰면 아래와 같다.

= He **compelled** his son **to clean** the room.

"compel"을 사용하니 목적어 다음에 'to 부정사'가 쓰였다.

> 참고 make (원형) – made (과거) – made (과거분사). compel [kəmpél] vt. 억지로 …시키다((to do))
> clean [kliːn] vt. 청소하다 – cleaned (과거) – cleaned (과거분사)

② Have

위 "make" 사역동사의 예문을, "have" 사역동사로 바꾸어 쓸 수 있다. 그러나 뜻은 약간 달라진다.

She **had his son clean** the room.
(그녀는 아들에게 방을 청소시켰습니다.) (= 청소하라고 강제했다.)

> 해설 위 예문도 '사역동사(had) + 목적어(his son) + 원형부정사(clean)'의 형태를 하고 있다. (had의 원형은 have)

사역동사 "have"는 '(남에게) …을 시키다'라는 뜻으로, "urge"(… 하도록 강제하다)의 뜻과 비슷하다.

"urge"를 사용하여 위 문장을 바꾸어 쓰면 아래와 같다.

= She **urged** his son **to clean** the room.

"urge"를 사용하니 목적어 'to 부정사'가 쓰였다.

> 참고 urge [əːrdʒ] vt. (남에게 …하도록) 강제하다((to do))

③ Let

위 "make" 사역동사의 예문을, "let" 사역동사로도 바꾸어 쓸 수도 있다. 이 또한 뜻은 약간 달라진다.

He **let his son clean** the room.
(그녀는 아들에게 방을 청소시켰습니다.) (= 청소하게 했다.)

> 해설 위 예문도 '사역동사(let) + 목적어(his son) + 원형부정사(clean)'의 형태를 하고 있다. (let은 원형도 let)

사역동사 "let"은 "allow"의 뜻이다. 그러므로 "let"은 '…하게 하다'의 뜻이 된다.

"let" 대신 "allow"를 사용하여, 위 문장을 바꾸어 쓰면 아래와 같다.

= He **allowed** his son **to clean** his room.

"allow"를 사용하니 목적어 다음에 'to 부정사'가 쓰였다.

참고 let [let] vt. …하게 하다, 시키다〈과거 및 과거분사: let〉
allow [əláu] vt. …할 수 있게 하다((to do))〈과거 및 과거분사: allowed〉

> 참고 compel, urge, allow, force 등의 동사
> "compel, urge, allow, force" 등의 동사는, 사역동사(make, have, let)와 그 뜻은 비슷하지만, 사역동사와는 그 용법(用法)이 약간 다르다.
> 즉, 사역동사는 목적격보어로 '원형 부정사'("to" 없는 부정사)를 사용하지만, allow 등의 동사는 목적격보어로 'to 부정사'("to" 있는 부정사)를 사용하는 것이 서로 다르다.

2) 사역동사 "have"의 '능동' 의미와 '수동' 의미

'have 사역동사 + 목적어' 다음에 '원형 부정사'가 오면, 목적어는 원형부정사에 대하여 '능동'(能動)의 뜻이 있고,

'have 사역동사 + 목적어' 다음에 '과거 분사'가 오면, 목적어는 과거분사에 대하여 '수동'(受動)의 뜻이 있다.

① 'have + 목적어(사람) + 원형 부정사'의 형태

"have" 사역동사를 설명할 때 인용했던 예문을 다시 인용해 보면,

She **had his son clean** the room. (그녀는 아들에게 방을 청소시켰습니다.)

해설 위 예문에서 목적어 "his son"은, 원형부정사 "clean"에 대하여 '능동'의 뜻이 있다.
즉 "his son"(그의 아들)이 "clean"(청소하다)을 했다는 것이다.
그러므로 목적어 "his son"은, (원형)부정사 "clean"에 대하여 '의미상 주어'가 된다.

② 'have + 목적어(사물) + 과거 분사'의 형태

(a) '…시키다' 뜻의 have

He had his hair cut.

(그는 이발을 했습니다.) (= 그는 그의 머리카락을 자르게 시켰습니다.)

해설 위 예문에서 사역동사 "have"는, '…시키다'의 뜻이다.
목적어 "his hair"는, 과거분사 "cut"에 대하여 '수동'의 관계에 있다.
즉 "his hair"(그의 머리카락)이 "cut 되었다"(잘려졌다)는 것이다.

참고 cut [kʌt] vt. (머리를) 깎다〈과거 및 과거분사: cut〉

(b) '…을 당하다' 뜻의 have

He had his watch stolen.

(그는 자신의 손목시계를 도둑맞았습니다) (= 도난을 당했습니다.)

해설 위 예문에서 사역동사 "have"는, '…을 당하다'의 뜻이다.
목적어 "his watch"는, 과거분사 "stolen"에 대하여 '수동'의 관계에 있다. 즉 "his watch"(그의 시계)가 "stolen 당했다"(도둑맞다)는 것이다.

참고 steal [stiːl] vt. 도둑질하다, 훔치다. – 과거: stole [stoul] – 과거분사: stolen [stóulən]

(2) 지각동사

'지각동사'(知覺動詞, Perception Verb)란, '사람의 지각(知覺, perception)을 나타내는 동사'다. 즉 사람이 '느끼고, 듣고, 보고, 냄새 맡는' 등의 '지각'을 나타내는 것이 '지각 동사'다. 'feel, hear, see, smell, watch' 등의 동사가 이에 속한다.
지각동사 다음에는 '목적어'와 '목적격 보어'가 온다. 그러므로 지각동사는 5형식 문장을 만드는 불완전타동사다.

참고 perception [pərsépʃən] n. 지각(知覺)

지각동사가 '지각동사 + 목적어 + 동사 원형(또는 현재분사)'의 형태로 쓰이면, 목적어는 동사 원형(또는 현재분사)에 대하여 '능동'의 뜻이 있고,

지각동사가 '지각동사 + 목적어 + 과거분사'의 형태로 쓰이면, 목적어는 과거분사에 대하여 '수동'의 뜻이 있다.
위 형태에서 '동사원형, 현재분사 또는 과거분사'는, 모두 '목적격 보어'다.

① 지각동사 + 목적어 + 동사 원형

She **saw a dog cross** the road.
(그녀는 개 한 마리가 길을 건너는 것을 보았습니다.)
해설 "saw"(보았다)(원형: see)가 '지각 동사'다.
목적어 "a dog"는, 동사원형 "cross"에 대하여 '능동'의 뜻이 있다. 즉 "a dog"(개 한 마리)가 "cross 했다"(건넜다)는 것이다.
동사원형 "cross"는 '완결된 동작'(건넜다)의 의미를 가지고 있으므로, 위 문장은 아래와 같은 뜻이다.
= A dog crossed the road, and she saw the dog do this.
참고 cross [krɔːs] vt. (길 등을) 건너다, 횡단하다

② 지각동사 + 목적어 + 현재 분사

She **saw a dog crossing** the road.
(그녀는 개 한 마리가 길을 건너고 있는 것을 보았습니다.)
해설 "saw"가 '지각 동사'다.
목적어 "a dog"는, 현재분사 "crossing"에 대하여 '능동'의 뜻이 있다. 즉 "a dog"(개 한 마리)가 "crossing 하는 중"(건너고 있는)이라는 것이다.
현재분사 "crossing"은 '진행 중인 동작'(건너고 있는)의 의미를 가지고 있으므로, 위 문장은 아래와 같은 뜻이다.
= She saw a dog while it was crossing the road.
참고 while [hwail] [와아여얼] conj. …하는 동안에. 알파벳 "h"가 발음되지 않음을 주의하여야 함.

③ 지각동사 + 목적어 + 과거 분사

He **saw his room cleaned**. (그는 그의 방이 청소된 것을 보았습니다.)
해설 "saw"(보았다)가 '지각 동사'다.

목적어 "his room"은, 과거분사 "cleaned"에 대하여 '수동'의 뜻이 있다. 즉 "his room"(그의 방)이 "cleaned 되었다"(청소된)라는 것이다.

(3) 준사역동사

'사역 동사' 외에 '준사역동사'(準使役動詞)라는 것이 있다. "get, help"가 그것이다.
'준 사역동사'는 '사역동사'와 별반 다른 것이 없다. 다만 다른 점은, 목적격보어로 쓰이는 '부정사'가 'to 부정사'라는 것뿐이다.(사역동사는, 목적격보어로 쓰이는 '부정사'가 '원형 부정사'다.)
어쨌든 'get, help'는, '사역동사'에 '준'(準)해서 즉 사역동사와 비슷하게 사용된다고 하여, '준사역동사'라고 부르는 것이다.

① Get

(A) get + 목적어(사람) + to 부정사

She get him to do the work. (그녀는 그가 그 일을 하게 했습니다.)

해설 "get him to do"는, 'get + 목적어(him) + to 부정사(to do)'의 형태다.
"get"은 '설득해서 …하게 하다'(persuade)의 뜻이다. 즉 '억지로 …하게 하다'(make 또는 compel)의 뜻이 아니다.

(B) get + 목적어(사물) + 과거 분사

He get the work finished. (그는 그 일이 끝마쳐지게 했습니다.)

해설 "get the work finished"는, 'get + 목적어(the work) + 과거 분사(finished)'의 형태다. 여기서도 "get"은, '(누군가를) (설득해서) …하게 하다'의 뜻이다.

② Help

(A) help + 목적어 + to 부정사(또는 원형부정사)

He helped her to finish the work.
(그는 그녀가 그 일을 끝마치는 것을 도와주었습니다.)

🟢해설 "helped her to finish"는, 'help + 목적어(her) + to 부정사(to finish)'의 형태다. (helped의 원형은 help)

"help"는 'help + 사람 + 돕는 방법'의 형식이다.

위 예문의 경우를 보면, 'helped + 사람(her) + 돕는 방법(to finish)'이다. 즉, 그녀(her)가 그 일을 '끝마치게(finish) 하는 방법으로' 도왔다(helped)는 것이다.

"help" 준사역동사의 경우에는, 목적격보어로 '원형 부정사'를 쓰기도 하는데, 위 예문을 'help + 목적어 + 원형 부정사'의 형식으로 바꾸어 쓰면 아래와 같다.

= He helped her finish the work.

🟢해설 위 문장에서 "finish"가 '원형 부정사'다.

(B) help + to 부정사(또는 원형부정사)

They help to fight the disease. (그들은 그 질병과 싸우는 것을 돕고 있습니다.)

🟢해설 "help to fight"는 'help + to 부정사(to fight)'의 형태다.

"help" 준사역동사의 경우에는, 목적격보어로 '원형 부정사'를 쓰기도 하므로, 위 예문을 'help + 목적어 + 원형 부정사'의 형식으로 바꾸어 쓰면 아래와 같다.

= They help fight the disease.

🟢해설 위 문장에서 "fight"가 '원형 부정사'다.

🟢참고 fight [fait] vt. (…과) 싸우다. disease [diziːz] n. 병(病), 질병(疾病)(illness)

Chapter 10
화법

'화법'(話法, Speech 또는 Narration)은, '다른 사람의 말을 전달하는 방법'이다. 그러므로 '화법'은 '전달법'(傳達法)이라고 할 수 있다.
이러한 '화법'의 종류에는 ①직접화법과 ②간접화법이 있다.

> **참고** speech [spiːtʃ] n. 화법. narration [næréiʃən] n. 화법

① '직접 화법'(直接 話法, Direct Speech 또는 Direct Narration)은 '다른 사람이 말한 내용을 **다른 사람이 말한 그대로 전달**하는 방법'이고,
② '간접 화법'(間接 話法, Indirect Speech 또는 Indirect Narration)은 '다른 사람이 말한 내용을 **전달하는 사람이 자신의 입장에서 적당히 고쳐서 전달**하는 방법'이다.
그러므로 '직접 화법'은 다른 사람이 말한 것을 '직접적'으로 전달하는 방법이고, '간접 화법'은 다른 사람이 말한 것을 '간접적'으로 전달하는 방법인 것이다.

직접화법에서 문장에서, '다른 사람이 말했다'는 뜻의 표현인 "said"를 '전달 동사'(傳達 動詞, Reporting Verb)라고 부르고, '다른 사람이 말한 내용' 즉 '전달하는 내용'을 '피전달문'(被傳達文, Reported Speech)이라고 한다.

> **참고** report [ripɔ́ːrt] vt. (말을 남에게) 전(傳)하다, 전달하다〈현재분사: reporting, 과거분사: reported〉

직접화법: She said, "I am happy." (그녀는 "나는 행복합니다"라고 말했습니다.)
> **해설** 위 예문은 '직접 화법'의 문장이다.

'다른 사람이 말한 것'(I am happy.)을 그대로 직접적으로 전달하고 있다. 위 예문에서 "said"가 '전달 동사'고, "I am happy."가 '피전달문'이다.

위와 같은 직접화법의 문장을 간접화법의 문장으로 바꾸어 보면 아래와 같다.
간접화법: She said (that) she was happy. (그녀는 자신이 행복하다고 말했습니다.)
> **해설** 위 문장은, 다른 사람이 말한 것을 '전달하는 사람이 자신의 입장에서 적당히 고쳐서'(I → she), 간접적으로 전달하고 있다.

그녀가 말하는 당시에는 '나는'("I")이라고 말했지만, 훗날 그 말을 전하는 사람의 입장에서 말할 때는 "I"를 "she"(그녀)라고 말하게 되는 것이다.
그녀가 당시 "I am happy."라고 말한 것은, 훗날 그 말을 전하는 사람의 입장에 봤을 때는 이미 '과거'이므로, 직접화법에서의 피전달문의 동사 "am"은 간접화법에서는 "was"로 바뀌었다.

"said" 다음의 "that"은 생략할 수 있다.(앞으로 소개할 예문들에서도 마찬가지다. 즉 간접화법에서의 "that"은 생략할 수 있다.)
직접화법을 간접화법으로 '바꾸는 것'을 '전환(轉換)한다'라는 표현을 사용하기도 하나, '전환'은 어려운 말이므로 '전환'이라는 표현 대신 '바꾼다'라는 표현을 사용하기로 한다.

직접화법을 간접화법으로 바꿀 때는, 피전달문의 '시제'(時制)가 바뀐다. 간접화법은 다른 사람이 이미 했던 말을 나중에 전하는 것이므로, 간접화법에서의 피전달문의 시제는 직접화법의 피전달문의 시제보다 하나 앞서는 것이 원칙이다.
예를 들면, 직접화법 피전달문의 '현재'는 간접화법 피전달문에서는 '과거'로 바뀌고, 직접화법 피전달문의 '과거'는 간접화법 피전달문에서는 '과거완료'로 바뀐다. 그러나 이러한 원칙에는 여러 가지 예외가 있다.

(1) 직접화법을 간접화법으로 바꿀 때 시제를 변경시키는 방법

1) 직접화법에서의 피전달문의 시제가 '과거'인 경우

직접화법 피전달문이 '과거' 시제인 경우에는, 간접화법 피전달문에서는 '과거 완료' 시제로 바뀐다.

직접화법: He said, "I *bought* this pen yesterday." (그는 "나는 이 펜을 어제 샀습니다"라고 말했습니다.)
간접화법: He said (that) he had bought that pen the day before. (그는 저 펜을 그 전날 샀었다고 말했습니다.)
해설 직접화법 피전달문의 동사 "bought"(과거)는, 간접화법 피전달문에서 "had bought"(과거 완료)로 바뀌었다.
즉 그가 직접적으로 말했을 때가 '과거'였으니, 그 말이 간접적으로 전달될 때는 '과거'가 이미 '과거 완료'가 되어 버린 것이다.

또한 "yesterday"도 "the day before"(그 전날)로 바뀌었다.

직접화법의 "this pen"도, 전달하는 사람의 입장에서 표현되어야 하므로 "that pen"으로 바뀌었다. 즉 말하는 사람의 입장에서는 펜이 바로 앞에 놓여 있으므로 "this pen"(이 펜)이지만, 전달하는 사람의 입장에서는 그 펜은 과거에 보았던 펜이므로 "that pen"(저 펜)이라고 표현한 것이다.

참고 the day before: 그 전날, 하루 전

2) 직접화법에서의 피전달문의 시제가 '현재 완료'인 경우

직접화법 피전달문이 '현재 완료' 시제인 경우에는, 간접화법 피전달문에서는 '과거 완료' 시제로 바뀐다.

직접화법: He said "I *have written* this book." (그는 "나는 이 책을 막 썼습니다"라고 말했습니다.)

간접화법: He said (that) he *had written* that book. (그는 저 책을 막 썼다고 말했습니다.)

해설 직접화법 피전달문의 동사 "have written"(현재 완료)은, 간접화법에서는 "had written"(과거 완료)으로 바뀌었다.

즉 그가 말했을 때가 '현재 완료'였으나, 그 말이 간접적으로 전달될 때는 '현재 완료' 표현이 '과거 완료' 표현으로 바뀌는 것이다.

직접화법의 "this book"도, 전달하는 사람의 입장에서 표현되어야 하므로 "that book"으로 바뀌었다.

(2) 직접화법을 간접화법으로 바꾸어도 시제의 변화가 없는 경우

1) 전달동사가 현재 또는 현재완료일 때

전달동사가 현재 또는 현재완료일 때는, 다른 사람이 방금 말한 것을 전달하는 것이기 때문에 시제가 바뀌지 않는다.

직접화법: He keeps saying, "I am confident." (그는 "나는 자신 있습니다"라고 계속해서 말합니다.)

간접화법: He keeps saying (that) he is confident. (그는 그가 자신 있다고 계속해서 말합니다.)

> **해설** 직접화법의 전달동사 "keeps"(원형: keep)가 '현재'이므로, 간접화법에서의 피전달문도 '현재'(is)다. 즉 시제가 바뀌지 않았다.
> 다만 "I"가 "he"로 바뀌었기 때문에, "am"이 "is"로 바뀐 것뿐이다.
> **참고** keep + 동사원형ing: 계속해서 …하다. confident [kάnfədənt] a. 자신 있는

직접화법: He has said, "It is easy." (그는 "그것은 쉽습니다" 하고 말했습니다.)

간접화법: He has said (that) it is easy. (그는 그것은 쉽다고 말했습니다.)

> **해설** 직접화법의 전달동사 "has said"가 '현재 완료'이므로, 간접화법에서의 피전달문도 '현재'(is)다. 즉 시제가 바뀌지 않았다.

2) 직접화법의 피전달문에 조동사 must, ought to, should, would 등이 있을 때

직접화법: He said, "My son **must** study harder." (그는 "내 아들은 더 열심히 공부를 해야 합니다"라고 말했습니다.)

간접화법: He said (that) his son **must** study harder. (그는 그의 아들이 더 열심히 공부를 해야 한다고 말했습니다.)

> **해설** 직접화법의 피전달문에 있는 조동사 "must"가 간접화법의 피전달문에 그대로 쓰였기

때문에, 시제가 바뀌지 않았다. 다만 "my son"이 "his son"으로 바뀐 것뿐이다.

참고 harder: 부사 "hard"(열심히)의 비교급

3) 직접화법의 피전달문이 '불변의 진리, 현재의 습관, 역사적 사실' 등을 말할 때

① 불변의 진리

직접화법: He said, "The earth is round." (그는 "지구는 둥글어요"라고 말했습니다.)
간접화법: He said (that) the earth is round. (그는 지구는 둥글다고 말했습니다.)
해설 피전달문 "The earth is round."(지구는 둥글다)는 '불변의 진리'이므로, 시제의 변화 없이 간접화법에 그대로 전달되었다.

참고 round [raund] a. 둥근

② 현재의 습관

직접화법: She said, "He is always smiling." (그녀가 "그는 항상 미소를 지어요"라고 말했습니다.)
간접화법: She said (that) he is always smiling. (그녀는 그는 항상 미소를 짓는다고 말했습니다.)
해설 피전달문 "He is always smiling."(그는 항상 웃습니다[미소를 짓습니다])은, '그의 현재의 습관'이므로, 시제의 변화 없이 간접화법에 그대로 전달되었다.

참고 smile [smail] vi. 방긋 웃다, 미소를 짓다. "is smiling"은 '현재 진행' 시제다.

③ 역사적 사실

직접화법: He said, "The second world war broke out in 1939." (그는 "세계 제2차 대전은 1939년에 발발했습니다"라고 말했습니다.)
간접화법: He said (that) the second world war broke out in 1939. (그는 세계 제2차 대전은 1939년에 발발했다고 말했습니다.)
해설 피전달문 "The second world war broke out in 1939."(제2차 세계대전은 1939년에 발발하였다)는, '역사적 사실'이므로, 시제의 변화 없이 간접화법에 그대로 전달되었다.

참고 break out: 발발(勃發)하다(occur suddenly). occur [əkə́ːr] vi. 생기다, 일어나다(happen) break [breik] vi. (전쟁 등이) 갑자기 발생(發生)하다. – 과거: broke – 과거분사: broken

(3) 직접화법을 간접화법으로 바꿀 때, '시간, 장소' 등의 표현을 변경시키는 방법

간접화법은 다른 사람이 말한 것을 '전달하는 사람'(전달자[傳達者])이 자신의 입장에서 적당히 고쳐서 간접적으로 전달하는 방법이므로, 직접화법의 '시간, 장소' 등의 표현이 간접화법에서는 바뀔 수밖에 없다.
'시간'을 예로 들어 그 표현이 어떻게 바뀌는지 알아보자.

직접화법: He said, "I am not busy *today*." (그는 "나는 오늘 바쁘지 않습니다"라고 말했습니다.)
간접화법: He said (that) he was not busy *that day*. (그는 그날 자기는 바쁘지 않다고 말했습니다.)
해설 직접화법의 "today"가, 간접화법에서는 "that day"로 바뀌었다.
다른 사람이 말하는 당시에는 "today"(오늘)이었지만, 훗날 그 말을 전하는 사람의 입장에 봤을 때는 당시의 "today"가 이미 "that day"(그날)로 되어 버린 것이다.

직접화법에서의 '시간' 또는 '장소'의 표현이 간접화법에서 어떻게 바뀌는지를, 예를 들어 보면 아래와 같다.
직접화법: ago → 간접화법: before
now → then
today → that day
yesterday → the day before (= the previous day)
last night → the night before (= the previous night)
last month → the previous month
tomorrow → the next day (= the following day)
next year → the following year

this → that

here → there

참고 previous [príːviəs] a. 이전(以前)의, 앞의. following [fálouiŋ] a. 다음의, 다음에 오는

(4) 문장의 종류에 대한 화법의 적용

지금까지는 직접화법을 간접화법으로 바꾸는 일반적인 방법에 관하여 알아보았다.
이제는 '화법'이 여러 가지 문장의 종류에 각각 어떻게 적용되는가 하는 것에 대해 알아본다.
즉 여러 가지 종류의 직접화법 문장이, 간접화법 문장에서는 각각 어떻게 바뀌는지를 살펴본다.

1) '평서문'의 전달

'평서문'에서는, 직접화법의 전달동사 "say to"는 "tell"로 바뀌어 전달된다.

직접화법: She *said to* him, "I visited your mother." (그녀는 그에게 "나는 당신의 어머니를 방문했습니다"라고 말했습니다.)
간접화법: She told him (that) *she had visited his* mother. (그녀는 그에게 그녀가 그의 어머니를 방문했다고 말했습니다.)

해설 직접화법의 전달동사 "said to"("say to"의 과거형)는, 간접화법에서 "told"("tell"의 과거형)로 바뀌었다.
그리고 "I → she"로, "visited → had visited"로, "your mother → his mother"로 바뀌었다.

2) '의문문'의 전달

① 의문사가 있는 의문문

'의문사가 있는 의문문'의 경우에는, 직접화법의 전달동사 "said"를 간접화법에서는 "asked"로

바꾸고, 피전달문은 '의문사 + 평서문'의 순서로 배열한다.

직접화법의 전달동사가 간접화법에서 바뀌는 것은(즉 "said"가 "asked"로), '전달자'(傳達者, 전달하는 사람)의 판단이 표현된 것이다. 즉 '말했다'(said)라는 표현이 '물었다'(asked)라는 표현으로 바뀌는 것이다.

이러한 현상은, 다음에 설명할 '명령문' 및 '감탄문'의 전달에서 더욱 두드러진다.

직접화법: She *said to* him, "Who wrote the book?" (그녀가 그에게 "누가 이 책을 썼습니까?" 하고 말했습니다.)

간접화법: She asked him who had written the book. (그녀에게 그에게 누가 그 책을 쓴 것이냐고 물었습니다.)

해설 직접화법의 전달동사 "said to"("say to"의 과거형)는 간접화법에서 "asked"("ask"의 과거형)로 바뀌었고, 피전달문은 '의문사 + 평서문'(who had written the book)의 순서로 배열되었다.

그리고 시제(時制)가, "wrote"[과거]에서 "had written"[과거완료]으로 바뀌었다.

② 의문사가 없는 의문문

'의문사가 없는 의문문'의 경우에는, 직접화법의 전달동사 "said"를 "asked"로 바꾸고, 피전달문은 'if (또는 whether) + 평서문'의 순서로 배열한다.

직접화법: He *said to* her, "Do you know your friend's address?" (그는 그녀에게 "당신 친구의 주소를 아세요?" 하고 말했습니다.)

간접화법: He asked her *if she* knew *her* friend's address. (그는 그녀가 그녀의 친구 주소를 아는지를 물었습니다.)

해설 직접화법의 전달동사 "said to"는 간접화법에서 "asked"로 바뀌었고, 피전달문은 'if + 평서문'(if she knew her friend's address)의 순서로 배열되었다.

그리고 "you → she"로, 시제 "know"는 "knew"로, "your friend's address → her friend's address"로 바뀌었다.

3) '명령문'의 전달

'명령문'의 경우에는, 직접화법의 전달동사 "say to"를 명령의 내용에 따라 "ask, command, order, tell" 등으로 바꾸고, 피전달문은 'to 부정사'로 연결한다.

직접화법: She *said to* him, "Please help me with this luggage." (그녀가 그에게 "이 짐 좀 거들어 줘요" 하고 말했습니다.)

간접화법: She asked him to help *her* with *that* luggage. (그녀는 그에게 그 짐을 거들어 달라고 요청했습니다.)

🟢**해설** 직접화법 중의 전달동사 "said to"는, 간접화법에서 "asked"로 바뀌었다.
직접화법의 피전달문 앞에 있는 "please"를 빼고, 간접화법에서는 그 자리에 "to"를 넣어 'to 부정사'(to help)를 만들었다.
그리고 "me → her"로, "this luggage → that luggage"로 바꾸었다.
🟢**참고** luggage [lʌ́ɡidʒ] n. 짐(baggage). help + A(사람) + with + 명사(B): "A"가 "B" 하는 것을 도와주다

직접화법: She *said to* her children, "Be quiet in public places." (그녀는 그녀의 아이들에게 "공공장소에서는 조용히 해"라고 말했습니다.)

간접화법: She told her children to be quiet in public places. (그녀는 그녀의 아이들에게 공공장소에서는 조용히 하라고 말했습니다.)

🟢**해설** 직접화법 중의 전달동사 "said to"는, 간접화법에서 "told"로 바뀌었다.
간접화법의 피전달문 앞은 'to 부정사'로 만드는데, 피전달문 앞에 이미 동사원형(be)이 있으므로 "to"만 붙여 'to 부정사'(to be)를 만들었다.
🟢**참고** quiet [kwáiət] a. 조용한. in public places: 공공장소에서는

직접화법: He *said to* his children, "Don't speak loudly." (그는 그의 아이들에게 "큰 소리로 말하지 마라" 하고 말했습니다.)

간접화법: He ordered his children not to speak loudly. (그는 그의 아이들에게 큰 소리로 말하지 말라고 지시했습니다.)

🟢**해설** 직접화법 중의 전달동사 "said to"는, 간접화법에서 "ordered"("order"의 과거형)로 바뀌었다.
간접화법의 피전달문 앞은 'to 부정사'로 만드는데, 동사원형 "speak" 앞에 "to"를 붙이고, 피

전달문이 부정문이므로 "to" 앞에 "not"을 붙였다(not to speak).

참고 order [ɔ́ːrdər] 명령하다, 지시(指示)하다. speak loudly: 큰 소리로 말하다, 소리 높여 말하다.

직접화법: The officer *said to* the soldiers, "Attack the enemy." (그 장교는 병사들에게 "적군을 공격하라"고 말했습니다.)

간접화법: The officer commanded the soldiers to attack the enemy. (그 장교는 병사들에게 적군을 공격하라고 명령했습니다.)

해설 직접화법 중의 전달동사 "said to"는, 간접화법에서 "commanded"("command"의 과거형)로 바뀌었다.
간접화법의 피전달문 앞은, 동사원형 "attack" 앞에 'to'를 붙여 'to 부정사'(to attack)를 만들었다.

참고 officer [ɔ́ːfisər] n. 장교(將校). command [kəmǽnd] vt. 명령(命令)하다
attack [ətǽk] vt. …을 공격하다

4) '감탄문'의 전달

'감탄문'(感歎文)의 경우에는, 직접화법의 전달동사 "say"를 간접화법에서 "cry, exclaim, shout" 등으로 바꾼다.
피전달문은, ①직접화법 감탄문의 어순을 그대로 쓰거나, ②부사 "very"를 보충하고 평서문의 어순으로 하거나, ③감탄사를 부사구로 바꾸고 평서문의 어순을 사용하기도 한다.

① 직접화법 감탄문의 어순을 그대로 사용함

직접화법: He said, "How happy I am!" (그는 "나는 행복합니다!" 하고 말했습니다.)
간접화법: He exclaimed how happy *he was*. (그는 자신은 행복하다고 외쳤습니다.)

해설 직접화법의 전달동사 "said"는, 간접화법에서 "exclaimed"("exclaim"의 과거형)로 바뀌었다.
그러나 피전달문은, 직접화법의 '감탄문의 어순'(how happy he was)이 그대로 사용되었다.
그리고 "I → he"로, "am → was"로 바뀌었다.

참고 exclaim [ikskléim] vi. 외치다(shout). shout [ʃaut] vi. 외치다

② 부사 "very"를 보충하고 평서문의 어순을 사용함

직접화법: She said, "What a cute girl she is!" (그녀가 "정말 귀여운 소녀네!" 하고 말했습니다.)

간접화법: She cried out (that) *she was a very cute girl*. (그녀는, 그 애는 매우 귀여운 소녀라고 외쳤습니다.)

해설 직접화법의 전달동사 "said"는, 간접화법에서 "cried out"("cry out"의 과거형)으로 바뀌었다.

간접화법의 피전달문은, 평서문의 어순으로 하면서 다만 부사 "very"를 보충하였다(she was a very cute girl).

참고 cute [kjuːt] a. 귀여운, 사랑스러운. cry [krai] vi. 외치다, 소리치다(shout)⟨과거: cried⟩

③ 감탄사를 부사구로 바꾸고 평서문의 어순을 사용함

직접화법: He said, "Hurrah! Our team won." (그는 "만세! 우리 팀이 이겼다" 하고 말했습니다.)

간접화법: He shouted with joy that *their team had won*. (그는 그들의 팀이 이겼다고 기뻐서 소리 질렀습니다.)

해설 직접화법의 전달동사 "said"는, 간접화법에서 "shouted"("shout"의 과거형)로 바뀌었다. 또한 직접화법의 감탄사 "hurrah"는, 간접화법에서 부사구 "with joy"로 바뀌었다.

간접화법의 피전달문은, 평서문의 어순(their team had won)으로 하였다.

그리고 "our team → their team"으로, "won → had won"으로 바뀌었다.

참고 hurrah [hərɑ́ː] int. (기쁨 등의 외침) 만세! with joy: 기뻐서, 기쁨으로. joy [dʒɔi] n. 기쁨
win [win] vt. (경기 등에서) 이기다. – 과거:won [wʌn] – 과거분사: won [wʌn]

5) '기원문'의 전달

'기원문'(祈願文)을 전달하기 위해서는, "prayed that God might ~"의 형식을 쓴다.

직접화법: She said, "God bless my son!" (그녀가 "신이시여, 내 아들을 축복하소서!" 하고 말했습니다.)

간접화법: She prayed (that) God might bless *her* son. (그녀는 신이 그녀의 아들을 축복해 주십사 하고 기도를 했습니다.)

해설 직접화법의 전달동사 "said"는, 간접화법에서 "prayed"("pray"의 과거형)로 바뀌었다. 간접화법의 피전달문의 동사 "bless" 앞에, "might"를 넣었다.
그리고 "my son → her son"으로 바뀌었다.

참고 bless [bles] vt. ⋯ 를 축복하다. pray [prei] vt. 기도하다, 기원하다

6) '중문'의 전달

직접화법의 피전달문이 "and" 또는 "but"으로 연결되는 '중문'(重文)일 때는, 간접화법에서는 "and" 또는 "but" 뒤에 **that**을 놓는다.

직접화법: She said, "The coat is very expensive, and I cannot buy it." (그녀는 "그 코트가 너무 비싸서 나는 살 수 없어요"라고 말했습니다.)
간접화법: She said (that) the coat *was* very expensive, and that *she could not* buy it. (그녀는 그 코트가 매우 비싸서 살 수 없었다고 말했습니다.)

해설 직접화법의 피전달문이 "and"로 연결되는 '중문'이므로, 간접화법의 피전달문 "and" 뒤에 "that"을 놓았다.
그리고 "is → was"로, "I → she"로, "cannot → could not"으로 바뀌었다.

7) '복문'의 전달

직접화법의 피전달문이 '복문'(複文)일 때는, 화법의 적용 형태는 평서문의 '단문'(短文)의 경우와 같다. 즉 피전달문의 형태가 '복문'일 뿐, 간접화법으로 바꾸는 방식은 평서문의 경우와 다르지 않다.

직접화법: He said, "Let's wait *until the rain stops*." (그가 "비가 그칠 때까지 기다립시다" 하고 말했습니다.)
간접화법: He suggested (that) we (should) wait until the rain *stopped*. (그는 비가

그칠 때까지 기다리자고 제안했습니다.)

해설 직접화법의 피전달문 "Let's wait until the rain stops."는, 종속접속사 "until"에 이끌리는 '복문'이다.(즉 "Let's wait"이 '주절'이고, "until the rain stops"가 종속절이다.)
이와 같은 직접화법 복문의 "said"는, 간접화법에서 "suggested"("suggest"의 과거형)로 바뀌었다.
그리고 간접화법의 피전달문은, "Let's" 대신 "we should"를 썼다. 이는 직접화법 피전달문의 주절(Let's wait)이 명령문[간접 명령문]의 형식이기 때문에, 명령문의 전달 방법을 따른 것이다. "should"는 생략할 수 있다.
한편 "until"에 이끌리는 종속절(until the rain stops)은 그대로 전달이 되었고, 다만 시제만 현재(stops)가 과거(stopped)로 바뀌었다.

참고 stop [stap] vi. (비 등이) 그치다〈과거: stopped, 3인칭 단수: stops〉

8) 두 개의 문장의 전달

직접화법: He said, "Oh, wonderful! I would like to go with you." (그는 "오, 아주 좋아요! 나는 당신하고 같이 가고 싶어요" 하고 말했습니다.)

간접화법: He exclaimed with delight (that) he would like to go with me. (그는 나와 같이 가고 싶다고 기뻐서 외쳤습니다.)

해설 직접화법의 위 예문에는, ①감탄문(Oh, wonderful!)과 ②평서문(I would like to go with you.)의 두 개의 문장이 있다.
그러므로 직접화법의 문장을 간접화법으로 바꿀 때는, 각각 ①감탄문과 ②평서문의 전달 방법을 따르면 된다.
따라서 감탄문인 직접화법의 전달동사 "said"는 "exclaimed"로 바뀌었고, 감탄사 "Oh, wonderful!"은 "with delight"이라는 '부사구'로 바뀌었다.
한편 평서문인 "I would like to go with you."는 그대로 전달되었고, 다만 "I"가 "he"로, 그리고 "you"가 "me"로 바뀌었을 뿐이다.

참고 wonderful [wʌndərfəl] a. 굉장히 좋은, 대단한. with delight: 기뻐서. delight [diláit] n. 기쁨
would like to + 동사 원형: …하고 싶다(want to)

PART 7

특수한 표현

영어 문법의 기본 골격에 대한 설명은, 사실 제6장(문장을 꾸며 주는 요소)까지다. 이번에 설명하려고 하는 '특수(特殊)한 표현' 또는 '특수 구문'(特殊 構文)은, 그저 액세서리(accessory)에 해당할 뿐이다. 왜냐하면 '특수한 표현'은 문장에 대한 일종의 기교(技巧)이기 때문이다.

따라서 이곳은 그저 참고로 보면 되는 부분이므로, 최대한 간략히 살펴보고자 한다.

특수한 표현은 ①도치, ②강조, ③생략, ④공통 관계, ⑤삽입, ⑥동격의 여섯 가지가 있다.

1) 도치

'도치'(倒置, Inversion)는, '문장의 어순(語順)을 서로 바꾸는 것'을 말한다.
도치에는 여러 가지 경우가 있지만, 여기서는 '보어를 문장 맨 앞에 두는 경우'만 살펴본다.
  참고 inversion [invə́ːrʒən] n. 도치

Happy *is* he who is satisfied with what he has.
(자신이 가지고 있는 것에 만족하는 사람은 행복합니다.)
  해설 위 예문은, 원래 문장의 순서대로라면 "He who is satisfied with what he has *is happy*."가 되어야 할 것이다.
그러나 보어인 "happy"가 문장 맨 앞으로 가서, 문장의 순서가 '보어(happy) + 동사(is) + 주어(he who is satisfied with what he has)'가 되었다. 그리하여 '동사(is)와 보어(happy)가 서로 도치'되었다. 즉 위치가 서로 바뀌었다.
"is"와 "happy"의 위치를 도치시킨 것은, 보어인 "happy"를 강조하기 위한 것이다.
  참고 be satisfied with … : …에 만족하다(be happy with). satisfied [sǽtisfàid] a. …에 만족(滿足)한 have [hæv] vi. 재산이 있다, 돈을 가지고 있다⟨3인칭 단수: has⟩

2) 강조

'강조'(强調, Emphasis)는, '문장의 어느 부분을 강조하는 것'으로, 여러 가지 경우가 있다. 그러나 여기서는, "do"를 추가하여 강조하는 경우만 살펴본다.

> 참고 emphasis [émfəsis] n. 강조

I do *hope* you will be happy. (나는 당신이 행복하기를 정말 바랍니다.)
> 해설 "do"가, '강조'를 위하여 추가된 부분이다.

"do"는 그 뒤에 오는 "hope"를 강조하고 있다. '정말' 바란다는 것이다.
위 예문에서 "do"는 '조동사'로 쓰인 것으로, 본동사 "hope"를 강조하는 형식을 취하고 있다.
> 참고 hope [houp] vt. …을 바라다, 희망하다

3) 생략

'생략'(省略, Ellipsis)은, '품사를 생략하는 경우'인데, 품사를 생략하는 경우는 여러 가지가 있다. 그러나 여기서는, '동사' 품사의 반복을 피하기 위하여 '동사'를 생략하는 경우만 살펴본다.
> 참고 ellipsis [ilípsis] n. 생략

Love breeds love, and *hate hate*.
(격언: 사랑은 사랑을 낳고, 미움은 미움을 낳는다.)
> 해설 "hate"와 "hate" 사이에, "breeds"(원형: breed)가 생략되었다.

동일한 품사인 '동사' "breeds"가 반복되는 것을 피하기 위하여, 뒤의 절(節)에서는 '동사' "breeds"를 생략한 것이다.
위 예문의 완전한 문장은 아래와 같다.
= Love breeds love, and hate **(breeds)** hate.
> 참고 breed [briːd] vt. …을 일으키다, …이 생기는 원인이 되다〈3인칭 단수: breeds〉
> hate [heit] n. 혐오(嫌惡), 미움

4) 공통관계

'공통관계'(共通關係, Common Relation)인 경우는 여러 가지가 있다. 그러나 여기서는, '주어'가 공통어[공통 관계]인 경우만 살펴본다.
> 참고 '공통 관계'는 '공통어(共通語) 관계'라고도 한다.

common [kámən] [카아먼] a. 공통의. relation [riléiʃən] n. 관계

A man *of virtue*, and not *of wealth*, should be respected.
(돈 많은 사람이 아니라 덕 있는 사람이 존경을 받아야 합니다.)
해설 주어 "a man"이, "of virtue"와 "of wealth"의 '공통어'다.
같은 문구인 "a man"이 반복되는 것을 피하기 위하여, "not of wealth" 앞에 있는 "a man"을 생략하고, 문장 맨 앞에 있는 "a man"을 "of virtue"와 "of wealth"의 '공통어'로 삼은 것이다.
위 예문의 완전한 문장은 아래와 같다.
= A man of virtue, and **(a man)** not of wealth, should be respected.
참고 of virtue: "of virtue"(덕이 있는)는, 'of + 추상명사'로서 '형용사구'다. 그러므로 "of virtue"는 명사 "man"을 뒤에서 수식한다. "of wealth"(돈 많은)의 경우도, 마찬가지 형태다.
위 예문은 'not A but B (A가 아니고 B)'의 '구문(構文)'이 아니라, 'but B not A (A가 아니고 B)'의 '구문'이라고 할 수 있는데, 문장 앞쪽의 "but"이 생략되었다고 할 것이다.
virtue [vɜ́ːrtʃuː] n. 덕(德). man of wealth: 재산가(財産家). wealth [welθ] n. 부(富), 재산

5) 삽입

'삽입'(挿入, Parenthesis)은, '문장 중에 구(句) 또는 절(節) 삽입하여 문장을 꾸미는 것'을 말한다. 여기서는, '절'(주어 + 동사)을 삽입하는 경우만 살펴본다.
참고 parenthesis [pərénθisis] n. 삽입 어구(語句)

This is, I guess, what he wanted to say.
(내 추측엔, 이것이 그가 말하고자 했던 것입니다.)
해설 "I guess"(내 추측엔)가 '삽입'이다.
'주어 + 동사'(I guess)의 형태인 '절'이 삽입된 경우다.

6) 동격

'동격'(同格, Apposition) 또는 동격어(同格語)란, '문장 내의 어떤 특정한 어구(語句)와 성격이 동등(同等)한 같은 문장 내의 다른 어구'를 말한다. 즉 동격어란 '그 특정한 어구를 설명하기 위하여 추가한 다른 어구'다.
여기서는, 명사[명사구]가 동격어인 경우만 살펴본다.

참고 apposition [æpəzíʃən] n. 동격

Alexander Graham Bell, an American scientist, obtained a patent for the telephone.
(미국인 과학자인, '알렉산더 그레이엄 벨'이 전화에 관한 특허를 받았습니다.)

해설 "an American scientist"가 '동격' 또는 '동격어'다.
명사[명사구]인 "an American scientist"는, 그 앞에 있는 고유명사인 "Alexander Graham Bell"과 '동격어'다. 즉 'Alexander Graham Bell = an American scientist'다.
동격어 "an American scientist"는, 문장 내의 특정한 어구인 "Alexander Graham Bell"과 성격이 동등한 어구로서, "Alexander Graham Bell"을 설명하기 위하여 추가된 어구다.

참고 Alexander Graham Bell (1847-1922): 미국의 과학자(전화를 발명함)
obtain a patent: 특허(特許)를 받다. obtain [əbtéin] vt. …을 획득하다, 받다
patent [pǽtnt / péitnt] n. 특허

APPENDIX: 기본 숙어

PREFACE

숙어(熟語, Idiom)는 관용적으로 사용되는 영어 표현을 말합니다. 예를 들어 "in short"은 "in"과 "short"라는, 두 개의 단어로 되어 있지만, 마치 한 단어(briefly: 간단히 말해)처럼 관용적으로 사용됩니다. 숙어는 두 개 이상의 단어로 구성된 관용 표현이라고 하여, '관용구'(慣用句, Idiomatic Phrase)라고도 합니다.
한편, '동사 + 부사' 등으로 이루어진 '구'(예: bring up = rear)인 '구동사'(句動詞, Phrasal Verb)도, 숙어의 개념에 포함됩니다.
이 책에서는 우선 기본적인 숙어에 대하여 설명합니다.

TO THE READERS

- ☑ 각 숙어마다 예문을 달았습니다. 그리고 초학자들의 편의를 위하여, 인용되는 단어들의 뜻을 '참고' 부분에 설명을 해 놓았습니다. '참고' 부분은 조금 작은 글자로 되어 있는데, 이 부분이 필요 없는 분은 읽지 않아도 됩니다.
- ☑ 단어의 뜻을 설명하면서 필요하다고 생각되는 부분에는 한자를 병기하였는데, 이 또한 필요하지 않은 분은 신경 쓰지 않아도 됩니다.
- ☑ 하나의 숙어에는 여러 가지 뜻이 있는 경우가 많이 있으나, 가급적 많이 쓰이는 하나의 뜻만 소개하려고 노력하였습니다.
- ☑ 중요한 숙어에 해당한다 할지라도 이미 '문법 편'에서 소개된 것은 이곳에 다시 소개하지 않았습니다. because of 또는 had better 등의 경우가 그러합니다.
- ☑ 단어의 품사들에 대한 약어(예: 전치사는 prep.)는 이 책의 '문법 편'을 참조하여 주시기 바랍니다.
- ☑ 어느 숙어와 밀접한 관련이 있는 다른 숙어가 있는 경우에는, 해당 숙어의 바로 밑에 [관련]이라는 표시를 하여 그 관련된 숙어를 소개하였습니다. 예: put on(옷을 입다). [관련] take off(옷을 벗다)

☑ 해당 숙어에 복수형이 있거나 또는 형태만 약간 다를 뿐 같은 뜻의 숙어가 있는 경우에는, [ ] 속에 그 숙어를 표시하였습니다.

> 예 take a picture of [take pictures of] … : 사진을 찍다
> see + 사람 + off [see off + 사람] : …를 배웅하다

☑ 숙어 다음의 '…'는 단어 또는 구(句)를 나타내고, '~'는 절(節)을 나타냅니다.

☑ '동사원형ing'는 '동사 원형 + ing'의 표시입니다.

---

abide by … : …을 지키다[준수(遵守)하다](keep)

Everyone should abide by the law. (모든 사람은 법을 지켜야 합니다.)

참고 abide [əbáid] vi. 머무르다, 체류(滯留)하다(stay). law [lɔː] [러어에] n. 법, 법률

above all : 무엇보다도(more than anything else; most important of all)

Above all, she is reading the Bible every day.

(무엇보다도 그녀는 성경을 매일 읽고 있습니다.)

참고 Bible [báibl] [바이부을] n. (the Bible) 성경, 성서. every day: 매일, 날마다

according to … : …에 따르면[의하면]

According to the government announcement, the supply of the housing in Seoul will be increased.

(정부 발표에 따르면, 서울의 주택 공급이 증가될 것이라고 합니다.)

참고 announcement [ənáunsmənt] n. 발표. supply [səplái] n. 공급(供給). housing [háuziŋ] n. 주택, 주택 공급

account for … : …을 설명하다(explain)

The police accounted for the criminal case.

(경찰은 그 범죄 사건에 대해서 설명했습니다.)

참고 account [əkáunt] vi. 설명을 하다. criminal case: 범죄 사건, 형사 사건

after a while : 잠시 후에

He returned after a while. (그는 잠시 후에 돌아왔습니다.)

참고 while [hwail] n. (짧은) 기간. return [ritə́ːrn] vi. 돌아오다

APPENDIX: 기본 숙어

after all : 결국(in the end)
After all, the dispute has settled amicably.
(결국 그 분쟁은 우호적으로 해결되었습니다.)
> 참고 dispute [dispjúːt] [디스뷰우트] n. 분쟁(紛爭). settle [sétl] [쌔애를 / 쌔틀] vi. 해결되다
amicably [ǽmikəbli] [애애미커블리] ad. 우호적(友好的)으로, 평화적으로(in a friendly way)

all of a sudden : 갑자기(suddenly)
All of a sudden it thundered. (갑자기 천둥이 쳤습니다.)
> 참고 sudden [sʌ́dn] a. 갑작스러운.   thunder [θʌ́ndər] vi. 천둥치다〈과거: thundered〉

all over the country : 전국(全國)에
He traveled all over the country. (그는 전국을 여행했습니다.)
> 참고 travel [trǽvəl] [추래애버(v)어얼] vi. 여행하다〈과거: traveled〉

all the time : 항상(always)
She smiles all the time. (그녀는 항상 미소를 짓습니다.)
> 참고 smile [smail] [스마이어얼] vi. 미소를 짓다〈3인칭 단수: smiles〉

anything but … : 결코 …이 아닌(never)
[관련] **nothing but …** : 단지[오로지] (only) …
He was anything but a rich man. Rather he was nothing but a beggar.
(그는 결코 부자가 아니었습니다. 반대로 그는 거지였을 뿐입니다.)
> 참고 rather [rǽðər] [래애더어얼] ad. 반대로, 도리어

apart from … : …은 제외하고(except for); …이외에(in addition to)
Apart from English, what foreign languages do you speak?
(영어 외에, 어떤 외국어를 할 줄 아세요?)

apply to … : …에 적용(適用)하다(use)
The law will be applied to this case. (그 법률이 이 사건에 적용될 것입니다.)
> 참고 apply [əplái] vt. 적용하다〈과거 및 과거분사: applied〉

as a matter of fact : 사실(事實)은(in fact)
As a matter of fact, she is a dentist. (사실은 그녀는 치과 의사입니다.)
> 참고 fact [fækt] [홰(f)액트] n. 사실. dentist [déntist] n. 치과 의사

as a result : 결과적으로, 그 결과(結果)로서

As a result, he became famous. (결과적으로 그는 유명하게 되었습니다.)

> 참고 result [rizʌlt] [뤼저얼트] n. 결과. famous [féiməs] a. 유명(有名)한

as a result of … : …의 결과로서

A lot of buildings fell down as a result of the earthquake.
(지진의 결과로서 많은 빌딩들이 무너졌습니다.)

> 참고 fall down: 무너지다, 붕괴하다〈과거형: fell down〉. earthquake [ə́ːrθkweik] n. 지진

as a rule : 일반적으로, 대체로(on the whole)

As a rule, the people in the province are kind.
(일반적으로 그 지방 사람들은 친절합니다.)

> 참고 rule [ruːl] n. 풍습(風習, a habit). province [prɑ́vins] [프롸아빈스] n. 지방(地方, region)

as for … : …에 관해서는[관해 말한다면](speaking of)

As for them, they are diligent. (그들에 관해 말한다면 그들은 부지런합니다.)

> 참고 speak of … : …에 관해 말하다

as long as ~ : ~ 하는 한

As long as he lives, he will not be able to forget his friend who died young.
(그는 자신이 살아 있는 한, 젊었을 때 죽은 그의 친구를 잊을 수 없을 것입니다.)

as soon as ~ : ~ 하자마자, ~ 하자 곧

As soon as he came home from school, he helped his father who was working in the field.
(그는 학교에서 돌아오자마자, 들에서 일하고 계시는 아버님을 도왔습니다.)

> 참고 field [fiːld] n. 들, 들판

as to … : …에 관하여(regarding)

As to the matter, let's discuss later. (그 문제에 대해서는 추후에 의논합시다.)

> 참고 later [léitər] [레이러얼 / 레이타아] ad. 추후(追後)에, 나중에

at any time : 언제라도

You can visit him at any time. (당신은 그를 언제라도 방문할 수 있습니다.)

at best : 잘해도, 기껏해야

He can get there around midnight at best.

(그는 잘해야 자정쯤이나 그곳에 도착할 수 있을 것입니다.)

참고 around [əráund] prep. …쯤(about). midnight [mídnait] n. 자정(子正), 한밤중

at first : 처음에는(at the start)

At first, it was difficult to do the work.

(처음에는 그 일을 하는 것이 어려웠습니다.)

at hand : 가까이, 가까이에(near)

His favorite book is always at hand.

(그가 가장 좋아하는 책은 항상 가까이에 있습니다.) (= 가까이에 놓여 있습니다.)

at last : 드디어, 마침내(in the end)

At last he called me. (마침내 그가 나에게 전화를 했습니다.)

at least [at the least] : 적어도, 최소한(not less than)

To get there, it takes at least three hours.

(그곳에 도착하기 위해서는 최소한 3시간이 걸립니다.)

참고 not less than … : … 이상(以上)일망정 그 이하(以下)는 아닌

at most [at the most] : 많아야, 고작해야(not more than)

At most, ten people attended the lecture. (고작 10명이 그 강의에 참석했습니다.)

참고 not more than … : …보다 많지 않은. lecture [lékʧər] n. 강의(講義), 강연(講演)

at once : 즉시(卽時, immediately)

At once he sent an email to her. (즉시 그는 그녀에게 이메일을 보냈습니다.)

참고 immediately [imíːdiətli] ad. 즉시, 당장에

at present : 현재(現在)는(now; at the moment)

At present she is at home. (현재 그녀는 집에 있습니다.)

참고 present [préznt] n. 현재, 지금. moment [móumənt] n. 현재, 지금

at random : 무작위로, 닥치는 대로(without aim)

He chose two people at random. (그는 무작위로 두 명을 선택했습니다.)

참고 random [rǽndəm] a. 무작위(無作爲)의, 닥치는 대로의. aim [eim] n. 목표

at the end of … : …의 말(末)에[끝에]

At the end of this month, she will go on a business trip to London.

(이번 달 말에 그녀는 런던으로 출장을 갈 것입니다.)

참고 go on a business trip: 출장 가다

at the mercy of … : …의 처분대로, …에 좌우(左右)되어(wholly in the power of)

At that time he was at the mercy of the enemy officer.

(그때 그는 적군 장교의 처분에 달려 있었습니다.) (= 생사[生死]가 달려 있었습니다.)

참고 mercy [mə́ːrsi] n. 자비(慈悲), 관용(寬容). wholly [hóulli] ad. 완전히, 전적(全的)으로
in the power of … : …의 지배(支配) 아래. enemy officer: 적군 장교

at the same time : 동시(同時)에(simultaneously)

The two runners crossed the finish line at the same time.

(그 두 육상선수는 결승선을 동시에 통과했습니다.)

참고 simultaneously [sàiməltéiniəsli] ad. 동시에. cross [krɔːs] [크뤄어쓰] vt. 통과하다
runner [rʌ́nər] [뤄너어얼] n. 육상선수, 주자(走者). finish line: 결승선(決勝線)

at work : 일하고 있는(working)

She is at work as a nurse for a general hospital.

(그녀는 종합병원에서 간호사로 근무하고 있습니다.)

참고 nurse [nəːrs] n. 간호사. general hospital: n. 종합 병원

attribute A to B : "A"를 "B" 덕분이라고 생각하다

He attributed his success to his mother's prayer.

(그는 그의 성공이 어머니의 기도 덕분이라고 생각했습니다.)

참고 attribute [ətríbjuːt] vt. …의 덕분(德分)이라고 생각하다〈과거: attributed〉. prayer [prɛər] [프뤠이어얼] n. 기도(祈禱)

be able to … : … 할 수 있다(can)

He was able to cross the river by swimming in his twenties.

(그는 20대에는 그 강을 수영으로 건널 수 있었습니다.)

참고 cross [krɔːs] vt. (길·강 등을) 건너다, 횡단하다. in his twenties: 20대(代)에

be about to … : 막 … 하려고 하다(be just going to)

She was about to call his father.

(그녀는 그녀의 아버지에게 막 전화를 하려고 하고 있었습니다.)

참고 just [dʒʌst] ad. 곧, 바로. be going to … : … 할 예정이다, … 할 셈이다

be absent from … : …에 결석(缺席)하다

The student is absent from school today due to his illness.

(그 학생은 병이 나서 오늘 학교에 결석했습니다.)

참고 absent [ǽbsənt] a. 결석한, 참석하지 않은. due to … : … 때문에, 이유로

be anxious about … : …을 걱정하다(be worried about)

She is anxious about his son's future. (그녀는 그녀 아들의 장래를 걱정합니다.)

참고 anxious [ǽŋkʃəs] a. 걱정하는. worried [wə́ːrid] a. …을 걱정하고 있는

be bound for … : …로 향(向)하다

That ferry is bound for Jeju Island. (저 여객선은 제주도행(行)입니다.)

참고 bound [baund] a. …에 가기로 된, 가는 중에 있는. ferry [féri] n. 여객선

be capable of … : …할 능력이 있다(be able to)

He was capable of doing the work. (그는 그 일을 할 능력이 있었습니다.)

참고 capable [kéipəbl] a. 능력(能力)이 있는

be different from … : …와 다르다(differ from)

He is very different from his father in appearance.

(그는 외모가 그의 아버지와 매우 다릅니다.)

참고 different [dífərənt] a. …와는 다른. differ [dífər] vi. …과 다르다
appearance [əpíərəns] n. 외모(外貌), 겉모습. in appearance: 외모는, 외관상(外觀上)

be due to … : …할 예정이다(be expected to)

She is due to attend the meeting tomorrow morning.

(그녀는 내일 아침 회의에 참석할 예정입니다.)

참고 due [djuː] a. …할 예정(豫定)인. expect [ikspékt] vt. 기대(期待)하다, 예상하다

be engaged in … : …에 종사(從事)하고 있다

He is engaged in the distribution business. (그는 유통업에 종사하고 있습니다.)

참고 engage [ingéidʒ] vt. …에 종사시키다. distribution business: 유통업
distribution [distrəbjúːʃən] n. 유통(流通). business [bíznis] n. 사업(事業)

be familiar with … : …을 잘 안다(know well)
He is very familiar with the village. (그는 그 마을을 매우 잘 압니다.)
참고 familiar [fəmíljər] a. 잘 알고 있는. village [vílidʒ] [빌리이이쥐] n. 마을

be famous for … : …로 유명하다(be well-known for)
The city is famous for pottery. (그 도시는 도자기로 유명합니다.)
참고 well-known a. 잘 알려진, 유명(有名)한. pottery [pátəri] [파아러뤼이] n. 도자기(陶瓷器)

be filled with … : …로 가득 차다
The room was filled with guests. (그 방은 손님으로 가득 차 있었습니다.)
참고 fill [fil] vt. 채우다, 가득하게 하다. guest [gest] [개애스(트)] n. 손님

be fond of … : …을 좋아하다(like)
She is fond of playing table tennis. (그녀는 탁구 치는 것을 좋아합니다.)
참고 fond [fand] a. …을 좋아하는. table tennis: 탁구

be forced to … : …하지 않을 수 없다(be compelled to)
He was forced to leave the place. (그는 그 장소를 떠나지 않을 수 없었습니다.)
참고 force [fɔːrs] vt. …하지 않을 수 없다(compel). place [pleis] n. 장소(場所)

be good at … : …을 잘하다, …에 능숙하다
She is good at playing the piano.
(그녀는 피아노를 잘 연주합니다.) (= 피아노를 잘 칩니다.)
참고 good [gud] a. …에 능숙(能熟)한
[관련] **be poor at …** : …에 서툴다
She is poor at playing tennis. (그녀는 테니스를 치는 데는 서툽니다.)
참고 poor [puər] a. 서투른

be good for … : …에 이롭다[좋다]
Walking is good for your health. (걷기는 건강에 좋습니다.)
참고 good [gud] a. 유리(有利)한. walking [wɔ́ːkiŋ] [와아킹] n. 걷기

APPENDIX: 기본 숙어   465

be in charge of … : …을 책임(責任)지다(be responsible for); …을 관리하다
She is in charge of the export department. (그녀는 수출부를 책임지고 있습니다.)
> 참고 charge [tʃaːrdʒ] n. 책임. responsible [rispánsəbl] a. 책임이 있는
export [ikspɔ́ːrt] n. 수출(輸出). department [dipáːrtmənt] n. 부(部)

be in danger : 위험한 처지에 놓이다(be at risk)
They are in danger now. (그들은 지금 위험한 처지에 놓여 있습니다.)
> 참고 at risk: 위험한 상태에 있는. danger [déindʒər] n. 위험. risk [risk] n. 위험, 리스크

be in the way : 방해하다, 앞을 가로막다
In the long run, he was only in the way of doing the work.
(결국, 그는 그 일을 하는 데 방해만 되었습니다.)

be in trouble : 곤경(困境)에 빠지다(be in difficulty)
He is in trouble at present. (그는 현재 곤경에 빠져 있습니다.)
> 참고 trouble [trʌbl] n. 곤란, 어려움. difficulty [dífikʌlti] n. 어려움. at present: 현재(now)

be inclined to … : …하고 싶다
She is inclined to go on a vacation. (그녀는 휴가를 떠나고 싶어 합니다.)
> 참고 inclined [inkláind] a. …하고 싶은((to)). go on (a) vacation: 휴가를 떠나다

be late for … : …에 지각하다(be not on time)
He was late for work this morning. (그는 오늘 아침 직장에 지각을 했습니다.)
> 참고 late [leit] a. 늦은. on time: 정각(正刻)에, 제때에

be out of order : 고장(故障) 나 있다(be not working properly)
His car was out of order yesterday. (그의 차는 어제 고장이 났습니다.)
> 참고 out of: (정상적(正常的)인 상태에서) 벗어난. order [ɔ́ːrdər] n. 정상적(正常的)인 상태
work [wəːrk] vi. (기계 등이) 작동(作動)하다. properly [prápərli] ad. 제대로, 적절히

be out of the question : 불가능한(impossible)
In my opinion, crossing this river by swimming is out of the question.
(내 생각에는, 이 강을 수영으로 건넌다는 것은 불가능한 일입니다.)
> 참고 out of: (능력 등의) 범위 밖에. in my opinion: 나의 의견으로는, 내 생각에는(I think ~)

be pleased to …(동사 원형) : … 해서 기쁘다(happy to)
I'm pleased to *meet* you. (당신을 만나 기쁩니다.)
> 참고 pleased [pliːzd] a. 기뻐하는

be pleased with … : …이 마음에 들다[기쁘다](be happy with)
Father is pleased with the job (that) his son chose.
(아버지는 그의 아들이 택한 직업을 마음에 들어 합니다.)
> 참고 job [dʒab] n. 직업(職業). choose [tʃuːz] vt. 선택하다, 고르다〈과거: chose [tʃouz]〉

be proud of … : …을 자랑하다[자랑스러워하다](feel pride in)
He is proud of his job. (그는 그의 직업을 자랑스러워합니다.)
> 참고 proud [praud] a. …을 자랑으로 여기는. pride [praid] n. 자랑, 자부심(自負心)

be ready to …(동사 원형) : … 할 준비가 되어 있다(be prepared to)
He is ready to *start* the work. (그는 그 일을 시작할 준비가 되어 있습니다.)
> 참고 ready [rédi] a. …의 준비(準備)가 된. prepared [pripέərd] a. …의 준비가 되어 있는

be scared of … : …을 두려워하다
She is scared of worms. (그녀는 벌레를 두려워합니다.)
> 참고 scare [skεər] [스께에어얼] vi. 두려워하다, 겁먹다. worm [wəːrm] n. 벌레

be sure (that) … : …을 확신하다(be certain)
I'm sure (that) I will win the game.
(나는 그 경기에서 내가 승리할 것을 확신하고 있습니다.)
> 참고 sure [ʃuər] a. …이라고 확신(確信)하는(certain). game [geim] [게이임] n. 경기, 시합

bear in mind : 명심(銘心)하다(keep in mind)
I'll bear in mind what you advised me.
(나는 당신이 내게 충고한 것을 명심하겠습니다.)
> 참고 bear [bεər] vt. 마음에 품다. advise [ædváiz] [애드봐이스] vt. …에게 충고하다

before long : 머지않아(soon)
Before long he will come here. (머지않아 그가 여기에 올 것입니다.)

APPENDIX: 기본 숙어   467

behind the times : 시대에 뒤진(out of date)

The policy is behind the times. (그 정책은 시대에 뒤져 있습니다.)

> 참고 behind [biháind] prep. …의 뒤에. time [taim] n. 시대(時代). date [deit] n. 시대

believe in … : …의 존재를 믿다[가치를 믿다](have a belief in something)

She believes in the existence of God. (그녀는 하나님이 존재하심을 믿고 있습니다.)

> 참고 belief [bilíːf] n. 신념(信念). existence [igzístəns] n. 존재

belong to … : …의 소유(所有)이다

This pen belongs to her. (이 펜은 그녀의 것입니다.) (= 그녀의 소유입니다.)

> 참고 belong [bilɔ́ːŋ] vi. …에 속하다((to))〈3인칭 단수: belongs〉

beyond description : 말로 표현하기 어려운(cannot be described)

The scenery was very beautiful and beyond description.

(그 경치는 너무 아름다워서 말로 표현할 수 없었습니다.)

> 참고 beyond [bijánd] prep. …을 할 수 없을 정도의. description [diskrípʃən] n. 묘사(描寫)
> describe [diskráib] vt. …을 묘사하다, 표현하다. scenery [síːnəri] n. 경치

break into … : …에 침입하다(enter by force)

A man broke into the house last night.

(어젯밤에 어떤 남자가 그 집에 침입을 했습니다.)

> 참고 break [breik] vi. 밀고 들어가다. enter [éntər] vt. …에 들어가다. by force: 힘으로

bring about … : …을 생기게 하다(cause to happen), 초래(招來)하다

The decrease of the product's production brought about a rise in the product's price.

(그 제품 생산의 감소는 그 제품 가격의 상승을 가져왔습니다.) (= 초래했습니다.)

> 참고 bring [briŋ] vt. …을 가져오다. happen [hǽpən] vi. (일이 …에게) 일어나다
> decrease [dikríːs] n. 감소(減少). rise [raiz] [롸아이스] n. (가격 등의) 상승(上昇)

bring up … : …를 양육(養育)하다[키우다](rear)

He was brought up by his grandmother.

(그는 할머니에 의해 양육되었습니다.) (= 그는 할머니가 키웠습니다.)

> 참고 rear [riər] vt. 기르다, 양육하다

by all means : 반드시(at all costs)
I'll finish the work successfully by all means.
(나는 반드시 그 일을 성공적으로 끝마칠 것입니다.)
> 참고 means [miːnz] n. 수단, 방법. at all costs: 무슨 대가(代價)를 치르더라도
cost [kɔːst] n. 비용(費用). successfully [səksésfəli] ad. 성공적으로

by the time ~ : ~ 할 때까지는[때까지]
I'll finish this work by the time you come back.
(당신이 돌아올 때까지는 나는 이 일을 끝내겠습니다.)
> 참고 come back: 돌아오다(return)

by turns : 교대로(in rotation)
They stood guard by turns. (그들은 교대로 경계를 섰습니다.)
> 참고 turn [təːrn] n. 순번(順番), 차례. rotation [routéiʃən] n. 교대(交代)
guard [gaːrd] n. 경계(警戒). stand guard: 경계를 서다, 경호하다〈과거형: stood guard〉

by virtue of [in virtue of] ··· : ···의 덕분(德分)으로
He succeeded by virtue of his persistent efforts.
(그는 그의 끈기 있는 노력 덕분에 성공했습니다.)
> 참고 virtue [və́ːrtʃuː] n. 덕(德). succeed [səksíːd] vi. 성공하다
persistent [pərsístənt] a. 끈기 있는(continuing for a long time). effort [éfərt] n. 노력(努力)

by way of ··· : ···을 경유(經由)하여(via)
This plane goes to Korea by way of Alaska.
(이 비행기는 알래스카를 경유하여 한국에 갑니다.)
> 참고 via [víːə] prep. ···을 거쳐, 경유하여. Alaska [əlǽskə] [얼래애스까아] n. 알래스카

call on + 사람 : ···를 (잠깐) 방문하다
He called on her at her office.
(그는 그녀의 사무소로 그녀를 잠깐 방문했습니다.)
> 참고 call [kɔːl] [커어얼] vi. 잠깐 방문하다((on))〈과거: called [kɔ́ld]〉

call for ··· : ···을 요구하다(require)
They called for his assistance. (그들은 그의 지원을 요구했습니다.)
> 참고 call [kɔːl] vt. 부르다. require [rikwáiər] vt. 요구하다, 요청하다. assistance [əsístəns] n. 지원(支援), 도움

call off ... : ...을 취소하다(cancel)

He called off the appointment with his friend.

(그는 그의 친구와의 약속을 취소했습니다.)

참고 cancel [kǽnsəl] vt. 취소하다. appointment [əpɔ́intmənt] n. 약속

care for ... : ...을 돌보다(look after)

She cared for her old mother. (그녀는 그녀의 나이 드신 어머니를 돌보았습니다.)

참고 care [kɛər] [캐애어얼] vi. ...을 돌보다((for))〈과거: cared〉

carry out ... : ...을 수행(遂行)하다(perform)

He carried out the project successfully.

(그는 그 프로젝트를 성공적으로 수행하였습니다.)

참고 perform [pərfɔ́:rm] vt. 이행(履行)하다, 수행하다. project [prɑ́dʒekt] n. 프로젝트

catch up with ... : ...을 따라잡다(overtake)

The runner caught up with the first runner just before the finish line.

(그 주자는 결승선 직전에서 선두 주자를 따라잡았습니다.)

참고 overtake [ouvərtéik] vt. 따라잡다. the first runner: 선두(先頭) 주자

catch [kætʃ] [캐애취] vt. (쫓아가서) 붙들다〈과거: caugth [kɔ:t] [카아아트 / 코오오트]〉

come across ... : ...와 우연히 만나다(meet unexpectedly)

I came across my aunt at Seoul Station.

(나는 서울역에서 나의 이모님을 우연히 만났습니다.)

참고 unexpectedly [ənikspéktidli] ad. 뜻밖에. aunt [ænt / a:nt] [애앤트 / 아안트] n. 이모

come out of ... : ...의 밖으로 나오다

They came out of the building. (그들은 그 빌딩 밖으로 나왔습니다.)

참고 out of ... : ...의 안에서 밖으로

come true : 실현(實現)되다

His dream to become a lawmaker came true finally.

(국회의원이 되고자 하던 그의 꿈이 마침내 실현되었습니다.)

참고 lawmaker [lɔ́:mèikər] [로오메이껄] n. 국회의원, 입법자(立法者). finally [fáinəli] ad. 마침내, 드디어

compare A to B : "A"를 "B"에 비유(比喩)하다(liken)

The apostle Peter compared all human beings to grass and their glory to wild flowers.
(사도 베드로는, 모든 사람을 풀에 그리고 사람의 영광을 풀꽃에 비유했습니다.)

> 참고 The apostle Peter compared (A: all human beings) to (B: grass) and (compared) (A: their glory) to (B: wild flowers).
> liken [láikən] vt. 비유하다. grass [græs] n. 풀. wild flowers: 풀꽃, 야생화
> apostle [əpásl] [어파아써얼] n. 사도(使徒: 예수님의 열두 제자)
> Peter [píːtər] [피이러얼] n. 베드로(예수님의 '열두 제자'[12사도] 중의 한 사람)

compare A with B : "A"를 "B"와 비교(比較)하다 (make a comparison)

He compared his car with hers. (그는 그의 차를 그녀의 차와 비교를 했습니다.)

> 참고 comparison [kəmpǽrisn] n. 비교. hers = her car

congratulate A(사람) on B : "A"가 "B"한 것을 축하하다

She congratulated him on his promotion.
(그녀는 그가 승진한 것을 축하했습니다.)

> 참고 congratulate [kəngrǽtʃuleit] vt. (남에게 …에 관하여) 축하하다. promotion [prəmóuʃən] n. 승진(昇進), 진급

consist of … : …로 구성(構成)되다(be made up of)

The United States of America consists of 50 states and the federal district of Washington D.C.
(미합중국은 50개의 주와 1개의 워싱턴 특별구로 구성되어 있습니다.)

> 참고 consist [kənsíst] vi. …로 이루어져 있다. state [steit] n. (미국 등의) 주(州)
> federal [fédərəl] a. 연방(聯邦)의. district [dístrikt] n. 지구(地區), 지역(地域)

cope with … : …에 대처(對處)하다

He coped with the difficulties successfully.
(그는 그 곤경에 성공적으로 대처를 했습니다.)

> 참고 cope [koup] vi. …을 잘 처리(處理)하다⟨과거: coped⟩
> difficulty [dífikəlti] n. 어려움, 곤란. difficulties: 곤경(困境)("difficulty"의 복수형)

correspond to … : …에 해당(該當)한다

Jupiter in Roman mythology corresponds to Zeus in Greek mythology.
(로마 신화의 주피터는 그리스 신화의 제우스에 해당합니다.)

> 참고 correspond [kɔ̀ːrəspánd] vi. 해당하다. mythology [miθálədʒi] n. 신화(神話)
> Jupiter [dʒúːpitər] [쥬우삐더얼 / 쥬우피타] n. 주피터(로마 최고의 신)

correspond with … : …와 서신(書信)을 주고받다(exchange letters)
He **corresponded with** her. (그는 그녀와 서신을 주고받았습니다.)
> 참고 correspond [kɔ̀ːrəspánd] vi. 서신을 왕래(往來)하다. exchange [ikstʃéindʒ] vt. 서로 교환(交換)하다

day and night : 밤낮으로
He works **day and night**. (그는 밤낮으로 일합니다.)

deal with … : …를 처리하다[다루다](treat)
He **dealt with** the matter fairly. (그는 그 일을 공정하게 처리하였습니다.)
> 참고 deal [diːl] [디이어얼] vi. 처리(處理)하다((with))〈과거: dealt [delt] [데앨트]〉
treat [triːt] vt. 다루다, 취급하다. fairly [féərli] ad. 공정(公正)하게

depend on … : …에 달렸다[달려 있다](rely on)
This decision **depends on** your opinion. (이 결정은 당신의 의견에 달려 있습니다.)
> 참고 depend [dipénd] vi. 의지(依支)하다, 의존하다. rely [riláí] vi. …에게 의지하다

deprive A of B : "A"로부터 "B"를 빼앗다(take away B from A)
The company **deprived** him **of** the right to make a decision.
(그 회사는 그로부터 의사결정권을 빼앗았습니다.)
> 참고 deprive [dipráiv] vt. 빼앗다〈과거: deprived〉. take away: 옮겨 버리다, 빼앗다. right to … : … 하는 권리

devote oneself to … : …에 일신(一身)을 바치다
He **devoted himself to** the study of a political system.
(그는 정치 체제의 연구에 자신의 일신을 바쳤습니다.)
> 참고 devote [divóut] vt. …에 전념(專念)하다〈과거: devoted〉
study of … : …에 관한 연구(研究). political system: 정치 체제(體制)

do good : 선행(善行)하다, 좋은 일을 하다(do good deeds)
Do good whenever possible. (기회 있을 때마다 선행하십시오.)
> 참고 do [du] vt. …을 하다. good [gud] n. 좋은 일; a. 좋은. deed [diːd] n. 행위(行爲)
whenever possible: 기회 있을 때마다, 가능하다면 언제나

do harm : 해(害)를 끼치다(hurt something or someone)
Don't harm others. (타인에게 해를 끼치지 마십시오.)
> 참고 harm [haːrm] n. 해, 위해(危害). hurt [həːrt] vt. …을 해치다. others = other people

do one's best : 최선(最善)을 다하다(do all one can)

He did his best to pass the exam.

(그는 그 시험에 합격하기 위해 최선을 다했습니다.)

> 참고 best [best] n. 최선, 최고의 노력. pass [pæs] vt. (시험 등에) 합격하다

drop by … : …를 잠깐 들르다(pay a brief visit; stop by)

I dropped by his office yesterday afternoon.

(나는 어제 오후 그의 사무실을 잠깐 들렀습니다.)

> 참고 drop [drap] vi. 잠깐 들르다((by))〈과거: dropped〉. pay a visit: 방문(訪問)을 하다. brief [briːf] a. 잠시의, 잠깐의

due to … : … 때문에(owing to)

Due to heavy rain, the baseball game stopped.

(폭우 때문에 그 야구 경기는 중단되었습니다.)

> 참고 owing [óuiŋ] a. … 때문에. heavy rain: 폭우(暴雨). stopped: "stop"의 과거

fail to …(동사 원형) : (… 하는 것에) 실패하다(be unsuccessful)

They failed to protect him. (그들은 그를 보호하는 데 실패했습니다.)

> 참고 fail [feil] vi. …에 실패하다〈과거: failed〉
> unsuccessful [ənsəksésfəl] a. 실패한, 성공하지 못한. protect [prətékt] vt. 보호하다, 지키다

fall asleep : 잠들다(go asleep)

She fell asleep early last night. (그녀는 어젯밤에는 일찍 잠들었습니다.)

> 참고 fall [fɔːl] vi. (…상태에) 빠지다〈과거: fell [fel]〉. asleep [əslíːp] a. 잠들어

fall in love with … : …와 사랑에 빠지다(love someone)

He fell in love with her. (그는 그녀와 사랑에 빠졌습니다.)

familiar to + 사람 : …에게 잘 알려져 있는(well known to somebody)

He's familiar to them. (그는 그들에게 잘 알려져 있습니다.)

> 참고 familiar [fəmíljər] a. (어떤 것이 사람에게) 잘 알려져 있는((to))

familiar with + 사물 : …에 익숙한, …을 잘 아는(having a good knowledge of something)

I'm familiar with this area. (나는 이 지역에 익숙합니다.)

> 참고 familiar [fəmíljər] a. (사람이 어떤 것을) 잘 알고 있는((with)). good [gud] a. 풍부한

figure out … : …을 이해(理解)하다(understand)

He figured out the meaning quickly. (그는 그 의미를 금방 이해하였습니다.)

> 참고 figure [fígjər] vt. …이라고 판단하다. quickly [kwíkli] [퀴이끌리이이] ad. 금방(very soon)

find fault with … : …의 흠을 잡다(criticize)

I can't find fault with him. (나는 그 남자에게서 흠을 잡을 수 없습니다.)

> 참고 find [faind] vt. 찾아내다〈과거: found [faund]〉. fault [fɔːlt] n. 흠, 결점(缺點). criticize [krítəsàiz] vt. 비판(批判)하다

find out … : …을 찾아내다(discover)

He found out the method to solve the problem.
(그는 그 문제를 해결할 수 있는 방법을 찾아내었습니다.)

> 참고 discover [diskʌ́vər] vt. 발견(發見)하다. method [méθəd] n. 방법

first hand : 직접적으로(directly)

I've obtained the information first hand. (나는 그 정보를 직접적으로 얻었습니다.)

> 참고 I've [aiv] = I have. information [ìnfərméiʃən] n. (…에 관한) 정보((on, about))

[관련] **second hand** : 간접적으로(indirectly)

However, he has obtained the information second hand.
(그러나 그는, 그 정보를 간접적으로 얻었습니다.)

first of all : 무엇보다도, 우선적(優先的)으로(above all)

First of all, it is important to talk with him.
(무엇보다도, 그와 이야기를 해 보는 것이 중요합니다.)

for a long time : 오랫동안

I haven't met him for a long time. (나는 그를 오랫동안 만나지 못했습니다.)

for a moment : 잠시 동안(for a while)

He went out of the office for a moment. He will be back soon.
(그는 잠시 사무실을 외출했는데, 곧 돌아올 것입니다.)

> 참고 moment [móumənt] n. 비교적 짧은 기간(期間). be back: 돌아오다

for example : 예를 들면(for instance)
The store sells various kinds of fruit. For example, they sell apples.
(그 가게는 여러 가지 종류의 과일을 팝니다. 예를 들면, 사과를 팝니다.)
> 참고 instance [ínstəns] n. 예(例, example). various [vέəriəs] a. 여러 가지의, 다양한

for nothing : 무료(無料)로(free of charge)
I received this pen for nothing. (나는 이 펜을 무료로 받았습니다.)
> 참고 free of … : …이 없는. free [friː] a. 면제(免除)된. charge [tʃɑːrdʒ] n. 요금(料金)

for one's age : 나이에 비(比)해(considering one's age)
She looks very young for her age. (그녀는 나이에 비해 매우 젊어 보입니다.)
> 참고 considering [kənsídəriŋ] prep. …을 고려(考慮)하면

for oneself : 혼자 힘으로
He finished the work for himself. (그는 혼자 힘으로 그 일을 끝마쳤습니다.)

for the first time : 처음으로
I met her for the first time. (나는 처음으로 그녀를 만났습니다.)

for the purpose of … : …할 목적으로(with the aim of)
He visited her for the purpose of introducing his company's product.
(그는 그의 회사 제품을 소개할 목적으로 그녀를 방문했습니다.)
> 참고 purpose [pə́ːrpəs] n. 목적(目的). introduce [ìntrədjúːs] vt. …을 소개하다.

for this reason : 이런 이유(理由)로
For this reason, he left the company. (이런 이유로 그는 그 회사를 떠났습니다.)
> 참고 leave [liːv] vt. 떠나다; (소속 단체를) 그만두다〈과거: left [left]〉

for years : 여러 해 동안
She was in America for years. (그녀는 여러 해 동안 미국에 있었습니다.)

from now on : 지금부터 계속하여(from this time going forward)
From now on I'll not smoke. (지금부터 나는 담배를 피우지 않을 것입니다.)
> 참고 go forward: 전진(前進)하다. I'll = I will. smoke [smouk] vi. 담배를 피우다

from A to B : "A"부터 "B"까지
She works from 9 a.m. to 6 p.m. (그녀는 오전 9시에서 오후 6시까지 일합니다.)
> 참고 a.m. = am : 오전. p.m. = pm : 오후

from time to time : 때때로, 가끔(once in a while)
She goes to the seashore from time to time. (그녀는 때때로 바닷가에 갑니다.)
> 참고 goes: "go"의 3인칭 단수. seashore [síːʃɔ̀ːr] n. 바닷가, 해변(海邊)

get better : 좋아지다(become better)
His health is getting better these days. (그의 건강이 요즘 좋아지고 있습니다.)

get in touch with … : …와 연락(連絡)을 취하다(communicate with)
He is getting in touch with her. (그는 그녀와 연락을 취하고 있습니다.)
> 참고 communicate [kəmjúːnəkèit] vi. 연락하다

[관련] **keep in touch with …** : …와 연락을 유지(維持)하다(continue in communication with)
She keeps in touch with him. (그녀는 그와 연락을 유지하고 있습니다.)
> 참고 communication [kəmjùːnəkéiʃən] n. 연락. keeps: "keep"의 3인칭 단수

get on … : (버스 등을) 타다(board)
She got on the bus. (그녀는 버스에 탔습니다.)
> 참고 board [bɔːrd] vt. (배·비행기·열차·버스 등)을 타다

[관련] **get off** : (버스 등에서) 내리다(leave)
He got off the bus. (그는 버스에서 내렸습니다.)

get over … : …을 극복(克服)하다(overcome)
He got over his illness. (그는 그의 병을 극복하였습니다.)
> 참고 overcome [òuvərkʌ́m] vt. …을 이기다, 극복하다. illness [ílnis] [이일네에스] n. 병(病)

get lost : 길을 잃다(not find one's way)
He got lost on a mountain. (그는 산에서 길을 잃었습니다.)
> 참고 lost [lɔːst] a. 길 잃은

get rid of … : …을 제거(除去)하다(eliminate)
He got rid of slavery.
(그는 노예제도를 제거했습니다.) (= 노예제도를 없애 버렸습니다.)

참고 eliminate [ilímənèit] vt. …을 제거하다. slavery [sléivəri] n. 노예 제도

get worse : 악화(惡化)되다(become worse)
His illness is getting worse. (그의 병이 악화되고 있습니다.)
참고 worse [wəːrs] a. 악화되어 있는, 더 나쁜

give a party : 파티를 열다(hold a party)
She gave a party last night. (그녀는 어제 저녁 파티를 열었습니다.)
참고 hold [hould] vt. (모임 등을) 개최(開催)하다. gave: "give"의 과거

give birth to … : 출산(出産)하다(bear)
She gave birth to a son last month. (그녀는 지난달에 아들을 출산했습니다.)
참고 bear [bɛər] vt. (아이를) 낳다, 출산하다

give in … : 굴복(屈伏)하다(surrender)
Don't give in to adversity. (역경에 굴복하지 마십시오.)
참고 surrender [səréndər] vt. 항복하다. adversity [ædvə́ːrsəti] n. 역경(逆境)

give up … : …을 포기하다(abandon)
He didn't give up going to America to study.
(그는 미국에 유학 가는 것을 포기하지 않았습니다.)
참고 abandon [əbǽndən] vt. 포기(抛棄)하다

give way : 길을 양보(讓步)하다(yield)
She gave way to the other car. (그녀는 다른 차에게 길을 양보했습니다.)
참고 yield [jiːld] vi. (상대방 차에) 길을 양보하다

go ahead : 진행(進行)하다(proceed)
A: May I tell the story? (제가 그 이야기를 해도 될까요?)
B: Yes, go ahead. (예, 하세요.)
참고 ahead [əhéd] ad. 앞으로. proceed [prəsíːd] vi. 나아가다

hand down … : …을 유증(遺贈)하다[유언으로 증여(贈與)하다](bequeath)
He handed down all the lands that he owned to his only son.
(그는 그가 소유하는 모든 토지를 그의 외아들에게 유증하였습니다.)

APPENDIX: 기본 숙어 477

참고 bequeath [bikwíːð] vt. 유증하다. hand [hænd] vt. 건네주다〈과거: handed〉
own [oun] vt. …을 소유(所有)하다. only son: 외아들

hand in hand : 협력하여(together)
He finished the work hand in hand with his colleagues.
(그는 그의 동료들과 협력하여 그 일을 마쳤습니다.)
참고 colleague [káliːg] [카알리이그] n. 동료(同僚)

hand over … : …을 양도(讓渡)하다(assign)
He handed over his car to his friend.
(그는 그의 차를 그의 친구에게 양도했습니다.)
참고 assign [əsáin] vt. 양도하다

have a habit of … : … 하는 습관이 있다(do something over and over again)
He has a habit of taking a walk early in the morning.
(그는 이른 아침에 산책을 하는 습관이 있습니다.)
참고 habit [hǽbit] n. 습관. over and over: 여러 번. take a walk: 산책하다

have a look at [take a look at] … : …을 보다(look at)
Have a look at that beautiful scenery! (저 아름다운 경치를 좀 보세요!)
참고 look [luk] n. 봄, 보기

hold on : 기다리다(stop and wait)
A: (on the phone) Can I talk to Mr. Kim?
〈전화로〉 (김 선생님 좀 바꾸어 주시겠어요?)
B: Hold on, please. I'll connect him.
(기다리세요. 그를 연결해 드리겠습니다.)
참고 hold [hould] vi. …을 붙잡고 있다. connect [kənékt] vt. …을 연결하다

hurry up : 서두르다(make haste)
Hurry up. Or, we will miss the train.
(서두르세요. 그렇지 않으면 우리는 그 열차를 놓칩니다.)
참고 haste [heist] n. 서두름, 급함. miss [mis] vt. (열차를) 놓치다, 타지 못하다

ill in bed : 병(病)으로 누워 있는(sick in bed)

She is ill in bed at home. (그녀는 병으로 집에서 누워 있습니다.)

> 참고 ill [il] a. 병든, 아픈. sick [sik] a. 아픈, 병든. at home: 집에서, 집에

in a hurry : 서둘러(rush)

He was in a hurry not to miss the train.
(그는 그 열차를 놓치지 않기 위하여 서둘렀습니다.)

> 참고 hurry [hə́ːri] n. 서두르기. rush [rʌʃ] vi. 서두르다

in a little while : 곧(soon)

She'll be back in a little while. (그녀는 곧 돌아옵니다.) (= 곧 돌아올 것입니다.)

in a word : 한마디로 말해서, 요컨대(in short)

In a word, she is smart. (한마디로 그녀는 똑똑합니다.)

> 참고 word [wəːrd] n. 말. short [ʃɔːrt] n. 간단, 간결. smart [smaːrt] a. 똑똑한

in addition to … : …에 부가(附加)하여, …외에(besides), …뿐 아니라

In addition to him, she also agreed to the plan.
(그뿐 아니라, 그녀 역시 그 계획에 동의했습니다.)

> 참고 besides [bisáidz] ad. 게다가. agree to + 사물(事物): …에 동의(同意)하다

in all : 모두, 모두 합해서(all together)

In all, we are ten. (모두 합해서 우리는 10명입니다.)

> 참고 ten = ten people

in an effort to … : … 해 보려는 노력으로

He planted lots of trees on the mountain in an effort to protect the environment.
(그는 환경을 보호해 보려는 노력으로 산에 나무를 많이 심었습니다.)

> 참고 plant [plænt] vt. (나무 등을) 심다. the protection of environment: 환경 보호

in any case : 어쨌든(anyhow)

In any case, they are also our colleagues.
(어쨌든 그들 또한 우리의 동료들입니다.)

> 참고 case [keis] n. 경우(境遇). anyhow [énihàu] ad. 어쨌든

in brief : 요약하여, 요컨대

In brief, we have to live peacefully. (요컨대 우리는 평화롭게 살아야 합니다.)

> 참고 brief [briːf] n. 요약(要約). peacefully [píːsfəli] ad. 평화롭게

in celebration of ⋯ : ⋯을 축하하여

In celebration of his 70th birthday, his family had a big party.
(그의 70회 생신을 축하하여 그의 가족은 큰 파티를 열었습니다.)

> 참고 have a party: 파티를 열다. party [pάːrti] [파아리이 / 파아티이] n. 파티, 사교적인 모임

in comparison with ⋯ : ⋯과 비교(比較)하여(when compared with)

He's very healthy in comparison with his friend.
(그의 친구에 비교하여 그는 매우 건강합니다.)

> 참고 comparison [kəmpǽrisn] n. 비교. compare [kəmpέər] vi. 비교하다

in consideration of ⋯ : ⋯을 고려하여(in view of)

In consideration of his apology and compensation to the victim, the court ruled a two year's suspension of the one-year prison.
(피해자에게 사죄를 하고 배상을 한 것을 고려하여, 법원은 그에게 징역 1년에 집행유예 2년을 선고하였습니다.)

> 참고 consideration [kənsidəréiʃən] n. 고려(考慮). view [vjuː] n. 고려. court [kɔːrt] n. 법원
> suspension [səspénʃən] n. 보류. apology [əpάlədʒi] [어파알러쥐이] n. 사과(謝過), 사죄(謝罪)
> victim [víktim] [빅(v)떠엄] n. 피해자(被害者). rule [ruːl] vt. 판결을 선고(宣告)하다
> two year's suspension of the one-year prison: 징역 1년에 집행유예 2년

in favor of ⋯ : ⋯을 찬성하여(in support of)

I was in favor of the plan. (나는 그 계획에 찬성이었습니다.)

> 참고 favor [féivər] n. 찬성, 지지(支持). support [səpɔ́ːrt] n. 지지, 지원(支援)

in force : 유효한(effective)

This law is still in force. (이 법률은 여전히 유효합니다.)

> 참고 force [fɔːrs] n. (법률 등의) 효력(效力). still [stil] [스띠이을] ad. 여전히

in front of ⋯ : ⋯앞에(before)

He stood in front of her home. (그는 그녀의 집 앞에 서 있었습니다.)

> 참고 front [frʌnt] n. 앞면, 정면(正面). stood: "stand"의 과거

in general : 일반적(一般的)으로(generally)

In general, the residents of the village are kind.

(일반적으로 그 마을의 주민들은 친절합니다.)

> 참고 general [dʒénərəl] n. 일반(一般), 전반(全般). resident [rézədnt] n. 주민

in light of [in the light of] … : …을 고려하여(considering), …에 비추어

In light of our financial situation, we cannot proceed with this project.

(우리의 재정 상태를 고려하면 이 프로젝트는 진행할 수 없습니다.)

> 참고 light [lait] n. 관점(觀點), 견지(見地). proceed with: …을 계속하다, 진행하다
> financial [fainǽnʃəl] a. 재정상(財政上)의. situation [sìtʃuéiʃən] n. 상황, 상태

in line with … : …에 따라(according to)

This event is in line with the government policy.

(이 행사는 정부 정책에 따른 것입니다.)

> 참고 line [lain] n. 방침(方針). event [ivént] n. 행사(行事)

in one's name : …의 이름으로

The document was made in his name. (그 문서는 그의 이름으로 작성되었습니다.)

> 참고 document [dάkjumənt] n. 문서. make [meik] vt. (문서를) 작성하다〈과거: made〉

in other words : 바꾸어 말하면, 즉(that is to say)

In other words, he is naive. (바꾸어 말하면 그는 순진합니다.)

> 참고 naive [nɑːíːv] a. 순진한

in particular : 특히, 특별히(especially)

In particular, she is diligent. (특히 그녀는 부지런합니다.)

> 참고 particular [pərtíkjulər] a. 특별한. especially [ispéʃəli] ad. 특히

in place of … : … 대신(代身)에(instead of)

In place of him, she attended the meeting.

(그 대신에, 그녀가 그 회의에 참석했습니다.)

> 참고 place [pleis] n. 입장(立場), 처지(處地). stead [sted] n. 대신(代身)

in private : 은밀(隱密)하게(secretly)
He told me the matter in private. (그는 내게 그 문제를 은밀하게 말했습니다.)
> 참고 private [práivət] a. 비밀(祕密)의. secretly [síːkrətli] ad. 비밀히, 몰래

in pursuit of … : …을 쫓아서[추구하여](seeking)
He is always in pursuit of money. (그는 항상 돈을 추구합니다.)
> 참고 pursuit [pərsúːt] n. 추적(追跡); 추구(追求). seek [siːk] vt. 추구하다

in reply to … : …의 대답(對答)으로써(as a response; in response to)
In reply to the inquiry, he sent a cost estimate that day.
(그 문의에 대한 대답으로써, 그는 당일로 비용 견적을 보냈습니다.)
> 참고 reply [riplái] n. 회답(回答), 대답. response [rispáns] n. 대답, 답변(答辯)
> inquiry [inkwəri / inkwáiəri] n. 문의(問議). cost estimate: 견적서(見積書)
> cost [kɔːst] [카아스트] n. 비용(費用). estimate [éstəmət] n. 견적

in return for … : …의 답례(答禮)로서, …에 대한 대가(代價)로(as repayment for)
In return for her hospitality, I gave her a small present.
(그녀의 환대에 대한 답례로 나는 그녀에게 조그만 선물을 주었습니다.)
> 참고 return [ritə́ːrn] n. 답례. repayment [ripéimənt] n. 보은(報恩)
> hospitality [hàspətǽləti] n. 환대(歡待). present [préznt] n. 선물(gift)

in search of … : …을 찾아서(looking for)
The 119 rescuers left in search of the missing person.
(119 대원들은 그 실종자를 찾기 위해 출발했습니다.)
> 참고 search [səːrtʃ] n. 수색(搜索), 탐색(探索). rescuer [réskjuːər] n. 구조자(救助者)
> missing [mísiŋ] a. 실종된. missing person: 행방불명인 사람

in short : 간단히 말해(briefly; in a few words)
In short, he is a professional in that area.
(간단히 말해, 그는 그 분야에서 전문가입니다.)
> 참고 professional [prəféʃənl] n. 전문가. area [ɛ́əriə] n. 분야(分野). word [wəːrd] n. 말

in spite of … : …에도 불구하고(despite)
In spite of the rain, they played baseball.
(비가 옴에도 불구하고 그들은 야구를 했습니다.)

참고 despite [dispáit] prep. …에도 불구하고

in terms of … : …의 관점(觀點)에서(from the standpoint of)

In terms of population, America is the third largest in the world.

(인구의 면[관점]에서, 미국은 세계에서 세 번째로 인구가 많습니다.)

참고 standpoint [stǽndpɔint] n. 관점. population [pɑ̀pjuléiʃən] n. 인구

in the absence of … : …이 없을 경우에[없을 때](for lack of)

In the absence of her assistance, he will not be able to do the work.

(그녀의 지원이 없을 경우에는, 그는 그 일을 할 수 없을 것입니다.)

참고 absence [ǽbsəns] n. …이 없음[결여(缺如)]. lack [læk] n. 결여((of))

in the center of … : …의 한복판에(in the middle of)

There is a large statue in the center of the city.

(도시 한복판에 커다란 동상이 하나 있습니다.)

참고 middle [mídl] n. 한가운데, 중앙(中央). statue [stǽtʃu:] [스때애츄우] n. 동상(銅像)

in the course of [in course of] … : … 하는 중(中)에 있는(during)

In the course of the litigation, the Plaintiff died. (소송 중에 원고가 죽었습니다.)

참고 course n. (시간·사태의) 경과(經過), 과정(過程)

litigation [lìtəgéiʃən] [리디게이셔언] n. 소송. plaintiff [pléintif] n. 원고(原告)

in the face of … : …에 직면(直面)하여(when confronted with)

In the face of great danger, he remained calm.

(커다란 위험에 직면해서도 그는 침착했습니다.)

참고 face [feis] n. 형세(形勢), 국면(局面). confront [kənfrʌ́nt] vt. …에 직면하다

great [greit] a. 큰. danger [déindʒər] n. 위험. remain [riméin] vi. (여전히) … 상태로 있다(과거: remained)

calm [kɑːm] a. 침착한. 알파벳 "l"이 발음되지 않음을 주의하여야 함.

in this respect : 이 점에 있어서

In this respect his opinion is right. (이 점에서 그의 의견이 맞습니다.)

참고 respect [rispékt] n. 점(點, point), 사항(事項). right [rait] a. 맞은, 옳은

in vain : 헛된, 헛되이, 효과 없이(without effect)

He tried to have an interview with her. But it was in vain.

(그는 그녀를 인터뷰하려고 노력했지만, 허사였습니다.)

> 참고 vain [vein] a. 헛된. effect [ifékt] n. 효과(效果)
> have an interview with: 인터뷰를 하다. interview [íntərvjùː] n. 인터뷰

keep a diary : 일기(日記)를 쓰다

She keeps a diary every day. (그녀는 매일 일기를 씁니다.)

> 참고 keep [kiːp] vt. (일기, 장부 등을) 적다, 기록하다. diary [dáiəri] n. 일기, 다이어리, 수첩

keep company with … : …와 교제하다

She kept company with him for two years.

(그녀는 그와 2년 동안 교제를 하였습니다.)

> 참고 keep [kiːp] vt. (남과의 교제를) 계속하다. company [kʌmpəni] n. 사귐, 교제(交際)

keep on …(동사 원형 + ing) : …을 계속하다(continue)

He kept on *walking*. (그는 계속해서 걸었습니다.)

> 참고 keep [kiːp] vt. (어떤 동작을) 계속하다

lay aside : 저축하다, 비축(備蓄)하다(keep something [for use in the future])

He lays aside money for his future. (그는 자신의 미래를 위하여 돈을 비축합니다.)

> 참고 lay [lei] vt. …을 놓다. aside [əsáid] ad. 따로, 별도(別途)로

listen to … : …을 듣다

He listened carefully to what she was saying.

(그는 그녀가 말하는 것을 주의 깊게 들었습니다.)

> 참고 listen [lísn] [리이쓴] vi. 듣다. 알파벳 "t"가 발음되지 않음을 주의하여야 함.

look after … : …를 돌봐 주다(take care of)

She is looking after her mother who is sick.

(그녀는 그녀의 병든 어머니를 돌보아 드리고 있습니다.)

> 참고 care [kɛər] n. 돌봄, 보호. looking: "look"의 현재분사

look down on … : …를 업신여기다[무시(無視)하다](despise)

He looks down on poor people. (그는 가난한 사람들을 무시합니다.)

참고 despise [dispáiz] vt. 얕보다, 멸시하다

[관련] **look up to** … : …를 존경하다(respect)

She **looks up to** her father. (그녀는 그의 아버지를 존경합니다.)

참고 respect [rispékt] vt. …를 존경하다

look into … : …을 조사(調査)하다(investigate)

He **looked into** the case. (그는 그 사건을 조사했습니다.)

참고 investigate [invéstəgèit] vt. …을 조사하다

look up … : …을 사전에서 찾아보다(look for any information in a dictionary)

She **looked up** the word in her dictionary.
(그녀는 그 단어를 사전에서 찾아보았습니다.)

make a fool of [make fun of] … : …를 놀리다(ridicule)

He **made a fool of** his friend. (그는 그의 친구를 놀렸습니다.)

참고 fool [fuːl] n. 바보. fun [fʌn] n. 재미, 즐거움. ridicule [rídikjùːl] vt. 놀리다, 조롱하다

make a fortune : 큰돈을 모으다(earn a great deal of money)

He **made a fortune** by running the business. (그는 사업으로 큰돈을 모았습니다.)

참고 make [meik] vt. (돈을) 벌다. fortune [fɔ́ːrtʃən] n. 큰돈. earn [əːrn] vt. (돈을) 벌다
a great deal of: 많은. run the business: 사업을 하다

make a speech : 연설하다

He **made a speech** at the international conference.
(그는 그 국제회의에서 연설을 했습니다.)

참고 make [meik] vt. (행위 등을) 행하다, 수행하다. speech [spiːtʃ] n. 연설(演說)
international conference: 국제회의. international [ìntərnǽʃənəl] a. 국제적(國際的)인. conference [kɑ́nfərəns] n. 회의

make an effort : 노력하다(try)

He **made an effort** to pass the exam.
(그는 그 시험에 합격하기 위해 노력을 했습니다.)

참고 effort [éfərt] n. 노력(努力). try [trai] vt. 노력하다((to))

make it a rule to …(동사 원형) : … 하는 것을 규칙(規則)으로 하다[규칙으로 삼다]
She makes it a rule to take a walk after lunch.
(그녀는 점심 식사 후에 산책을 하는 것을 규칙으로 삼고 있습니다.)

make out … : …을 이해하다(understand)
She made out what he said to her. (그녀는 그가 그녀에게 한 말을 이해했습니다.)
참고 understand [ʌndərstǽnd] [언덜스때애앤드] vt. …을 이해하다

make sense : 사리(事理)에 맞다, 이치(理致)에 맞다(be reasonable)
What he said made sense. (그가 한 말은 사리에 맞았습니다.)
참고 sense [sens] n. 도리(道理)에 맞음. reasonable [ríːzənəbl] a. 이치[도리]에 맞는

make up for … : (…에 대해) 보상하다(compensate for)
You must make up for the loss he suffered.
(당신은 그가 입은 손실을 보상해야 합니다.)
참고 compensate [kάmpənsèit] vi. 보상(報償)하다. loss [lɔːs] n. 손실(損失), 손해

may well …(동사 원형) : …하는 것도 당연하다
You may well worry about the matter.
(당신이 그 문제에 대해 걱정하는 것도 당연합니다.)
참고 worry [wə́ːri] vi. …에 대해 걱정하다((about))

most of all : 무엇보다도, 그중(中)에서도(above all)
Most of all, it is important to keep your promise to him.
(무엇보다도, 당신은 그에게 약속을 지키는 것이 중요합니다.)

move to … : …로 이사(移徙)하다[옮기다](change location)
He moved to Busan last month. (그는 지난달에 부산으로 이사했습니다.)
참고 location [loukéiʃən] n. 장소, 위치

next to … : … 옆에(beside)
He sat next to her. (그는 그녀 옆에 앉았습니다.)
참고 beside [bisáid] [비싸아이드] prep. … 옆에, 곁에

no longer … : 더 이상 …아니다, 이미 …아니다(not … any more)
She is no longer an employee for our company. She quit our company last week.
(그녀는 더 이상 우리 회사 직원이 아닙니다. 그녀는 지난주에 우리 회사를 그만두었습니다.)
> 참고 employee [implóiiː] n. 직원, 종업원. quit [kwit] vt. (직장 등을) 그만두다(leave)

not A but B : "A"가 아니라 "B"다.
She is *not a professor but a doctor*. (그녀는 교수가 아니라 의사입니다.)

now and then : 가끔, 이따금(occasionally)
He goes to a movie now and then. (그는 가끔 영화를 보러 갑니다.)
> 참고 occasionally [əkéiʒənəli] ad. 가끔. go to a movie: 영화를 보러 가다

occur to A(사람) : 생각 등이 "A"의 머릿속에 떠오르다[문득 생각나다]
An idea occurred to *him*. (한 아이디어가 그의 머릿속에 떠올랐습니다.)
> 참고 occur [əkə́ːr] vi. 생기다, 일어나다(happen). idea [aidíːə] n. 아이디어

off duty : 비번(非番)의, 휴일의(not at one's work)
He is off duty today. (그는 오늘 비번입니다.) (= 쉬는 날입니다.)
> 참고 off [ɔːf] prep. …을 쉬고. duty [djúːti] n. 직무, 근무. at work: 일하고 있는

[관련] **on duty** : 당번(當番)인, 근무 중(中)인(at one's work)
She is on duty today. (그녀는 오늘 당번입니다.) (= 근무 중입니다.)
> 참고 on [ən] prep. …하는 중인

on behalf of … : …을 대리(代理)하여(as a proxy for)
He appeared before the judge on behalf of her.
(그는 그녀를 대리하여 법정(法廷)에 출석했습니다.)
> 참고 behalf [bihǽf] n. 이익. proxy [práksi] n. 대리인(代理人)
appear [əpíər] vi. 출석하다. judge [dʒʌdʒ] [좌아아쥐] n. 판사

on business : 업무상(業務上)으로, 출장(出張)으로
She went to London on business. (그녀는 업무상으로 런던에 갔습니다.)

on purpose : 고의(故意)로(with intention)
They broke the window on purpose to threaten him.
(그들은 그를 위협하려고 그 유리창을 고의로 깨뜨렸습니다.)

> 참고 purpose [pə́ːrpəs] n. 목적, 의도(意圖). intention [inténʃən] n. 의도, 고의
> break [breik] vt. (물건을) 깨뜨리다〈과거: broke [brouk]〉. threaten [θrétn] vt. 위협하다

on the other hand : 한편, 반면(反面)

He is rich. On the other hand, his younger brother is poor.
(그는 부자입니다. 반면, 그의 남동생은 가난합니다.)

on the whole : 대체로, 대체적으로(in general)

Her father is healthy on the whole for his age.
(그녀의 아버지는 나이에 비해 대체로 건강하십니다.)
> 참고 in general: 일반적으로, 대체(大體)로. for one's age: 나이에 비해

once in a while : 가끔(occasionally)

He visits his younger sister's home once in a while.
(그는 그의 여동생 집을 가끔 방문합니다.)

once more : 한 번 더(once again)

Try once more. And you'll make it.
(한 번 더 시도해 보세요. 그러면 당신은 해낼 것입니다.)
> 참고 try [trai] vt. 시도(試圖)하다(attempt). make it: 해내다, 성공하다(succeed in)

one day : (과거의) 어느 날

One day she happened to meet him at a bookstore. Five years later he became her husband.
(어느 날 그녀는 서점에서 그를 우연히 만났는데, 5년 후 그는 그녀의 남편이 되었습니다.)
> 참고 일반적으로, "one day"는 '과거의 어느 날'을 가리키고, "some day"는 '미래의 어느 날'을 가리킨다.
> happen to … : 우연히 …하다. bookstore [búkstɔ̀ːr] n. 서점. husband [hʌ́zbənd] n. 남편

or so : 약(approximately)

She will be staying for a month or so in London on business.
(그녀는 사업차 런던에 한 달 정도 머무르게 될 것입니다.)
> 참고 approximately [əpráksəmətli] ad. 약(略), 대략(大略, about)
> a month or so : 한 달 정도, 한 달쯤. on business: 사업차(事業次), 업무상(業務上)으로

out of date : 시대에 뒤떨어진, 구식(舊式)인(old-fashioned)

This is out-of-date information. (이것은 시대에 뒤떨어진 정보입니다.)

> 참고　out of: …의 밖인.　date [deit] n. 시대(時代).　-fashioned [-fǽʃənd] …식(式)의

out of sight : 보이지 않는(not to be seen)

Out of sight, out of mind. (격언: 안 보면 멀어진다.)

> 참고　out of: 범위 밖에.　sight [sait] n. 시야(視野).　mind [maind] [마아인드] n. 마음

owe A(사물) to B(사람) : "A"는 "B" 덕분(德分)이다(be indebted to)

He owes his success to his father. (그의 성공은 그의 아버님 덕분입니다.)

> 참고　indebted [indétid] a. …에게 은혜를 입은. 알파벳 "b"가 발음되지 않음을 주의하여야 함.
> owe [ou] vt. 빚지고 있다; …의 덕(德)이다

pay attention to … : …에 주의(注意)를 기울이다

He paid attention to what she said. (그는 그녀가 한 말에 주의를 기울였습니다.)

> 참고　pay [pei] vt. (주의 등을) 표시하다.　attention [əténʃən] n. 주의, 주목(注目)

persist in … : …을 고집하다(stick to)

He is persisting in the plan. (그는 그 계획에 대해 고집을 하고 있습니다.)

> 참고　persist [pərsíst] vi. 고집(固執)하다.　stick [stik] vi. …에 달라붙다, 매달리다.

play a role in … : …에서 역할을 하다

She played an important role in the project.
(그녀는 그 프로젝트에서 중요한 역할을 했습니다.)

> 참고　play [plei] vt. …의 배역(配役)을 맡다.　role [roul] n. (배우 등의) 배역, 역할

point out … : …을 지적(指摘)하다[가리키다](indicate)

She pointed out his mistake. (그녀는 그의 실수를 지적했습니다.)

> 참고　indicate [índikèit] vt. …을 가리키다, 지적하다.　point [point] [포오인트] vt. …을 지적하다

put an end to … : …을 폐지(廢止)하다(abolish)

The National Assembly put an end to the Act. (국회는 그 법률을 폐지했습니다.)

> 참고　abolish [əbáliʃ] vt. (법률·제도 등을) 폐지하다.　National Assembly: 국회.　assembly [əsémbli] n. 집회; 의회(議會)
> Act [ækt] n. 법률(law). "Act"는 국회에서 제정한 법률을 말함(예: 민법[Civil Act])

APPENDIX: 기본 숙어

put off … : …을 연기(延期)하다[미루다](postpone)

They put off the meeting. (그들은 그 회의를 연기했습니다.)

> 참고 postpone [poustpóun] [포우스포우운] vt. 연기하다. 알파벳 "t"가 발음되지 않음을 주의하여야 함.

put on : (옷을) 입다

He put on a new suit. (그는 새 양복을 입었습니다.)

> 참고 suit [suːt] [쑤우트] n. 양복, 슈트, 정장(正裝)

[관련] **take off** : (옷을) 벗다

She took off a coat. (그녀는 코트를 벗었습니다.)

> 참고 take [teik] vt. …을 제거(除去)하다. coat [kout] [커우트] n. 코트

put out …(불) : (불을) 끄다(extinguish [a fire])

Firemen put out the fire. (소방관들이 그 불을 껐습니다.)

> 참고 extinguish [ikstíŋgwiʃ] vt. (불을) 끄다. fire [faiər] n. 불, 화재(火災)
> fireman [fáiərmən] [화(f)이얼매앤] n. 소방관〈복수: firemen〉

put up with … : …을 참다[견디다](tolerate)

He put up with the difficulty. (그는 그 어려움을 견디어 냈습니다.)

> 참고 tolerate [tάləreit] vt. 참다. difficulty [dífikʌlti] n. 어려움, 곤란

read through … : …을 통독(通讀)하다(read from beginning to end)

I recommend that you read through this book several times.
(나는 당신이 이 책을 여러 번 통독할 것을 권합니다.)

> 참고 from beginning to end: 처음부터 끝까지. recommend [rèkəménd] vt. …을 권하다

refer to … : 참고[참조]하다(consult)

He referred to this book. (그는 이 책을 참고했습니다.)

> 참고 refer [rifə́ːr] vt. 참조(參照)하다. consult [kənsʌlt] vt. (서적 등을) 참고[참조]하다

refrain from + 명사(또는, 동사원형ing) : …을 삼가다[그만두다](abstain from)

He refrains from smoking. (그는 담배 피우는 것을 삼가고 있습니다.)

> 참고 refrain [rifréin] vi. 삼가다, 그만두다. abstain [əbstéin] vi. 삼가다, 자제(自制)하다. smoking [smóukiŋ] n. 흡연

regard A as B : "A"를 "B"로 여기다[간주(看做)하다](think of A as B)

She regards Su-ji as a good friend. (그녀는 수지를 좋은 친구로 여기고 있습니다.)

참고 think of … : …을 생각하다. good [gud] a. 좋은; 친한

regardless of … : …에 상관없이[개의(介意)치 않고]
He hires his employees regardless of gender.
(그는 성별에 상관없이 직원을 채용합니다.)
참고 regardless [rigáːrdlis] a. …에 상관(相關)하지 않는
hire [haiər] vt. 고용(雇傭)하다. gender [dʒéndər] n. 성(性, sex), 성별(性別)

remind A(사람) of B(사람 또는 사물) : "A"에게 "B"를 생각나게 하다(cause A to remember B)
My uncle reminds me of my father. (삼촌을 보면 아버님이 생각이 납니다.)
참고 remind [rimáind] vt. …을 생각나게 하다. cause [kɔːz] vt. (…에게 …을) 일으키게 하다, 야기(惹起)하다
uncle [ʌ́ŋkl] [엉끄으을 / 엉크으을] n. 삼촌, 백부[큰아버지], 숙부[작은아버지]

result from … : …의 결과로서 생기다, …에서 비롯되다
His illness results from eating too much.
(그의 병은 너무 많이 먹어서 생긴 것입니다.) (= 너무 먹기 때문에 생긴 것입니다.)
참고 result [rizʌ́lt] vi. 결과로서 생기다. eat too much: 지나치게 먹다

right away : 곧바로, 즉시(卽時, at once)
Let's start the work right away. (그 일을 즉시 시작을 합시다.)
참고 right [rait] ad. (시간[時間]을 나타내어) 바로, 곧. away [əwéi] ad. 당장에

rob A(사람) of B(물건) : "A"로부터 "B"를 빼앗다
He robbed the boy of money. (그는 그 소년의 돈을 강탈했습니다.)
참고 rob [rab] [롸아압 / 로오옵] vt. 빼앗다, 강탈(强奪)하다⟨과거: robbed⟩

root out : 근절(根絕)하다, 뿌리 뽑다(eliminate completely)
He rooted out the corruption in his company.
(그는 그의 회사에서 부정부패를 뿌리 뽑았습니다.)
참고 root [ruːt] vt. 뿌리째 뽑아 버리다. corruption [kəˈrʌpʃn] n. (부정) 부패

run away : 도망가다, 달아나다(flee)
The thief ran away. (그 도둑은 달아났습니다.)
참고 run [rʌn] vi. 달아나다. flee [fliː] vt. 달아나다. thief [θiːf] n. 도둑, 절도범

run into …(사물 또는 사람) : …과 충돌하다(collide with)

The taxi ran into a bus. (그 택시는 버스와 충돌을 했습니다.)

> 참고 collide [kəláid] vi. 충돌하다. ran into = collided with

search for … : …을 찾다(look for)

She searched for the information on the Internet.
(그녀는 그 정보를 인터넷에서 찾았습니다.)

> 참고 search [səːrtʃ] vi. 찾다〈과거: searched〉. on the Internet: 인터넷에서

see A(사람) off : "A"를 배웅하다[전송하다](accompany to the place of departure)

He saw her off at the airport. (그는 그녀를 공항에서 배웅했습니다.)

> 참고 see [siː] vt. …를 배웅하다〈과거: saw [sɔː] [쎄어 / 쏘오]〉
> accompany [əkʌ́mpəni] vt. (남을 …까지) 동행(同行)하다(to)
> the place of departure: 출발 장소. departure [dipáːrtʃər] n. 출발, 떠남

set aside A(사물) [set A aside] : "A"를 떼어 놓다[모아 두다](reserve)

She sets aside time for reading on the weekends.
(그녀는 주말에는 독서할 시간을 따로 떼어 놓습니다.)

> 참고 set [set] vt. …을 놓다〈3인칭 단수: sets〉. aside [əsáid] ad. 따로, 별도로. reading [ríːdiŋ] n. 독서
> reserve [rizə́ːrv] vt. 따로 두다, 남겨 두다. weekends [wíːkèndz] ad. 주말(週末)에, 주말마다

set free …(사람 또는 동물) [set + 사람 또는 동물 + free] : …를 자유롭게 해 주다[석방(釋放)하다] (release; acquit)

The court deemed him innocent and set him free.
(법원은 그를 무죄로 판단하고, 그를 석방했습니다.)

> 참고 set [set] vt. (어떤 상태가) 되게 하다〈과거: set〉. free [friː] ad. 자유롭게
> release [rilíːs] vt. 자유롭게 하다, 석방하다. acquit [əkwít] vt. …을 석방하다
> deem [diːm] vt. 간주(看做)하다, 여기다. innocent [ínəsənt] [이너쎄앤트] a. 무죄(無罪)인

set up … : …을 세우다, 설립(設立)하다(establish)

In 1885, an American pastor, Henry G. Appenzeller, set up the first Christian, Korean western-style, private high school in Seoul. The following year, the Korean Emperor Gojong named the school "Paichai Hakdang." "Paichai" means "to produce competent men", and "Hakdang" means "school." Korea's first President, Rhee Syng-man graduated from this school in 1897. He wrote a book, "The Spirit of Independence" based on

Christianity while he was in the 'Hansung' (now, Seoul) Prison.
(1885년에, 미국인 목사 '아펜젤러'가 한국 최초의 서구식 학교이자 기독교 학교인 사립 고등학교를 서울에 설립했습니다. 그다음 해에 고종 황제는 그 학교에 '배재학당'[培材學堂]이라는 이름을 내려 주었습니다. '배재'는 '유능한 인재를 키운다'는 뜻이고 '학당'은 '학교'라는 뜻입니다. 한국의 초대 대통령인 이승만이 1897년에 이 학교를 졸업했습니다. 그는 '한성 감옥'('한성'은 현재는 '서울')에서, 기독교에 입각하여 '독립정신'이라는 책을 썼습니다.)

참고 establish [istǽbliʃ] vt. 설립하다. following [fάlouiŋ] a. 다음의. Christian [kríst∫ən] a. 기독교의
private [práivət] [프라이빗(트)] a. 사립(私立)의. emperor [émpərər] n. 황제. name [neim] vt. …에 이름을 지어 주다
produce [prədjúːs] vt. (인재를) 배출(倍出)하다. competent [kάmpətənt] a. 유능(有能)한   spirit [spírit] n. 정신
independence [indipéndəns] n. 독립
base [beis] vt. …을 기초로 한((on)). Christianity [kristʃiǽnəti] [크리스티애너디] n. 기독교

settle down … : …에 정착(定着)하다(fix one's home)
His family settled down in Daegu-city. (그의 가족은 대구에 정착을 했습니다.)

참고 settle [sétl] vi. (어떤 장소에) 자리 잡다. fix [fiks] vt. 고정(固定)시키다, 정착시키다

shake hands with … : …와 악수하다
He shook hands with her. (그는 그녀와 악수를 했습니다.)

참고 shake [ʃeik] vi. 악수하다⟨과거: shook [ʃuk]⟩

show off : 과시(誇示)하다, 뽐내다(display ostentatiously)
She showed off her new dress. (그녀는 그녀의 새 드레스를 뽐냈습니다.)

참고 show [ʃou] vt. 보여 주다⟨과거: showed⟩. display [displéi] vt. …을 자랑삼아 내보이다
ostentatiously [ὰstentéiʃəsli] ad. 과시하는 듯이. dress [dres] [쥬뤠에스] n. 드레스

show up : 나타나다(appear)
She showed up late at the appointed place.
(그녀는 약속 장소에 늦게 나타났습니다.)

참고 show [ʃou] vi. 나타나다. late [leit] ad. 늦게. appointed [əpóintid] a. 약속된

side by side : 나란히
Those two girls are walking side by side arm in arm.
(저기 두 소녀는 서로 팔을 끼고 나란히 걷고 있습니다.)

참고 side [said] n. 바로 옆, 곁. arm in arm: 서로 팔을 끼고

sooner or later : 조만간, 머지않아
My friend will be discharged from the army sooner or later.
(내 친구는 조만간 군대에서 제대를 할 것입니다.)

speak ill of ⋯(사람) : ⋯를 나쁘게 말하다[욕하다](abuse)
He always speaks ill of others. (그는 항상 다른 사람들을 나쁘게 말합니다.)
참고 ill [il] ad. 나쁘게. abuse [əbjúːz] vt. 욕하다

speak well of ⋯(사람) : ⋯를 좋게 말하다[칭찬하다](praise)
Try to speak well of others. (다른 사람들에 대해서 좋게 말하도록 노력하십시오.)
참고 well [wel] ad. 호의(好意)를 가지고. praise [preiz] vt. ⋯를 칭찬하다

stand by ⋯(사람) : ⋯를 지지(支持)하다[편들다, 지원(支援)하다](support)
She always stands by her husband. (그녀는 항상 그녀의 남편을 지지합니다.)
참고 stand [stænd] vi. 서다, 서 있다〈3인칭 단수: stands〉

stand for ⋯(사물) : ⋯을 나타내다[상징(象徵)하다](represent)
That figure stands for the Devil. (저 형상은 악마를 상징합니다.)
참고 represent [rèprizént] vt. ⋯을 나타내다, 상징하다. figure [fígjər] n. 형상(形象)

stand out : 사람 눈에 띄다, 두드러지다(be conspicuous)
Her pink clothes stands out. (그녀의 분홍색 옷은 눈에 잘 띕니다.)
참고 conspicuous [kənspíkjuəs] a. 잘 보이는, 눈에 잘 띄는

stir up ⋯(사물) : ⋯을 불러일으키다(instigate)
Songs sometimes stir up various kinds of emotions for people.
(노래는 때때로 사람들에게 여러 가지 종류의 감정을 유발시킵니다.)
참고 stir [stəːr] vt. ⋯을 불러일으키다. instigate [ínstəgèit] vt. 유발(誘發)시키다, (남이 ⋯하도록) 부추기다
sometimes [sʌ́mtaimz] ad. 때때로. various [vέəriəs] a. 여러 가지의, 다양한. emotion [imóuʃən] n. 감정(feeling)

succeed in ⋯ : ⋯에 성공(成功)하다
He succeeded in passing the exam. (그는 그 시험을 합격하는 데 성공했습니다.)
참고 succeed [səksíːd] vi. 성공하다((in)). pass the exam: 시험에 합격하다

suffer from …(사물) : …으로 고통받다[시달리다]

She is suffering from *a skin disease.* (그녀는 피부병으로 고통받고 있습니다.)

参考 suffer [sʌ́fər] vi. …에 괴로워하다〈현재분사: suffering〉. skin [skin] [스끼이인] n. 피부

take a nap : 낮잠을 자다

My mother often takes a nap after lunch.
(나의 어머니는 종종 점심 식사 후에 낮잠을 주무십니다.)

参考 nap [næp] n. 낮잠. often [ɔ́ːfən] ad. 종종, 자주

take a picture of [take pictures of] … : …에 대한 사진을 찍다

She took a picture of *the beautiful scenery.*
(그녀는 아름다운 경치 사진을 한 장 찍었습니다.)

参考 picture [píktʃər] n. 사진, 그림. take a picture = take a photo. photo [fóutou] n. 사진

take advantage of … : …을 이용하다[활용하다]

He took advantage of *the opportunity.* (그는 그 기회를 활용했습니다.)

参考 advantage [ædvǽntidʒ] n. 이익(利益). opportunity [ɑ̀pərtjúːnəti] n. 기회

take after …(사람) : …를 닮다(resemble)

She really took after *her late mother.*
(그녀는 돌아가신 그녀의 어머니를 정말로 닮았습니다.)

参考 resemble [rizémbl] vt. 닮다. really [ríːəli] ad. 정말로. late [leit] a. 죽은, 사망한

take charge of …(사람 또는 사물) : …의 보호를 떠맡다(take responsibility for)

She took charge of *her niece whose parents died early.*
(그녀는 부모님을 일찍 여읜 그녀의 조카딸의 보호를 떠맡았습니다.)

参考 charge [tʃɑːrdʒ] n. 보호, 관리. take responsibility for … : …을 책임지다
responsibility [rispɑ̀nsəbíləti] n. 책임. niece [niːs] n. 조카딸

take A(사람) for B(사람) : "A"를 "B"라고 잘못 생각하다(mistake for)

He took me for *his old classmate at high school.*
(그는 나를 그의 예전 고등학교 반 친구로 잘못 알았습니다.)

参考 mistake for … : …을 다른 대상(對象)으로 착각하다.
classmate [klǽsmeit] [클래애스메이트] n. 반 친구, 급우(級友), 동급생

take for granted ⋯ : ⋯을 당연한 것으로 여기다

He **takes for granted** that he should support his parents.

(그는 그의 부모님을 부양해 드려야 하는 것을 당연한 것으로 여깁니다.)

참고 take for ⋯ : ⋯라고 생각하다. granted [grǽntid] ad. 당연히

take into account ⋯(사물) : ⋯을 고려(考慮)하다[참작하다](take into consideration)

We should **take into account** this fact for the plan.

(우리는 그 계획에 이 사실을 고려해야 합니다.)

참고 take into ⋯ : ⋯로 가져가다. account [əkáunt] n. 고려할 만한 사항(事項)

take off : 이륙(離陸)하다(leave the ground)

This plane will be **taking off** after about ten minutes.

(이 비행기는 약 10분 후에 이륙할 것입니다.)

참고 ground [graund] n. 땅.

위 예문은 아래와 같이 바꾸어 쓸 수도 있다.

= This plane will **take off** after about ten minutes.

그러나 예문의 "will be taking off" 표현이 좀 더 확실성을 나타낸다. 즉 약 10분 후에는 확실히 이륙한다는 뜻이다.

take pity on ⋯(사람) : ⋯를 불쌍히 여기다(have pity on)

She **takes pity on** the poor people. (그녀는 가난한 사람들을 불쌍하게 여깁니다.)

참고 take [teik] vt. (어떤 감정을) 느끼다. pity [píti] n. 불쌍히 여김, 동정(同情)

take place : (어떤 일이) 일어나다, 발생(發生)하다(break out)

A big fire **took place** in the city yesterday night.

(어젯밤 그 도시에서 큰 화재가 발생했습니다.)

참고 took place = broke out

take the place of ⋯(사람 또는 사물) : ⋯을 대신(代身)하다

Robots are **taking the place of** human workers.

(로봇들이 사람 노동자들을 대신하고 있습니다.)

참고 place [pleis] n. 역할(役割), 구실. robot [róubət] [로우바아틀] n. 로봇
human [hjúːmən] a. 사람의, 인간의. worker [wə́ːrkər] [워어꺼어얼] n. 노동자, 근로자

take A(사람) to B(장소) : "A"를 "B"로 데리고 가다
He took his son to a public library.
(그는 그의 아들을 어느 공공도서관으로 데리고 갔습니다.)
> 참고 public library: 공공도서관, 공립도서관

teach oneself : 독학(獨學)하다(study by oneself)
She taught herself Spanish from books.
(그녀는 스페인어를 책으로 독학했습니다.) (= 독학으로 배웠습니다.)
> 참고 by oneself: 혼자서. taught [tɔːt]: "teach"의 과거. Spanish [spǽniʃ] n. 스페인어

tend to … : …하는 경향(傾向)이 있다(be inclined)
He tends to doubt others. (그는 다른 사람들을 의심하는 경향이 있습니다.)
> 참고 tend [tend] vi. (사람이 …하는) 경향이 있다. incline [inkláin] vi. 마음이 내키다, …하는 경향이 있다
> doubt [daut] [다아우트] vt. 의심하다, 믿지 않다. 알파벳 "b"가 발음되지 않음을 주의하야 함.

that is to say : 바꾸어 말하면(in other words), 즉(that is = namely = i.e.)
That is to say, he is a genius. (다시 말하면 그는 천재입니다.)
> 참고 i.e. [áiíː] [아이 이이] 즉. genius [dʒíːnjəs] [쥐이니어스] n. 천재(天才)

think over …(사물) : …을 신중히 생각하다(ponder)
He thinks over the matter. (그는 그 문제를 신중히 생각하고 있습니다.)
> 참고 ponder [pándər] vi. 깊이 생각하다

throw away : 버리다(discard)
He threw away the trash on the road. (그는 쓰레기를 길 위에 버렸습니다.)
> 참고 throw [θrou] vt. (물건을 …로) 던지다〈과거: threw [θruː]〉
> discard [diskάːrd] vt. 버리다. trash [træʃ] [추쾌애쉬] n. 쓰레기

to begin with : 우선, 첫째로(first of all)
To begin with, let's do this work. (우선 이 일부터 합시다.)

to the effect that ~ : ~이라는 취지(趣旨)로[의미(意味)로, 뜻으로]
She gave a lecture to the effect that we must keep our country's liberal democracy for both us and our descendants.
(그녀는 우리와 우리의 후손을 위하여 우리나라의 자유민주주의를 지켜야 한다는 취지의 강연을 했습니다.)

참고 effect [ifékt] n. 취지, 목적. give a lecture: 강연하다. liberal [líbərəl] a. 자유주의(自由主義)의
democracy [dimάkrəsi] [디마아크뤄씨이] n. 민주주의. descendant [diséndənt] n. 후손(後孫)

try on ··· : (옷 등이 맞는지 보기 위해) 입어 보다
Can I try on this t-shirt? (이 티셔츠를 입어 봐도 될까요?)
참고 shirt [ʃəːrt] n. 셔츠. t shirt [T-shirt]: 티셔츠, T셔츠

wait for ···(사람 또는 사물) : ···를 기다리다
She is waiting for her friend. (그녀는 그녀의 친구를 기다리고 있는 중입니다.)

wear out : 닳아 없어지다, 낡아 해지다
Everything wears out. Humans are the same.
(모든 것은 낡아 해집니다. 사람도 마찬가지입니다.)
참고 wear [wɛər] vi. 닳다. human [hjúːmən] n. 사람, 인간. same [seim] [쎄이임] a. (the same) 마찬가지인, 같은

with a smile : 미소를 지으며, 웃으며
She approached him with a smile. (그녀는 웃으며 그에게 다가갔습니다.)
참고 approach [əpróutʃ] vt. (사람에게) 다가가다, 접근하다〈과거: approached〉

without fail : 틀림없이, 반드시(with certainty)
Because he studied hard, he will pass the exam without fail.
(그는 열심히 공부했기 때문에, 그는 틀림없이 그 시험에 합격할 것입니다.)
참고 fail [feil] n. (시험에서의) 낙제(落第). certainty [sə́ːrtnti] n. 확실성(確實性), 확신(確信)

work out : 운동하다(exercise)
She is working out at a gym near her home.
(그녀는 집 근처에 있는 체육관에서 운동을 하고 있습니다.)
참고 exercise [éksərsàiz] vi. 운동하다
"exercise"는 밖에서 하는 일반적인 운동(조깅 등)을 말하고, "work out"은 헬스장 안에서 하는 운동을 말한다.
gym [dʒim] [쥐이임] n. 체육관(gymnasium), 헬스장. gymnasium [dʒimnéiziəm] n. 체육관

| Author |

현종태
Hyun Jong-tae

배재고등학교 졸업

성균관대학교 무역학과 졸업
Sungkyunkwan University in Seoul, Korea (B.A. in Economics)

한국외국어대학교 경영대학원 졸업(경영학 석사)
Graduate School of Business at Hankuk University of Foreign Studies in Seoul, Korea (M.B.A.)

| American adviser |

James C. Bates

Chaminade University (Honolulu, HI), B.A.

University of Hawaii at Manoa (Honolulu, HI), M.B.A.